鴻儒說易

——易經是一門宇宙建模學

崔志國 著

中國文化出版社

作品简介

易经被尊为六经之首、群经之始、诸子百家之源，蕴藏着深刻的人生哲理和生存智慧，尤其是其中的太极、阴阳、五行、八卦等思想、方法和工具更是成为诸子百家的理论源泉，对政治、经济、军事等多个自然科学和社会科学领域都产生了深远影响，成为中国乃至亚洲文明的核心和根源。

《鸿儒说易——易经是一门宇宙建模学》一书是作者学易研易多年的心得体会，以易经万物生成模型为主线，对易经的基本知识、基本概念、核心思想和主要应用做了详尽的分析介绍。

本书摒弃了易学中玄而又玄的封建迷信思想，将易经当作一门为宇宙万物建立时空全息模型的工具，致力于实现易学的现代化、科学化、通俗化和实用化改革，尝试用易经的思想和理论来推导和诠释现代科学成果，并借此将现代科学发展推上一个新的高度，恢复易经作为"六经之首、群经之始"的崇高地位。

本书共分为十二部分，分别是论易经的起源、论无极、论太极、论阴阳、论三才、论四象、论五行、论八卦、论重卦、论河图洛书、论地支、论干支纪历。

本书适合易经爱好者阅读，同时也适合企事业单位、政府机关、社会机构管理者和自然科学工作者阅读。

作者简介

崔志国先生，1973年生于内蒙古通辽市，1996年毕业于南开大学物理学系，获理学学士学位；2003年毕业于北京大学光华管理学院，获工商管理硕士（MBA）学位。擅长战略管理，常年从事企业管理咨询、管理培训、创业投资及科技创新、科学普及、科技成果转化和国际科技交流工作。

喜好传统文化，长期研习《易经》《孙子兵法》《道德经》等经典著作。

主编有《北大未来经理人必读·MBA英文案例阅读》系列丛书，于2002年由北京大学出版社出版发行。

前　　言
末法时期，如何再现易道的王者荣耀？

易经被尊为六经之首、群经之始、诸子百家之源，蕴藏着深刻的人生哲理和生存智慧，尤其是其中的太极、阴阳、五行、八卦等思想、方法和工具更是成为诸子百家的理论源泉，对政治、经济、军事等多个自然科学和社会科学领域都产生了深远影响，成为中国乃至亚洲文明的核心和根源。

唐朝宰相虞世南曾说过"不知易不足以为将相"，被后人尊称为药王的唐代名医孙思邈也曾说过"不知易不足以言太医"。在日本明治维新时期，不懂易经的人是不允许入朝为官的。

然而在现实世界，易经的地位却非常尴尬，已然从高高在上的神坛上跌落凡间，蒙尘纳垢，失去了往日的荣耀与光辉，甚至很多时候成为了江湖术士和骗子的代名词。

在佛家有末法时期之说，佛陀将佛法的传播分为正法时期、像法时期、末法时期三个时期，释迦牟尼佛入灭后五百年为正法时期，此后一千年为像法时期，再后一万年就是末法时期。我们当下所处于的时代的就是末法时期。

原本以为末法时期是佛家的专有划分标准，但现在看来，各类正法正信都进入了各自的末法时期，所以才有各类正法正信表面的荣光和实际的鱼龙混杂。

正如《太乙金华宗旨》中发出的慨叹：盛者盛其徒众，衰者衰其心传！

易经也不例外，当下也可以算作是易学的末法时期。

造成易道衰微，陷入末法时期的原因不外乎以下四个方面：

一、易经"百姓日用而不知"的本性

《周易·系辞传》中说"仁者见之谓之仁，智者见之谓之智，百姓日用而不知；故君子之道鲜矣！"想一想，我们身边有什么东西是我们日用而不知的？最明显的可能就是空气了，我们一天24小时，一刻也离不开空气，随时随地都在依靠空气维持生命，但有谁真的时刻去关注过空气的存在？没有，我们将空气的存在当作是想当然的事情，除了在空气污染或者有异味的情况下，没有人去关注它。

还有一个明显的例子就是地球的重力场中，我们每个人都处在重力场之中，受重力场所驱使和束缚，但很少有人去关注它，同样是日用而不知。

易道也一样，我们每天都在遵循易道，下意识地按照易道行事，却很少有人去主动关注易道、研究易道、利用易道。大多数人都是在被动地遵循易道，而不能做到主动地应用易道。被动遵循易道是被易道所驱使，随波逐流；主动应用易道则是驱使易道，为我所用。这两者之间是有着巨大的差异的。比如重力场，被动遵循可能让自己不会掉到坑里，不会摔倒在地上，但主动应用就可以开发水力发电，可以开发各种飞行器，可以用陷阱来捕捉猎物，可以控制一个物体稳定或者不稳定、前进或者后退。这就是被动遵循和主动应用的差别。

若是我们能洞彻易道的奥秘，主动应用易道，就可以对内掌控自己的命运，对外控制事物的发展，做到"宇宙在乎手，万化生乎身"，让宇宙万物皆可为我所用，让自己在任何环境下都能够如鱼得水，游刃有余。

二、近代中国的衰落和文化自信心的丧失

导致易道衰微的另一个原因是近代以来中国的衰落和文化自信心的丧失。从清朝末年开始，中国与西方世界的差距越来越大，清朝的封闭和腐败，以及后来的军事失败，让中国陷入半封建半殖民地状态，民族自信心几乎丧失殆尽，随之而来的就是对自身文化的自我批评和自我否定。以易经为首的国学因此陷入了长达百年的沉寂期和衰落期。

虽然在此之前清末的洋务运动领导人张之洞就已经提出了"中学为体，西学为用"的主张，但理想很丰满，现实很骨感，中国的近现代史实际上一直是一部"西学日渐，中学日衰"的历史，呈现出西进中退的一边倒局面。

即便是在改革开放之后，西进中退的局面也没有根本改观，甚至变本加厉。西方先进的管理思想和现代科技深刻影响了中国的企业管理模式和国家治理模式，并产生了显著的效果。中国经济保持了近30年的两位数增长，堪称世界经

济史上的奇迹，这其中，西方的经济思想、管理理论和现代科技可谓功不可没。

在这个大环境大背景之下，国人，尤其是国人中的精英阶层，一直奉西方思想为圭臬，言必称欧美，使得西方文化和西方思想在华夏大地上野蛮疯狂地成长，不断蚕食着国学所剩无几的领地。

其中最显著的表现之一就是畸形的英语教育，全国上下从幼儿园到大学，从学校到社会，英语教育无处不在，陷入了全民学英语的狂热之中，而中文教育、国学教育却被打入冷宫，导致高等学府培养出来的学生能讲一口流利的英语，却写不出一篇像样的中文文章。

伴随着西方思想在神州大地上大踏步前进的，除了经济的高速增长和科技的飞速发展外，还有社会贫富差距的日益加大、社会矛盾的日渐激化以及群体性事件的不断增多。西方思想给中国社会带来了巨大的冲击，制造了很多深层次的矛盾。

三、语言的障碍与文化的断层

虽然易经的思想历久弥新，能够跨越数千年的历史长河而仍保持旺盛的生命力，但易经的语言、工具和方法却未能与时俱进，《周易》一书中的卦辞、爻辞，易经中的太极、阴阳、三才、四象、五行、八卦、河图、洛书、天干、地支等等概念，对现代人来说已经如同天书，晦涩深奥，难以理解，更难以应用。对大多数国人来说，易经已经成为不折不扣的古董和文物，只能当作神话来膜拜，却难以在日常工作和生活中使用，去指导个人、企业、机构和国家的管理实践及治理实践。

用数千年前的语言和工具来试图解释和解决现代问题，这是易经难以普及推广的核心症结所在。

四、传播者的身份以及传承战略不清

进入21世纪以来，随着中国国力的提升以及民族自信心的复苏，中央政府提出了构建和谐社会、树立文化自信的号召，希望通过大力弘扬传统文化和传统道德观、价值观来化解社会矛盾，增进社会和谐，提升国家的软实力，并在全球

各地开设了大量的孔子学院来传播中华文化。

在这个背景下，易学教育、国学教育逐渐摆脱了近百年的低迷沉闷，重新焕发出了勃勃的生机，在全国范围内掀起了新一轮的国学热、易经热。而在此轮国学热和易经热之中，易经在企业管理和国家治理中的应用逐渐成为一个重要的研究课题和研究方向，尤其是像北京大学、清华大学等国内的众多知名高校相继开设了多个高端课程，面向企业高管和政府官员讲授易经的管理之道，这些都在社会上产生了很大的影响，促进了易经的普及和推广。

但综观社会上现有的各种易经相关培训课程，可以大体上分为两类，一类是学院派，以高校的中文系或哲学系教授们为主，大多停留在空洞的管理哲学层面，不接地气；另一类是江湖派，以民间人士为主，大多数局限于命理、风水领域，缺乏学术高度。且两派相轻，不但不能地天交泰，互相融合促进，反而成了天地否的状态，高的越来越高，越来越玄虚；低的越来越低，陷入泥潭而不能自拔。

同时这两股力量既缺乏企业经营管理和政府行政管理的实践经验，又对西方管理科学所知不多，使易经思想不但不能与西方管理理论很好地相互兼容，更与企业和政府的管理实践严重脱节。很多所谓的易经管理，不过是给企业调调风水，给企业家看看命理，算算卦。也正因为如此，易经管理思想一直被排斥在正统管理思想体系之外，不能登上方家的大雅之堂，甚至被管理者斥为封建迷信、异端邪说。

从国家层面上来说，虽然大力倡导文化自信、倡导国学复兴，但各地在执行过程中，缺乏一个清晰的指导战略，让鱼龙混杂，泥沙俱下，更是伤害到了易经在人们心目中的形象，往往一提到易经，人们头脑中首先出现的就是一个江湖术士的形象。

在新的时代，易经迫切需要与时俱进，彻底进行一次现代化、科学化、通俗化和实用化的四化改革，以便能够重新焕发易经的生命力，重现易经曾经拥有的"群经之始"的崇高地位。而且这里的"群经"不仅要包括中国的"诸子百家"之经，更要包括西方的现代自然科学和社会科学理论在内。通过对易经的四化改革，我们不但要能够根据易经的思想和理论来推导和诠释现代科学成果，更要能够借此将现代科学发展推上一个新的高度，迈上一个新的台阶。

这里要特别做个说明，之前有朋友提出批评意见，说我将科学与玄学混在一起，将儒释道等宗教与易经混在一起，恰恰说明了我对玄学、对易经的不自信。为此我要强调一点，对传统文化的学习一直有两种态度，一种叫做"我注六经"，还有一种叫做"六经注我"。前者是按"我"的个人理解来注释和解读传统文化，后者则是将传统文化为我所用，用其中的理论和观点来论证和支持"我"的观点。

我走的更多的是"六经注我"之路，因此并不是要和朋友们单纯地分享我对易经的理解，而是本着拿来主义的精神，以易经理论为根基，杂糅百家之长，终成一家之言。所以本书中的部分内容已经超出了易经的范畴，兼及哲学、科学与宗教，更涉及到我个人对宇宙时空的看法，一步步地构建和丰富我个人的理论体系，并与朋友们分享。

正如老子在《道德经》中开篇所说的"道可道，非常道"，那个亘古不变的"常道"是存在的，也是可以表达（可道）的，然而一旦用语言、文字表达出来，就不再是那个"常道"了。所以《道德经》讲的不是"常道"，而是老子理解的"常道"，是老子的道。我们在学习《道德经》时，以为自己学的是"常道"，实际上只是在学老子的道。而我们学过后，并没有得到"常道"，也没有得到老子的道，只是得到了我们自己的道而已。

所以那些想通过本书学习易经，尤其是想通过本书学习算卦的朋友可能会失望，你在书中看到的不是文王的易道，不是孔子的易道，也不是其它古圣先贤的易道。你看到的只是我借着易经之名所讲的我的易道。而你看过本书后，所得到的也不是文王等古圣先贤的易道，甚至不是我的易道，你所得到的也只是你自己的易道而已。

本书的写作也是机缘巧合，本书最早动笔于 2020 年 2 月，时值新冠疫情正在高峰期，春节过后我从内蒙老家回到北京便被困在家中，于是只好利用这难得又无奈的闲暇时间，整理自己多年来的学易笔记，才有了这部书稿。但后来由于工作繁忙,没有时间静下心来修改完善,一直拖到现在。

  我在学易研易的道路上还只是个初窥门径的小学生,衷心希望通过本书能与广大爱好易学、爱好传统文化的同道探讨交流。唯有如此,我们才能不断深化对易道的理解,使之更加接近那个"常道",共同提高我们的易学功夫,促进传统文化的传承与创新。

2023 年 6 月 1 日
于北京 · 王府花园
邮箱:ifeixiong@126.com

目 录 —— CONTENTS

前言——末法时期，如何再现易道的王者荣耀？

论易经的起源 1
伏羲画易——易经文化的源头从这里开始 1
文王演易——文王演易大道现，华夏文明由此传 5
孔子释易——易经因孔子而升华 9
易经占卜的原理——寂然不动，感而遂通 15
我们是否需要去占卜算卦？ 21
易经与科学的关系 27

论无极 32
创世纪——谁创造了宇宙万物和众生？ 32
无中生有——易经的宇宙万物生成模型 36
东方的相对论从无极开始 41
顺亦可成仙——人类如何探究无极世界 46
逆行成仙路——人类如何探究无极世界 52
有无相生与五蕴皆空——再谈无极 59
道可道，非常道——论本源常道 64

论太极 70
易经中的太极是什么？ 70
先天五太——无极是如何一步步生出太极的？ 75

万物互联——宇宙的真相 81
学会借力,人生终将辉煌——太极思想在生活中的妙用 84

论阴阳 95
易以道阴阳——阴阳是中国文化的基石 95
阴阳——宇宙的第一推动力 99
阴阳宝刀——略谈阴阳二分法 105
诸行无常,覆变阴阳——阴阳思想在生活中的应用 110
子贡救鲁,借刀杀人 118

论三才 122
三生万物——三才思想概论 122
你我皆是造物主——论人心的力量 128
天人合一——三才思想在实践中的应用 134
易经预测的科学本质 141
知几思想——捏住蝴蝶的翅膀 147
三才思想——唯心还是唯物? 154
简易、变易、不易——易经中的三易原则 156

论四象 163
阴阳消长——易经中四象的本质 163
四象之象——如何理解易经中的"象"? 169
万物类象——易经的归一归虚之路 175
一物多象,一体百用——万物类象的情境分析 180
易经中的穷变通久周期律 185
如何破解朝代兴替周期悖论——四象理论的启示 192

论五行 198
天有五贼,见之者昌——易经中五行的基本概念 198
五行生克制化关系 204

时空的力量——五行旺衰与时空的关系 212
五行平衡与失衡 218
五行大盗，盗亦有道——五行学说在生活中的应用 231
共生关系模型——五行学说的创造性应用 241
5R 模型的特征分析 248
五行即因果——易经理论对因果律的解析与重构 253

论八卦 264
万象之象——易经中八卦的本质 264
八卦属性——八卦与五行、四象、三才的关系 270
先天八卦与后天八卦 284
八卦万物类象——万物的八卦属性 291
无物不成卦、无数不成卦——梅花易数起卦方法 297
梅花易数的卦象结构分析——建立第一个时空全息模型 304
再谈易象——象在易经预测中的地位与作用 311
象的共时性 317

论重卦 319
八卦相重——六十四卦的结构 319
错综复杂——周易卦序的排布规律 326
易经六十四卦的先天卦序 334
六十四卦的八宫卦序——六爻预测的重要基础 344
爻位判断法——八宫卦序的快速判定方法 352
如何构建万物时空全息模型——六爻预测的流程与步骤 357

论洛书河图 377
洛书与洛书九宫 377
奇门遁甲中洛书九宫的万物类象 385
洛书九宫的应用 394

河图的来历和结构 401
河图中的数字奥秘 406
十天干及其属性 411
天干的五行生克制化关系 417

论地支 423
十二地支的由来 423
地支与天干的关系 425
十二地支的属性与类象 428
十二地支的生克制化关系 433
十二地支的空间分布 441
五行寄生模型 446

论干支纪历 456
六十甲子 456
干支纪历 460
数字七与七日来复 465

后记：基于易经思想构建终极统一场论 472

论易经的起源

伏羲画易——易经文化的源头从这里开始

一画开天分阴阳，两画动静知消长。
三画八卦生万物，先天太极动有常。

易经是中国古圣先贤们对天地自然、宇宙万物演化规律的归纳和升华，其中包含着深刻的哲学思想，体现了中国人敬畏自然、依顺自然，又善于利用自然规律趋利避害的积极的世界观和人生观。

易经的产生和发展经历了漫长的历史时期，并有一代代专家学者对易经进行注解、阐述和引申，使易经思想更加丰富完善而无所不包，其应用范围也更加广泛，涉及到人类工作、生活的方方面面，因此易经几千年来一直是国人"格物、致知、诚意、正心、修身、齐家、治国、平天下"的理论源泉和主要工具手段，被称之为六经之首、群经之始、诸子百家之源。后世的诸子百家，尤其是影响深远的儒家、道家、医家、法家、兵家等等，无不是易经思想的传承者和发扬者，他们的理论体系和著作中处处都闪耀着易经思想的光辉。

正因为易经具有下能格物致知、中能修身齐家，上能治国平天下的功用，易经在个人事业管理、家庭生活管理、团队合作管理、企业经营管理、军事战争管理、国家行政管理等活动中都有着巨大的应用价值，尤其是在企业经营管理中的重要作用不容忽视。

易经的发展向来有"世历三古，人更三圣"的说法，从上古的伏羲、中古的周文王直至近古的孔子都对易经的发展做出了巨大的贡献。

创易三圣

伏羲为神话传说中的人物,又称宓羲、庖牺、包牺、牺皇、皇羲、伏牺及太昊等,是华夏太古三皇之一,与女娲同被尊为人类始祖,也是中华民族人文始祖。伏羲据传为龙身人首,因而被后人尊称为龙祖,而炎黄子孙被称为"龙的传人",也正是肇始于此。

伏羲的故事有多个版本,时间也从天地初开之际一直到公元前4000多年左右,一个最为人们熟知的版本认为伏羲是华胥国人,华胥国有个叫"华胥氏"的姑娘,到一个叫雷泽的地方去游玩,偶尔看到了一个巨大的脚印,便好奇地踩了一下,于是就有了身孕,怀孕十二年后生下一个儿子,这个儿子有蛇(龙)的身体和人的脑袋,这就是伏羲。

这个故事和圣经中的圣母玛利亚受神感召怀孕并生下了耶稣类似。

同样还有一个未经验证的故事,说是前苏联的五位女性宇航员在绕地飞行的飞船中同时受感怀孕,其中四人因害怕而选择流产,但有一位名叫塔莉丝科芙的宇航员决定留下这个胎儿,并在返回地球后生下一个婴儿。可见人的生命真的很是神奇。

又说伏羲和女娲本为兄妹,为了繁衍人类而被迫结为夫妻,成为中华民族的共同始祖。但这一说法一直以来都争议不断。

还有人认为伏羲是创世神，在天地初开之际就已经存在，这样算起来的话，地球的寿命已经有46亿年了，那么伏羲岂不是更早之前的神灵了？所以根据这一说法，也有人将伏羲当作是开天辟地的盘古神，认为盘古和伏羲是同一个人，生于混沌之中，也有说是生于葫芦之中。

所以对于伏羲的传说我们不妨当作是神话来看待好了，将伏羲神化、符号化，当作我们民族的精神图腾，而不需去过多计较他是否真实存在。

一般我们认为伏羲大约是距今6000多年前的人，即被称为三皇之首、百王之先的东方青帝太昊，太昊在任时间约为公元前4354—公元前4239年，共在位115年。

根据传说，易经的产生来自于伏羲对宇宙自然的观察分析，在《周易·系辞传》中讲到：

古者包羲氏之王天下也，仰则观象於天，俯则观法於地，观鸟兽之文与地之宜，近取诸身，远取诸物，於是始作八卦，以通神明之德，以类万物之情。

伏羲画易（画卦）是易经的源头，也是中华文明的源头，因此有"伏羲一画开天"之说。与周文王创立《周易》相应，我们将伏羲所画之易称之为《伏羲易》。

《伏羲易》的创立是从伏羲"一画开天"开始的。伏羲在"仰观天文，俯察地理，远取诸物，近取诸身"的过程中，发现了日月寒暑、宇宙万物的周期性变化规律，因而"一画"而将万物分为阴阳，"二画"而演绎出阴阳消长规律并得到四象，"三画"而分出天地人三才，成为八卦。并用八卦类象万物，将宇宙万物全部包含在八卦模型之中，建立了以阴阳八卦为核心的《伏羲易》。

伏羲的一画开天，也有人将其看作是伏羲（盘古）从混沌（或者葫芦）中出生时，用斧头将混沌一分为二的过程，即剖判阴阳，把葫芦分为两半，然后又有了以葫芦为船，保护人类度过大洪水的故事。到这里又与诺亚方舟的故事发生了交集。

一画开天分阴阳
两画动静知消长
三画八卦生万物
先天太极动有常　天地定位，山泽通气，雷风相薄，水火不相

伏羲画易

易经中将两条横线称为"爻"，其中的连续长横线叫阳爻，中间断开的横线叫阴爻。阳爻和阴爻是八卦及六十四卦的组成单位，八卦由三个阴阳爻上下罗列而成，六十四卦则是由六个阴阳爻上下罗列而成。

《伏羲易》是一部无字天书，全部内容仅有八个卦象，即乾卦、兑卦、离卦、震卦、巽卦、坎卦、艮卦、坤卦，但却对易经的发展，乃至华夏文明的发展，都有着重大贡献。其贡献主要表现为以下三个方面：

首先，《伏羲易》将宇宙万物划分为阴阳对立统一的两部分，承认万事万物的发展变化都是由阴阳两种力量此消彼长，相互作用的结果，奠定了阴阳理论的基础。

其次，《伏羲易》建立了八卦模型，通过八卦万物类象，建立了八个卦象与万物之间的对应关系，为易经理论及易经文化的后续发展奠定了坚实的基础。虽然后世又将八卦发展为六十四卦，并给六十四卦系上了卦辞和爻辞，又衍生出了花样繁多的占筮方法（如六爻、三式、梅花易数等等），但在哲学思想和方法论层面，后人至今仍未能超越《伏羲易》的阴阳和八卦理论。

第三，《伏羲易》不但确定了阴阳八卦理论，还构建了伏羲先天八卦模型，模拟了自然界阴阳消长的运动过程，尤其是模拟了宇宙生成、万物演化的规律，即"太极生两仪，两仪生四象，四象生八卦，八卦生万物"的化生规律。同时将八卦按照先阳后阴的顺序排列，因此有乾一、兑二、离三、震四、巽五、坎六、艮七、坤八的时间先后排列顺序，以及"天地定位（乾上坤下）、山泽通气（艮右下兑左上）、雷风相薄（震左下巽右上）、水火不相射（离左坎右）的方位。由此建立了先天八卦模型中八卦与数字和时间空间之间的对应关系。

先天八卦图

　　《伏羲易》由于仅有卦象而无卦辞，是一部"无字天书"，因此后世的研究者往往只重视《周易》而忽视了《伏羲易》的重大价值，甚至往往只承认《连山易》、《归藏易》和《周易》的存在，而将《伏羲易》当作一个神话传说。

　　但实际上《伏羲易》的阴阳八卦理论才是易经的根本。后世的所有文章、著述，都不过是对《伏羲易》的演绎发挥，使易经的体系越来越庞大繁复，让人如攀高峰，望而生畏。殊不知大道至简，最简单的太极、阴阳、三才、八卦才是易经思想的精华，只有恢复《伏羲易》的本来面目，才能真正的普及易经。

　　宋代邵雍先生所开创的梅花易数实际上就是《伏羲易》的一种变体版本，使易经从复杂的六十四卦返璞归真，回归八卦体系，并在一定程度上摆脱了《周易》卦辞、爻辞对易经的束缚，重返"八卦万物类象"这个根本出发点上。

文王演易——文王演易大道现，华夏文明由此传

　　　　文王演易大道现，六十四卦系辞焉。
　　　　群经之始六经首，华夏文明由此传。

周文王姬昌大家都不陌生,不过人们对他的了解可能更多地来自于《封神演义》这部小说。文王因卷入姜桓楚、崇侯虎一案而惹怒殷纣王,在比干、微子、箕子、黄飞虎等人的求情下才保住性命,又在回西岐的路上酒后失言,向奸臣费仲、尤浑泄露天机,说是商朝不过还有28年的气运,纣王也不得善终,又算出费仲、尤浑将来会被冻死在冰水中。结果二人到纣王面前告发文王,文王再次被纣王捉拿归案,面临杀身之祸。

后来黄飞虎等人苦苦求情,纣王同意让文王当面演算天机,以证清白。若是算得准就释放文王,否则定斩不饶。文王当场算出第二天午时太庙会发生火灾,果然第二天午时太庙被天雷击中起火,纣王无奈只好饶过文王,但又反悔,不让文王回归西岐,而是将其囚禁于羑(yǒu)里城。

在羑里七年期间,文王对易经的发展做出了重大贡献,并创作了《周易》一书。

对文王创作《周易》有两种说法,一种说法是文王将伏羲的八卦推演到六十四卦,并为六十四卦系上了卦辞和爻辞,使易经从晦涩难懂的"无字天书"变得结构更加完整、理论更加完备、功能更加实用。在《封神演义》中就出现了"姬昌一至羑里。教化大行,军民乐业,闲居无事,把伏羲八卦,反复推明,变成六十四卦"的说法。

另一种说法是在周易之前的《连山易》和《归藏易》中,就已经出现了六十四卦的体系。据《周礼·春官·大卜》记载:

掌三易之法，一曰《连山》，二曰《归藏》，三曰《周易》。其经卦皆八，其别皆六十有四。

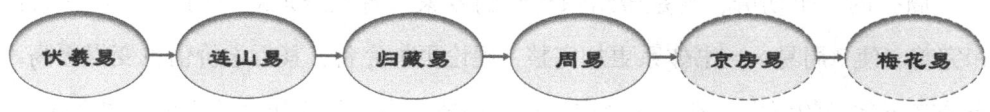

易经衍化图

也就是《周礼》的作者认为夏代的《连山易》、商代的《归藏易》和周代的《周易》这三部书中，经卦都是八个，即乾、坤、震、巽、坎、离、艮、兑，别卦（重卦）都是六十四个。若是按照这个说法，那么文王不过是对之前的《连山易》和《归藏易》进行了整理和演绎发挥，并没有开创性地将八卦发展为六十四卦。六十四卦的编制体例在文王之前就已经存在了。

一般认为，《连山易》是以艮卦为第一卦，《归藏易》是以坤卦为第一卦，而我们现在所见到的《周易》是以乾卦为第一卦。不过连山和归藏都失传了，很多事情都无法考证了。

《周易》本身是一部记录占卜卜辞的书，或者更浅显地说，是一部算卦的书，其中的卦辞和爻辞大多都是笔记或者对具体事情的占断断辞。易经之所以能得到后世的大力推崇和传扬，是与周文王"拘而演周易"密不可分的。文王拘而演《周易》也为后来孔夫子做《十翼》创造了基本条件。

除了文王对易经的发展做出了巨大贡献外，文王的儿子周公旦，也就是经常给我们解梦的周公，对易经的发展和完善也功不可没。

周公旦是文王第四个儿子，是周武王姬发的弟弟，曾两次辅佐周武王东伐纣王，并制作礼乐。因其采邑在周，爵位是上公，故称周公。周公是西周初期杰出的政治家、军事家、思想家、教育家，被尊为"元圣"和儒学先驱。

我们一般说儒家时都只提孔孟之道，但需要记住，儒家的先驱是周公。

周公摄政七年，帮助建立了国家的各种根本性制度和法典，不但为周朝八百年的统治奠定了基础，更是奠定了中国几千年封建社会的根本制度。《尚书·大传》将周公的一生概括为:"一年救乱,二年克殷,三年践奄,四年建侯卫,五年营成周,六年制礼乐,七年致政成王。"

周公的一个功劳,就是曾组织当时的专家学者系统地对《周易》进行修订和完善,使《周易》一书体系更加完整,理论更加完备,其哲学价值也变得更高。正是文王父子的巨大贡献,使《周易》一书成为后世易学研究的主体,也奠定了易经六经之首、群经之始的地位,在很多场合下,《周易》甚至成了易经的代名词。

不过我们要澄清一点,所谓的周公解梦是后人的托名之作,可以肯定不是周公的作品,当时的周公还不至于无聊到去研究和解析梦境。

在上面的易经衍化图中,我们加入了西汉京房的《京房易》和北宋邵雍的《梅花易》这两部分内容。这两部分内容都是基于《周易》,但又与《周易》有很大的不同,是非常独立的两个体系,所以我们把他们与《周易》并列,从京房和邵雍之后,易学就没有太大的革命性的发展了。

在学习易经的时候,我们需要明确区分周易、易经、易学这三个概念,这三个概念有着完全不同的内涵和外延。《周易》特指文王所演、周公所修的这部经书。易经则包括经和传两部分,其中《经》的部分为周文王所书,即《周易》一书,《传》的部分即《易传》,又称《十翼》,由孔子及其门人弟子所作。所谓的"名不见经传"就是来自这里,指某人的观点既不见于《经》内,也不见于《传》内,因此其权威性、可信性较低。

而易学的范围更广,是以周易和易传为核心的,将后世人对易经的所有研究都包括在内。所以我们一般常用易学研究这个概念,而不仅局限于周易研究或者易经研究。

《周易》一书由六十四卦组成,以乾坤两卦开篇,以既济、未济两卦收尾。六十四卦分成上经三十卦、下经三十四卦。每卦由卦名、卦象(六爻卦)、卦辞、爻辞四部分组成。

以我们所熟知的《周易》第一卦乾卦为例:

不过,虽然为六十四卦系辞是文王对易经发展做出的重大贡献,但系辞本身是一把双刃剑。一方面，卦辞与爻辞是理解每一卦、每一爻含义的重要依据，为由六爻组成的六十四卦赋予了特定的意义，让后人能够读懂会用，在特定历史时期极大地促进了易经思想的传播和发展。

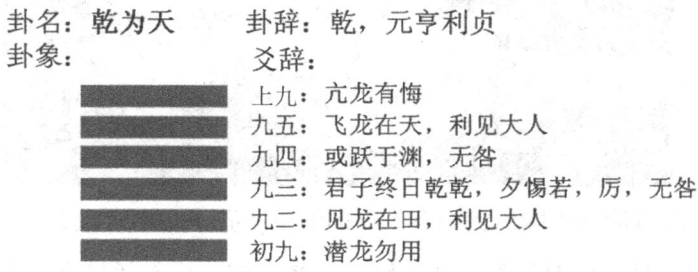

但另一方面，卦辞和爻辞的出现也限制了对卦理卦意的理解和发挥。由于卦辞和爻辞的产生有其特定的历史背景，一些爻辞甚至就是几千年前某次具体事件的情景描述和占筮结果，在数千年后的今天，语言文字和文化习俗都发生了巨大的改变，因此晦涩难懂的卦辞和爻辞反倒让人不明所以，望辞兴叹，成为易经普及的一个障碍。甚至很多易学大家都对某些卦辞、爻辞该如何断句、如何理解有着很大的分歧，更不要说普通的读者了。

这也是我们为何一再强调要回归伏羲八卦的主要原因，就是希望能够避开《周易》的卦辞和爻辞，提倡通过卦理（阴阳关系、三才关系及五行关系）而非卦辞来解卦断卦。

孔子释易——易经因孔子而升华

夫子好易韦编绝，在席在囊志于学。
七传十翼泽后世，从此易道再无缺。

易经之所以能在中国历史中有崇高的地位,孔子功不可没。

孔子在年轻时曾对易经不屑一顾,不知天道,只想凭借自己的个人才能闯荡天下,征服世界,去寻找诗和远方,却在骨感的现实面前一次次碰壁,"惶惶然若丧家之犬"。

在经历了人生的颠沛流离和种种不如意后,孔子对易经的态度发生了巨大的变化,到老年时对易经爱不释手。马王堆出土的《帛书》记载"夫子老而好易,居则在席,行则在囊",可见孔子学易已经达到了废寝忘食的地步,甚至"读之韦编三绝",将编竹简的牛皮绳都给翻断多次。

孔子曾慨叹说:"假吾数年,五十以学易,可以无大过矣。"由此可知孔子对《周易》一书的喜爱程度和重视程度。

在《帛书》中还记载了孔子和弟子子赣之间的一段对话：

子赣曰："夫子亦信其筮乎？"

孔子说："吾百占而七十当，唯周梁山之占也，亦必从其多者而已矣。"

子赣问孔子是否相信占卜，孔子回答说自己平时占卜的准确率大概在70%左右，只有对周朝梁山崩塌事件的占卜没有依据自己的占卜结果，而是选择和大多数人一样的意见。

梁山之占是讲周朝时期鲁成公五年（公元前586年），梁山崩塌一事，在《春秋公羊传·成公五年》中有记载：

梁山崩，壅河三日不汙，……秋，大水。冬，十有一月，己酉，天王崩

山崩地裂在当时是一件大事，据说是因此搞了一次群体占验，来预测天下大势。不过这个时候孔子还没有出生（孔子出生于公元前551年），所以对这次事件孔子也应该作了自己的占算，但最后采纳了大多数前人的意见。

可见孔子不但喜欢易经，70%的预测准确率也已经算得上是一个占卜高手了。三国时期的易学高手管辂（lù）是当时类似半仙一样的人物了，也自称"辂卜亦不悉中，十得七八"而已。易经占卜从来没有百占百中，这种人从来不存在，所以如果有人向你吹嘘他占卜如何百占百中，如何神通不凡，你最好离他远一点，这个人基本上可以判定是个骗子了。

孔子对易学发展的最大贡献是带领门人弟子编写了《易传》。

《易传》又称《十翼》，是对《周易》的十篇解说文章，是《易经》的重要组成部分。这十篇解说文章从不同角度对《周易》进行了解释说明，使之羽翼更加丰满，更能为世人理解和接受，同时也对《周易》一书中的哲学思想做了最大程度的总结和升华。应该说易经思想之所以能够对后世产生如此深远的影响，孔子及《易传》功不可没。

《易传》共包括七传十篇，分别是《系辞传上下》、《彖传上下》、《象传上下》、《文言传》、《说卦传》、《杂卦传》、《序卦传》。

一、《系辞传》

《系辞传》综合论述了《周易》的哲学思想，全面解释卦辞、爻辞的意义及卦象爻位的含义。

《系辞传》是《易传》中思想水平最高的作品，我们所熟知的周易哲学思想，如"一阴一阳之谓道"、"生生之谓易"、"穷则变、变则通、通则久"、"安而不忘危，存而不忘亡，治而不忘乱"以及"《易》有太极，是生两仪，两仪生四象，四象生八卦，八卦定吉凶，吉凶生大业"等，均是在《系辞》一书中提出来的。

可以说，正是由于《系辞传》的存在及其对《周易》哲学思想的提炼和升华，才让《周易》一书的哲学价值得到最大限度的体现，使之从一本占筮之书升华为哲学巨著。

二、《象传》

《象传》用于解释六十四卦的卦名、卦意及三百八十六爻的爻辞，分为《象上传》和《象下传》。其中《象上传》包括六十四条内容，分别解释六十四卦的卦名及卦意，又称为《大象》。

如乾卦的大象为："**天行健，君子以自强不息**"；

坤卦的大象为："**地势坤，君子以厚德载物**"；

屯卦的大象为："**云雷，屯。君子以经纶**"。

《象下传》包括三百八十六条，分别解释三百八十六爻的爻辞，又称为《小象》。

至于此处提到的三百八十六爻的概念，由于《周易》六十四卦，每卦有六爻，共计有三百八十四爻，其中乾卦六爻皆阳爻，坤卦六爻皆阴爻，因此《小象传》中分别给乾卦和坤卦增加了一个用爻，即乾卦用九爻和坤卦用六爻，对两卦做总结说明，因此《象传》中一共有三百八十六爻。但我们要切记，《周易》中只有六十四卦三百八十四爻，而非三百八十六爻，千万不要搞混。

三、《彖传》

《彖传》用于解释六十四卦的卦名及卦辞。其中《彖上传》解释上经三十卦，《彖下传》解释下经三十四卦。

比如屯卦的彖传为：

屯，刚柔始交而难生。动乎险中，大亨贞。雷雨之动满盈，天造草昧。宜建侯而不宁。

这段文字解释了屯卦卦名的含义，即刚柔始交（乾卦与坤卦刚刚开始交合），动乎险中（屯卦上坎卦下震卦，坎卦为险陷，震卦为震动，故称动乎险中），描述了事物初生时的困难而又动荡的局面。

四、《文言传》

《文言传》是对乾坤两卦的解释及阐述，论述了乾卦和坤卦的卦德、卦意。《周易》六十四卦之中，只有乾坤两卦有专门论述讲解的文章，其它六十二卦是没有这个待遇的。由此可见儒家对乾坤两卦，尤其是乾卦的高度重视。

五、《说卦传》

《说卦传》以八卦取象之法对六十四卦进行解释，是八卦万物类象的重要指导。

我们要强调一点，八卦的万物类象是非常非常重要的一个工具和模型，我们说易经是一门宇宙建模学，为宇宙万物建立各自的时空全息模型，就在于通过八卦万物类型将宇宙万物都归结到八卦之中，进而用八卦来代表宇宙万物。

比如，我们所知道的乾卦代表天、代表君王，代表父亲，代表圆形物体，代表金属；坤卦代表母亲，代表大地，代表车，代表布匹；巽卦代表长女，代表风，代表树木等等，都是八卦万物类象的具体体现。

六、《序卦传》

《序卦传》解释六十四卦的排列次序及事物内在发展的逻辑关系。

七、《杂卦传》

《杂卦传》是对六十四卦的卦名进行简要的解释。

当然我们也要认识到，孔子及其门人弟子所编写的《易传》，不过是从儒家的观点出发对易经的解释和阐述，是易经对儒家思想深刻影响的体现，或者可将《易传》称之为《儒易》。

我们说易经是六经之首，群经之始，易经对中国的诸子百家思想的产生和发展都有着深刻的影响，而各家也都从各自不同的角度出发对易经做了解读。其中对后世影响最为广泛深远的是儒、道、医、兵等。

儒家以《十翼》解易，道家以《道德经》解易（可称之为《道易》），医家以《黄帝内经》解易（可称之为《医易》），兵家以《孙子兵法》解易（可称之为《兵易》）。同样，法家有法易，墨家有墨易，诸子百家无不从易经中汲取养分，寻找自己的理论立足点。似乎在古人的观念中，一个学说，一个理论，只有从易经中找到理论依据，才能归为正统，若是名不见经传，就是异端邪说。

在孔子之后，由于《周易》成为科举考试的必读书目，后世有更多的人参与到对易经的研究工作中来，其中比较有影响的包括程颐、朱熹（程朱理学）、周敦颐、邵雍等等。对周易的研究大致可分为象数派（民间派）和义理派（学院派），前者重视象数占筮，大多隐藏在民间江湖之中；后者重视易辞易理，大多存身于经院庙堂之中。两者既相互排斥又相互促进，正如孔子在《系辞》中所说：

易有圣人之道四焉：以言者尚其辞，以动者尚其变，以制器者尚其象，以卜筮者尚其占。

是故君子居则观其象而玩其辞，动则观其变而玩其占。是以自天佑之，吉，无不利。

因此，我们在研究和应用易经时也应象数义理并重，不可偏废。

我们知道，易经分为经与传两部分，由于《连山易》和《归藏易》均已失传，这两部易经是否有《传》也就无从知晓了。但考虑到《归藏易》是以坤卦为首，坊间一直有人怀疑老子的《道德经》实际上就是《归藏易》的《传》。老子作为周王室的图书馆长应该有机会接触到《连山易》与《归藏易》，熟知两易的内容和思想。而《道德经》全篇八十一章五千余字均是在论述坤德，高度赞美"柔、守、静、专"的道与德（功能），与"坤"卦的卦德高度一致，正如孔子在《文言传》中用大量篇幅赞扬《周易》首卦乾卦的"乾德"一样。所以有理由认为《道德经》就是《归藏易》的《易传》。

易经占卜的原理——寂然不动，感而遂通

寂然不动感遂通，三才一体交相融。

万物互联本自性，弥伦天地知始终。

前面我们谈到了象数，谈到了占卜，谈到了孔子的"百占而七十当"和管辂的"十得七八"。易经可以预测未来，这一点毋庸置疑，《周易》本来就是一本作为预测的书而产生和存在的。孔子在《系辞传》中对易经占卜的效果做了非常生动形象的描述：

是以君子将以有为也，将以有行也，问焉而以言，其受命也如响，无有远近幽深，遂知来物。非天下之至精，其孰能与于此！

你在问卦时，卦象立刻就会给以响应，并且不管你问的是什么远近幽深的事情，都会将其未来发展趋势通过卦象告诉你（遂知来物）。多么神奇！

虽然我本人偏重于义理，但我不否认易经的占卜功能，甚至自己偶尔也会

去占卜。占卜这个词听起来很有封建迷信的味道，所以我们不妨换个词，叫做预测。从古到今利用易经占卜预测的故事数不胜数，如果大家感兴趣，可以去看看《春秋左传》，看看《战国策》，里面就记载了很多占卜的故事，甚至很多军国大事都是在占卜后才采取的行动。

河南省安阳市是殷墟所在地，曾经出土了大量的带有文字的甲骨，这些甲骨上的文字所记载的很多都是殷商年间跨越270多年的历次占卜的卜辞，内容涉及日常生活乃至军事战争。

易经拥有神奇的占卜功能，其背后的原理又是什么？

简单地说，易经占卜的原理就是天人感应。这一点，孔子在《周易·系辞传》中说的非常清楚：

易无思也，无为也，寂然不动，感而遂通天下之故。非天下之至神，其孰能与于此？

易经本身是没有思维，也没有行动的，但你坐在这里寂然不动，就可以感应到天道，了解万物的运行趋势和轨迹。

"寂然不动，感而遂通"就是易经占卜的原理，这也是易经中的三才思想。

中国传统文化认为宇宙是由天、地、人三种材料构成的，三才思想又叫做天人合一、天人感应，认为人与宇宙自然，与外部环境是一体的，因此能够感应到宇宙的规律，甚至能够影响到宇宙的运行。所以当我们"寂然不动"的时候，就能够感应到宇宙万物的发展变化，知道他们的历史和未来发展轨迹。

现在社会上有很多所谓的易经大师，吹嘘自己如何如何厉害，易经如何如何玄妙，对这些王婆卖瓜的江湖语言不必当真。实际上易经占卜一点都不神秘，一点都不玄妙，只要掌握了易经占卜的原理和基本方法，人人都能够学会，区别不过在于每个人的水平高下不同而已。就像你只能炒个土豆丝，而大厨可以做出满汉全席一样。但我们要知道，大厨也可能是从学炒土豆丝起步的，因此只要你用心去钻研，一样可以成为易学高手。

骐骥一跃，不能十步；驽马十驾，功在不舍。锲而舍之，朽木不折；锲而不舍，金石可镂——这就是我们应有的学易研易态度。

我们知道了天人感应是预测的基本原理，那么也就能知道，易经并不是唯一可行的预测工具。只要能够做到天人感应，感而遂通，占卜或者预测的手段是多种多样的，比如西方盛行的星相学或者塔罗牌，还有所谓的水晶球，或者民间的萨满等，他们都是借助某些工具或者仪式做到了感而遂通，进而预测吉凶。

我们知道，人类是有第六感的，有时候能够提前感应到各种危险，这实际上就是一种感而遂通的能力，不过这种能力没有经过系统性的学习和开发，所以才时有时无，难以把握。

感而遂通只是解释了易经占卜的原理，知其然而不知其所以然，因此大家可能还会问另外一个更深层次的问题，即人为何能够感而遂通？

这就涉及到了宇宙的本质。

前几年有个词很时髦，叫万物互联。

这两年因工作原因与倪光南院士合作颇多。倪院士是我极为敬重的科学家，多年来一直在大力推动信创产业，推动自主创新和国产替代，其中物联网是倪院士重点关注的核心领域之一，并亲自担任开放智联联盟（OLA联盟）理事长。

在和倪院士合作的过程中,我们也与众多物联网企业有着密切的合作,听到他们讲万物互联、万物智联,讲车联网、食联网、衣联网,讲智慧城市、智慧交通、城市大脑,近年来元宇宙概念更是风靡全球,要用数字孪生技术打造一个虚拟现实相结合的世界。

但实际上,我们所生存的宇宙本来一个就是万物互联互通的物联网,是一个虚拟现实相结合的元宇宙,宇宙万物之间存在着神秘莫测的相互影响和相互作用。

若是大家今后有机会接触邵雍的梅花易数,就能够对此有更深刻的体会了。邵雍见飞鸟落地能够预测到当晚有女子摘花而摔倒受伤;看到牡丹花能预测到第二天午时有马受惊吓把花踩烂;听到牛的叫声就知道这头牛几天后会被宰杀;看到老人面有忧色就知道老人五天之内有性命之忧。

这都说明了宇宙万物之间的普遍联系和相互影响,同时也说明感而遂通的能力是我们每个人生来就有的本能,因此人人都可以感应和沟通天地,都可以预测。

宇宙万物不但互联互通、相互影响，还是全息的，我们看看我们的指纹、看看河流的漩涡，看看星系的形状，他们的形状非常相似。再看看原子的结构，其中的原子核和核外绕原子核旋转的电子；看看太阳系的结构，其中的太阳和围绕太阳运动的行星及小行星；再看看银河系的结构，其中的银核和围绕银核运行的众多星团；……

我们不难发现，从微观到宏观有很多非常相似的结构。而之所以有尺度跨越这么大的相似性，就在于宇宙中有一些基本的规律在不同尺度上支配和操纵着这一切。所以万物不仅互联互通，互相影响，还有高度自相似、自复制的特性。

这就叫做宇宙的全息性。

中医针灸通过针刺人体的特定穴位来治病，但大家是否听说过耳针，在耳朵上的特定部位针刺同样可以治疗全身各处的疾病，还有手诊、面诊等等，这叫做中医全息诊疗学，也是宇宙全息性在人体上的表现。

数学上有个分支，叫做分维学（fractal dimension），认为我们所生活的宇宙，以及所观察到的万物，其维度都不是整数，而是分数，我们认为的三维空间实际上只是近似三维。分维图形具有明显的自相似、自复制特性，美轮美奂，震撼人心。这也是宇宙全息性的具体体现。

人身是个小宇宙，宇宙是个大人身。由于宇宙万物之间有着相互联系、相互影响，所以才可以相互感应，才能见微知著。

我们之所以将易经称为宇宙建模学，也正是利用了宇宙万物互联、高度相似的特性，把握住了背后的规律，并利用这个规律来构建出宇宙万物的时空全息模型。这个规律我们还不知道它是什么，至少目前还不能用西方科学来解释，但他确实就在那里，每时每刻都在影响着宇宙的运行，影响着我们每个人的思维和言行。

我们可以把这个规律称之为易道，在《系辞传》中对这个易道的特征作了精彩的描述：

易与天地准，故能弥纶天地之道。仰以观于天文，俯以察于地理，是故知幽明之故。

原始反终，故知死生之说。精气为物，游魂为变，是故知鬼神之情状。

与天地相似，故不违。知周乎万物，而道济天下，故不过。旁行而不流，乐天知命，故不忧。

安土敦乎仁，故能爱。范围天地之化而不过，曲成万物而不遗，通乎昼夜之道而知，故神无方而易无体。

孔子认为易道能够弥纶天地，能够范围天地之化，曲成万物而不遗，所以才能从微观到宏观影响宇宙万物的运行，并能够在宏观和微观尺度上表现出极大的相似性。

老子也发现了这个规律：

有物混成，先天地生。寂兮寥兮，独立而不改，周行而不殆，可以为天地母。吾不知其名，强字之曰道，强为之名曰大。

老子同样不知道该怎么称呼这个规律，只好把这个规律命名为"道"，叫做"大"。

马斯克的元宇宙是在虚拟空间中建立起来的现实世界的虚拟模型（数字模型），我们的宇宙又何尝不是在三维空间中建立起来的更高维世界的一个虚拟模型？

而易经就是建立这个模型的基础工具和方法。

宇宙万物之间的互联互通，相互影响，以及宇宙的全息性，就是我们能够感而遂通的原因，也就是易经预测的原理。

我们是否需要去占卜算卦？

善易不卜一念息，蝶飞无量扰天机。
何须摇钱卜前路，天佑人助自然吉。

既然我们知道易经能够预测和占卜，也大概知道了易经占卜的原理，那么我们是不是应该去占卜，是不是需要依靠占卜的结果来行动呢？

对这个问题，我的意见是，除非遇到了紧急或者重大的事情，否则轻易不要占卜。这主要是出于以下两个考虑：

一 蝴蝶效应

我们讲过宇宙万物的互联互通和互相影响、相互作用，当我们就某件事情去占卜时，占卜这个行为本身也就在影响着这件事情本来应有的发展方向和发展趋势。这就是蝴蝶效应，摇钱问卦就是蝴蝶在扇动翅膀，谁也不知道这最终会产生怎样不可控的后果。

物理学中有个非常有名的实验,叫作双缝干涉实验。在这个实验中,光子通过两个相邻的缝隙穿过,然后在对面的屏幕上显示出光特有的波动性,即发生了光线的干涉现象,但当人们去观察这个实验过程时,结果却发生了显著的变化,不再显示光的波动性,而是显现出了光的粒子性。

双缝干涉实验一直在困扰着物理学家,无法解释为何人类的观察会影响实验结果。但这就是量子世界的真相,**真相就是——观察者即创造者。**

我们的观察影响到了量子世界,改变了量子世界本来的发展进程,从而改变了事物的发展轨迹。因此,通过观察,我们一直在改变和创造着这个宇宙。

孔子在《系辞传》中讲述了伏羲创造八卦的过程:

古者包羲氏之王天下也,仰则观象於天,俯则观法於地,观鸟兽之文与地之宜,近取诸身,远取诸物,於是始作八卦,以通神明之德,以类万物之情。

我们看到,伏羲只是在观察宇宙自然,观察外部环境,然后创造了八卦,开启了人类的文明,而人类的文明极大地影响了地球这个自然环境原本的发展趋势,有越来越多的矿物被人类开发利用,越来越多的生物因人类而灭绝,越来越多的精密仪器被人创造出来,人类的科技发展至今甚至已经进入了很多禁地,如克隆生物、制造病毒、发展人工智能等等。

所以记住这个宇宙的真相——观察者即创造者。我们的观察活动时时刻刻都在影响着宇宙的进程和趋势。关于这一点,我们在后面会深入去探讨。

同样的，当我们去占卜时，通过感而遂通我们似乎是看到了事物发展的未来轨迹和吉凶趋势，但这个轨迹和趋势是事物本来就有的轨迹和趋势吗？

这个问题的答案有很大的概率是否定的，我们在进行占卜时，占卜这个行为已经影响到了事物本来应有的发展趋势，我们所看到的结果是被占卜这个行为改变后的结果，而不再是事物原本的样子。

你占到吉利的结果后满心欢喜，但也许原本是上上大吉呢？你占到了凶危的结果后郁郁寡欢，但也许原本应该是吉利的呢？所以邵雍在《梅花易数》中提醒我们"不动不占，不因事不占"，若不是遇到紧急或者重大的事情，或者觉得事情的发展趋势还没有到凶险的地步，就最好不要去占卜。

这是因为，我们目前对量子世界还知之甚少，也许再过个几十年、上百年我们能对量子世界有更多的认识，但至少目前，我们不知道对量子世界的这些影响和改变是好是坏，会不会在将来给我们造成反作用，会不会产生蝴蝶效应。所以如果不是危急关头，或者心有所感，最好还是让事物按照他们本来的趋势去发展好了。

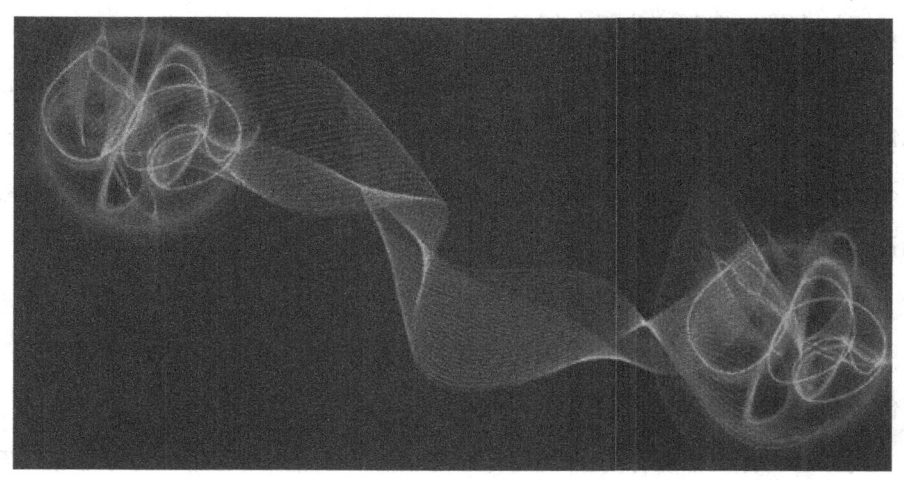

二、真假难辨

我不赞同轻易占卜的第二个原因，就是现在社会上有很多所谓的大师并不是什么易学高手，而是坑蒙拐骗，利用人的恐惧心理骗人钱财。但常人是根本不具备这种分辨能力的，就连国际友人这样的社会名流都被所谓的"白玛奥色法王"给骗得昏天黑地。后来这个白玛奥色法王被媒体揭了老底，不过是个摆地摊出身的骗子，通过精心包装和策划，把自己镀金成了活佛，骗了包括国际友人在内的众多社会名流。

在易经这个冷门领域里，我相信各位朋友的判断力最多与国际友人不相上下，恐怕也难以识别这些假大师们。

真正以严肃态度研究易经的人，从来不会自称大师，也从来不允许别人将他们称为大师，认为大师这个称号是对他们的侮辱。易学博大精深，连孔圣人都要恭恭敬敬、老老实实地韦编三绝。因此除了骗子，谁还有这个胆量敢自称大师呢？

所以建议大家珍爱生命，远离大师。

《周易·大有卦》上九爻的爻辞是"自天佑之，吉，无不利"，孔子在《系辞传》中对这个爻辞做了解释：

易曰："自天佑之，吉，无不利。"子曰："佑者，助也。天之所助者，顺也；人之所助者，信也。履信思乎顺，又以尚贤也。是以自天佑之，吉，无不利也。"

《太上感应篇》的开篇第一句话，就告诫我们"**祸福无门，惟人自召；善恶之报，如影随形**"，只要我们做事发乎本心，合乎天意，自然天佑人助，吉无不利，也就不需要去占卜算命了。

以上是给求占者的建议——除非遇到了紧急或者重大的事情，否则轻易不要占卜。这里我也给占卜者（算卦先生们）一个忠告——不要轻易去给别人占卜。

这主要是出于以下两个考虑：

一、善易不卜

我们前面讲过孔子老而好易，但孔子同样提倡"知易者不占，善易者不卜"。

孔子之所以提倡不占不卜，这是由于孔子到了老年以后，已经能够做到"从心所欲不逾矩"了。而"从心所欲不逾矩"的关键，就在于孔子通晓易道，能够自觉不自觉地贯彻易道、利用易道，不需要再去通过占卜这种低级的手段来洞察天机了。

你没有听错，占卜是非常低级的手段。

那么高级的手段是什么了？那就是"寂然不动，感而遂通"，只需要平心静气，稍加感应就能够知晓未来，甚至能够操纵事物的发展了。

在易道江湖上有句话，叫做"学好奇门遁，来人不用问"，实际上不只是奇门遁甲，只要能够做到感而遂通，任何预测方法、任何人都不需要问就能知道对方的想法和心思。

当然，我们这里还要注意一个词，那就是"寂然不动"，这是感而遂通的必要前提条件。寂然不动在佛家中叫做空，在道家中叫做归一。佛陀在《金刚经》中所说的"不应住色生心，不应住声香味触法生心，应生无所住心"，以及老子所说的"守静笃，致虚极"，就是寂然不动，就是要排除心中一切杂念，内心澄净无物，妄念不起，心无所住，只有在这种状态下，人才能够与天地沟通，与天地感应共鸣。

所以，真正的易学高手是不屑于去给别人占卜的。

二、因果业力

佛家讲究因果，并将因果的作用力称为业力。

关于因果的本质我们后面会去深入分析研究，但我们需要知道，占卜本身是一个加重因果、放大因果业力的行为。

任何人的一生总会经历各种高潮和低谷、顺境和逆境。其实在生命历程中经历低谷和逆境是一件好事（除非这些低谷和逆境影响重大，甚至危及生命），因为一方面这是一个人成长过程中的必要历练，是必修课，对其心智成长、阅历丰富和个性养成都大有裨益；另一方面，所谓种善因结善果，种恶因结恶果，这些低谷和逆境不过是其之前所种恶因结出的恶果罢了，这些恶果显现出来后，原来所种的恶因也自然消散了，相应的因果业力也就消散了。

所以说恶果显现是好事，有助于消除一个人的因果业力。

但假设这个人来找您就某件事进行占卜，本来这件事他只需要承担三分因果，三分业力，结果您给占卜后，这件事表面看起来似乎是逢凶化吉了，恶果没有显现，但相应的恶因也没有得到消除。因此这个恶因会继续累积放大，并最终会在未来的某个时刻显现出更大的恶果，这个人将来需要承担的因果业力有可能就从原来的三分变成了五分。

与此同时，原本您和这个人没有任何关系，但您为其占卜后（不管收费与否），您就干预了他的因果，也就会陷入他的因果网络中，为自己徒增两三分因果业力。

所以您给别人算卦的最终结果，就是将原本应该他一个人承担的三分因果业力放大成为您和他两个人共同承担的七八分因果业力，双方都得不偿失。

由此，从占卜算卦的角度，我将一个人的易学境界分为四个层次：

最高的境界叫"不看破"，就是虽然我有足够的易学造诣，但不去轻易看破，甚至不轻易去看任何人事物，以免徒增因果业力，徒惹烦恼。

这也就是所谓的"难得糊涂"。

次高的境界叫"看破不说破"。正如之前所述的宇宙的真相——观察者即创造者，当我们去看（观察、占卜）的时候，实际上就已经影响到了对方的本来轨迹，也就与对方产生了因果纠缠，对人对己都是徒惹烦恼。不过由于我们没有说破，对对方的影响毕竟有限，所产生的因果纠缠和因果业力也就不会很大。

较低的境界叫做"看破且说破"。"看破"的行为已经影响了对方的发展轨迹，并与其产生了因果纠缠，如果在此基础上还要去"说破"，就会极大地影响对方的未来发展，影响其心境和情志，进而与其产生更深的因果纠缠。

最低的境界叫做"看不破还说破"，即明明没有本事去看破对方的任何事情，却还妄加评论，胡乱指点，对人对己都是极不负责任。这样做的后果，不但是极大地影响了对方的发展轨迹，放大了其应承担的因果业力，更是让自己背负上了难以承受且难以摆脱的因果业力。

易经与科学的关系

社会上有很多人一直将易经与科学对立起来，将其排除在科学体系之外，甚至将其贬斥为封建迷信。这是很不正确的观点和态度。

我特意检索了一下关于科学的定义。

"科学"这一概念的历史并不是很长，本身也没有一个得到全球公认的定义，大家都是在按照自己的理解来定义科学——

●达尔文认为科学就是**整理事实，从中发现规律，做出结论。**

●《辞海》（1999年版）认为科学就是**运用范畴、定理、定律等思维形式反映现实世界各种现象本质的规律的知识体系。**

●法国《百科全书》认为科学**是通过分类，以寻求事物之中的条理，并通过揭示支配事物的规律，以求说明事物。**

●《现代科学技术概论》认为科学是**如实反映客观事物固有规律的系统知识。**

目前，对于科学的权威性定义是：**科学指的就是分科而学，后指将各种知识通过细化分类（如数学、物理、化学等）研究，形成逐渐完整的知识体系，它是关于探索自然规律的学问，是人类探索研究感悟宇宙万物变化规律的知识体系的总称。**

综上所述，我个人对科学的理解如下：

科学就是关于某个领域的一套知识体系、一套研究方法、一套固有规律。

从这个意义上来看，易经本身非常符合科学的上述定义。

一、易经是按照科学方法产生的。

易经的产生过程叫做"观象设卦"，这个"观象设卦"的过程就是按照一套严格的研究方法、发现了宇宙运行的固有规律，并建立了一套完整的知识体系。

易经在产生之后，又用自己的知识体系、研究方法和规律来分析和认识宇宙万物以及人类社会。

从这个角度来看，易经与达尔文、《辞海》《百科全书》以及《现代科学技术概论》对科学的定义又有什么区别呢？

现代科学的发展不外乎两条路，一条是先有理论假说，然后用实验去验证理论；另一条是先有实验现象，然后用理论去解释说明。易经就是沿着后一条路，被伏羲"观象设卦"而得到的。

儒家在《礼记·大学》中提出了个人修养的进阶之路，其起点是从格物开始的：

古之欲明明德于天下者，先治其国；欲治其国者，先齐其家；欲齐其家者，先修其身；欲修其身者，先正其心；欲正其心者，先诚其意；欲诚其意者，先致其知；致知在格物。

物格而后知至，知至而后意诚，意诚而后心正，心正而后身修，身修而后家齐，家齐而后国治，国治而后天下平。

物理学是一门研究物质结构、物质相互作用和运动规律的自然科学，在清朝末年刚刚进入中国的时候就被称为格致学。

法国昆虫学家、文学家法布尔创作了《昆虫记》，记录了昆虫真实的生活，这也是法布尔格物（格昆虫）所得到的结果。

英国生物学家达尔文乘坐贝格尔号做了历时五年的环球旅行，在动植物和地质方面进行了大量的观察后创作了《物种起源》一书，同样是格物的结果。

现代科学实验都是个格物致知的过程，伏羲的"观象设卦"本身也是一个格物致知的过程。可见，易经本来就是按照科学方法设立的一门学问。

二、易经是"分科而学"的源头和鼻祖

即便是就"分科而学"这一特征而言，易经虽然自己没有去"分科而学"，却是"分科而学"的源头。

一方面，易经作为"六经之首、群经之始、诸子百家之源"，后来衍生（分科）出了法家（法学）、兵家（兵学）、医家（中医学）、墨家（科学）以及儒家和道家等诸子百家。

尤其是其中的墨家及其代表人物墨子，更是现代科学的鼻祖级、骨灰级学派和人物。墨子在数学、物理学、光学、力学、工程机械学等领域所取得的成果要比欧洲早上数百年时间，被后人称为"科圣"。

当代著名学者杨向奎先生曾对墨子给予了非常高的评价：

墨子在自然学上的成就，决不低于古希腊的科学家和哲学家，甚至高于他们。他个人的成就，就等于整个希腊。

可见易经不但是"分科而学"的最早实践者，它所分出的各科，不论是在自然科学还是社会科学领域，都取得了巨大的成就。

但这些显而易见的证据，却被人们视若无睹。

另一方面，虽然现代科学提倡"分科而学"，并自发地产生了分科的行为，让各个学科、各个领域的研究越来越深入，越来越专业，但现代科学自身并没有提出"分科而学"的理论依据，而易经中却早早就提出了"分科"的理论基础。

"分科"是指从不同维度、不同层次上进行分科，因此"分科而学"实际上包括"分维而学"和"分层而学"两部分内容。

"分维而学"就是从不同维度上进行分科，"分维而学"实际上是对"分层而学"的进一步补充和细化——

我们将科学分为自然科学和社会科学两个大类，这是将科学分成了一个层次，两个维度，每个维度就是一个子学科。

在此基础上，我们又将自然科学分为物理学、数学、化学、生物学等等学科，将社会科学分为经济学、管理学、社会学、政治学等等学科，这是将科学分成了

两个层次、多个维度。如物理学、数学、化学、生物学这就是第二个层次的四个维度，也就是四个子学科。

在此基础上，我们又将其中的物理学分为光学、力学、热学、量子力学、材料学等多个维度（子学科），这是将科学分成了三个层次以及更多的维度（子学科）。

如此等等，可以一直划分下去。

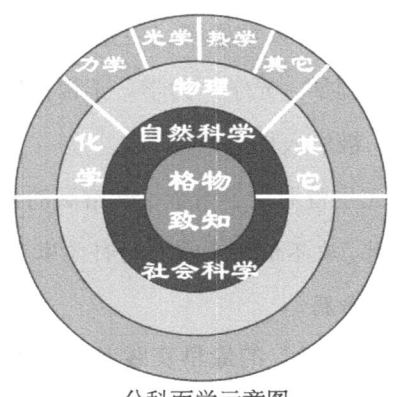

分科而学示意图

易经中"分科"的主要理论工具是阴阳理论以及阴阳二分法。

阴阳二分法能够将每个学科（太极）一分为二地划分为两个子学科，并可以继续对所得到的每个维度一分为二地划分下去，将某个学科分割为两仪、四象、八卦、直至万物，理论上可以对研究对象进行无限层次、无限维度的分解研究。

除了阴阳二分法之外，三才理论、四象理论、五行理论、六爻、八卦等都是易经中分科的工具。比如先天五太理论，该理论将太极视作是由神、气、形、质、体五部分构成的一个整体，进而能够将某个学科一分为五地划分为五个子学科，从这五个维度对研究对象进行研究。

借助这些工具和理论，我们可以为宇宙万物构建一个多维度、多层次的研究模型，以便于我们能更好地认识宇宙，认识万物。

这些工具同时也为现代科学的"分科而学"做出了合理的解释。

三、为何有人会否认与歪曲易经的科学性？

很多人之所以将易经视作玄学，视作封建迷信，主要有两方面的原因。

一方面是因为易经中的很多现象无法用现有的科学理论解释。

但其实这并不妨碍易经的科学性，现代物理学中同样也有大量无法用现有科学理论解释的现象，在物理学的天空中长期漂浮着几朵乌云。

其中有些是有了实验现象但缺乏理论支持（如量子纠缠），有些是有了理论假说却没有实验支持（如超弦理论），还有些是既无理论也无实验支持的纯粹假说（如暗物质）。即便是我们最熟悉的万有引力，到现在科学家也一直是知其然而不知其所以然。

另一方面是因为易经的东方面孔。

这些物理学假说的科学性之所以被人承认而易经的科学性被否定，不过是因为这些理论和学说是西方人，或者说是披着科学外衣的人说出来的，结果人们就深信不疑。

甚至前几年欺骗了全球的酸碱性体质学说也没有人去否认它的科学性，直至最后骗子承认这是自己设计的骗局。

而易经仅仅是因为坚持了自己的东方色彩，就被人们批为伪科学，批为封建迷信。

那些说易经不科学，说易经没有科学依据的人，又有几个是真正懂易经，真正认真研究过易经呢？

他们不过是带着有色眼镜，带着傲慢与偏见，随着西方的节拍起舞，人云亦云罢了。

论无极

创世纪——谁创造了宇宙万物和众生？

万物何来又何去？雾霭沉沉难解谜。

创世造物功勋著，域中四大人居一。

三年过去了，新冠疫情终于结束了。疫情期间，不管你到哪里，都会被所谓的灵魂三问所困扰：你是谁？你从哪里来？你到哪里去？

我们是谁？我们从何方而来，又将去向何方？

宇宙万物是什么？宇宙万物从何而来，又将去向何方？

这些问题一直是全人类的未解之谜。古往今来，各个民族都在试图解释宇宙万物和众生的由来和去向问题。

我们学习易经，首先需要解决的就是这灵魂三问，弄清宇宙和人类的本源。

西方的《圣经》建立了一套宇宙万物生成模型，即上帝创世说和造人说。上帝用七天时间开创了这个世界，并在第六天的时候按照自己的样子用泥土造出了亚当，又用亚当的肋骨造出了夏娃。并由亚当和夏娃这两个人类的始祖繁衍出了现今的人类。

上帝创世

在中国的上古神话中,也流传着女娲造人的故事,讲的同样是女娲用泥土照着自己的样子创造出了人类。根据传说,女娲在造人之前,于正月初一创造出鸡,初二创造出狗,初三创造出猪,初四创造出羊,初五创造出牛,初六创造出马,初七这一天,女娲用黄土和水,仿照自己的样子造出了一个个小泥人,她造了一批又一批,觉得又累又慢,于是用一根藤条,沾满泥浆,挥舞起来,藤条上溅落的泥浆洒在地上,都变成了人。为了让人类永远的流传下去,她创造了嫁娶之礼,自己充当媒人,让人们懂得"造人"的方法,凭自己的力量传宗接代。

女娲抟土造人

我们发现,女娲造人和上帝造人两个故事中有很多惊人的相似之处,比如创世都用了七天,都是用泥土造人,也都是按照自己的样子造人,而且都发展了相同的人造人技术(类似于我们今天所说的用机器人制造机器人的技术)。两者的不同之处在于上帝在第六天创造了人类,并且似乎只造了亚当夏娃两个人,然后第七天跑去睡觉了;而女娲是第七天开始造人,并且造了大量的人。最恐怖的是女娲对造人技术进行了升级,从作坊式的手工造人升级到了自动化流水线批量造人。

两个文化独立发展,又相距这么远,却有这么多的相似之处,不知背后有着什么样的故事?也许人类真的是被造出来的吧?

在美洲印第安人的神话中,也认为是神造出了人。

印第安人认为，大神用泥土捏出许多小人，然后放到炉子中烤干。但由于性急，第一批取出的泥人火候不足，颜色发白，这些人就是白种人的祖先。第二批取出的泥人则烧得恰到好处，金黄悦目，这批人就是包括印第安人在内的黄种人的祖先。金黄色的小人太完美了，大神被迷住而忘记了时间，忽然闻到一股焦味，才想起炉中还有泥人。这批泥人因烧烤过度，通体黝黑，这些人就是黑种人的祖先。

现在有一种说法，认为印第安人是中国人的后裔，在商末周初的时候，一支商朝的军队看到殷纣王自杀，殷商王朝灭亡，不愿意投降周朝，于是乘坐大船到了美洲，并逐渐演变成印第安人。据说这些年来在美国先后出土了一些殷商时期的文物，也进一步佐证了这一点。若果真如此，那印第安的大神可能就是女娲娘娘了。

为了佐证这种说法，有人认为"印第安"这三个字本来是这些殷商移民平时见面打招呼的问候语，应该是"殷地安"，即"殷地平安"的意思，殷地就是商朝，这些先民虽然人在美洲，但仍然心系华夏，挂念殷朝的安危，见面时都互相祝愿殷地平安。当他们后来用这句话问候登陆美洲的白人时，被白人理解为他们在做自我介绍，于是根据音译，就把这些人叫做印第安人（Indian）了。

这就如同当年葡萄牙人登陆澳门，在妈祖庙前与当地人交流，把妈祖（妈阁）当成了澳门的名称，于是把澳门叫成了 Macau（葡语，英语为 Macao）。

上帝造人说、女娲造人说和大神造人说十分相似，都认为人类乃至万物是由高高在上的神仙、上帝造出来的。这类故事说明，世界各地的民族都有着将超出自己能力的事物归结于神仙的倾向，只要有神的存在、神的介入，就可以一劳永逸地解决所有问题，也就不需要绞尽脑汁地去思考人类的本源，纠结这灵魂三问了。

佛家则提出了完全不同的宇宙万物生成理论，《大方广佛华严经》中写道：

——微尘中，各现无边刹海；刹海之中，复有微尘；彼诸微尘内，复有刹海；如是重重，不可穷尽。

《华严经》描述了一个宇宙无限嵌套的模型，即后来我们所熟知的"一花一世界，一叶一菩提"或"微尘中亦有三千大千世界"等等说法。佛家认为虽然每个个体的宇宙和众生有其生生灭灭的过程，但无量宇宙、无量生命却是永恒存在、永恒运动着的，物质是永恒不灭的。

相对来说，佛家的创世理论更加唯物一些，也更加接近现代科学的认知。

但在东方的哲学观中，更加强调天地造物的观点，将创物造物的职责交给了天地，而非某个神灵，认为是天地创造了万物和众生。

与此同时，东方哲学高度重视人在其中的重要作用。认为天地在创造出人类之后，就赋予了人类创物造物的能力和职责，由人类协同天地、甚至是代替天地来完成创物造物工作，天地只负责供应基本原材料、制定基本的运行规则，供人类用来创物造物。人类从制造最基本的石器、铁器、青铜器一直发展到今天能够制造飞机坦克、精密计算机，甚至进入到了原本只能由"神"从事的基因重组、人工智能等领域。

从这个角度来说，人越来越接近神了。

西汉时期的哲学家董仲舒在《春秋繁露·立元神》中就曾对天、地、人协同创造万物的分工作了描述：

天地人，万物之本也，天生之，地养之，人成之。

人类历史中，最善于利用天地规则来造物的，可能就是老子了，虽然老子没有今人的这些科技手段和机械设备，做不出芯片，也做不出计算机，但整本《道德经》就是在教人们如何利用天道规律来行事，老子所谓的"无为而无不为"，就是创物造物的最高境界，人不再是单纯地、被动地按照天地所赋予的职责创物造物，而是学会了利用、驯服、指挥天道来代替自己创物造物，所以虽然看似无为，却能够无所不为。

老子在《道德经》中对人的作用给予了高度评价，将人与道、与天地自然并列为"域中四大"：

故道大，天大，地大，人亦大。域中有四大，而人居其一焉。人法地，地法天，天法道，道法自然。

可见，一方面我们需要重新认识老子、认识《道德经》，老子绝不是常人所理解的那种消极避世的人物，而是最为积极的入世，不过与我们所理解的入世不同，老子是站在道的高度，甚至超脱了道的高度，居高临下地俯视世间，操控红尘。

另一方面，人类在天地面前虽然看似渺小卑微，但人是天地创物造物的合伙人，在天地这个无限公司里是有股份的，身兼创物造物的职责与使命。而且我们一旦有了向道之心，有一天也可以站在老子的层面、漫天神佛的层面来操控天道创物造物，从小股东逆袭成为实控人。

无中生有——易经的宇宙万物生成模型

宇宙万物生于无，阴阳宝刀向天出。

造物创物终归寂，微尘刹海重重复。

相对各种神话传说，佛家的无穷嵌套、不生不灭模型以及易经中的天地人三才共同创物造物的理论更加积极，也更贴近我们所理解的宇宙真相。

为了解决万物（包括天地人与众生）起源和演变的问题，在易经中提出了独特的万物生成模型，这个模型摒弃了神仙上帝的传说，建立了一套更加唯物、更加科学的理论体系。

易经的万物生成模型可以简单表述为"无中生有，有生万物"。

易经的万物生成模型有两种表述，一个由孔子在《系辞传》中提出，另一个由老子在《道德经》中提出。考虑到老子比孔子年长，且有孔子向老子问道的典故，因此老子的模型要先于孔子的模型。不过既然我们这里是在研究易经，孔子的模型出现于《易传·系辞传》，是易经的重要组成部分，而老子的模型则要相对独立些，所以我们先来介绍孔子的模型。

一、孔子模型

孔子在《系辞传》中将此模型描述为：

易有太极，是生两仪，两仪生四象，四象生八卦，八卦定吉凶，吉凶生大业。

易经中的宇宙万物生成模型如下所示：

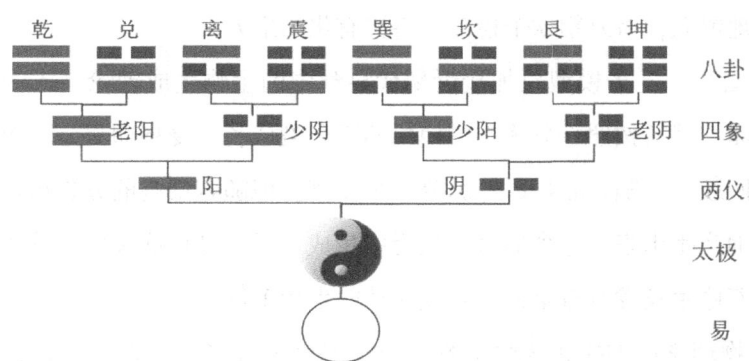

在孔子模型中，"易有太极"是说"易"中有太极，然后太极一分为二生成了两仪，也就是阴和阳；两仪再次一分为二生成了四象，也就是老阳、少阴、少阳、老阴；四象再次一分为二得到八卦，即乾、兑、离、震、巽、坎、艮、坤这八个三爻卦。然后再次由八卦生成六十四卦和宇宙万物。

八卦和宇宙万物的关系就是之前在《说卦传》中提到的八卦万物类象。

我们看到，孔子认为万物是按照一分为二的法则进行演化的。这个一分为二就是阴阳思想。

阴阳在易经乃至中国传统文化中都有重要意义，以至于庄子发出了"易以道阴阳"的感慨，认为易经就是一本讲述阴阳的书。但我们这里重点要关注的是阴阳二分法这样一个分析工具。孔子正是利用阴阳二分法，把阴阳当作一把杀猪刀，一刀两断，将太极分为阴阳，然后再对阴和阳下刀，又一刀两断得到四象，再对四象下刀，一刀两断得到八卦。

阴阳思想的重要应用就是阴阳二分法，任何事物到了阴阳面前，都会被一分为二，无限切割，一直切到我们满意为止。若是不满意了，就再来一刀，将一个物体切成恒河沙数，然后我们就可以对每一部分进行研究，让任何事物的奥秘在我们面前都无所遁形。这个一刀两断的过程就是儒家的格物。

杀猪刀这个名字虽然贴切，但太下里巴人了，我们给这把阴阳之刀取个文雅点的名字，就叫作阴阳宝刀好了。阴阳宝刀的功用与盘古斧非常相似，盘古斧用来开天辟地，分判阴阳，属于第一刀（斧）。阴阳宝刀则没有止步于第一刀，而是不停地劈砍，将万物砍个粉碎，将实有化为虚无。

我们看到，孔子模型更加接近现代科学中的生物生成理论，人的生命始于一个受精卵，然后按照一分为二的模式不断分裂成长。受精卵只是一个细胞，其中本没有四肢、头脑、心、肝、肺等各个器官，但随着细胞的分裂这些器官开始无中生有地产生出来，每个器官在从无中生成之后，又再次按照一分为二的细胞分裂方式不停生长发育直至最终生成完整的生命个体。

现代物理学中的宇宙大爆炸理论也与易经的孔子模型非常相似。大爆炸理论认为，宇宙最初产生于一个虚空中的奇异点，这个奇异点就是一个太极点。随后奇异点开始爆炸膨胀，原本不存在的星系、恒星、行星乃至生命开始不断无中生有地出现，最终演化为我们现在所居住的宇宙。而这个宇宙今天仍处在不停地膨胀之中，宇宙中也随时随地上演着星系与生命生生灭灭的故事。

物理学中有个分支,叫做微观粒子学,一直在试图发现构成宇宙的最小例子,近百年来,从分子、原子、质子、中子、电子、夸克,一直到了所谓的上帝粒子波色子。但人们仍不满足,想继续去发现更小的粒子。近年来杨振宁先生极力反对中国斥巨资建设大型对撞机,就是围绕粒子学的争论。

我本人也是支持杨振宁先生的,因为从易学角度来看,在阴阳宝刀下,物质是无限可分的,根本就不存在最小粒子之说,继续走下去就有点偏执了,况且让中国建对撞机,基本上是为他人做嫁衣,对中国的科学发展以及经济建设没有实际的意义。

二、老子模型

我们再来看老子模型。

老子在《道德经》中以更精炼的语言描述出了一个万物生成的模型:

道生一,一生二、二生三,三生万物。万物负阴以抱阳,冲气以为和。

一般认为,老子模型中的"一"对应孔子模型中的太极、"二"对应阴阳,但从"三"这里两者有了不同。

对于这个"三"有很多种理解,一种理解认为三即多,我们在生活中也经常用"三"来表达非常多的情况,比如"三人行必有我师"、"三番五次"、"事不过三"等等,都是如此。

我小时候就犯过这个错误,母亲做饭时柴不够了,让我去拿"三根柴火"回来,结果我真的就只拿回三根，一根不多，一根不少。这件事直到现在还会被家人偶尔提起，嘲笑我一番。

另一种解释，三是八卦。在这种观点看来，老子的"一"就是第一次下刀，把"道"切了一下得到了阴阳，因此一是阴阳；"二"就是第二次下刀，是对阴阳下刀，把阴阳切成了四份，因此二是四象；"三"就是第三次下刀，是对四象下刀，把四象切成了八份，因此三是八卦。那么"三生万物"就是八卦生万物，这样老子模型与孔子模型就高度一致了。这也可以看作是孔子问道老子后，对老子思想的继承和发扬。

还有第三种解释，老子模型中的"三"特指三才，是易经中的三才思想。从道生出了太极，从太极生出了天地（阴阳），然后天地生出了人，天地人三才合作造物创物，就生出了万物，即"三生万物"。

我个人比较倾向于第三种解释，毕竟把人放在一个与天地平齐的小造物主的位置上，成为天地无限公司的小股东，还是让人蛮舒服的。至少让人觉得自己虽然渺小，但不再卑微了。

孔子模型中的这个"易"与老子模型中的"道"都是宇宙万物生成的原点，在这个原点之后才有了太极。这个原点之前是什么我们一无所知，而这个原点我们也无法观测，无法感知。在易经看来，太极（有）似乎是从虚无中忽然生出来的，所以我们把太极的出现叫做"无中生有"。而这个"无"，在易经中又被称作"无极"。

这里的无极是一种恍恍惚惚、虚无缥缈、似有似无、非实非虚的状态。

同时我们还要注意到，当经过阴阳宝刀无限切割后，有形的万物被无限分解，似乎又重新归于虚无了。

可见，无中生有，有生万物，万物复归于无，这是一个无始无终的循环。

这也符合我们对宇宙大爆炸的理解，宇宙从一个奇点（太极）爆炸后，不断演化出万物，不断膨胀扩张，宇宙无限熵增，增到最后增无可增之时，宇宙将归于寂灭，然后新的奇点从寂灭后的宇宙灰烬中重新诞生，再来一遍造物创物的过程，生生不息，无穷无尽。

关于无极的概念以及有和无的关系，我们后面再去介绍。

东方的相对论从无极开始

易有太极道生一，有无相对千古谜。
仰观俯察生分别，常德不忒归无极。

易经的万物生成模型是从孔子的"易有太极"和老子的"道生一"开始的。这里的"易"和"道"都是宇宙万物生成的原点，在这之前宇宙万物似乎是不存在的，是虚无的状态，万物都是从虚无中凭空创生出来的。这就是东方哲学中"无中生有"的著名论断。

我们将创生万物的这个"无"称为无极。

那么到底什么是无极，无极又是如何做到"无中生有"的呢？

一、无极的定义

无极的本意指时间和空间上的没有边际，没有穷尽的意思，这个词最早出现在老子的《道德经》中：

知其雄，守其雌，为天下谿（xī）。为天下谿，常德不离，复归于婴儿。知其白，守其黑，为天下式。为天下式，常德不忒，复归于无极。知其荣，守其辱，为天下谷。为天下谷，常德乃足，复归于朴。朴散则为器，圣人用之，则为官长，故大制不割。

在老子看来，这里的"无极"实际上就是道，是万物生成之前的状态，无极这一状态非实非虚、非有非无、若存若亡，不可思、不可议、不可量，却又蕴含着无法想象的创生万物的能量。我们无法用语言来清楚描述无极这个状态，只能称之为"无"，或者定义为"0"。

无极是易经中的第一个概念，是易经万物生成模型的起点。本章我们就来尝试着揭开无极的神秘面纱。

二、无极的相对性

无极最重要的特性就是相对性,主要体现为"有"和"无"的相对关系。

爱因斯坦所创立的相对论被称作是物理学皇冠上的明珠,至今无人能够企及。但在易经看来,我们所生存的这个宇宙本来就是相对的,宇宙是相对的,宇宙万物也是相对的,这种相对性主要体现在阴阳思想,而其中最大、最基础的一对阴阳就是有和无。

从这个角度来看,我们可以将易经称为"东方的相对论"。不过我们必须要明白,这种说法实际上是对易经的降维应用,是对易经的矮化,因为易经所涵盖的内容远远不止相对论这一点。

无中生有,想要知道什么是无和无极,必须首先知道什么是有。

"有"是指我们所能观测到的物质状态,由此可知,"无"就是我们观测不到的虚空状态。

由此可见,"有"和"无"实际上是相对于人类的认知能力而存在的一对阴阳,是阴阳宝刀在人类的认知极限处下刀,将我们的宇宙一刀两断,其中认知极限之外的部分叫做无极(无),之内的部分叫做太极(有)。

所以,所谓的"无中生有",不过是因为我们在人类的认知极限处设置了一个观测原点,然后观测到了宇宙万物从这个原点处生成。

这个观测原点的设定位置也是相对的,狭义的观测原点是设在人类的认知极限处,广义的观测原点则可以设立在任意一个时空点。

1. 狭义观测原点

狭义观测原点是以人类的认知极限设定的。

我们以人的出生为例,古人没有超声成像技术,也没有 X 光成像技术,只能靠肉眼来观察。这一人类认知极限的束缚,使得人们往往选在婴儿出生的那一刻设立观测原点,那么出生后的婴儿就是太极,出生前的状态就是无极。所以我们看到的是婴儿忽然降生到了这个世界,是无中生有而来的。这种情况下,整个胎儿阶段都属于无极状态。

但现在我们有了超声成像技术，可以探测到母腹中的胎儿了，因此如果我们在胎儿形成的那一刻设立观测原点，那么胎儿就是太极，胎儿形成之前的状态，包括受精卵的形成和分裂，就都是无极状态。

虽然我们还可以更进一步，在受精卵的形成那一刻设立观测原点，但实际上胎儿形成的这个观测点就已经接近我们的认知极限，因为其间胎儿意识的形成、器官的分化等很多问题都超出了我们的认知能力。

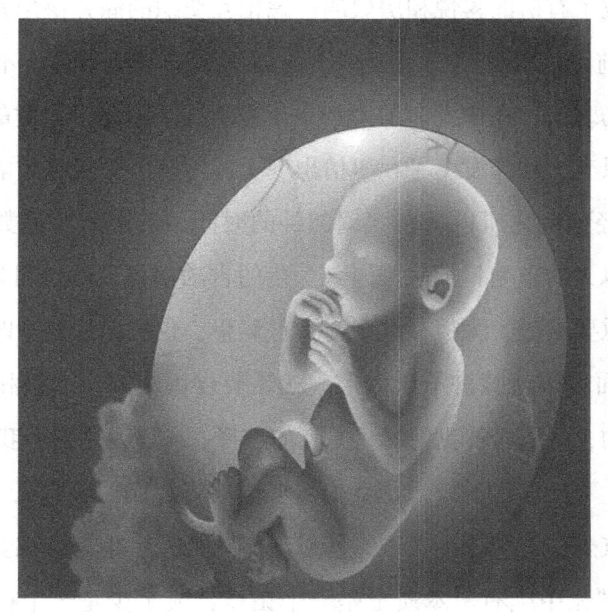

2. 广义观测原点

广义的观测原点是为了研究的方便而任意设定的。

假设我们的研究对象叫小明，当我们以小明出生时刻为观测原点，他出生前的胎儿状态是无极，相对我们肉眼可见的这个世界来说，胎儿是不存在的，能看见的只是孕妇隆起的腹部，因此小明的出生是忽然间无中生有，是从虚无中诞生的。

当我们以小明进入小学读书之时作为观测原点，那么在小明入学前，这个"叫小明的小学生"是不存在的，是无极状态。这个"叫小明的小学生"是在学校录取他的时候忽然出现的，因此也是无中生有而来的。

同样，我们还可以选择小明大学毕业时、结婚时、初为人父时、购物时、买房时等各个时空节点来设立观测原点，研究原点之后小明的各种行为特征。

比如我们可以在小明买房时设立观测原点，那么在这个原点之前，"有房子的小明"是不存在的，是无极，"有房子的小明"是在原点之后才出现了，并且其行为方式、生活方式都与"没有房子的小明"这个无极状态发生了巨大的变化，变成了有房的喜悦和房奴的忧虑相互交织的痛并快乐者。

之前我们提到过，易经预测的原则是"不动不占，不因事不占"，就是因为在未动之前，在事发之前，都是无极状态，超出了人类的认知极限，所以无法预测。只有当动作发生了、事情出现了，才有了太极，才能够被预测。

易经预测之所以特别强调起卦的时间，甚至梅花易数中还强调外应，包括四柱学以人的出生日期来推断人一生的吉凶祸福，就是因为时间和外应都是观测原点的重要参数，太极在这个时空点诞生，也必然受这个时空点的约束。

上面啰啰嗦嗦讲了一大堆，就是要告诉大家，无极和太极的分界点不是固定不变的，而是随着我们观测原点的选择，或者说是随着我们对研究对象（太极）的选择，不断移动的。只是我们习惯性地将我们能够看见一个事物刚刚生成的那个时空点当作观测原点罢了，所以才会产生无中生有的感觉。

而"无中生有"本质上是一个错觉，或至少是一个视觉上的错觉。即便是宇宙大爆炸的那个奇异点，也不过是宇宙产生和演化过程中的一个特定时空点罢了，只是由于我们暂时未能发现，或者是不能理解、不能度量这个奇异点出现之前的状态，所以才把这个奇异点当作了宇宙的起点，在这里设立了观测原点。

对这些不能发现又不能度量的事物，我们或者否认他们的存在，或者如现代物理学那样，用"暗物质"之类的名称来笼统地称呼他们，或如老子一样"强字之曰道，强为之名曰大"。

相信未来随着观察手段的进步，人类的认知极限将逐步向前推进，也会有越来越多的暗物质将变成现象物质,变得可观察可度量。越来越多至空至虚的无极将变成不再空,也不再虚,而是充斥着我们所能认识的物质和能量。

老子当年应该已经认识到了无极(无)与太极(有)之间的相对属性,所以在《道德经》中除了提出"天下万物生于有,有生于无"这一观点之外,还提出了"有无相生"的观点。

"有无相生"这一观点十分重要。仍以婴儿的出生为例,婴儿是无中生有来到这个世界的,其出生前的胎儿阶段是我们肉眼不可见的,所以是无极(无)的状态,但这个不可见的胎儿是位于可见的母腹之中的,是"无生于有"。因此老子才有了"有无相生"的论断。

可惜老子对"有无相生"这一观点没有进行深入的表述和论证,导致后人只注意到了"无中生有",却忽略了"无生于有"和"有无相生"的存在,让大道扭曲、受损。

母鸡、鸡蛋、小鸡—孰为无极孰为太极?

我们居住在一个相对的宇宙,有和无是相对的,无极和太极也是相对的,都是相对于我们设立的观测原点以及人类的认知极限而产生的差别。随着我们观测手段的改进,以及我们对观测时空点的调整,有和无是可以相互转化的,无极和太极也是可以相互转化的,因此从本质上来看,有就是无,太极就是无极,差别只在于观测原点的选择,是人的观测影响了宇宙,产生了有和无的分别。

如此而已。

如此而已。

顺亦可成仙——人类如何探究无极世界

谁言唯逆可成仙,顺乎其道亦自然。

格物至极疑无路,阴阳莫测又见山。

前面我们介绍了无极的概念以及无极的相对性,有与无、太极与无极是相对的,这种相对性从根本上来说,是相对于人类的认知极限。认知极限之内的部分属于可思可议、可知可量的太极,认知极限之外的部分则属于不可思、不可议、不可量、非实非虚、非有非无的无极世界。

既然无极取决于人类的认知局限,那首先我们来看看是什么造成了这个认知极限,以及又能如何突破这个极限,将人类的认知触角深入到无极世界。

人类认知极限是由以下两个因素造成的。

首先是人类自身的认知局限。

人类的认知是通过各种感官来实现的,人的感官有六种,在佛家中叫做六根,分别是眼、耳、鼻、舌、身、意。这六种感官本身是有很大的局限性的,比如人的眼睛只能看见非常窄的光波波段,对于红外和紫外是无法识别的;人的耳朵只能听见非常窄的声波频段,对低于20赫兹的次声波和高于20千赫兹的超声波都是听不到的。而像蝙蝠对超声波的感知能力、大象对次声波的感知能力、狗对气味的感知能力,都远远强过人类。

其次是工具的认知局限。

虽然人类的感官有着各种各样的局限性,极大地限制了人的认知能力。但人类可以通过发明各种工具来扩展感官的认识范围，比如发明太空望远镜可以看见宇宙深处、发明紫外探测器可以将紫外光转化为可见光、发明超声探测器可以将超声波转化为可听声、发明蛟龙号深海探测器可以让人深入洋底去了解深海的情况，等等。

蛟龙号深潜器

各种工具的发明极大地扩展了人类的认知范围，不过由于科学技术的发展不是一蹴而就的，人类尚未发明一种万能设备，可以让人认识一切。

可见，人类自身的认知局限和工具的局限这两个因素综合作用，造成了人类认知极限的存在。

知道了造成认知极限的原因，那么也就找到了突破认知极限的方向。一个方向是向内发展，提升人自身的认知能力；另一个方向是向外发展，不断提升科技水平，发展出更强大的工具来辅助提升人的认知能力。

这两个方向实际上也代表了人类文明发展的两个方向，即向内求的东方修炼文化和向外求的西方科学文化。这两种文化看似南辕北辙，但实际上是异曲同工、殊途同归，又相辅相成，都是通过直接或间接提升人类的认知能力，不断地向未知的无极世界扩张，将无极化为太极，将未知化为已知，从而达到道的境界。两者的区别只是在于修炼文化是将各种能力内化到人身，而科技文化则是将各种能力外化为工具。

明白了这两个方向，我们再来看易经的万物生成模型就会有不同的领悟。

我们发现，模型中实际上早就已经向我们展示了这两个方向，只是我们过去的理解太过肤浅，没有领悟到罢了。

易经的万物生成模型看似是从无极、太极直至万物的单行道，但实际上则是暗含着顺逆两个方向的双行道。道家的修炼文化中有一个说法，叫做"顺则成人，逆则成仙"，就是将此时此刻的人体（万物）当作一个太极，顺着这个模型去推演和修炼就能达到人的至高境界；逆着这个模型去推演和修炼就可以达到神仙的境界，道的境界，也就是所谓的"成仙""得道"。

本章我们主要沿着"顺则成人"这一方向分析，"逆则成仙"则留待下一章分析。

实际上，"顺则成人"这一说法本身低估了"顺"的力量，顺同样可以"成仙"，可以"得道"。

我们曾将阴阳比作阴阳宝刀，太极自无极中诞生后，就被阴阳宝刀不断地一分为二，将太极切割成万物。孔子的观点似乎止步于此，但实际上阴阳宝刀还可以继续切割下去，直至将万物切割成超出人类认知局限的碎片，切割成虚无，这个虚无就是无极。

也就是说万物生于无又归于无，万物生于无叫做"有生于无"，万物归于无叫做"无生于有"，因此万物生于无又归于无就叫做"有无相生"。

孔子对阴阳二分法这个分析工具给予了高度重视，老夫子挥舞着阴阳宝刀纵横寰宇，不断切割万物。

受孔子影响，儒家的至高修炼体系"三纲八目"，就是从格物开始的。格物中的"格"就是切割，将物质无限细分，希望能够借此达到"致知"的目的，然后再去诚意、正心、修身、齐家、治国、平天下。所以儒家基本上是"顺则成人"原则的奉行者，这也是儒家入世思想的根源。

可惜的是受限于当年的科技条件，儒家在格物方面遇到了很大的障碍，以至于阳明先生格物多年一无所获，只好转从内心去修炼，从而发展出了震铄古今的阳明心学。宋朝的康节先生也曾格物多年，而且还似乎略有心得，创作了《观物赋》，并流传下来了《梅花易数》这一预测工具，通过观物来推测事物的未来发展轨迹和吉凶趋势。

阳明先生格物不成功的根本原因在于儒家"格物"的先天不足。这种不足从"格物"这个名字上就可以看出来，儒家格的是"物"，当"物"不存在（即超出人类认知极限）时，儒家就不知道该如何是好了。因此虽然孔子的阴阳宝刀能够将太极切割成万物，并将万物破碎到破无可破的境地，但不过是止步于人类的认知极限，局限于可感知的物质世界。当达到认知极限时，"物"就从人类的认知中消失了，"格物"功夫就遇到了瓶颈，破无可破、格无可格，最终导致阳明先生功败垂成。

这种先天不足造成了"顺则成人"的主观判断，低估了顺天而行、顺乎自然的巨大力量，没有认识到"顺亦可成仙"的可能性。

而老子在2000多年前就突破了格物的障碍，因此老子除了提出"道生一、一生二、二生三、三生万物"这一万物生成模型之外，在提到无极的概念时，更进一步阐述了"常德不忒，复归于无极"的观念。

孔子发现了"无中生有，有生万物"，将阴阳宝刀的格物功能发挥到了"物"

的极致，而老子"复归于无极"的刀法更胜一筹，认识到了阴阳宝刀可以破碎虚空，切割到无极世界，将万物切割到"虚无"的境地。

孔子的模型是断开的，始于无中生有，止步于八卦生万物，而老子通过"复归于无极"构建了一个"有无相生"的万物循环衍化周期模型。

老子比孔子向前多走了一小步，这是老子的一小步，但却是人类的一大步。这也是老子的境界要高于孔子，孔子需要向老子问道的缘故。

西方的科学与儒家的格物基本相同，就是将万物破碎、重组，并希望借此了解宇宙真相。比如建立大型粒子对撞机，这个对撞机就是一把大号的阴阳宝刀，把万物不断地切割粉碎，一直粉碎到夸克、到玻色子，然后还不满足，还想继续破碎下去，一直破碎到科学无法识别、无法理解的地步。

我们所居住的宇宙本身同样是一个巨大无比的破碎机、一柄超大号的阴阳宝刀，将当初宇宙大爆炸时的那个奇异点不停地破碎重组，破碎重组成星云、星系、宇宙尘埃，最终宇宙膨胀到一个拐点，破无可破，重新归于虚无。

在物理学上，这叫做熵增原理，熵代表了系统中的不可用能量，一个系统的演变必然是可用能量越来越少，不可用能量越来越多，直至所有能量都变成不可用能量为止，这就是熵增原理，表明了任何一个系统都是沿着从有序向无序，从非均衡向均衡的单一方向发展变化。

宇宙从诞生那天起就一直处在熵增的过程中，一刻也不曾停止，直至熵值增无可增，归于寂灭和虚无，然后在虚无中重新诞生一个奇异点，再来一次造物创物的过程。而老子的"道生一、一生二、二生三、三生万物，万物复归于无极"正是对熵增原理的生动描述。

这里提出"顺亦可成仙"的观点，可能很多读者并不认同，认为人类发展几千年来，并没有得道成仙的迹象。其实这涉及到对"神仙"的定义和认识。

"神仙"本来就是个相对的概念，"神仙"是相对于"凡人"而存在的，一般我们对"神仙"的定义有两个要件，都是相对于凡人的，一个是长生久视（超长寿命），一个是无所不能（超强能力）。

从寿命上来说，人类从原始人的平均寿命只有十几岁增长到现代人的平均寿命达到七十多岁，确实进步不大。但换个角度来看，新冠病毒在空气中的寿命只有2~3个小时左右，在他们的认知中，人类几十年的寿命基本可以算得上是长生久视了。不过，大千世界无奇不有，宇宙中必然会有某些高等生命拥有着我们无法想象的悠久寿命。而且随着现代医学和生命科学的进步，未来人类的寿命仍有巨大的提升空间，甚至未来不排除人类的生命会以某种特殊的形式永存。

从能力来说，我们今天很多习以为常的东西，在古人眼中已经是神仙才拥有的超能力。比如我们可以通过互联网随时随地与几万公里外的人语音视频沟通，可以乘坐飞机一天之内环游世界，可以用智能电话远程遥控指挥机器人作业，可以乘宇宙飞船进入太空，甚至可以在地面上用激光武器击落天上的卫星，或者发射核武器到外太空去击毁一颗星球。

在古人眼中，这些都是仙家手段，如果我是个穿越而来的秦朝来客，看到以上种种神迹，会认为自己来到了一个遍地神佛的仙境。

之所以我们自己不认为自己是神仙，只是因为人类不满足于已有的能力，而是继续野心勃勃地谋求更大更强的超能力。

据说在太平洋一个小岛上的土著居民们供奉的神灵是美军飞行员,就是因为二战期间岛民们看到美军飞行员乘战斗机从岛上飞过,觉得在天上飞是神才能做到的事情,于是为飞行员刻了石像,当神仙供起来。

可见所谓的仙凡有别,关键在于用来比较的仙凡双方的能力差距,能力差距越大就越有仙凡之别,能力差距不大的情况下,即便强如齐天大圣,也只能放马看桃,并最终被更强的如来佛祖镇压在五指山下了。

逆行成仙路——人类如何探究无极世界

> 法在心中莫远求,修行之路在里头。
> 人人皆有神佛性,归一归虚得自由。

前面我们介绍了"顺亦可成仙"(顺行路),沿着易经的万物生成模型去探究无极世界。但受限于人自身的认知能力和科技水平,这无疑是一条漫漫长路,也许需要几万年、几十万年的时间,人类整体才能达到一个非常高的境界,将越来越多的不可思、不可议、不可知、不可量的无极世界开发为可思、可议、可知、可量的太极世界。

这个过程像什么呢?是不是像盘古拿着斧子不停地劈砍混沌,扩大宇宙的边界?所以这个过程就是人类开天辟地的过程,而开天辟地的工具,就是盘古斧,就是阴阳刀,就是格物致知,就是科学技术。

可能会有人认为"顺行成仙路"没有讲到具体的"成仙"路径,有点不明所以。其实,顺行路不是为了让某个人成为"仙人",而是让人类整体达到"仙人"的水平,所以在文中才会找不到个人成仙的路径和方法。

顺行路是功能的外化、工具化,随着科技发展,也许有一天人类借助基因工程极大地延长了寿命(长生久视),同时借助各种高科技手段掌握了改天换地甚至毁天灭地的能力,这不就是仙人的境界吗?

按道家"逆则成仙"的说法,只要我们逆着易经万物生成模型的衍化路径,就能从万物回归八卦、回归五行、回归四象、回归三才、回归阴阳、回归太极,直至回归无极这个道境。

与顺行路相比,逆行路是一条探究无极世界的捷径,通过逆向修炼,有可能在几十年、上百年之间将一些功能内化到人体,让人拥有上天入地、呼风唤雨的超能力,是不是想想就让人心潮澎湃、激动不已?

修炼就是从内部提升人类自身的认知能力,打破既有的认知极限。修炼到一定境界，就会出现佛家所说的"五眼六通"等特异功能。这个"五眼"不是美国和盟友的五眼联盟，而是肉眼、天眼、慧眼、法眼和佛眼，六通则分别是天眼通、天耳通、他心通、宿命通、神境通、漏尽通。有了这五眼六通的人，基本上就拥有了上天入地、移山拔海、破碎虚空的能力，也就成了我们眼中的神仙。

在人类文明史中，可能只有道家、佛家有比较系统的修炼文化，儒家在从物转向心之后，也有一些修炼理论，不过与道家和佛家相比略显不足。道家和佛家的修炼文化本质上不相上下，但由于道家更重视性命双修，而佛家修性不修命，所以道家的修炼文化更加完善，有着一条从命到性的相对完整的修炼路径。

所以，我认为道家与佛家最伟大的地方，就是指出了一条从凡人到"神佛"的修炼方法和路径，打破了人与神之间的界限。不管这些修炼方法和路径是否可行，是否畅通，但至少让人在所谓的"神"面前不再自卑，让人在任何困境面前都留有希望，而不像其它宗教那样只把人当作神灵牧养的羔羊。

有人说中国人没有信仰，中国人的敬神拜佛都是功利主义的，都是临时抱佛脚。其实这是因为我们知道这些神灵原本也是人，是一种生命形式，是可以后天修炼成的，而我们自身也具足了神性、佛性，某种意义上与神是平等的，所以才不会过于迷信。中国人对神灵的态度更类似于对先祖的态度，恭敬、供养而不迷信。

不过我们这里不去谈具体的修炼文化和宗教问题，我们的主题仍然是围绕易经的万物生成模型，讨论如何通过提升自身认知能力来逆向探究无极世界，揭示宇宙真相。况且我本人也是个门外汉，一点特异功能都没有，因此不敢妄谈修炼。

一、修炼的次第

从易经的角度来看，逆行路的修炼分为两个阶段，也就是修炼的次第，分别是归一和归虚。

1. 归一

老子在《道德经》中对"一"给予了高度重视，并用了很大篇幅来介绍：

昔之得一者：天得一以清；地得一以宁；神得一以灵；谷得一以盈；万物得一以生；侯王得一以为天下正。其致之也，谓天无以清，将恐裂；地无以宁，将恐废；神无以灵，将恐歇；谷无以盈，将恐竭；万物无以生，将恐灭；侯王无以正，将恐蹶。

载营魄抱一，能无离乎？专气致柔，能如婴儿乎？涤除玄鉴，能无疵乎？

是以圣人抱一为天下式。

有句俗话叫"条条大路通罗马"，这个"一"就是罗马，就是太极，是万物回归无极本源（道）的必由之路。在回归无极之前，有千万条道路，但最终都绕不开这个"一"。所以不论是儒道释哪一家，在修炼时都要先做到归一。

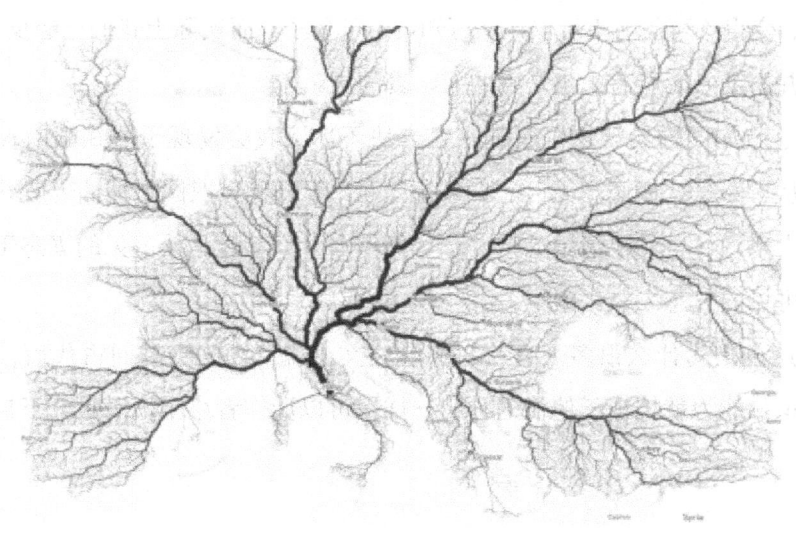

归一就是要逆着易经万物生成模型溯源而上，将万物、万象、万念、万法归结为"一"这个太极。

2. 归虚

这里的"虚"就是我们的目的地——无极，归虚就是将归一得到的太极再逆向推演一步，归于非实非虚的无极状态。

修炼是个内化的过程，所以修炼中的归虚主要是指念头的归虚，从万念归一到一念不生、万念归虚，心中不起任何念头，一片空明。

而按照阳明先生所讲的心外无物、心外无理，万念归虚实际上也就是万物归虚、万象归虚、万法归虚。

老子在《道德经》中所说的"守静笃、至虚极"是这个虚的境界。

佛陀在《金刚经》中反复提及的"无所住"、"无一切相"是这个虚的境界。

孔子在《系辞传》中提到了"易无思也，无为也，寂然不动，感而遂通天下之故"。这里的无思、无为、寂然不动，同样是这个虚的境界。

也唯有如此的空明虚静，才能达到天人合一，进而感应到宇宙万物在天地间的未来发展轨迹和吉凶趋势。

不过我们需要明确一点，"归虚"是从我们常人的角度来理解的，因为对常人来说，"一"还能通过各种手段感知到，但到了"虚"之后，就超出了认知极限，变得不可思、不可议、不可知、不可量了。而实际上我们已经反复强调了，无极并不是一无所有，不是真的无、真的虚。

这就如同你给我这个秦朝来客一块干冰，我会发现干冰在眼前神奇地消失了，从"一"变成了"无"，归"虚"了，所以我会把你当神仙一般恭敬。而对现代人来说，自然很清楚这个"一"仍然在，只不过是从可见的固态干冰升华成了不可见的气态二氧化碳了。

这也是为什么很多人喜欢写穿越爽文小说，因为穿越回古代后，你所掌握的知识和能力就相当于他们的神明一样，可以让作者小小地满足一下自己的虚荣心。

二、修炼文化的真伪

在讨论修炼时，我们必须要辨明修炼文化的真伪。若这一切都是假的，那说再多都没有意义了。

中国有着深厚的修炼文化底蕴，从基本的气功导引术、到道家的内丹学派，都有众多的修炼典籍，比如《周易参同契》就是一本影响很大的修炼典籍。

至于传说中从人修炼成仙的人物就更多了，比如我们耳熟能详的八仙。当然也有历代以修炼为名行骗的事情，即便是古代的帝王也难免有误食"仙丹"而死的惨痛经历。秦始皇也曾派徐福出海寻找长生不老药，结果据说徐福带着三千童男童女被海风刮到了日本，才有了日本今天的文明。成龙则据此拍了一部电影《神话》，讲述了一段跨越时空的可歌可泣的爱情故事。

当然这些都可以归为神话传说，不足为凭，在当代中国与"仙"有关，且有正式官方记载的大概非黄延秋事件莫属了。

黄延秋先生1957年出生于河北省邯郸市，至今仍在世，他在1977年经历的三次莫名其妙的失踪和空中远距离飞行，以及其中出现的高登民、高延津这两位类似"神仙"的存在，至今仍是未解之谜。有兴趣的朋友可以去百度一下。

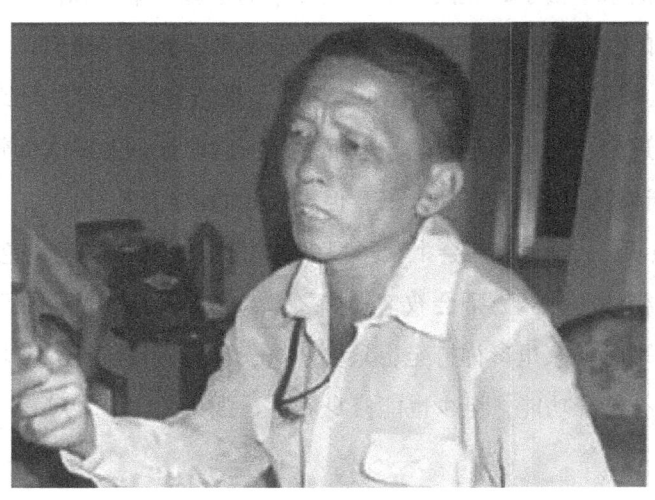

黄延秋先生照片

此外，在生活中，我也曾亲见很多易经预测高手，也见过萨满和出马仙的神奇之处，同样也见过虔诚的基督徒在集会中发生的一些难以解释的现象。

其实，只要你做到了归一，就自然会有很多神通出现。之所以在宗教界中出现的比较多，大概是由于人们有坚定的信仰而更容易达到或接近归一的境界。比如有人虔诚信佛、虔诚拜上帝，这都是归一，心中只有佛和上帝。

但正如佛家的一句偈语"佛在心中莫远求，灵山只在汝心头。人人有个灵山塔，只向灵山塔下修。"即便你不去烧香拜佛，而是内返于心，同样能做到归一，同样会有各种神通出现。

据说阳明先生在内返于心并创立阳明心学后，就曾多次展现神奇的超能力。

而且这还只是归一的效果，若是能够做到归虚，那么所谓的五眼六通应该也可以实现了。不过这个我就无缘得见了，毕竟对我等欲念无穷的众生来说，归虚太遥远，即便是归一也不是那么容易达到的。

另外，还需要弄清楚一点，成为"神仙"并没有一般人所想的那么法力无边。道家给出了一个由命到性、性命双修的修行之路，这是一条循序渐进的路，每个阶段都会有不同的功能出现，因此"神仙"也分为很多层次，不是都像孙悟空那样能够七十二般变化的，有些只有牛魔王身边的牛虱怪的法力，或者《白蛇传》中白蛇和青蛇的水平罢了。美国好莱坞大片中的超级英雄蜘蛛侠、超人，其实他们的法力很低的，蒲松龄随便在山中找个狐仙出来就能吊打他们。

从本质上来说，"神仙"只不过是超人，是特异功能者，只比常人多了些特殊能力，在这个宇宙中更加自由一些而已。三国时期的预测大师管辂被誉为半神级的人物，诸葛武侯更是名动天下，但也仅此而已。

最后要强调一点，现在社会上骗子很多，国际友人都被白玛奥色骗得团团转，所以轻易不要相信有什么大师会教你修炼之术。当今社会，我们要防火防盗防大师。但你可以平时在家里参禅打坐，只要坚持，也会慢慢接近归一境界的，即便没有修炼出什么特异功能，至少也能修身养性、强身健体。

况且我们在红尘百年，本身就是一场修炼、一场历练，珍惜当下就好，莫要强求。

有无相生与五蕴皆空——再谈无极

五蕴皆空山水重，大道直指有无生。
三界唯心本源在，万法合流汇一宗。

很多人经常将易经的"无"与佛家的"空"混为一谈，实际上两者还是有些差别的，这里我们就来做一下对比分析。

一、佛家的空

佛家讲四大皆空，五蕴皆空，但同时又讲真空不空。这个观点看似矛盾，实际上暗藏真理。

四大是指地、水、火、风，佛家认为这四种基本元素构成了宇宙万物，有点类似于古希腊的土、水、火、气四元素说和中国的金、木、水、火、土五行理论。佛家认为这四种基础物质都是空的、假的、虚幻的、不真实的。

五蕴是指色、受、想、行、识，是从人的六根（眼、耳、鼻、舌、身、意）以及相应的六尘（色、声、香、味、触、法）而来的，是对外部物质世界的认识。佛家认为人通过各种感官所得来的对世界的印象和认识都是空的、假的、虚幻不真实的。

佛家的观点是，因为人类的认知有局限性，所以我们感知到的不论是四大还是五蕴，都是事物的现象，而非事物的本质、本源。佛家承认本源是真实存在的，因此反对顽空（绝对空）的说法。但同时认为我们所感知的各种现象都是虚幻的、空的，只有心这个本源是真正存在的，由此得出了"三界唯心、万法唯识"的观点。

佛家的修炼方法要求我们必须空掉五蕴、空掉我们感官所见的一切种种相，才能见到真实的本源。

二、儒家的无

儒家学说本来局限在"有"这个范畴内，所以老子说"道生一"，孔子却说"易有太极"；老子认识到"有无相生"和万物"复归于无极"，孔子的认识却止步于万物，所以儒家的修炼也是从格物开始的。

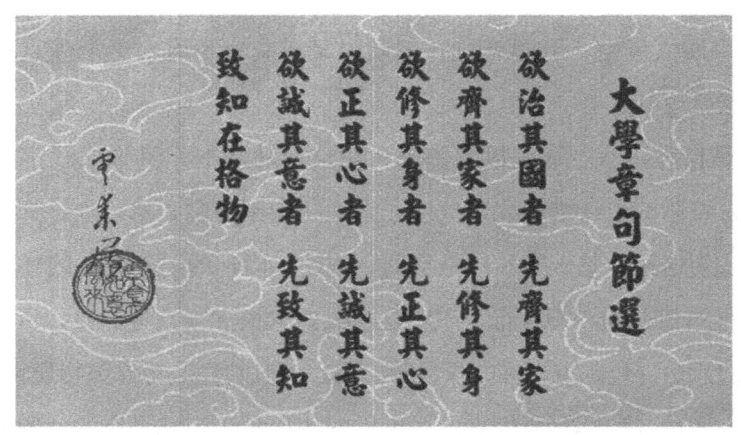

但自从阳明先生格物失败，返求于心并创立阳明心学后，儒家学说中才真正有了"无"的概念，贯通了有无。

阳明先生提出了"心外无物、心外无理"的观点，认为宇宙万物、万法、万象都在心内，不在心外，并进一步提出了"心即理"的主张，认为我即心、心即物、物即理，我、心、物、理四位一体，除了心之外，所有外在的物质、现象、规律都是空的。

阳明心学的观点与佛家的"三界唯心、万法唯识"殊途同归，阳明的"无"与佛家的"空"也基本相同。

这里需要注意的是，佛家所讲的"三界唯心"的心与阳明先生所讲的"心外无物"的心都不可以狭义地理解为人的心脏，而是要理解为万物的本源、宇宙的实相，即除了本源（心）之外没有任何东西，本源所显现给人的都是虚幻的假象。

三、空与无的关系

由于"无"这个概念主要来自于老子的《道德经》，所以我们这里所说的易经的"无"实际上就是道家的"无"。

佛家的"空"与易经的"无"有相同之处，也有不同之处。

（一）相同之处：

空与无的相同之处主要表现在如下三个方面：

1. 本源常有

两者都承认有个真实的本源永恒存在（常有），这个本源都是不可思、不可议、不可知、不可量的，因此都处在无极世界。

2. 本源有相（象）

两者都承认有相（象）的存在。

相（象）是依附于这个本源而产生的，本源是体，相（象）是用，相（象）是本源经过人类的感知而呈现出来的现象（状态）。

我们常说万物万象，并不是说一万种事物有一万种象，而是一种事物就可能有一万种象，正如佛家所说的，不可以三十二相见如来。

且事物的万象之中有些是我们能感知到并能够显现出来的（现象），有些则是我们感知不到并因此而无法显现出来的（隐象）。

比如物理学告诉我们，在绝对零度以上，所有物质都在辐射红外能量，但我们只有在可见光的情况下才能看到这个物体，而无法在黑暗中直接感知到它的红外辐射。这里的红外辐射对我们来说就是隐象。当然现在我们有工具可以将其转换为可见光，从而将这个隐象变成现象。

相（象）与本源是一对阴阳，现象与隐象也是一对阴阳。

3. 真空不空、真无不无

正因为有本源真实存在，所以空不是空，真空不空；无不是无，真无不无。

我们说无极是非实非虚、非有非无的状态，其中的"非实、非有"讲的是现象，现象就像海市蜃楼一样，虽然能看得见摸得着，却并非真实存在，所以似实而非实，似有而非有。"非虚、非无"讲的是本源，本源虽然感知不到，却真实存在，所以似虚而非虚，似无而非无。

这就是现象与本源之间的辩证关系，也是相（象）的奥秘。

物理学理论也支持真空不空的观点，即便是在广袤无垠、空无一物的太空中，也充满着大量的暗物质，存在着量子潮的涨落，大量的正物质与反物质相互湮灭释放出能量，所以看似真空的太空之中，暗流涌动，一点也不空。

当然，我们要知道，暗物质并不是本源，暗物质可以理解为只有隐象而无现象的物质，是由隐象和本源组成的，将来我们可以借助各种手段将隐象变为现象，但想见到本源仍然困难重重。

（二）不同之处：

空与无的不同之处主要体现在对空（无）的定义和对相（象）的态度。

1. 定义：

佛家的空是空相，是将我们六根所感知到的相（象，包括现象和隐象）叫做空，感知不到的那个本源叫做有。

佛家对空的定义与人们的直观常识相悖，所以理解起来比较麻烦。

而易经正好相反，将我们能感知到的现象叫做有，将感知不到的本源（以及隐象）叫做无，与人们的直观常识相一致。

易经中的"无中生有"是指不可见的本源生出了可见的现象，或是不可见的隐象转变为现象；"复归于无"是指可见的现象消失了，回归到不可见的本源（或隐象），这就是有无相生。

在有无相生的过程中，本源一直没有发生变化，变的只是状态。就如同前面干冰的例子一样，本源没有变化，但现象在可见（固态干冰）与不可见（气态二氧化碳）之间发生了变化。

需要注意的是，这里指的"可见"不是狭义的肉眼可见，而是广义的六根可感知。

2.态度：

对相（象）的态度不同，导致了两者的修炼手段略有差异。

佛家认为必须要先空掉所有相，破掉所有虚幻，才能得见真实的本源，所以佛陀在《金刚经》中反复强调要"空相"：

无我相、无人相、无众生相、无寿者相。

凡所有相，皆是虚妄。若见诸相非相，即见如来。

《观音心经》中也反反复复地强调要五蕴皆空，认为只有破掉虚幻的现象后才能得见真实的本源。

与佛家需要"空相"不同，易经将"象"当作本源不可剥离的一部分，所以并不要求人们去空掉诸象，而是要顺藤摸瓜，将万物万象归为一，归为无，从现象入手去分析和把握本源。

因为本源是不可见的，所以儒家所谓的格物实际上格的就是"象"，而格物、观物（格象、观象）是易经分析和认识本源的主要工具。伏羲也正是通过"仰则观象于天，俯则观法于地，观鸟兽之文与地之宜"，通过"观象设卦"，开创了人类的文明。

如果用一个字来表述两者对相（象）态度的不同，那么佛家可以用"破"字，破除万相，破假见真；而易经可以用"归"字，万象归一，归虚见真。

虽然佛的"空"与易的"无"有以上差异，但总体来说两者并没有根本性的差别，最终目的都是为了见真实，见本源，将不可思、不可议、不可知、不可量的无极世界开发成可思、可议、可知、可量的太极世界，让人类更加自由。

《指月录》中曾记载宋代禅宗大师青原惟信的一个故事：

老僧三十年前未参禅时，见山是山，见水是水。及至后来，亲见知识，有个入处，见山不是山，见水不是水。而今得个休歇处，依前见山是山，见水是水。

见山是山，见水是水。见山不是山，见水不是水。见山还是山，见水还是水

青原惟信禅师第一见见的是现象（相），以为是真；第二见见的是本源，方知之前所见的相是假；第三见见的是本源与现象，方知本源与现象一体，不可分离，本源是真，现象也是真，因此才有了这山水三重的著名公案。

山水三重，很清楚地描述了佛家修炼与道家修炼的异同，佛家多了个中间环节，而易经则大道直指，大道至简，但两者最终万法合流，殊途同归。

道可道，非常道——论本源常道

　　道可道兮名可名，本源常在何垢净？
　　物象精信成一体，大道混成先天生。

东方哲学中最基本的一对概念就是有和无，现在我们知道，不论是道家的有与无，还是佛家的空与不空，实际上都是现象界的问题，是对"相（象）"的纠结。无中生有、有无相生本质上也只是一种的错觉，是以人的认知极限为界，

"象"在可感知状态（有）与不可感知状态（无）之间的转换。

如此看来，老子的"道生一、一生二、二生三、三生万物"，以及孔子的"易有太极、是生两仪、两仪生四象、四象生八卦、八卦定吉凶、吉凶生大业"，都是对"象"的生成过程的描述，所以准确地说，不论老子模型还是孔子模型，都不应叫做"万物生成模型"，而应叫做"万象生成模型"。除了四象外，两仪实际上就是两象，八卦实际上就是八象，万物实际上就是万象。如此而已。

所以老子所谓的"有无相生"其实只是一种方便法门，让包括令尹喜在内的你我众生能够领会罢了。

那么老子是否如佛家所说，也有个究竟法门呢？

有的，这个究竟法门实际上就是老子承认在这些现象（象）背后有个真实存在、永恒不变的本源，就是老子所谓的"常道"，我将其称为本源常道。这个本源常道居住在无极世界之中。而通过之前的分析，我们也对无极世界有个全新的认识，将无极从虚无缥缈的神坛上拖了下来，让无极不再神秘，让易经也不再神秘。

但这个本源常道是什么，高矮胖瘦如何，我不知道，老子和佛陀可能知道，但却无法描绘。所以佛陀只能告诉须菩提这个本源常道具有"不可量、不可称、无有边、不可思议功德"，《心经》中也只能将其描述为"不生不灭、不垢不净、不增不减"，却不能说清楚它到底长成什么样子。

老子在《道德经》中也在努力描绘这个本源常道的样子：

视之不见，名曰夷；听之不闻，名曰希；搏之不得，名曰微。此三者不可致诘，故混而为一。其上不皦，其下不昧，绳绳兮不可名，复归于无物。是谓无状之状，无物之象，是谓惚恍。迎之不见其首，随之不见其后。执古之道，以御今之有。能知古始，是谓道纪。

道之为物，惟恍惟惚。惚兮恍兮，其中有象；恍兮惚兮，其中有物。窈兮冥兮，其中有精；其精甚真，其中有信。

有物混成，先天地生，寂兮寥兮，独立而不改，周行而不殆，可以为天地母。

吾不知其名,强字之曰道,强为之名曰大。

可见,老子描绘了半天,却是越说越让人摸不着头脑,越来越迷糊。这是由于本源常道没有任何形态,是"视之不见、听之不闻、搏之不得、无状之状、无物之象"。但从"其中有象""其中有物"的描述,可以知道老子是将本源(道)与现象(物、象)视作一体,不可分离。

这一观点与佛家略有不同,所以道家讲究万象归一归虚,而佛家讲究破除种种相。另外,老子的描述虽然含糊,却至少还有一点形象让人去把握,而佛陀却连形象也描述不出来,可见老子的境界还是要略高于佛陀的。

但不管怎样,两位先哲都没有讲清楚这个本源常道,因此他们都只是近道的存在,无限接近道境,却还没有达到真正的道境。要知道,在中国的神仙谱中,老子是太上老君的化身(转世身),是大师兄,是鸿钧老祖之下的第一人,法力和地位都比元始天尊、通天教主、接引道人、准提道人要高的,却仍然只是近道,由此可知人类想见道、证道有多难了。

《道德经》开篇第一句话:"道可道,非常道,名可名,非常名",就对见道、证道的难度做了说明。这十二个字是《道德经》中的点睛之笔,能否正确理解这十二个字，直接决定着我们对整本《道德经》的修习效果。

本章的标题是《论本源常道》，但我对本源常道更是说不清道不明，所以只好用老子的这十二个字给自己找个借口，给大家一个交待吧。

先看"道可道，非常道"。

很多人认为这六个字的意思是"能够说出来的道就不是常道"。实际上这只理解了这六个字三分之一的含义。这六个字正确的断句应该是"道，可道，非常道"，一共有三个部分，三层含义：

第一层含义是"道"。

老子认为存在着一个恒常不变的"道"，这个"道"是"常道"，也就是我所说的本源常道，是那个**"先天地生，寂兮寥兮，独立而不改，周行而不殆，可以为天地母"**的混成之物。正因为它"独立而不改，周行而不殆"，所以才被称之为"常"，称之为"本源"。

第二层含义是"可道"，认为"道"是可以被人类认知的。

老子认为这个本源常道是可以被人类所理解、感悟和表达的，所以叫"可道"。关于"可道"中的这个"道"字，很多人都理解成了"说"。其实"可说"这个词不能表达出"可道"的全部含义。

佛家中将眼、耳、鼻、舌、身、意这用来感知外界的六种感官称为六根，相应的将色、声、香、味、触、法称为六尘，这里的"可道"包括了六根六尘的整体表达和判断，不论是用眼睛看、用耳朵听，用鼻子闻、用舌头尝、用身体触还是用意识去分析，都是对"常道"的判断和表达，都是"可道"的一种形式。"可道"与佛家的"五蕴"是相似的概念。

第三层含义是"非常道"，或者理解为"可道之道非常道"，是讲人类认知方面的局限性以及由此对本源常道造成的扭曲。

这也就是大多数人所理解的意思，认为我们所表达出来的那个"道"就不再是那个"独立而不改，周行而不殆"的本源常道了。

老子认为人的认知能力有局限，也有偏见，因此人在感悟和表达这个本源常道时，都会让本源常道沾染上个人的气息，都会有偏差，就如同盲人摸象一样，不能准确全面地认识和表达本源常道，所以"可道"的道不再是本源常道这个公道，而是你个人的私道，是你个人对本源常道的感悟和认识。正如同世界上没有两片完全相同的树叶一样，世界上也没有两个完全相同的私道。

再来看"名可名，非常名"。

这六个字与前六个字一样，同样应该断为"名，可名，非常名"。

很多人将这个"名"与各种事物连接起来，将其理解为各种事物的名，这是不对的，这里的"名"同样是指对本源常道的命名。

老子是怎样给这个本源常道命名的呢？

有物混成，先天地生，寂兮寥兮，独立而不改，周行而不殆，可以为天地母，吾不知其名，强字之曰道，强为之名曰大。

看到没有？"道"也是老子在没办法的情况下勉强取的名字，老子可以将其称为"道"，称为"大"，庄子可以将其称为"大块"，那么别人也可以将其称作炁，也可以称作"以太"，甚至叫做任意一个名字，比如这里我把它叫做"本源常道"。

老子认为，这个本源常道应该有个自己的名字（常名），但他不知道这个名字是什么，不过每个人都可以根据自己的理解给它起个名字，因此道是可以被命名（可名）的，但每个人所起的名字都不是它本来的名字，即"可名之名非常名"。

之前我们曾提到老子与孔子境界的差异，说孔子的境界是"无中生有"，停留在"有"的层次，而老子的境界是"有无相生"，贯通了有无，因此境界高于孔子。现在我们知道了有无都是现象层面的，本源常道是不生不灭、不垢不净、不增不减的。但由于孔子最终停留在了"万物"这个层面，未能触摸到本源常道，孔子所停留的这个"有"是现象层面的"有"，而不是本源常道层面的"常有"，所以与老子相比，境界上仍然是稍逊一筹。

最后还需要再澄清一点，人们对道的理解也有很大差异，包括老子在《道德经》中就从多个角度来使用"道"这个字，既有常道，也有天道、人道，还有

"走马以粪"的道路。一般人们常将老子的"道"理解为规律和轨迹，因此天道是天运行的规律和轨迹，人道是人运行的规律和轨迹，道路是车马运行的规律和轨迹。但这个理解仍然有偏差。

阳明先生提出了"心即理"的观点，认为我即心、心即物、物即理，我、心、物、理四位一体，这个是比较接近真相的。老子所谓的"常道"不仅仅是规律，同样"其中有物"、"其中有象"、"其中有精"、"其中有信"，是物、象、精、信的四位一体，或者说是物质、现象、意识、规律的统一体，是"混成之物"，尤其是不能将物质和规律剥离开，认为物质是物质，规律是规律。

我这里之所以用"本源常道"来代替老子的"常道"，就是为了避免这种人为割裂，实现物、象、精、信的四位一体。

论太极

易经中的太极是什么？

混沌恍惚天地辟，时空万物皆太极。

微尘刹海无穷尽，重重叠叠混为一。

太极是易经理论中最为重要，也最容易被人忽视的一个概念，最早出现于《庄子·大宗师》及《周易·系辞》。

《庄子·大宗师》中，庄子对"太极"和"道"的关系描述如下：

夫道……在太极之先而不为高，在六极之下而不为深，先天地生而不为久，长于上古而不为老。

《周易·系辞》中对太极的论述我们都很熟悉了，就是万物生成模型：

易有太极，是生两仪，两仪生四象，四象生八卦，八卦定吉凶，吉凶生大业。

老子在《道德经》虽然没有提出太极的概念，但提出了和《系辞传》中类似的万物生成模型：

道生一，一生二，二生三，三生万物。

从老子、孔子、庄子这三个人的上述观点中可以看到，数字"一"就是太极。太极一词中的"太"为"至"，"极"为极限，太极就是"到了极限"，有大到极大，小到极小之意。太极其大无外，其小无内，无所不包，无所不有，包括了至大至小的空间极限、至久至近的时间极限和至虚至实、至有至无的物质极限，放之则弥六合，卷之退藏于心。

在后面要讲到的先天五太理论中，太极被定义为事物刚形成的状态，就是天地未开，混沌未判时的那个奇异点。此时的太极，神、气、形、质、体五行具备，但它的内部仍处于混沌未分、阴阳混杂的状态，因此太极又被称为混沌。

在万物生成模型中，从太极之后又陆续化生出了两仪、四象和八卦，所以太极是化生宇宙万物的起点，故又被称为万物之母，相应地，无极被称为万物之始。

之前在对无极的分析中，我们知道无极和太极的区别在于我们观测时空点的选择，所以太极同样是一个相对的概念，不是一个绝对的概念。我们也可以将这个观测时空点叫做太极点。当我们选择了不同的时空点去观测时，我们所看到的太极也就不同，那么从不同太极点之后的发展路径也就各不相同了。

比如我们可以将宇宙大爆炸起点的那个奇异点视作宇宙的太极点，这个太极点之后的爆炸和膨胀造就了我们今天所生活的这个宇宙；我们也可以将太阳系诞生的那个时空点定义为太阳系的太极点，从而有了太阳系的诞生和整个星系及星系内不同生命形式的演化。

我们可以将盘古出生前的那个浑如鸡子的混沌定义为太极点，之后就有了盘古的出生和开天辟地直至盘古死亡的故事；我们也可以将盘古死亡这个时空点定义为太极点，之后就有了我们这个宇宙的演化和人类及万物的诞生。

根据太极的这个定义，宇宙万事万物都可以被视作一个太极，因此宇宙是一个太极，银河系是一个太极，太阳系是一个太极，地球是一个太极，人是一个太极，人的细胞是一个太极、原子是一个太极、原子核是一个太极、夸克同样是一个太极，……。

从先天五太理论中，我们看到太极之中神、气、形、质、体五行具备，也正因为这样，太极内部也就蕴含着他自身过去的所有生成信息、现在的所有状态信息和未来的所有进化信息。我们将太极的这个特性称为太极的时空全息性。

我们之所以能够用易经来为宇宙万物构建各自的时空全息模型，其理论依据就是太极的时空全息性，所以我们也可以将所构建的这个时空全息模型叫做太极模型，宇宙万物与为它量身订做的太极模型在时间和空间上有着一一对应、息息相关的联系。

借用一个比较时髦的科学术语，宇宙万物的太极模型（时空全息模型）就是宇宙万物的数字孪生体。

除了宇宙、地球、人体、原子等这些实体性质的太极外，还有很多虚体性质的太极，比如我们可以将一门学科，如物理学、管理学、化学等也视作一个太极，或者将一个人的病情、一个人的念头、一个人的衣食住行这样的事情都看作是一个太极。

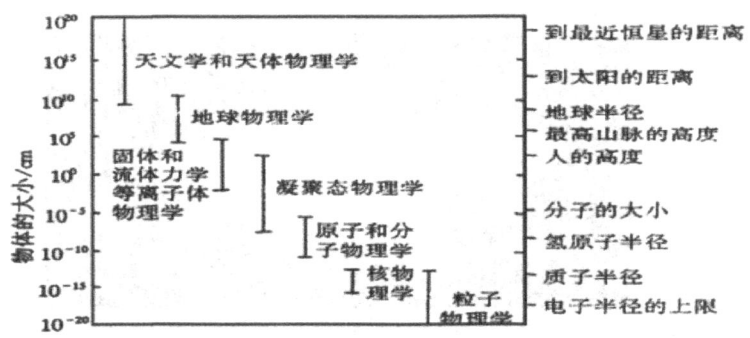

大家知道，在易经预测时可以算一个人的疾病、算他的出行、算他的财运、算他与别人的合作、算他的事业、算他的工作求学、算他的婚姻家庭，等等，林林总总可以有上百个测算的类别。

易经之所以能够普遍性地测算各种稀奇古怪的事情，之所以可以无障碍地广泛应用于政治、经济、军事、外交、文化以及日常的社会生产和生活之中，之所以能够"弥纶天地、曲成万物"，就是由于我们能够为这些领域内的或虚或实的研究对象构建起各自的时空全息模型，也就是太极模型，并根据这个模型来分析和预测这些事物的过去、现在和未来。

由此可见太极在易经思想中的重要地位。

庄子认为易经是研究阴阳的学问：

《诗》以道志，《书》以道事，《礼》以道行，《乐》以道和，《易》以道阴阳，《春秋》以道名分。

但实际上他只看到了阴阳在易经中的重要地位，却忽视了是太极生出了阴阳两仪，忽视了太极在易经中更加基础、更加核心的地位。若是对易经中的这些概念按重要性由高到低排序的话，那么一定是按照无极、太极、阴阳、三才、……八卦这个顺序排列下去。排在前面的是基础和根本，排在后面的是细枝末节和工具手段，这就是易经的本和末，体和用。

现在很多人研究易经都只是重视八卦和六十四卦，甚至只重视八字、面相、手相、风水这些更加细枝末节的工具层面的东西，这就叫舍本逐末，本末倒置了。

从无极部分的分析我们已经知道，太极是随着观测时空点的选取而变化的，这个观测点可以沿着时间轴从古至今，从现在至未来去选取和移动；也可以沿着空间轴从远到近，从外到内去选取和移动，所以这也就造成了太极所具有的其大无外，其小无内，无穷嵌套的特性，这个特性也可以总结为以下三个观点：

万物皆在太极，万物皆是太极，万物皆藏太极。

这三个观点都是站在我（太极点）的角度来观测，向上向外观测，就会发现我存在于某个或多个太极之中；向下向内观测，会发现我内部仍然蕴藏着众多的太极；而当我们去看我们自己的时候，会发现我自身也是一个太极。

比如，向上向外观测，我们每个人都隶属于家庭这个太极，同时也隶属于社区、单位、某个团体、某个党派、某个国家等多个太极之中；向下向内观测，我们体内的每个脏器、四肢、头颅、眼睛、耳朵、手指、我们的神经系统、循环系统等等，也都是一个个太极。我们自身当然也是一个太极。

任何事物既然能被识别为一个事物，就自然有其构成要素以及各个要素间的相互作用，要素及其相互作用关系就构成了该物体的结构，同时也就形成了自身的边界。这个边界的存在，将该物体与其外部环境区别开来。

同样，构成这个事物的某个要素之所以能被识别为一个要素，也正是因为其自身同样具有构成自身的要素、结构和边界，所以这些要素同样也是一个太极。可见，"万物皆藏太极"是与"万物皆在太极"相对应的，所描述的就是太极其大无外，其小无内，无穷嵌套的结构。

《大方广佛华严经疏》认为我们的宇宙不过是一粒微尘：

一一微尘中，各现无边刹海；刹海之中，复有微尘；彼诸微尘内，复有刹海；如是重重，不可穷尽。

这个微尘刹海无穷嵌套的模型，以及佛家所说的"一花一世界，一叶一菩提"，正是太极的真实写照。

我们对太极的学习，不仅仅是要了解太极的含义，更重要的是要了解太极的应用价值，能够应用太极思想去解决实际问题。

太极的核心价值所在，就是为所研究的对象构建一个时空全息模型，在这个模型中，包括了研究对象过去、现在和未来的时间信息，包括了研究对象内部环境和外部环境的空间信息，包括了研究对象内外部各个构成要素的信息，也包括了各个构成要素之间的关系信息。

在应用太极思想解决实际问题时，我们需要将研究对象的内外部环境视作一体，将研究对象的过去、现在与未来视作一体，将研究对象的各个构成要素视作一体。而这三个"视作一体"之所以能够实现，就在于其中彼此之间的联系。若没有这个联系的存在，事物就成了一盘散沙，也就不能称之为太极了。

时间、空间、要素、联系是太极的四根支柱，缺一不可。

上面我们介绍了太极的基本概念、特性和结构，揭开了笼罩在太极上的神秘面纱。我们反对将易经神秘化，因此在将无极拉下神坛之后，继续将太极也拉下神坛。按照鲁迅先生的说法，这叫做"褫其华衮，示人本相"，便于我们对易经的认识和学习，进一步推动易经的四化改革。

先天五太——无极是如何一步步生出太极的？

> 无极太极何相生？先天五太动有情。
> 惟赞先贤不屈志，开天不辍建奇功。

现在我们知道了无中生有是一种错觉，在这个过程中，那个本源常道并没有发生变化，变化的是现象层面的，物质的状态从不可感知变成了可感知。但古人并没有这个认识和觉悟，他们只看到宇宙万物从虚空里面无中生有地喷涌而出，这个过程像神迹一样难以理解。

不过幸运的是，我们的古圣先贤们没有回避这个问题，也没有将这个神迹归结为天神和上帝，而是一直在依靠自己的智慧和力量，苦苦探索无极生太极的机理和路径。

这让我想起美国哈佛大学神学院教授大卫·查普曼对中国神话和中国人的民族特性的评价。这个故事的真假这里不去考证，但其中所表现出的中华民族特性却是货真价实的。

据说这是大卫教授是在一次演讲中对东西方的神话故事进行的对比：

我们的神话里，火是上帝赐予的；希腊神话里，火是普罗米修斯偷来的；而在中国的神话里，火是他们钻木取火、坚韧不拔摩擦出来的！这就是区别，他们用这样的故事告诫后代，要与自然作斗争！

面对末日洪水，我们在诺亚方舟里躲避，但中国人的神话里，他们的祖先大禹战胜了洪水，看吧，仍然是斗争，与灾难作斗争！

如果你们去读一下中国神话，你会觉得他们的故事很不可思议，抛开故事情节，找到神话里表现的文化核心，你就会发现，只有两个字：抗争！假如有一座山挡在你的门前，你是选择搬家还是挖隧道？显而易见，搬家是最好的选择。然而在中国的故事里，他们的愚公却把山搬开了！可惜，这样的精神内核，我们的神话里却不存在，我们的神话是要我们听从神的安排。

每个国家都有太阳神的传说，在部落时代，太阳神有着绝对的权威，纵览所有太阳神的神话你会发现，只有中国人的神话里有敢于挑战太阳神的故事：有一个叫夸父的人因为太阳太热，就去追太阳，想要把太阳摘下来。当然，最后他累死了——我听到很多人在笑，这太遗憾了，因为你们在笑这个人不自量力，正

是证明了你们没有挑战困难的意识。但是中国的神话里，人们把他当作英雄来传颂，因为他敢于和看起来难以战胜的力量作斗争。

在另一个故事里，一个叫后羿的人把天上的太阳射下来了，中国人的祖先用这样的故事告诉后代：可以输，但不能屈服。中国人听着这样的神话故事长大，勇于抗争的精神已经成为遗传基因，他们自己意识不到，但会像祖先一样坚强。因此你们现在再想到中国人倔强的不服输精神，就容易理解多了，这是他们屹立至今的原因。

古圣先贤这种"不求神佛，只靠自己"的精神非常值得我们这些后来人敬重和学习。

在易经看来，万事万物都必然要遵循"穷则变、变则通、通则久，久则必穷"这一周期律模型，而既然是周期律，就必须构成一个循环，也就不应该存在无中生有、凭空创造宇宙万物这样一个奇异点，一定还有一些未被发现的东西，让穷变通久这个周期律凑成一个完整的拼图。

于是，在对万物生成模型进行顺向和逆向推演之后，古圣先贤们便将研究的焦点集中在了"无极生太极"这个奇特的时空点，并尝试着解开无极生太极的机理和过程，回答无极如何生出了太极这个问题，想要知道在这个观测时空点附近到底发生了什么，才能让宇宙万物瞬间被创造出来。

按古人的观点，无极生太极的规则与太极到八卦的生成规则完全不同。无极生太极是一个人出生的过程，是从无到有的，我们把这个阶段叫做万物生成的阶段，是一个跳跃式的质变过程。而太极到八卦是一个人从小到大，从生到死的过程，是能够被我们的感觉器官所认知和度量的过程，我们这个阶段叫做万物生长阶段，是一个缓慢积累的量变过程。

为了了解无极生太极这个质变过程，古圣先贤们提出了先天五太理论，并建立了先天五太模型，依靠人类的智慧生生地将一个不可琢磨的质变过程给拆解成了可思可议的量变过程，继续盘古未竟的开天伟业。

一、何为先天五太

先天五太理论将无极生太极的过程划分为五个阶段，即太易阶段、太初阶段、太始阶段、太素阶段和太极阶段。由于这五个阶段分别出现在太极诞生之前和诞生之时，出现在天地分判之前（先天地而生），所以叫先天五太。

根据古圣先贤的观点，将太易定义为神之始，太初定义为气之始，太始定义为形之始，太素定义为质之始，太极定义为体之始。

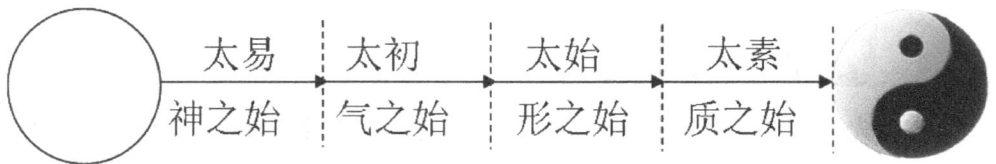

这五个阶段分别是无极生太极过程中，或者说宇宙万物生成过程中，神、气、形、质、体五要素刚刚出现的时刻。换句话说，先天五太理论认为宇宙万物分别由神、气、形、质、体五种基本要素构成，暗合五行理论。

下面我们就来认识一下这神秘的先天五太。

1. 太易：

《易纬·乾凿度》将太易定义为：太易，未见气也。《道法会元》则将太易定义为：

> 太易者，阴阳未变，恢漠太虚，无光无象，无形无名。寂兮寥兮，是曰太易。太易，神之始而未见气也。

也就是说，太易是指阴阳的分化尚未出现，广大无垠的原始虚空，当这一阶段，没有光明没有形象，没有形状，也没有名称。寂静无形，这就叫做太易。太易之时，神刚刚出现，但气尚未出现。

这里的"神"自然不是指神灵，而是万物的灵魂、特质、精神这些最为根本、最为核心的东西，是一个事物区别于其它事物的最根本的差别所在。

2. 太初：

《列子》将太初描述为：太初者，始见气也。即太初是气刚刚出现的阶段，但尚未有形象。

气的出现和交相作用决定了事物最终所具有的形态和功能特征，因此是生命乃至万事万物存在的必要条件。

3. 太始：

《易纬·乾凿度》将太始定义为：太始，形之始。即随着神与气的演化，太始阶段已经出现了形象，但有形无质，非感官可见，为开天辟地前的原始宇宙状态。

此处之"形"是气所化之形。形是事物的外在体现，也是事物的必要构成要素。

4. 太素：

《列子》将太素定义为质之始。即太素是随着"形"的演化而出现"质"的阶段，是质的起始而尚未成体的阶段。

此处之"质"是指构成一个生命或事物的物质，之前的神、气、形都是无形的，是纸上谈兵的方案，而到太素阶段，则是将存于纸上的方案变成实际的有形的产品。

5. 太极

太极是形神俱备、质体形成的阶段。在这个阶段，随着形与质的演化，已经出现了体，但整个系统仍处于混沌未分、阴阳混杂的状态。太极之时，神气形质混然一体，称之为浑沌，混沌未分即为太极。所以太极图内含阴阳，虽已有形有质（阴阳鱼），但仍混沌一片（阴中有阳，阳中有阴）。太极图内含有深刻的哲理，需要初学者认真体会。

先天五太模型以神之始为太易，气之始为太初，形之始为太始，质之始为太素，体之始为太极。

先天五太是易学研究中一个被人严重忽视的环节，先天五太模型看似很是晦涩抽象，但却非常实用，不论是对生命体、对产品、对企业、对国家，对宇宙万物，我们都可以用这个模型去分析和解构。

二、先天五太的重要意义

先天五太理论的重要意义主要表现为如下几个方面：

1. 提出了维度的概念，弥补了阴阳的不足

先天五太本质上是研究太极的五个维度，与阴阳二分法有着高度的互补性。

阴阳二分法通过不停地切割，将万物切割成不同层次（阴阳层次、四象层次、八卦层次、六十四卦层次等等），为万物构建了一个多层次的分析模型。

但仅仅划分层次还是不够的，还需要从多个角度、多个维度来分析事物，先天五太就是将太极分为了神、气、形、质、体五个维度，并分别从这五个维度来了解和认识一个事物。

五太的维度概念是一个非常重大的突破，五太与阴阳合起来就能够为宇宙万物建立起一个多维度、多层次的时空全息模型。也正因为如此，我们将易经称为宇宙建模学。

2. 五太暗含时空统一

先天五太模型既是一个时间序列模型，按照太易、太初、太始、太素、太极的时间序列排列，同时也是一个空间序列模型，将一个事物的空间构成分解为神、气、形、质、体五部分，认为万物都是由这五部分构成的。所以我们说五太理论暗含了时空统一的概念。

也正是因为五太理论将时空统一在一起，从而使得易经为万物所构建的模型不是一个静态模型，而是时空全息模型。

易经是一部关于时间和空间的学问，讲究时和位，要求人在正确的时间出现在正确的位置，这就是所谓的吉，否则就是凶。

易经中的时间和空间是高度一体的，其一体化程度要比爱因斯坦的广义相对论还要显著。可惜我是个物理没有学好的人，希望对此感兴趣的朋友多多交流，也许我们能够破解易经中所隐藏着的更加高级的时空观和宇宙观，推动现代物理学和哲学的发展。

3. 为修炼指出了一条清晰的道路

道家气功和内丹派修炼中所讲的"练精化气、练气化神、练神还虚、练虚合道"，就是这个五太模型的应用，这个修炼路径实际上就是从太极（精）、太素、太始、太初（气）、太易（神）一直到无极（虚）的逆向运动，属于"逆则成仙"的修炼方法。

先天五太理论的建立，同时也让我们了解了古圣先贤如何在茫茫黑夜中摸索前进，将"无中生有"这个不可捉摸的质变过程分解为一个个可衡量的量变的累积。这是中国人勤于思考、不畏艰难、敢于抗争、不轻信神仙上帝的民族特性的忠实反映。

万物互联——宇宙的真相

> 万物互联本一体，同根相生皆太极。
> 五行制化有妙用，借力卸力任东西。

之前我们提到时间、空间、要素和联系是太极的四个支柱。其中要素是硬件，联系是软件，联系就如同润滑剂和纽带一样，让整个系统能够成为一体，协调运转，本章我们就来重点介绍太极中的联系。

我们所生存的这个宇宙本来就是互联互通的，宇宙万物之间有着相互联系和相互作用，只不过是其中的机理还无法为我们当今的科学所认识和理解。现在人们基于人工智能和物联网技术提出的万物互联不过是在强化这种已有的联系罢了。

那么，什么是联系呢？

我们从以下三个方面来理解。

一、联系是系统各要素间的物质、能量和信息交换

从信息学角度来看，联系就是系统各组成要素之间所发生的物质、能量和信息交换，也包括系统与外部环境之间的物质、能量和信息交换。

一个国家的各个地区和部委之间、一个企业的各部门之间、一个人的各个组织器官之间、一个星系的各个恒星和行星之间，都随时随地进行着这种物质、能量和信息的交换。没有这些物质、能量和信息的交换，系统的各个部分就会成为一群鲁滨孙，在各自的孤岛上盲目而艰难地生存。

以企业的人资和业务两个部门为例，若没有人资部门提供的人力资源支持，业务部门就无法开展业务，无法获得销售收入。反之，没有业务部门的销售收入，人资部门就难以为继，无法进行人员招聘和培训等工作。正是由于有这种人员和资金的交换才能保证两个部门，乃至整个企业的顺利运营。

以人体为例，我们的血液循环系统将氧气和营养物质输送到全身各个器官、各个细胞，同时将各种代谢产物，各种废弃物带走，才能维持人的生命和各项功能。

太阳系内，太阳在不断地向地球输送阳光和能量，维持着地球的生态系统，同时依靠万有引力维持着整个太阳系的稳定运转。

二、联系是系统各要素间的相互作用力

从物理学角度来看，联系就是系统各构成要素之间所具有的相互促进、相互制约的作用关系（作用力），也包括系统与外部环境之间的这种作用力。

企业内部都有一套完整的激励约束机制，如公司董事会对高管的激励约束机制（年薪制或股权激励等），其目的是鼓励高管努力工作，发挥其主观能动性，不断提升企业业绩，确保投资人的投资安全；财务部门对制造部门和业务部门的监督机制，其目的是确保公司的财务安全，以降低成本，杜绝浪费；人资行政部门制定的奖惩机制，其目的是确保公司的制度得到有效执行和员工行为得到正确引导。正是这些相互作用关系的存在才使得企业成为一个目标清晰、运行高效的有机系统，而非一盘散沙。

太阳系内部，也同样是依靠彼此的万有引力才能维持星系的稳定运行，让地球四季分明，阴阳调和，万物和谐共生。

这里所讲的各构成要素之间相互作用、相互制约的作用力，前提仍然是物质、能量和信息的交换，是伴随着这种交换而产生的各种反馈机制。

三、联系是系统各要素间的五行生克制化关系

从易经理论来看，联系就是太极各构成要素之间的五行生克制化关系，也包括系统与外部环境之间的五行生克制化关系。

五行理论是易经中的重要概念，五行即金、木、水、火、土，很多人将五行简单理解为五种物质，这是不正确的。不过这里我们不做过多分析，留待后面五行部分再去探讨。我们这里只对五行关系做一个浅显的介绍。

五行之间存在着生克制化关系,具体表现为"我生"、"我克"、"生我"、"克我"、"比和"这五种作用关系。以土为例,火生土,火就是能够生助土(生我)的力量;木克土,木就是能够克制土的(克我)的力量;土克水,水就是土所能够克制(我克)的力量;土生金,金就是土所能生助(我生)的力量;土与土同类比和,土就是能够比和土(我)的力量。

五行生克制化是易经理论的重要内容,这五种作用关系比起西方所推崇的竞争与合作关系更加细致完善,提供了一个非常有效的分析工具,让管理者对系统(个人、企业、国家等)与其内外部环境之间错综复杂的关系有了一个更加全景化的了解。

学会借力,人生终将辉煌——太极思想在生活中的妙用

借火借箭借东风,孔明妙计姻江东。
回望豪杰功成处,万物皆在我囊中。

对宇宙的万物互联现象,我们目前是只知其然而不知其所以然,不知道为

什么万物之间，尤其是那些看似不相关的事物间会有联系和相互作用。比如康节先生看到两只鸟"争枝坠地"就能预测到晚上有小女孩折花而坠地摔伤了腿，听到别人随口问了一句牡丹花怎么样，就能预测到牡丹花第二天会被马给践踏而毁。

我们无从得知鸟坠地和女孩摔伤腿之间为什么会有联系，也不知道康节先生到底是在头脑中"看到"了女孩摔伤腿或马踏牡丹的未来景象，还是真的单纯从卦象上推演出来的。

这种万物之间广泛存在的联系对我们最大的启示就是借力。

既然宇宙万物、世间众生都与我有着或多或少、或远或近的五行生克制化关系，那么宇宙万物也就都能为我所用，我就可以从环境中整合和调动各种要素，各种资源，借来万物的力量帮助自己行事，从而有效地提升和放大自己的力量。

因此如何发现万物之间的联系，如何利用这个联系来调动万物为我所用，就成了我们建功立业、攻坚克难时必然要考虑的问题。

历史上为我们所熟悉的成功人士、智者，都是善于借力的人，其中的诸葛武侯更是借力高手。在孔明眼中，无物不可借、无人不可借、无时不可借。比如火烧赤壁、火烧博望坡、火烧孟获的藤甲兵，都是借助了天地自然之力而大获全胜。在草船借箭的故事中，甚至借用了敌人（曹军）的力量来帮助自己完成造箭的任务。当刘备一无所有、筚路蓝缕之时，更是通过与东吴联姻，借助东吴之力奠定了三分天下的格局。

借力不仅仅是智者才有的能力，普通人同样可以学会借力、善于借力，就像核反应那样，将自身的能力和影响力快速放大几万倍乃至几百万倍，实现自身事业的超常规发展。

荀子在《劝学篇》中对借力思想做了形象而生动的描述：

登高而招，臂非加长也，而见者远；顺风而呼，声非加疾也，而闻者彰。假舆马者，非利足也，而致千里；假舟楫者，非能水也，而绝江河。君子性非异也，善假于物也。

在军事战争和商业竞争中，我们可以借力的对象多种多样，除了可借己方之力外，还可借天时之力、地利之力、人和之力，甚至借用敌方之力，达到四两拨千斤的效果，以最小的代价获取最大的回报。

中央红军的万里长征，蒋介石所用的驱虎吞狼、借刀杀人之计，就是借力思想的具体应用，想借地方军阀之力来削弱红军，借红军之力来削弱地方军阀，鹬蚌相争，蒋某人坐享渔翁之利。而且从最终结果来看，这个计策至少是部分成功的，一方面极大地削弱了红军的力量，另一方面国民党中央军趁机收回了贵州，并一定程度上削弱了各地军阀。同样，中央红军也是借了敌方之力，利用国民党中央军和地方军阀之间的内部矛盾，跳出了包围圈。

由此可见，在太极思想指导下，无物不能借，无处不能借，无时不能借。

甚至可以说，人类几千年的历史就是一部不断从宇宙自然、从人类社会中借力的发展史，我们所欠缺的，不过是一颗"善借于物"的七窍玲珑心罢了。

借力思想的另外一个表现形式是卸力思想。

借力与卸力两者的原理相同——既然可以借用环境中的力量来壮大自己，攻击敌人，自然也可借用环境中的力量来阻挡敌人，分担敌人的攻击力。借力是利用外力帮助自己攻击对手，卸力则是利用外力帮助自己抵抗对手的攻击，一体两面，异曲同工。

借力卸力思想在太极拳上表现得非常显著。太极拳特别强调从环境借力，从敌人借力，利用周围环境的力量来攻击敌人。

在围魏救赵的故事中，孙膑不仅仅是将赵国都城邯郸及邯郸附近的赵军和魏军视作一个整体（太极），更是将赵魏齐三国视作一个更大的太极，从而在这个大环境内调动资源，整合力量，借空间之力来卸去魏军对邯郸的围困，并借桂陵的地利之力大败魏军。

合纵连横的典故中，苏秦与张仪二人起于布衣，穷困潦倒，却以智谋纵横天下，将天下视作棋盘（太极），借七国的力量为我所用，翻手为云，覆手为雨，玩弄天下于指掌之间，实现了个人力量的无限放大。

前几年有部电视剧,叫做《中国式关系》,讲述了人与人之间错综复杂的关系,就是太极中这个联系的最佳写照。

现实生活中的这种中国式关系,要比电视剧中更加惊心动魄,曲折复杂。但无论如何复杂的关系,都逃不脱五行,都是在"我生"、"我克"、"生我"、"克我"、"比和"这五种关系中打转。所以如果能够领会太极思想,洞悉五行关系,将外部的各种不利于我的关系都尽量转化为生我和比和的关系,那就是人生的智者和赢家了。

借力的故事

网上流传着很多借力的小故事,姑且不论其真假,但其中所蕴含的借力思想值得我们去参考和学习。

其中有个故事是讲一个父亲让小男孩去设法搬起一块大石头,但是石头太重,男孩无论如何也搬不起来,只好放弃。

不过父亲告诉他不要放弃,肯定还有某种没有想到的办法,要继续去想新的办法。

男孩绞尽脑汁,仍想不到有什么办法能把石头搬起来。最后父亲告诉他"我就在你旁边,你却并没有请求我的帮助"。

这个父亲就是男孩的外部资源,通过血缘关系建立起了联系,但男孩在设法搬石头的时候，并没有建立起这种太极思维和借力思想，而只是想着靠自己的力量来达成目标。

生活中我们也经常听到某些人说自己从来不求人，完全靠自己。对这种人我们要敬而远之。之所以要"敬"是因为他们确实很了不起，想靠自己的力量去征服全世界，虽然成功的概率几乎很低，但这种精神值得我们敬佩。

而之所以要"远之"，是由于既然他从不求人，那么他也就不会让人求他，不会去帮助人，不会去与人合作，也不会去与人分享，当你遇到困难需要帮助、遇到好事需要分享的时候，他都不会是那个理想的人，所以最好的态度就是敬而远之了。

还有一个故事也很有借鉴意义。

一个穷人天天累死累活地工作，仍然吃不饱穿不暖，于是到上帝面前哭诉抱怨，觉得这个社会很不公平，富人们每天悠闲自在，而穷人们则每天辛苦劳作。

上帝问他，你要怎样才觉得满意。

这个人说，我要公平、公正，让社会上的富人和我一样穷困、一样辛勤工作。

于是上帝就让一个富人破产，变得和这个穷人一样穷困，然后给了他们两个人每人一座矿山，要求当天挖出的煤可以卖掉买食物，限期一个月挖完。

这个穷人干惯了粗活累活，第一天就挖了满满一车煤，卖掉后买了各种食物，一家人饱餐了一顿。然后日复一日，挖煤、卖煤、享受美食与生活。

而这个富人原来从来没有干过体力活，开始挖的很慢，但他把卖煤的钱买了几个馒头充饥，然后用剩下的钱雇了几个穷人来帮自己挖煤，卖煤的钱再用来雇更多的人来挖煤，而自己一直省吃俭用。

当一个月的期限到来的时候，穷人的煤矿只挖了一小部分，攒下的钱也寥寥无几。当上帝收回矿山后没多久，穷人又再次恢复到了之前穷困潦倒的地步。而这个富人又恢复到破产前的状态，甚至变得更加富有了。

当一个人穷困潦倒、走投无路的时候，往往会抱怨自己要人没人、要钱没钱，实际上可用的人和可用的钱就在那里，只是看你是否想到了如何去用。只要你想到了办法，建立起了这个联系，那么不管是比尔·盖茨、埃隆·马斯克，还是马云、马化腾，他们的钱、他们的人都能够为你所用。

就像我之前所讲的那样：

我们所欠缺的，不过是一颗"善借于物"的七窍玲珑心罢了。

穷富翁大作战的误导

香港翡翠台有一档名为《穷富翁大作战》的节目，其中的一期节目是G2000的老板田北辰先生做清洁工来体验底层百姓的生活。

在节目开始的时候，田先生信心满满地说"我始终信奉自由市场，淘汰了很多弱者。只要你有斗志，弱者亦可以变强者"，认为自己终将逆转清洁工的命运。然而现实却一次次打破了他的梦想，他无法忍受狭小肮脏的笼屋、无法忍受高昂的交通费、无法按时完成清理垃圾桶的任务、甚至无法负担一顿午餐，最终败了下来。

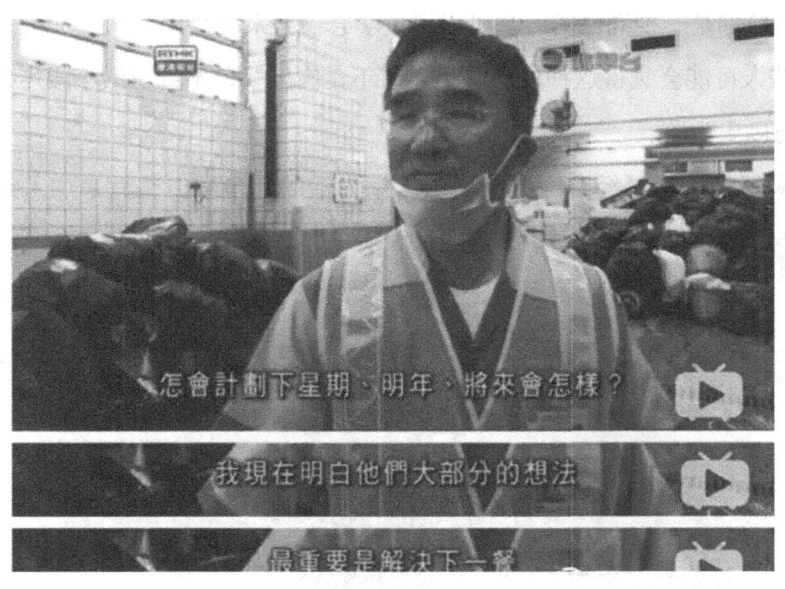

在节目的末尾,田先生无奈地承认"我每天努力工作只是为了吃一顿好的。"他完全没什么盼望,每天想的只会是下一餐自己可以吃什么,绝对没有心力去计划未来。在香港底层挣扎的人,每天都是为了下一餐或是下一个落脚处而烦恼。

田先生之前的成功是在借力的基础上实现的,毕竟他的父亲田元灏曾是香港纺织界的头面人物,人称"一代裤王",母亲荣志文是香港的江南四大家族荣氏家族后人,他借助了父母双方家庭的力量才能一步步走到今天的成功。

但我认为这个节目立意就有问题,这个节目进一步强化了香港社会的阶层分化,让基层民众更加绝望和认命,而没有起到振奋民心、解决问题的作用。田先生也好,其它参加该节目的富翁也好,应该展现更多的智慧,而非苦力,教导基层民众如何借力、如何整合各方力量来打破宿命,改变自身的境遇。

以史为鉴

太极思维、借力思想的好处就是没有歧视,任何人,即便是最底层的民众,在太极面前都是一视同仁的,都可以通过学会借力来转变局面。

有些人可能会觉得这种说法有点"何不食肉糜"、站着说话不腰疼的味道,我们不妨以史为鉴。

明太祖朱元璋曾经穷困潦倒到了出家为僧的地步,但是后来加入红巾军起义,一步一步借助别人的力量,建立了大明王朝。

近代中国的两位领袖人物蒋介石先生和毛泽东先生，都是出身于普通家庭，但通过把握各个机会，整合多方力量，一个成为中华民国的大总统，一个成为中华人民共和国的开国领袖。毛泽东先生至今也被称作是最成功的北漂，成为众多北漂一族的榜样。

当年国共两党中很多后来叱咤江湖的人物，刚起步时都远比现在香港笼屋中的民众，远比写字楼中或生产线上的你我更加凄惨，军统头子戴笠混迹上海时穷得身上只有一身衣服，还在洗澡时差点别人偷掉，幸得当年还是小学教师的胡宗南照顾，最后深得蒋介石的信任，成为位高权重的人物。

他们都是通过借力，通过整合外部的各种资源和力量，一步步达到了自己的人生巅峰。

这两年听到很多人抱怨，说是当今社会的上升通道越来越窄，社会阶层固化现象越来越严重，包括这位田北辰先生也因此深受打击，丧失了奋斗的动力。但比起朱元璋、蒋介石、毛泽东这几位当初的处境来说，现在的环境不知要好了多少，大家还有什么可抱怨的呢。

在常人看来——

　　我所拥有的，才是我能用的。

而在智者眼中——

> 我能用的，就都是我所拥有的。

几乎相同的字、相同的词，只是顺序变了变，境界和结果就大不相同了。而我们所谓的谋略、所谓的智慧，就体现在我们是否善于借物。

易经中有"自天佑之，吉，无不利"的说法，如果天地万物都来帮助我们、护佑我们，自然无论我们做什么事，都大吉大利了。而天地万物之所以来帮助我们、护佑我们，就在于我们慢慢培养出来的那颗善于借物、善于变通的七窍玲珑心。

论阴阳

易以道阴阳——阴阳是中国文化的基石

伏羲一画即开天，尊卑贵贱刚柔断。
世事纷纭谁推动？阴阳消长万物迁。

前面几章分别介绍了易经万物生成模型中的无极和太极，今天我们来继续介绍太极所生的两仪，即阴阳。

首先我们来了解什么是阴阳。

提起阴阳，立刻出现在我们脑子里的，可能是一个头顶瓜皮帽、戴着黑墨镜、扛着卦幡、走街串巷的算命先生的形象，或者是穿着八卦道袍、手拿金钱宝剑、口中念念有词的捉鬼除妖的游方道士和风水先生。

其实这些都是影视作品中对阴阳的片面理解，用阴阳先生的形象固化了我们对阴阳的印象，让我们不自觉地将阴阳与封建迷信联系了起来。

去掉这些玄而又玄的江湖论述和学术杂音，真正的阴阳是一个既抽象又简单的哲学概念，在中国的传统文化和哲学思想中占有非常重要的地位。

我们说易经是六经之首，群经之始，诸子百家之源，这里的之首、之始、之源，就是易经中的无极、太极和阴阳，可以说诸子百家都是从无极、太极和阴阳之后分化出来的学术流派，因此阴阳概念也贯穿在各家学说之中。比如《孙子兵法》一书仅仅六千来字，就出现了80多对阴阳，而且是反复出现、反复提及。

阴阳的产生可以分为三个阶段，即阴阳观念的产生、阴阳符号的创立和阴阳概念的提出。

1. 阴阳观念的产生

阴阳观念的产生可以上溯到盘古开天的传说，当盘古用斧头劈开"鸡子"，使得轻清者上浮为天，重浊者下沉为地之时，就已经分出了阴阳。因此我们说无极和太极是人类认知中的第一对阴阳，而天地则是紧随其后出现的第二对阴阳。

2. 阴阳符号的创立

阴阳符号的创立可以上溯到伏羲的"一画开天"。

伏羲创立了八卦符号的同时就创立了阴阳的符号，不过阴阳符号只是作为八卦符号的一部分而存在，并未被单独表述。八卦符号由三个爻组成，每一爻都各分阴阳，其中用连续长横线作为阳爻，中间断开的横线作为阴阳。

3. 阴阳概念的提出

阴阳的概念最早应该出现在老子的《道德经》中，老子首次将阴阳概念提炼出来并上升到哲学高度：

道生一、一生二、二生三、三生万物。万物负阴而抱阳，冲气以为和。

老子认为宇宙万物都是阴阳的统一体，阴阳二气相生相长，相互激荡，达到和谐统一的境界。

孔子在《周易·系辞传》中不但明确提出了"一阴一阳之谓道"的观点，开篇第一节更是用多个阴阳相对的概念来描述天地万物：

天尊地卑，乾坤定矣。卑高以陈，贵贱位矣。动静有常，刚柔断矣。方以类聚，物以群分，吉凶生矣。在天成象，在地成形，变化见矣。是故刚柔相摩，八卦相荡，鼓之以雷霆，润之以风雨；日月运行，一寒一暑。乾道成男，坤道成女。乾知大始，坤作成物。

其中，天地、尊卑、乾坤、卑高、贵贱、动静、刚柔、吉凶、日月、寒暑、男女等，都是阴阳概念，每个词都是一对阴阳。

庄子更进一步，在《庄子·天下》中，庄子对《六经》的定位作了描述，并认为易经本身就是一部关于阴阳的著作：

《诗》以道志，《书》以道事，《礼》以道行，《乐》以道和，《易》以道阴阳，《春秋》以道名分。

我们所熟知的三才、四象、五行、八卦、河图、洛书、天干、地支、六十四卦等概念和模型，都是建立在阴阳思想基础之上的，并共同构成了易经这门宇宙建模学的基础建模工具。

我们经常说医易同源，这是因为中医学的理论学说也源自易经。阴阳学说对于后世中医学的发展也起到了巨大的推动作用和规范作用。在中医学典籍《黄帝内经·素问》中有如下论述：

阴阳者，天地之道也，万物之纲纪，变化之父母，生杀之本始，神明之府也，治病必求于本。故积阳为天，积阴为地。阴静阳躁。阳生阴长，阳杀阴藏。阳化气，阴成形。寒极生热，热极生寒。寒气生浊，热气生清。

《黄帝内经》认为阴阳是天地万物的根本，也是人的根本，人的健康与否都是阴阳运动的结果，阴阳平衡人就会健康；若是阴阳失衡，不论是阳盛阴衰，还是阴盛阳衰，都会让人生病。

在易经思想中，阴阳不过是相辅相成的两种物质、两种运动、两种属性、两种状态。阴阳既可以表示两类相对的事物，也可以表示一个事物相对的两个方面，是宇宙万物最基本、最高度的区别和概括，是一个硬币的两面。

宇宙万物都是阴阳二气此消彼长、相互交融的产物，都具有既对立又统一的正反两个方面。而且宇宙万物的生长、发展和消亡，也都是事物阴阳两个方面不断运动和相互作用的结果。

阴阳无处不在，一点也不神秘。我们日常生活中的万事万物都可以划分为阴阳两类，如天为阳地为阴；日为阳月为阴；火为阳水为阴；男为阳女为阴；昼为阳夜为阴、上为阳下为阴，盈利为阳亏损为阴，增长为阳衰退为阴、正面为阳背面为阴，等等。

一般来说，阳代表的事物具有运动、活跃、刚强、向上等属性，例如动、刚强、活跃、兴奋、积极、光亮、无形的、机能的、上升的、外露的、轻的、热的、增长的、生命活动等。

阴代表的事物则具有安静、不活跃、柔和等属性，例如静、柔和、不活跃、抑制、消极、晦暗、有形的、物质的、下降的、在内的、重的、冷的、减少的、肉体等。

我们前面在探讨无极的时候，讲过本源常道的概念，认为存在一个如如不动的万物本源，我们所看到的各种事物都是这个本源常道的象（相），是现象级的存在，我们是通过象（相）才认识到本源的存在的。

阴阳也是一个现象级的概念，是对现象的分析工具，借此工具一方面可以对物象进行无限分解，使万物"复归于无极"，另一方面也可以对物象进行归一，直至回归那个本源常道，同样归于无极，归于本源常道。

阴阳——宇宙的第一推动力

阴阳相生亦相对，暑往寒来四时推。
奇正变化无穷尽，天地一掌皆可为。

在牛顿所生活的时代，人们看到月亮绕地球旋转不会掉下来，以为是神的力量，所以将月亮以上的空间称为神界。地表的物体总是会掉落到地面，所以将月球以下的空间称为俗界。直到牛顿提出万有引力定律，才认识到月球不下落是由于具有横向速度的缘故，才破除了这一观念。

可即便是牛顿也无法解释一个问题：到底是谁施加了这个第一个推动力，让月球以及各类星体都处于永恒运动之中。万般无奈之下，牛顿只好把这第一推动力归结为万能的上帝，这样就能一劳永逸地解决所有问题了。

这就是著名的宇宙第一推动力的问题。第一推动力的问题与灵魂三问一样，都关系到宇宙的起源，是各个民族，各个宗教都在致力于解答的根本问题。

对于这第一推动力问题，易经给出了自己的答案，那就是阴阳消长、阴阳互变。

之前我们介绍了阴阳的基本概念，本章我们来重点了解阴阳彼此之间的关系，以及阴阳消长、阴阳互变如何推动了万物的变化和运动。

在易经理论中,阴阳并不是孤立的两个概念,也不是静止不变的,而是彼此间存在着相对、依存、消长、转化的关系。

一、阴阳相对:

阴阳是事物的两种属性,是代表矛盾对立统一的两个方面。是宇宙万物相互对立双方的概括。如天为阳地为阴、白天为阳黑夜为阴、上为阳下为阴、热为阳寒为阴、质子为阳电子为阴、男为阳女为阴等等,说明万事万物都是对立存在于宇宙时空之中的。

阴阳的相对性更多地表现为对称性,人类社会中的大部分事物都是对称存在的,人类的审美观也是以对称为规范,都是这种阴阳相对的体现。

但是,事物的阴阳属性不是绝对的,而是相对的,必须根据互相比较的条件而定。以上下为例,人的脚在下为阴,身体在上为阳,但人的头在上为阳,身体在下为阴。在这两种情况下,身体的阴阳属性发生了变化。因此我们在谈论事物的阴阳属性时,必须要明确比较的条件和适用的场合,切不可将阴阳绝对化、固定化。

二、阴阳互根:

阴阳互根,即阳根于阴,阴根于阳。没有阴就没有阳,没有阳就没有阴,阴阳相互资生、相互依存，不能离开对方而单独存在。

如外为阳内为阴，没有内也就没有外，反之亦然；上为阳下为阴，没有上也就没有下，反之亦然；昼为阳夜为阴，没有昼也就没有夜，反之亦然。如企业经营中以盈利为阳，亏损为阴，没有盈利也就没有亏损，没有亏损也就无所谓的盈利。所以《黄帝内经》才有"孤阳不生，独阴不长"的说法，都说明了阴阳二者相互依存，缺一不可。

老子在《道德经》中说"祸兮，福之所倚；福兮，祸之所伏"，也说明了阴阳相互依存的关系。

关于阴阳互根，塞翁失马的故事是最好的明证：

古时有一位住在边塞附近的老人名叫塞翁。塞翁擅长数术，他养了许多马，一天马群中忽然有一匹走失到了胡人居住的地方。邻居们听到这事，都来安慰他不必太着急。塞翁见有人劝慰，笑了笑说："丢了一匹马没有关系，没准还会带来福气。"

塞翁失马 焉知非福

邻居听了塞翁的话，心里觉得好笑。马丢了，明明是件坏事，他却认为也许是好事，显然是自我安慰而已。可是过了几个月，丢失的马不但自己回来了，还从胡人那里带回了一群马。

邻居听说马自己回来了，非常佩服塞翁的预见，向塞翁道贺说："还是您老有远见，马不仅没有丢，还带回一群马，真是福气呀。"

塞翁听了邻人的祝贺，反到一点高兴的样子都没有，忧虑地说："白白得了一群马，不一定是什么福气，也许会惹出什么麻烦来。"

塞翁的儿子喜欢骑马，一天骑马时不小心从马上掉下来摔断大腿。邻居听说，又纷纷来慰问。

塞翁说："没什么，腿虽然摔断了却能因此保住性命，或许是福气呢。"邻居们觉得他又在胡言乱语，带着嘲笑和不解的表情纷纷离去了。

不久，匈奴兵大举入侵，村里的健壮青年人都被拉去打仗，大多数都战死沙场，唯独塞翁的儿子因为摔断了腿，不能去当兵得以活了下来。

经过此事，村里人这才真正认识到塞翁的高明过人之处。

三、阴阳消长：

指阴阳双方在对立互根的基础上在永恒地运动变化着，不断出现"阴消阳长"与"阳消阴长"的现象，这是一切事物运动发展和变化的源动力。

孔子在《系辞传》中对阴阳消长做了生动的描述：

日往则月来，月往则日来，日月相推而明生焉。寒往则暑来，暑往则寒来，寒暑相推而岁成焉。

四季气候变化，从冬至春至夏，由寒逐渐变热，是一个"阴消阳长"的过程；由夏至秋至冬，由热逐渐变寒，又是一个"阳消阴长"的过程。正是由于四季气候的阴阳消长，才会有寒热温凉的变化，万物也才能生长收藏。如果气候出现了反常变化，就会产生灾害。

在正常情况下，阴阳常处于动态平衡的状态，阴阳消长幅度限定在一定范围之内。但如果阴阳消长幅度超出既定范围，不能保持相对的平衡时，便会出现阴阳某一方面的偏盛偏衰，导致问题的发生，对人来说会产生疾病，对企业来说会出现经营问题，对国家来说则有可能产生经济衰退或政治动荡。

四、阴阳转化：

同一体的阴阳，在一定的条件下，当发展到一定的阶段，阴阳双方可以各自向其相反方面转化，即阴可以转为阳，阳可以转为阴，称之为阴阳转化，或阴阳互变。

如白天为阳，中午时阳气最盛，阳至一阴生，因此中午时会有阴气产生，在下午时阴气会逐渐增强，即阳消阴长，阳向阴转化。至半夜时阴气达到最盛，阴至一阳生，因此此时会有阳气产生，即阳长阴消，阴向阳开始转化，直至到中午时阳气达到最盛。

这种阴阳转化叫做盛极而衰，衰极而盛。但很多时候阴阳并不一定要到盛极或衰极的时候才发生转化，《烟波钓叟歌》中说："若能了达阴阳理，天地都在一掌中"，只要控制得当，我们随时随地都可以进行阴阳转化，翻手为云，覆手为雨。

以企业经营为例，在盈利时也会由于经营不善或者外部市场环境变化而变成亏损，同样在亏损时也可以通过改善内部管理、调整营销策略而扭亏为盈，从而实现盈亏（阴阳）之间的转化。

孙武在《孙子兵法》中描述了奇正这一对阴阳相互转化所带来的无穷变化：

凡战者，以正合，以奇胜。故善出奇者，无穷如天地，不竭如江海。终而复始，日月是也。死而更生，四时是也。声不过五，五声之变，不可胜听也；色不过五，五色之变，不可胜观也；味不过五，五味之变，不可胜尝也；战势不过奇正，奇正之变，不可胜穷也。奇正相生，如循环之无端，孰能穷之哉！

易经中有三易之说——简易、变易、不易，太极、阴阳就是其中简易和不易的根源，而阴阳消长、阴阳转化则是变易的根源。

正是由于阴阳处于永不停息的消长之中且彼此之间存在着相互转化的可能性，才使宇宙万物的变化和运动成为可能。而宇宙第一推动力则来自于盘古开天辟地那一斧，也就是阴阳宝刀从无极中劈出太极的那第一刀。

但宇宙的运行不仅仅依靠这第一推动力，在宇宙万物的衍化全过程中，阴阳宝刀都在不断地劈砍刺削，因此还有第二推动力、第三推动力、……，为宇宙万物的永恒运动提供源源不断的推动力。

另外，所谓的盘古开天第一斧（第一刀）其实不过是更大宇宙中的寻常一斧，只是由于我们看不到更理解不了盘古开天前的景象，才把这一斧当做了第一斧罢了。

在企业管理工作中，正是因为阴阳的消长和转化，为管理者转换管理思路、调整管理手段提供了巨大的灵活性。

对一个国家来说，其内部发展同样是由阴阳消长运动所驱动的，当一个国家过于强盛时，往往也就会走下坡路，由阳转阴，所以才有"盛极而衰，衰极而盛"的说法。当下的美国就正坚定不移、不可逆转地走在盛极而衰的大路上。

对战争同样如此，胜利后有可能失败，失败后仍有胜利的机会，因此我们要做到"胜不骄，败不馁"，就是既要避免由胜转败的局面，又不放过败中求胜的机会。

庄子曾提出"易以道阴阳"的观点，实际上在《黄帝内经》、《道德经》、《孙子兵法》等经典中也到处都是阴阳，并充分利用阴阳的上述四个特性，尤其是阴阳消长和阴阳转化特性，来达到治病救人、修身养性、杀敌制胜的目的。如《孙子兵法》中提出的"乱生于治，怯生于勇，弱生于强"、"敌佚能劳之，饱能饥之，安能动之"，还有孙武高度重视的"识众寡之用"，都是认识到并利用了阴阳能够互相转化的特性。

阴阳宝刀——略谈阴阳二分法

阴阳宝刀碎万物，有生于无复归无。
百家之源群经始，洁净精微极其数。

武林至尊，宝刀屠龙。号令天下，莫敢不从。倚天不出，谁与争锋。

这是金庸先生在小说《倚天屠龙记》中对屠龙宝刀的描写，而这个世界上真正的宝刀要算是孔夫子手中的那把阴阳宝刀了。屠龙宝刀只能屠龙，而阴阳宝刀可以切割天地，屠尽天地万物。

在易经的万物生成模型中，孔夫子就挥舞着阴阳宝刀将太极一刀刀地切割成宇宙万物，直至重新切割到近乎虚无的境界，实现了老子所谓的"有生于无又归于无"。这个阴阳宝刀就是阴阳二分法。

我们认识宇宙万物，开展各种研究和管理工作，第一步就是要运用阴阳二分法去辨识阴阳，即从研究对象及其内外部环境中辨别出驱动事物发展变化的阴阳两种力量、两类因素，研究其运动规律，并在此基础上对各种阴阳要素进行操纵，精确控制其发展变化。

阴阳二分法是指对任何事物，都可以从正反两个方面来进行分析和研究，不断将研究对象分解为一个个可观察、可辨识、可量化、可操控的参数,并用这些参数来重构研究对象,建立研究对象的时空全息模型,让模型更加精细,更加可操控。

阴阳二分法的基本原理为:任何事物的产生与发展都是阴阳两种力量相互作用的结果,阴阳两种力量的此消彼长构成了事物千变万化的发展状态,或者反过来说,在事物纷繁复杂的表面下都隐藏着阴阳两种相互作用力量。

也正因为如此,任何事物都可以一分为二,也都可以合二为一。

阴阳二分法是一个十分重要且有效的分析工具,尤其是在环境分析工作中有着广泛的用途。阴阳二分法在实践中主要有以下四种应用方式:

一、从某个特定维度应用二分法

按某个特定维度将研究对象一分为二,这是阴阳二分法的基础应用方法。

如按照事物的空间维度将其分为内部和外部两个部分,按照性别维度将人分为男人和女人,按照规模维度将企业分为规模企业和小微企业等等。

我们在分析任何事物时,都可以从阴阳(正反)两个方面入手对其进行不断的解构、分析、排除、确认,直至最终抓住事物的本质。如在分析企业的经营环境时,可将其分为内部环境和外部环境正反两部分,在分析国家所面临的政治经济环境时,也可将其分为有利因素和不利因素正反两部分。

如对待工作中取得的某个成绩,其中既有可取之处,也同样有不足之处,因此不可骄傲自满、沾沾自喜。即便对待工作中的失误,也要善于从中总结经验、吸取教训,而不能一味地自责。

易经思想中所强调的"安而不忘危,存而不忘亡,治而不忘乱"等观点就是阴阳二分法的具体体现,要求管理者能够居安思危、见存知亡、见治不忘乱,永远从正反两个方面去看待问题,解决问题。

由二分法所得到的阴阳实际上就是太极这个时空全息模型的参数,我们可以通过操控这些参数来影响事物的发展趋势,让事物按照我们期望的方向发展。

二、从同一维度连续应用二分法

从同一维度连续应用二分法，将事物分解为多个层次，可以获得更多的细节和参数。

以企业划分为例，可按照企业规模继续将规模企业划分为大型企业和中型企业，将小微企业划分为小型企业和微型企业等等。可以无限划分下去。

这实际上就是按照"道生一、一生二、二生三、三生万物"和"无极生太极、太极生两仪、两仪生四象、四象生八卦"的演化路径来对事物进行分析，也是自然界中生物细胞分裂增殖的发展路径。

三、从不同维度应用二分法

对研究对象往往可以从不同角度（维度）入手进行研究，每个维度都可以应用阴阳二分法。

在万物生成模型中，依据先天五太理论，无极生太极的过程是将太极划分为五个维度，即神、气、形、质、体，在太极之后则是按照阴阳二分法对太极进行分化，实际上也是对这五个维度进行分化，将神分为阴神与阳神，气分为阴气与阳气，形分为阴形与阳形，质分为阴质与阳质，体分为阴体与阳体。也就是说在五维的太极模型中，应用一次阴阳二分法就能够将太极模型划分为10个部分，也就相当于提供了10个参数可以操控。

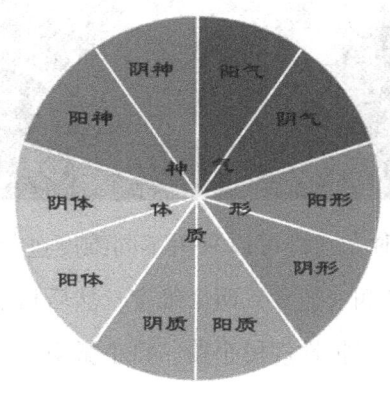

维度就意味着自由度，划分的维度越多，参数越多，我们的操作空间也就越大，自由度也就越大。

人类所生存的时空是四维，或者说是三维半，时间维度只能进不能退，丢掉了一半。对于一维空间的生物，只能沿着这条直线（曲线）前进或者后退，活动自由度非常小；一旦进入二维空间，自由度就无限放大，可以在平面（曲面）上任意纵横了；而进入三维空间后，不但能在平面上任意纵横，还可以上天入地，九天揽月，五洋捉鳖，自由度就更大了。若是能进入四维时空，我们还可以去往过去未来，畅游时间长河，纵览古今风月了。

当然若是真如超弦理论所说的那样，我们生活在一个多达11维的时空之中，那会有怎样的一个自由度，已经超出了我们的想象了，就如同一个一维空间的爬虫无法理解三维空间中的生活一样。也许所谓的一步跨万里，一梦越千年也不足以描述这种自由度了，那么孔子在《系辞传》中所说的"不疾而速，不行而至"也应该很容易实现了吧。

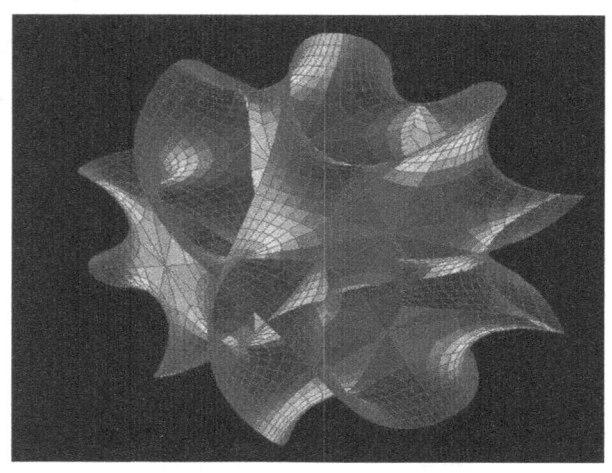

在对企业进行分析时，同样可以采用不同维度进行阴阳二分，如可以分别从规模（销售收入）和利润（盈亏）两个维度，然后利用阴阳二分法将规模企业划分为营利性规模企业和亏损性规模企业，将小微企业划分为营利性小微企业和亏损性小微企业，等等。

也可以按照性别和年龄这两个维度将男性划分为成年男性和未成年男性，将女性划分为成年女性和未成年女性等等。

管理学中常用的SWOT分析模型就是从空间和利害两个维度入手，分别应用阴阳二分法，从而将研究对象及其内外部环境分为内部的优势和劣势以及外部的机会和威胁这四个部分。

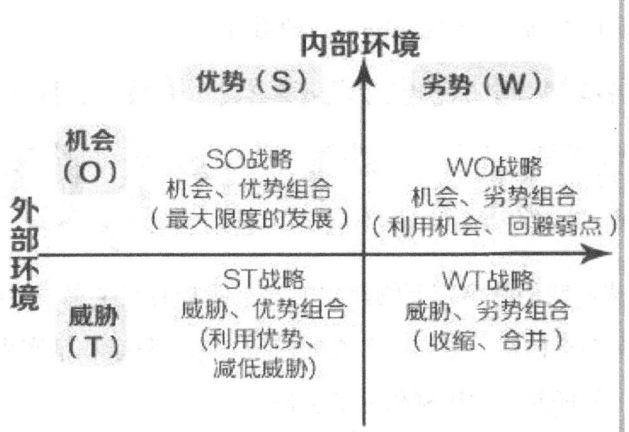

在西方管理学中，SWOT分析模型原本是一个孤立的经验模型，没有相应的理论基础。但这里我们为SWOT分析模型找到了坚实的理论基础——阴阳思想，运用阴阳思想和阴阳二分法可以自然地得出SWOT分析模型。

这也就是我们之前所说的，要恢复易经"群经之始"的崇高地位，这里的"群经"不但要包括中国的诸子百家之经，还要包括西方的自然科学和社会科学。

我们也欢迎朋友们去做更多的尝试，用太极思想和阴阳思想去推演西方现代科学的各种理论，并争取能在前人的基础上更上层楼，将现代科学推到一个新的高度。

四、从不同维度连续应用二分法

对研究对象从不同维度连续应用二分法，便得到更多细节，从而为研究对象构建多维度、多层次的时空全息模型。这是阴阳二分法的高级应用。

阴阳二分法的应用价值不仅在于将事物一分为二，而是可以通过连续多次使用阴阳二分法得到一个多层次的图景，这样才能看到该问题的全貌，才不会被片面信息所误导并做出错误的决策。兼听则明，偏听则暗，讲的正是这个道理。

易经的万物生成模型实际上就是一个从神、气、形、质、体这五个维度至少连续三次应用阴阳二分法得到的，从而得到神的八卦、气的八卦、形的八卦、质的八卦和体的八卦，这五个八卦相互联系、相互影响，就能够得到32768种组合。

若是连续应用六次阴阳二分法得到六十四卦，那么五个维度的六十四卦，相互之间就有超过10亿（1,073,741,824）种组合。

五维六层次时空全息模型（64卦）组合数
1,000,000,000

这也就意味着我们为宇宙万物建立的六十四卦时空全息模型有着10亿多种变化。这是一个多么精密、复杂、多变的模型！它的复杂和精密程度已经远远超过了这个世界上的任何一种机械和电子装备！

所以孔子用"洁净精微"这四个字来评价易经，并在《系辞传》中忍不住发出了"至精、至变、至神"的感叹：

是以君子将以有为也，将以有行也，问焉而以言，其受命也如响，无有远近幽深，遂知来物。非天下之至精，其孰能与于此！

参伍以变，错综其数，通其变，遂成天地之文；极其数，遂定天下之象。非天下之至变，其孰能与于此！

易无思也，无为也，寂然不动，感而遂通天下之故。非天下之至神，其孰能与于此？

诸行无常，覆变阴阳——阴阳思想在生活中的应用

诸行无常终将变，祸福相依只等闲。

万物太极皆可用，覆变阴阳颠倒颠。

阴阳思想在生活中的应用除了用二分法对宇宙万物进行分析和研究外，最重要的就是利用阴阳消长和阴阳转化这些特性，灵活变通，不拘一格。

根据阴阳之间所具有的相对、互根、消长、转化这四种相互关系，我们在日常的工作生活当中应该明白以下几个道理：

一、诸行无常

我们翻看《序卦传》，就能对这种诸行无常现象有更深刻的理解。

《序卦传》中最常见的几个字就是"物不可以终"：物不可以终通、物不可以终否、物不可以终尽、物不可以终过、物不可以终遁、物不可以终壮、物不可以终难、物不可以终动、物不可以终止、物不可以终离、物不可终穷……。

在六十四卦的推衍过程中，在宇宙万物的演进过程中，我们处处可以见到阴阳这对神出鬼没的身影。也正因为阴阳的运动，才造就了万物的生老病死、成住坏空，没有哪一种事物、哪一种状态是可以长久维持的。

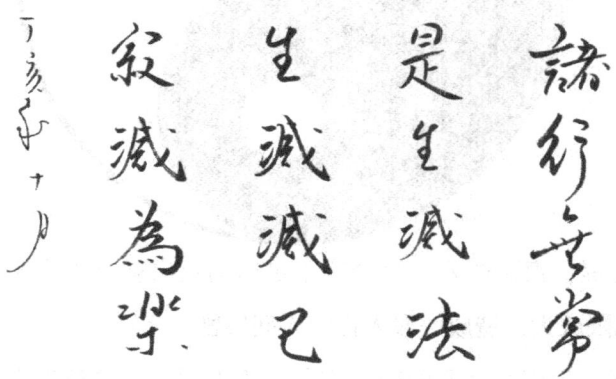

所以当我们身处逆境时不要丧失希望，当我们身处顺境时也不要忘乎所以，我们需要认识到，所有的困境终将消失，所有的顺境也终将无法维持。这是阴阳消长和阴阳转化思想的具体体现。

二、阴阳相生

阴阳的转变往往都是从内部发生的。困境中自然蕴含着由困入顺的决定性

· 111

影响因素（有利因素），顺境中也自然蕴含着由顺入困的决定性影响因素（不利因素）。

这个有利因素或不利因素就是一个转换开关，只要找到了，并且掌握了使用方法，就能够自动控制与转换顺境和逆境了。

这种现象在西方被称作蝴蝶效应，在东方被称作阴阳相生，或者更形象的说法，叫做"祸兮福之所倚，福兮祸之所伏"。

在太极图中，对这一现象更是有着生动的表述，这个有利因素或不利因素就是阴中的那点阳，阳中的那点阴。

千里之堤，溃于蚁穴，这个微不足道的蚁穴就是那个不利因素，在肆虐的洪水下被无限放大，造成堤毁人亡的人间惨剧。

梁启超先生曾经将明朝的灭亡归罪于毛羽健。这位毛老先生住在京城，但一次因生活作风问题被远在湖北老家的夫人赶赴京城，痛打一顿。毛老先生痛定思痛，认为造成自己挨打的根本原因是国家的驿站交通系统太发达，才能让夫人这么快就得到消息并从湖北赶到京城，打了自己一个措手不及。于是他巧立名目，联合多人说服朝廷裁撤驿站，结果导致陕北地区一个叫李自成的驿卒被下岗。下岗后的李自成心怀不满，揭竿而起，最后攻进北京城，灭了明朝。

这都是阴阳相生的表现,谁能想到,灭掉明朝的那个不利因素就潜伏在毛羽健的心中,潜伏在他的一纸奏折中,然后被无限放大了?倘若不裁撤驿站,李自成也就不会失业下岗,也许他就会满足于"三亩地、一头牛、老婆孩子热炕头",就泯然众人矣,那么历史也将是另外一幅景象了。

三、覆变阴阳

我们要知道,只要找到了这些决定性影响因素,那么就可以通过放大己方困境中的有利因素来扭转局面,也可以通过消除己方顺境中的不利因素来维持顺境,还可以通过放大敌方顺境中的不利因素来让地方陷于困境,等等。这叫做覆变阴阳——通过人的主动干预来影响阴阳的运动方向,影响事物发展的趋势和走向。

根据阴阳之间的消长、转化等内在关系,我们知道任何环境都不是一成不变的,都是可以通过覆变阴阳来主动化不利为有利,化被动为主动。

覆变阴阳既是阴阳思想的具体应用,也是三才思想的具体应用,充分体现了人的主观能动性在覆变阴阳、临机决断过程中的重要作用。

所以我们一定要具备这种知几察微的能力,找到困境与顺境之间的转换开关,积极地将自身所面临的困境转换为顺境。同时也可在战场上(如眼下的中美冲突)拨转这个开关,将敌人的顺境转换为困境,让敌人焦头烂额、自顾不暇,从而减轻我方所承担的战略压力。

我们之前提到的借力思想是太极思想在现实生活中的重要应用,让我们知道了无物不可借、无处不可借、无时不可借。但仅有这种借力的思想还是不够的,还需要借力的智慧和手段。而这种覆变阴阳的能力就是对借力思想的重要补充,也就是借力思想所需要的借力智慧和借力手段。

太极思想与阴阳思想珠联璧合、相得益彰,若是能够熟练掌握,我们就会无往而不利,达到翻手为云,覆手为雨的神仙境界了。

按孔子在《系辞传》中的说法,这叫做"一阴一阳之谓道,阴阳不测之谓神"。

按孙武在《孙子兵法》中的说法,这叫做"能因敌变化而取胜者,谓之神"。

这个覆变阴阳的能力,就像核裂变反应一样,能够无限地放大我们自身的能量,让我们从萤火之光变成灿烂的太阳。

这就是智慧的力量、谋略的力量、圣人的力量。

历史上的智者、谋略家,从姜太公、鬼谷子、苏秦、张仪、张良、诸葛亮、刘伯温、……,无不具备这种改天换地的能力。他们以天下为棋局,以天下万物、芸芸众生为棋子，翻手为云，覆手为雨，以个人的力量影响了人类历史的进程。这些智者如璀璨的群星，照亮了人类文明的夜空。

在生活实践中，覆变阴阳最具代表性的应用场景就是军事战争。在战场上，一个将领能否被称为智将、善战者，主要的评价标准就是看他覆变阴阳的能力。

在《孙子兵法》中记录了大量的关于如何覆变阴阳的原则和方法，其中比较有代表性的就是关于"兵者诡道"的论述：

兵者，诡道也。故能而示之不能，用而示之不用，近而示之远，远而示之近；利而诱之，乱而取之，实而备之，强而避之，怒而挠之，卑而骄之，佚而劳之，亲而离之。攻其无备，出其不意。此兵家之胜，不可先传也。

孙武在书中列出了十二种所谓的诡道，这些诡道本质上就是对阴阳的反转利用，大家可以从中细细体会一下孙武覆变阴阳的智慧和手段。

考虑到篇幅问题，我们这里只研究第一个诡道，即"能而示之不能"。

能而示之不能，就是本来有能力进攻，却故意向敌人展示出自己能力不足的样子，甚至故意在战场上丢盔弃甲，大败亏输，从而麻痹敌人，然后或者引诱敌人追击自己，并将敌人引入自己的包围圈；或者乘敌人不备，以突然袭击的方式攻击敌人的营地。

能而示之不能，就是在表面上将阳（能）转变为阴（不能），从而给敌人造成假象和误判。

这一计同样可适用于防守，明明自己有能力防守，却要表现出无力防守的样子，从而引诱敌人贸然进攻，并设伏兵歼灭来犯之敌。

在《三国演义》中，诸葛亮火烧博望坡就是采用了"能而示之不能"这一诡道，让刘备、赵云诈败，一步步将夏侯惇引入林中深谷，然后借助天时之力、地利之力，用火攻大败曹军。

很多人学《孙子兵法》只喜欢死记硬背,而不能灵活掌握,不知道"能而示之不能"这一诡道还可以反向应用,即"不能而示之能"。

《三国演义》中最为人们津津乐道的"空城计"就是如此,诸葛亮本来孤守一座空城,却没想到司马懿带领十五万大军杀奔而来。无可奈何之下,诸葛亮兵行险招,利用司马懿多疑的性格,大开城门,并在城头抚琴,吓退了司马懿的大军。

当年美苏开展军备竞赛期间,美国为了让苏联造成战略误判,拖垮苏联的经济,于是制定了雄心勃勃的星球大战计划,并在媒体上大张旗鼓地宣传。苏联听说后,倾尽国力投入备战,希望能在太空形成相对美国的军事优势。

星球大战计划本身也是美国所采用的"不能而示之能"之计,该计划的实

施对拖垮苏联的国力起到了巨大的作用。

在《黄帝阴符经》中有一句杀气腾腾的话：

> 天发杀机，移星易宿；地发杀机，龙蛇起陆；
>
> 人发杀机，天地反覆；天人合发，万化定基。

天发杀机也好，地发杀机也好，都不过是万物无常的表现，只有人发杀机才最为可怕的，连天地都为之反覆，为之变色。

而我们在建功立业的时候，更是需要天人合发。天人合发的本质，就是知几察微、覆变阴阳，借用天地的力量，顺应天道来引导和改变天地，让天地以及万物都能够为我所用，唯有如此才能基业长青，建立万世不朽的功业。

既然提到了《孙子兵法》，我就顺便再说几句。

有人曾向我提出了一个问题：孙子兵法六千字归为两句话是什么？

我将整本《孙子兵法》总结为十四个字：

万物太极皆可用，覆变阴阳颠倒颠。

《孙子兵法》共十三篇，但若是用太极思想与阴阳思想重构孙武的整体军事思想，便会觉得豁然开朗，原本纷繁复杂、千头万绪的《孙子兵法》变得如同一杯清水，再没有任何秘密可言了。

在这十四个字的基础上，我对《孙子兵法》进一步归结为两个词，即太极与阴阳。这两个词足以说明孙武的全部军事思想，足以表达孙武的全部军事斗争智慧。只要真正领会了太极和阴阳，那么不论是面对军事斗争、商业竞争，还是大国间的战略博弈，你就都能够洞若观火、如臂使指了。

另外，很多人将《孙子兵法》与《三十六计》搞混，或者将两者相提并论，甚至还有人拍了一部电视剧，就叫做《孙子兵法与三十六计》。其实《三十六计》只是战术层面的小聪明、小智慧，而《孙子兵法》则是以军事战略为主，兼顾战略战术，其理论价值和思想高度远远超越《三十六计》。《三十六计》大致就相当于《孙子兵法》中的诡道。

大家在学习《孙子兵法》时，最好同时学习《鬼谷子》和《三国演义》，三本书各有侧重，其中《孙子兵法》侧重战略和原则，《鬼谷子》侧重战术和技巧。而《三国演义》则是内容生动翔实的案例库。三者对照，有助于更好地把握军事斗争的本质。

子贡救鲁，借刀杀人

子贡救鲁世难安，睿智奇谋颠倒颠。
借刀杀人杀净尽，兵不顿兮利皆全。

本章和大家分享一下"子贡救鲁，借刀杀人"的故事，看看子贡如何把各个诸侯国之间的那一点点阴阳给无限放大，如何玩弄天下于指掌之间，从而不战而屈人之兵，保全了鲁国。也让我们领略一下覆变阴阳之术所拥有的核弹级的威力。

子贡（公元前520年-公元前456年）复姓端木，名赐，字子贡（古同子赣），春秋末年卫国（今河南鹤壁市浚县）人，是孔子的得意门生，孔门十哲之一，曾任鲁国、卫国之相。

子贡画像

子贡善于经商之道，是孔子弟子中的首富，也是中国民间信奉的财神之一。子贡在经商时奉行诚信经商的作风，是儒商的典范。司马迁在《史记·货殖列传》

对子贡大加赞扬,他的经商风格也被称为"端木遗风",为后世所推崇。

子贡虽然是孔门弟子,但却深谙纵横之术,富有智慧,善于辩论。《史记·列传·孔子弟子》中记录了子贡救鲁的故事,子贡凭一己之力,使鲁国得以保全的同时,也达到了削弱敌人,祸乱天下的目的。子贡救鲁成为全己破敌、借刀杀人、兵不顿而利可全的经典故事,千古流传。

话说齐国的田常(《孙子兵法》的作者孙武的祖父)一直想谋逆篡位,但顾忌国内的高、国、鲍、晏四大家族,因此想发兵攻打鲁国,借此提升自己的威望和实力。

为了救助鲁国免遭战火,子贡受孔子指派,到齐国拜访田常,对田常说"我曾听人说,如果忧患在国内的,就应该去攻打强国,忧患在国外的就应该去攻打弱国。您现在的忧患是在国内,因此应该去攻打强大的吴国,而不应攻打弱小的鲁国。您若是不费吹灰之力打败了鲁国,则齐国的国君就会对您更加猜忌和防范,齐国的大臣们也会对您流言诽谤,您就很难成大事了。若您去攻打吴国,就可以借吴国的手来清除异己,这样在齐国就再也没有能反对您的人了,您也就可以控制齐国了。"

田常听了非常高兴,但是他已经发兵攻鲁了,若转而撤军去攻打吴国,国内的大臣们就会产生怀疑。于是向子贡请教。子贡让田常暂时按兵不动,自己去吴国说服吴王来救鲁伐齐。

子贡到了吴国,考虑到吴王好大喜功,于是对吴王说:"齐国正在攻打鲁国,一旦成功,齐国的国力就更加强大了,到时候吴国就危险了。因此希望您能够救鲁伐齐,救助鲁国可以提升您的声望,讨伐齐国可以让四方诸侯拜服,让强大的晋国也对您畏服,希望您不要犹豫。"

吴王虽然认同子贡的说法,但又担心越国趁机攻打吴国。

子贡于是对吴王说:"越国不过是个小国,齐国是个大国,您在担心越国的时候,恐怕齐国已经把鲁国攻下来了。您攻打弱小的越国而畏惧强大的齐国,这可不是勇敢的人该做的事。您今天放过越国可以显示您的仁慈,救鲁伐齐则可以让您的威望更高,让诸侯朝拜,那么就可以建立您的霸业了。既然您担心越国,我现在就去说服越王配合您发兵,这样就可以让越国空虚,再也无力攻打吴国了。"

子贡到了越国,对越王说:"我本来是想说服吴王救鲁伐齐,但吴王说要先把越国灭了再去救援鲁国。这样看来越国必然会灭亡了。"越王勾践听说后,连忙向子贡求教对策。

越王勾践,卧薪尝胆

子贡为越王分析道:"吴王为人猛暴,国内臣民都不堪忍受。如今您若是能发兵帮助吴王伐齐,用重宝来贿赂他,用卑辞来尊重他,他必然会出兵伐齐。他若是伐齐失败,您就可以趁机伐吴;他若是伐齐胜利则必然会去攻打晋国。我将去晋国面见晋君,让他做好准备,到时候您和晋国一起攻打吴国,必然能灭掉吴国"。

越王听了子贡的分析十分高兴,决定遵照子贡的意见行事。

于是子贡回报吴王,表明越王愿意出兵配合吴王伐齐,几天后越国大夫文种来吴国拜见吴王,表达越王追随之意。于是吴王没有了后顾之忧,发九郡之兵伐齐。

子贡又来到晋国,对晋君说:"现在齐国和吴国马上就要交战了。若吴国失败,越国必然会攻打吴国;若吴国胜利,吴王一定会来攻打晋国,希望您能做好迎战准备"。晋君采纳了子贡的意见。

子贡回到鲁国后，吴军果然和齐军在艾陵开战并大胜齐军。

胜利后吴王立即掉头进攻晋国，两军相战于黄池。由于晋军早就做好了准备，因而一举击败了吴军。

黄池会盟

越王勾践听说后，立刻渡江攻打吴国。吴王连忙率军回国，终至失败。于是越王攻破吴国都城，杀吴王夫差泄愤，成为春秋一霸。

子贡凭三寸不烂之舌就拨乱天下，让鲁国的敌人互相攻击，改变了天下大势。而且我们看到子贡用的都是阳谋，没有阴谋，没有造谣生事，只是在与各个诸侯国分析天下大势、鼓动各个诸侯去把握各自的机会而已。

我们在这里看到的是一位太极高手、一位智者，在诸侯面前侃侃而谈、智计百出、翻手为云，覆手为雨。司马迁在《史记》中对子贡给予了高度评价：

子贡一出，存鲁、乱齐、破吴、强晋而霸越。子贡一使，使势相破，十年之中，五国各有变。

论三才

三生万物——三才思想概论

三生万物阴阳易,天人合发定其基。
大道至简无玄妙,三才两仪兼太极。

前面我们介绍了易经万物生成模型的两个表达方式,即孔子模型和老子模型,两个模型在最初阶段是一样的,都是从无中生出了有(太极),又从太极中生出了二(两仪)。

但在二之后,两个模型就分道扬镳了。孔子模型继续按照阴阳二分法,由太极、阴阳、四象、八卦直至万物。人在这个过程中的角色更类似于一个旁观者,观察并记录着宇宙万物在阴阳宝刀的切割之下发生的千变万化。

老子模型则充分考虑到了人的作用,高度重视人的主观能动性。在老子模型中,人不再是万物生成的旁观者,而是参与者,亲自参与到了万物生成(创物造物)的过程之中。

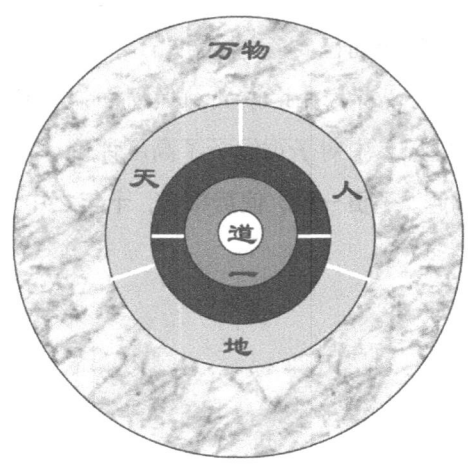
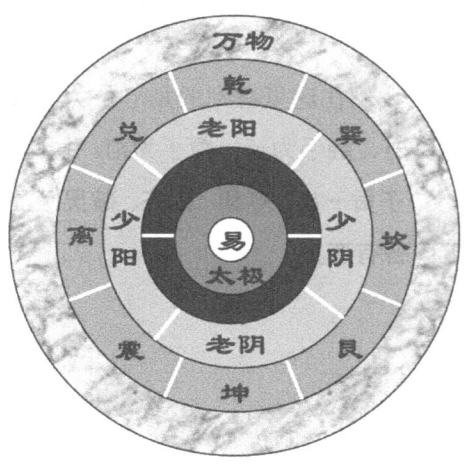

一、老子模型

我们来认识一下这个老子模型：

"道生一"，就是从道（无极）中生出了一（太极）。这个太极就是盘古出生前的那个浑如鸡子的混沌，是天地未判、阴阳未分的状态。"道生一"就是"易有太极"。

"一生二"就是从太极中生出了阴阳两仪，这个阴阳就是乾坤，就是天地。其中乾为天为阳，坤为地为阴。所以"一生二"就是开天辟地那一刻，轻清者上浮而为天，重浊者下凝而为地。

从"二生三"这里开始，老子与孔子的认识就有所不同了。在老子看来，"二生三"就是从天地之间诞生了人（生命）这一天地的精灵。

人的诞生，或者说生命的诞生，对于一个宇宙来说是一件意义重大的事情。

在女娲造人和上帝造人的故事中，都讲到他们按照自己的样子用泥土来造人，这两个故事里有三个要点我们不容忽视：

第一个要点是泥土。

女娲与上帝都是用泥土来造人。所谓的泥土，广义地说，就是天地之间的物质，也就是说构成人体的各种要素都来自于外部的环境，来自于天地，所以人才会与天地一体，天人合一。

第二个要点是"样子"。

他们都是仿照自己的样子造人。这个"样子"不仅仅是指他们的外貌,更包括深层次的东西,因此可以理解为是一个复制的过程,或者可以理解为一种克隆技术,将他们自己的一段遗传代码(DNA片段)"复制粘贴"到了这些泥人身上,才让泥人有了和他们相似的外貌和相似的灵魂。

人类近年来在基因工程、人工智能等领域都取得了很大的进步,其实已经跨界进入到了神的传统领域,能够代替神创造生命了。

克隆羊多莉

第三个要点是神灵本身。

造人的这两位神灵——上帝和女娲,或者神话传说中的其它神灵,我们将他们称为造物主。那么是否也可以将他们理解为天地之间最早诞生出来的意识?或者他们本来就是天地的意识,不过是如盘古一样从昏睡中觉醒了?

宇宙本质上是有意识和思维的生命,意识同样是一种存在,和普通意义上的物质一样,永恒存在于这个宇宙之中,这一观点已经越来越被人们所接受。

所谓的生命形式(生物)不过是宇宙意识海洋中的一朵转瞬即逝的浪花,是意识与能量(物质)结合形成的产物,在宇宙中生生不息、聚散无常。

但对我们所居住的这个宇宙、这个地球来说，生命的诞生却是一件大事。原本时空中只有天地这两种材料，只有自发觉醒的宇宙意识，现在有了人类，有了生命，就凑成了天地人这三种材料。

原本宇宙要靠自己混沌恍惚的意识去开物成务，去创物造物，但这三种材料凑齐后，天地这个自发觉醒的意识就只需去维护天道的运行，然后由人类遵循天道的指示，发挥主观能动性，协助天地去创造万物，这就是"三生万物"。

所以，易经中的数字三就是指能够协同创生万物的天、地、人三种材料，以及更具有积极主动意义的三才思想。

二、三才思想

三才思想是易经中的一个重要组成部分，可以说与太极思想、阴阳思想具有同等的重要性。太极、阴阳、三才是构成易经思想体系的三块基石。

三才思想有着悠久的历史，它萌芽于夏商以前，形成于周秦之际，到两汉时期才成为相对完整的思想体系。三才思想认为我们所生存的宇宙时空是由天、地、人三种材料共同构成的。先有天地，后有万物，人居于天地万物之中，同时天、地、人也是万物之一。

西汉时期的哲学家董仲舒在《春秋繁露·立元神》中曾对天、地、人协同创造万物的分工作了描述：

天地人，万物之本也，天生之，地养之，人成之。

董仲舒画像

董仲舒认为天、地、人是创造万物的根本，万物是由天而生，由地而养，由人而成，因此万事万物的发展都离不开天、地、人这三才。

在《黄帝阴符经》中对天地人协同创造万物的分工也有自己的见解：

天发杀机，移星易宿；地发杀机，龙蛇起陆；人发杀机，天地反覆；天人合发，万变定基。

天生天杀，道之理也。天地，万物之盗；万物，人之盗；人，万物之盗。三盗既宜，三才既安。

这两段话描述了天地人三才如何协同动作，创造万物。人是万物之灵，天地也是万物，因此天、地、人三才均归属于万物，或者用一个统一的概念，天、地、人三才都是物质。

虽然古人有天尊地卑的看法，但实际上在创造万物的过程中，天、地、人三才具有同等的重要性，三才是一个有机的整体，是一个太极，一个系统，万物均由天生地养人成，三者缺一不可，因此三才没有大小高下之分。

老子在《道德经》也强调了三者平等的地位：

故道大，天大，地大，人亦大。域中有四大，而人居其一焉。人法地，地法天，天法道，道法自然。

宋代的易学家郭雍更是明确指出了天地人三才平等的地位：

天道不以天高而大于地，地道不以地广而大于人，人道不以人微而小于天地，故三画皆无差殊。要其至也，混而为一，复于太极。

郭雍所说的"三画皆无差殊"中的"三画"，讲的就是八卦的上中下三爻。八卦由三个爻组成，每个爻有阴阳两种组合，那么三个爻就一共有2的三次方，也就是八种组合，所以有八卦，即乾、兑、离、震、巽、坎、艮、坤。

在八卦的这上中下三个爻中，上爻为天位，下爻为地位，中爻为人位，体现了天地定位，人居其中的哲学思想。所以说八卦就是三才，"三画皆无差殊"就说明了天地人三才的平等地位。

在易经的六十四卦体系中，每个卦由六个爻上下排列组成，即六爻卦。其中上面两爻为天位，下面两爻为地位，中间两爻为人位，同样体现了天地人三才之间的关系。

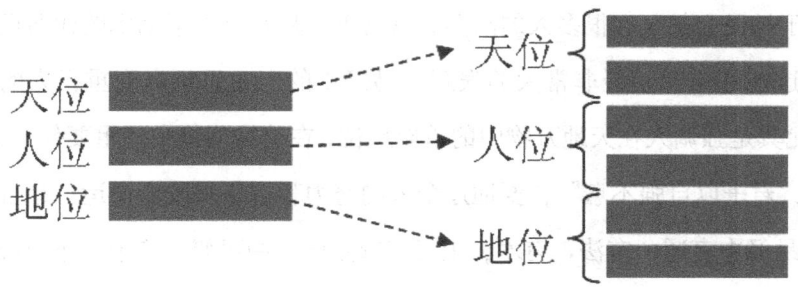

孔子在《系辞传》中提到：

《易》之为书也，广大悉备，有天道焉，有人道焉，有地道焉，兼三材而两之，故六。六者非它也，三材之道也。

《说卦传》对"兼三才而两之"这样解释：

是以立天之道，曰阴与阳；立地之道，曰柔与刚；立人之道，曰仁与义；兼三才而两之，故《易》六画而成卦。

《说卦传》认为三才中的每一才都由阴阳相对的两部分组成，则天地人三才共有六部分，分别用六个爻来表示，构成六爻卦，即"兼三材而两之，故六"。

在介绍阴阳思想时，我们曾提到过庄子认为整本易经都是在讲阴阳，即"易以道阴阳"。而郭雍在其所著的《郭氏传家易说》中则认为整本易经都是在讲三才，即"《易》为三才之书，其言者三才之道也。"

郭雍认为《周易》六十四卦中，乾卦为天，坤卦为地，其余六十二卦均为人。郭雍将伏羲、文王、周公和孔子这四位圣人对易经的贡献分别总结如下：

象三才之道、尽三才之义、列三才之事、著三才之教。

八卦和六十四卦是易经的主要表达形式，其中的每一爻都是阴阳，而八卦的三爻和六十四卦的六爻又都分为三才，同时八卦自成一个太极，六十四卦也自成一个太极。这进一步说明了太极思想、阴阳思想和三才思想在易经中具有同等重要的地位，三者是易经理论体系的三块基石，缺一不可，又密不可分。

现在很多人一提起易经，立刻就将易经与封建迷信画了等号，或者认为易经就是算卦、看相、看风水、捉鬼除妖，或者认为易经消极避世、屈从于命运、寄托于神灵，甚至在很多人的故弄玄虚之下，易经还成了骗术的代名词。

这些都是对易经非常大的误解。易经中的三才思想高度重视人的主观能动性，尤其是强调人在天地万物中的重要地位、在造物创物中的重要作用，强调"天行健，君子以自强不息"，要通过个人的努力和抗争来改变命运，趋吉避凶。

易经中有道、有法、有术，上可安邦定国，中可修身齐家，下可降妖除魔。算卦、风水等都是易经中的小术，而非易经中的大道。

我写本书的目的，也是为了正本清源，让大家对易经有个正确、全面的认识。

你我皆是造物主——论人心的力量

1900年4月27日，英国著名物理学家开尔文在英国皇家学会发表了题为"在热和光动力理论上空的十九世纪的乌云"的演讲。他在展望20世纪物理学前景时提到：

动力理论肯定了热和光是运动的两种方式，现在它美丽而晴朗的天空却被两朵乌云笼罩了。

这两朵乌云最终催生出了相对论和量子力学，但120年过去了，这两朵乌云的阴影仍然没有散尽，其中最有代表性的阴影就是双缝干涉试验。

在17世纪至18世纪，物理学界对光的认识分为两个理论流派，一个是光的微粒说，另一种是光的波动说，由于牛顿等巨头对微粒说的支持，波动说长期受到压制。直至十九世纪初，托马斯·杨和奥古斯丁·菲涅耳用实验证实了光的干涉和衍射特性，光的波动说才逐渐被学界接受。

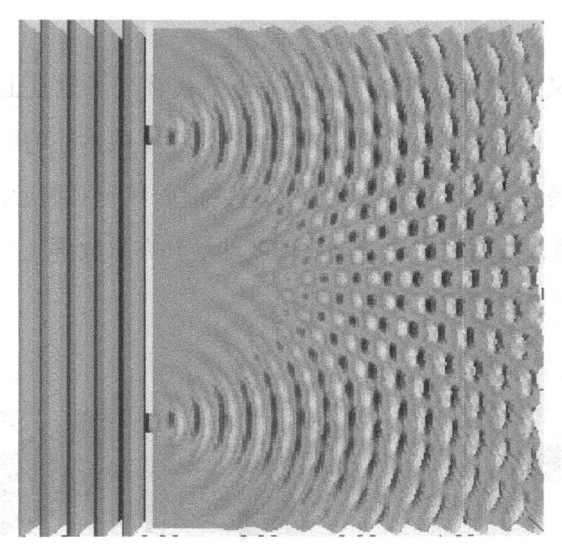

1924年德布罗意在他的博士论文《量子理论研究》中,根据爱因斯坦与普朗克对于光波的研究,得出了物质波粒二象性的结论,即任何物质同时具备波动和粒子的性质。

为了证明光的波粒二象性,后人对托马斯·杨的双缝干涉试验进行了改进,将连续的光源输入改为单光子断续输入。但神奇的现象出现了,人们原本期望能看到光子的粒子特征,结果在接收屏上仍然显现出了光的波动性,也就是发生了单个光子与自身的干涉。

而最神奇的还不止这些,当人们在双缝处用设备进行观测时,接收屏上竟然又神奇地显现出了光的粒子性。

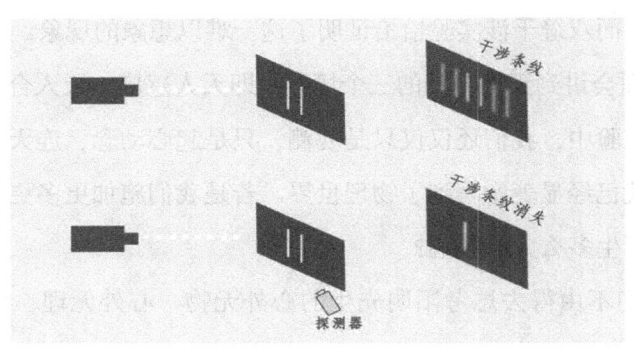

后来，人们又用具有显著粒子特性的电子代替光子重复上述试验，仍然得到了相同的结果，证实了人的观测对试验结果发生了根本性的影响。

尤为诡异的是，当人们将探测器从双缝的前面移到双缝后面，也就是光子/电子已经穿过双缝，按道理来说应该显现波动性并在接收屏上显示出干涉条纹的时候，但试验结果仍然显现出了粒子性。

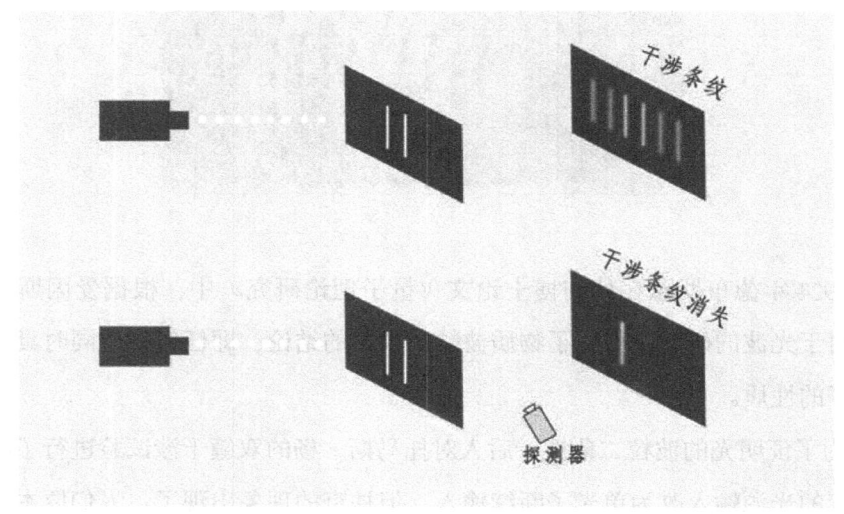

似乎光子和电子知道了我们的心意，主动做出了改变。或者说，人类的观测行为改变了物理试验的结果。

三才思想的伟大之处在于让无中心无意识的太极有了中心和意识，即以人/观察者为中心，以人/观察者的意识为意识，人的意识在不经意间就能改变我们的物理世界。而双缝干涉实验恰恰证明了这一难以想象的现象。

我们后面会讲到天人合一的三个境界，即天人感应、天人合一、人天合一，在双缝干涉试验中，我们还仅仅只是观测，只是起心动念，连天人感应的境界都没有达到，就已经显著影响到了物理世界。若是我们施加更多更积极的干预，会对物理世界产生多么大的影响？

这让我们不由得去思考阳明先生的心外无物、心外无理，思考佛家的三界唯心、万法唯识。在双缝干涉试验中，到底是我们的意识扭曲干扰了物理世界，还是物理世界本身就只存在于我们的意识之中？我们所见到的物理世界只是一个幻象？

但至少我们知道，观测不是简单地照镜子，不是简单的在人的头脑中建立一个物体的镜像，而是运用意识的神秘力量对观察对象的重塑和改造，区别只是在于每个人的能力大小不同，所以重塑和改造外界的程度也不相同。

正如我们之前提到的真相——

观察者就是创造者

我们的观察就是在利用心的力量去创物造物。

易经的产生就是伏羲通过观察得来的，伏羲这个观察者就是一个创造者，同样地，我们每个人都是观察者，都是创造者，都是造物主。

从本质上来说，伏羲所创立的易经是为人类提供的一个创物造物的工具，人在其中居于至关重要的地位。这一点孔子在《系辞传》中有清醒的认识：

> 夫易何为者也？夫易，开物成务，冒天下之道，如斯而已者也。是故，圣人以通天下之志，以定天下之业，以断天下之疑。

"冒天下之道"就是模仿和复制天地运行之道，"开物成务"就是造物创物，人继承了女娲和上帝的职责，以小造物主的身份继续造物创物。孔子的这个观点既点明了易经的本质，也讲述了女娲和上帝，或者说天地觉醒的自主意识按自己的样子造人创世的道理。

我们之所以将易经看作是宇宙建模学，也正是基于易经"开物成务，冒天下之道"的本质。

这里我们提到了人类是一个小造物主的观念，可能与很多宗教观念有冲突，因为很多宗教认为只有神才能称得上是造物主，人只是被造出来的，尤其是有些宗教将人的地位看得很低，认为人不过是神灵所牧养的羔羊，必须绝对地信奉神灵，将自己的一切都贡献给神灵。

在写本章内容的时候，偶然间从网上看到了《阿甘正传》中的一句话：

世上每个人都是被上帝咬过一口的苹果，都是有缺陷的。有的人缺陷比较大，因为他实在是太美味了，上帝特别喜欢他，特别青睐他。

很多人对这句话评价很高，以自己被咬了一口为荣。我却觉得毛骨悚然，至少我不喜欢被咬上一口，更不会还引以为荣。我也庆幸自己生活在凡人亦可得道成仙的东方世界，不归爱吃苹果的神仙管辖，才有机会坐在这里与朋友们论道。否则以我这么可口，肯定早就被啃光了！！

易经并不否认神灵的存在，但即便有神灵，易经也从来没有要求我们去信奉和崇拜神灵。神灵不过是有特异功能的生物，是人类的合作者，与人类共同造物创物罢了。

此情此景，让我想起《封神演义》中所描写的那段人神并肩作战、激情燃烧的岁月。

神是大号的人，人是小号的神，所以人也是造物主，小号的造物主。

人类的这种造物能力不仅体现在我们能改造自然，发明各种机器设备，建造高楼大厦，也体现在我们能创造和消灭各种生命形式。人类进入工业化这几百年来，全球气候变暖，大量生物灭绝，其中很大的原因是由于人类对自然界的过度开发和索取。

但环境的变化在让一些物种灭绝的同时,也让那些更能适应新环境的物种大量繁殖,让原有的部分物种通过变异和进化来适应新的环境。由此我们通过改变环境改变了全球的生态系统,就如同宇宙自然或者女娲、上帝通过操控"天道"来创物造物一样。

再举个例子来理解人类为何是小造物主。

据估计人体内约有 50 万亿个细胞,而人体内寄生的微生物数量高达 500 万亿之多。想一想,地球上的人类不过 77 亿,一个人体内的微生物数量就达到了地球上人类数量的 7 万倍左右,可见对于人体内的一个微生物来说,人体就相当于宇宙般的存在。我们的一个念头,一个动作就可能造成我们体内和体外无数微生物的死亡和新的微生物物种的创生和大量繁衍。

比如我们知道,人类在发生感染时常常会发热,原本我们的体温在 36～37 摄氏度,这个温度条件下,病原体会在我们体内大量繁殖,数量可能高达数亿之多,严重侵害了我们的机体。

这个时候我们的免疫系统会提高体温,从而改变了我们体内的环境,使得病原体无法适应高温环境。而我们体内的吞噬细胞则因此活性增强,也许还有其它有益的微生物大量繁殖,一起去吞噬和消灭病原体,结果就会导致数以亿计的病原体被消灭,让我们恢复健康。

在这个过程中,我们仅仅是操控自己的体温,就改变了我们身体这个小宇宙内的生态系统,让数以亿万计的生物灭绝或者爆发,实现了创物造物。

对我们所生存的这个宇宙来说,我们每个人都必不可少,都有着重要的价值和作用,因为如果没有你我,那么与我们合一的这个宇宙也就不复存在了。

所以,虽然我们每个人在宇宙中都很渺小,却并不卑微,更不需要自卑,因为整个宇宙都是在我们的参与下创建的。要知道——

当我们抬头仰望星空的时候,星空也因我们的仰望发生了改变。

天人合一 ——三才思想在实践中的应用

天人合一本自然，唯见物象遮真颜。
层层断尽红尘欲，俯察大道能御天。

三才思想强调三才一体，也就是天人合一，认为天地人是一体的，这是三才思想最基础的观点。

三才思想以天为经、地为纬、人为本，将天、地、人、万物视为一个统一的整体，一个完整的太极，高度重视天时、地利、人和的重要性，尤其重视人的主观能动性，让中华民族养成了敬畏自然而又善于利用自然规律的积极态度。

天人合一的原理是宇宙的万物互联。

宇宙万物都是互联互通的，人与内外部环境之间同样存在着相互促进、相互制约的复杂关系，人不能孤立于外部环境独立存在，而是处在"天道"这个场中，与天地以相同的频率发生着共振。因此人的行为必须合乎自然，合乎环境，与外部环境相互适应，和谐相处。

中医学中有个全息诊疗的概念，通过耳诊、手诊、面诊等方法可以诊断和治疗全身的疾病。全息就意味着大小同体、小中藏大，局部是整体的微缩。

全息是万物互联的一个重要特征。

宇宙同样是全息的，人也就是宇宙的一个微缩，与宇宙有着息息相关的相互联系和相互影响。所以我们说天地是一个大宇宙，人体是一个小宇宙。

我们将易经称作宇宙建模学，就是源出于此。

一、天人合一的本质

那么，天人合一到底是怎样一个境界呢？

其实，天人合一这四个字就已经把天人合一的本质说的非常清楚了。天人合一，你我就是天，天就是你我。

天是什么？从三才思想的角度来看，天包括了天地在内，所以这里的天指的是天地万物及其运行规律（天道）。你我所生存的内外部环境就是天地，你我自身都在天地之中。

你我和天地本来就是一体的，是合一的，是不能分开的。人离开了天，自身就会消亡。

注意，不是死亡，是消亡，因为构成我们自身的物质与意识都来自于天地，若离开了天，我们的肉身乃至意识就都重新回归天地，我们就什么都不存在了。同样的，若天离开了我，天也会消亡，因为天是因我的存在而存在的。

阳明先生说"心外无物"、"心外无理"。其实这个说法还是容易引起误解的。心外无物，一方面是说物质不是独立于我们的心而存在的，但另一方面也并不是说"物"存在于我们的心里。"理"也如此，并不是说"理"存在于我的心里，而是我即心，心即物，物即理，心、我、物、理是四位一体的。所以阳明先生又有"心即理"这一说法。这才是天人合一，也才是阳明先生的本意。

二、天人合一与天人分离

既然你我和天地本来就是一体的，就是合一的，那为什么还要提天人合一呢？

这是因为人类的欲望、妄念让人迷失了自己，将本心变成了分别心，按佛陀的说法，是有了"我相、人相、众生相、寿者相"。

分别心的产生让天人"分离"了，不过这种分离是假分离，不是真分离，因为如果是真分离，就如同我刚才所说的，"我"和"天"就都会消亡了。

这种假分离是认知上的分离，即"我"与"天"之间明明没有分离，仍是合一的，但两者之间的通信连接被断开了，无法相互联系和沟通，无法实现万物互联，才产生了天人分离的错觉。

而所谓的欲望、妄念就来源于物质（物欲），或者更准确地说，是由于人类执迷于物象（相）。

宇宙间有个万物的本源真实存在，但我们感知不到这个本源，所能感知的只有这个本源所显现出来的现象，而现象是依附于这个本源而显现出来的幻象（相），是不真实的。由于眼耳鼻舌身意这六根的局限，让我们执迷于物象而不能见到真实存在的本源。

为了重归天人合一的境界，就需要我们去修炼，去勘破虚妄得见真实。所以天人合一是我们生命的回归，重新挖掘我们本来就具足的能力，恢复我们与本源之间的通信联系。

三、天人合一的层次

在这个回归的过程中，可以将天人合一的境界大致分为三个层次，分别是天人感应、天人合一、人天合一。

1. 天人感应

天人感应，是指初步建立起人与天地自然之间的通信联系，实现人与天地自然的互相感应，让人能够感应到天道的存在，能够与宇宙运行的规律发生共振，从而能够感应到宇宙万物过去的发展轨迹、现在的发展状态和未来的发展趋势。

孔子在《系辞传》中提出了"夫易，彰往而察来"的观点，在《说卦传》中也提到"数往者顺，知来者逆，是故易逆数也"的观点，同时也提到了易经"彰往察来"的方式，即"寂然不动，感而遂通"。

这个"感而遂通"就是天人感应的境界。这是周易预测，乃至各种预测方法和个人修炼的基础。孔子大概就在这个层次。

换句话说，天人感应境界就是天所能做的你都能感应到，其主要目的就是"彰往察来"，尤其是其中的"察来"，对宇宙万物的未来发展趋势进行预测。

天人感应境界初步做到了天人合，但还没有达到"一"的境界。

在这个境界中，我们是将自己放在了观测者的位置，为研究对象构建一个时空全息模型，去观察和分析宇宙万物的运行。作为观测者，我们尽量减少自己对研究对象的影响，减少自己的存在感，以便能够观察到研究对象按照其自身发展规律的运动变化。

在我们没有去观测时，宇宙这个太极是个无中心、无意识（或者说是按照自主意识）发展的混沌体，即孔子所说的"易无思也，无为也"，但当我们开始观察那一刻，情况发生了根本性的变化，从无中心无意识变成有中心有意识，即以"我"为中心，以我的意识为主体的发展变化。

2. 天人合一

在天人感应的基础上，三才思想更进一步，强调人的主观能动性，主动利用天道规律对宇宙自然进行干预，影响天地自然的发展趋势。

天人合一境界，就是天所能做的，你都能做到，两者真正合为一体。

三才思想认为，既然我们能够预测到宇宙万物的未来发展轨迹，知道其吉凶趋势，那么就可以在关键的节点进行干预，扭转不利的局面，放大有利的因素，从而实现趋吉避凶的目的。

在物理学的双缝干涉实验中，我们希望能尽量减少我们的观测对实验结果的影响，期望能够看到自然规律的真实表现。但是在更多的时候我们希望能够主动施加影响，整合和调动宇宙万物为我所用，控制事态向着有利于我们的方向发展。

这是由于我们能够认识天道、追随天道、顺应天道并按照天道行事。这也就是老子所说的"为无为，而无不为"，什么都不用做，就能顺应天道把事情做成了。老子大概就在这个层次，而孔子应该也触摸到这个层次了。

比如此次新冠疫情期间，若是按照疫情的自然发展，我们完全可以无所作为，或只是充当一个独立的观察者，让社会达尔文主义去推动疫情的发展，实现自然淘汰，在人类社会建立群体免疫。但我们没有坐以待毙，而是先去观察、感应，然后采取强有力的干涉措施，进而在中国境内极大地扭转了疫情的发展趋势，降低了民众的生命财产损失。

而其它或明或暗默认群体免疫的国家则遭受了惨重的生命损失和经济危害,然后不得不回过头来尽力去干涉疫情发展。虽然说亡羊补牢,为时未晚,但毕竟损失已经不可挽回了。

天人合一是以天为主,天高于人,人合于天,因此对天下万物来说,你就是天,能够替天行道,代天发号施令,操纵万物。

可见,天人合一实际上兼容了太极思想,太极思想没有核心,所以只能混混沌沌地运动。天人合一则为太极提供了"我"这个核心,并将围绕"我"运动,也因此才能明确谁来借力、如何借力的问题。

天人合一同样也兼容了阴阳思想,是人通过覆变阴阳、操控阴阳来掌控太极的运行,因此太极、阴阳都是以为人核心的,也再次证明了太极、阴阳、三才是不可分割的一个整体,是易学理论大厦的三块基石。

3. 人天合一

第三个层次,是人天合一,人站在天之上,天之外,不仅仅是被动地顺应天道、感应天道、合于天道,更是要主动地操控天道,甚至创造天道,然后让天道去按照我们的意志运行,是真正的"无为而无不为"。老子当年应该已经触摸到这个层次了,但可能还没有真正达到这个层次。

人天合一境界是以人为主，人高于天，天合于人，因此对天下万物来说，天就是你，能代表你赏善罚恶，化育万物。

这是三才思想的高级境界。

人在宇宙中渺小但不卑微，人是宇宙的全息缩影，就如同我们耳朵上的那些微不可察的穴位点可以影响人全身的疾病一样，人同样具备干涉和影响宇宙运行、掌控甚至创造天道的先天能力。

有人提出对《道德经》和《易经》等经典的学习要用俯视的角度，我是非常认可这个观点的：

● 以仰视的角度，我们就屈居于天道之下，因此最多也就只能感应一下天道，努力做到彰往察来；

● 以平视的角度，我们就可以与天道平齐，与天道合一，从而能够更好地认识天道、利用天道；

● 只有以俯视的角度，我们才能真正与老子比肩，站在同一高度，甚至更高的层面去洞察天机、掌控天道，直至创造新的天道。

但这种俯视并不是目中无人，狂妄自大，认为自己已经破解了天道的奥秘、宇宙的奥秘，而是要以谦卑之心、敬畏之心、感恩之心、同理之心去俯视。这个俯视只是学习的视角，而不是心态的视角。

这三个层次，可以分别表述为应天、顺天和御天。不过你我凡人，连应天都没有做到，后面的顺天和御天就只能想想，权作是玄幻小说中的呓语罢了。

易经预测的科学本质

预测是一件很寻常的事情，我们每时每刻都在进行着预测。预测的本质，就是在事物尚未发生之时，根据已有的信息对事物的未来发展趋势和最终结果做出判断，并据此做出决策，指导我们的行为。

不同的是，我们日常预测所依据的信息都是我们能理解的。比如在高速公路上开车时，我们会根据前方及左右两侧车辆的表现来预测他们的行为，从而做出加速、减速、转弯、并线、超车或者紧急刹车等决策。

在这个过程中，其它车辆相对于我们的速度、加速度、位置、距离等信息都是我们能够理解的。

但利用易经进行预测时，我们所获取的信息，比如卦象、天干地支，以及五行生克制化关系等等，都是我们不能理解、也不能用西方科学解释的，所以人们对易经预测或者觉得高深莫测，或者觉得荒谬怪诞，甚至斥之为封建迷信。

其实仔细思考一下，两者在本质上没有任何差别。

虽然预测汽车的行为似乎是一个物理问题，可以用各种物理和数学公式来分析数据，但当我们在高速公路上开车时，不会去精确了解与前车的距离到底是10米还是15米，更不会用计算器去现场分析和计算，只要我们感觉与前车距离太近了，就会减速来确保安全距离。

而且这个安全距离因人而异，新手司机可能觉得两车相距100米都太近了，而老司机可能会控制在几十米左右的安全距离。

可见，这虽然看似是个物理问题，但在实践中我们仍是基于经验、基于心识进行预测，这与易经预测的"寂然不动、感而遂通"是一样的。

而易经预测实际上比这个安全驾驶预测要复杂得多，其复杂度大体上应该与天气预报是一个等级的，甚至更高。

天气预报是基于复杂的天象信息做出的，需要利用超级计算机才能得出预测结果。即便如此，天气预报也常常是不准确的。

不过，虽然每次天气预报不准的时候，我们都会抱怨两句，但下次出门前仍然还是会先看天气预报再决定如何出门甚至是否出门。

人们之所以高度信任和依赖不靠谱的天气预报，是因为人们相信天气预报是利用科学方法得到的，大家信任的是做出天气预报的赛先生（Science）。但与黄头发、蓝眼睛、白皮肤的赛先生相比，易先生明显长了一副东方人的面孔，所以就遭到了赛先生粉丝们的无情嘲讽和抨击，这是一种很不理性、很不科学、很不成熟的态度。

人们说易先生是封建迷信，其实恰恰是人们对赛先生过于迷信了，太过于信任和依赖科学，而忽略了人心对天地自然的感应，忽略了天人合一所本来具有的强大能力。

客观分析，影响天气预报准确性的原因大体上有三个：

一、信息冗余

信息冗余是指我们做预测时，会有大量相关和不相关的信息对我们产生干扰，严重时甚至会让我们依据错误的信息做出错误的判断，从而为个人、企业乃至国家造成不可挽回的损失。

在天气预报中，超级计算机所处理的海量气象数据正是我们用阴阳宝刀切割出来的，切割得越精细、切割点越多，数据量就越大，计算就越复杂，也就越难以把握。

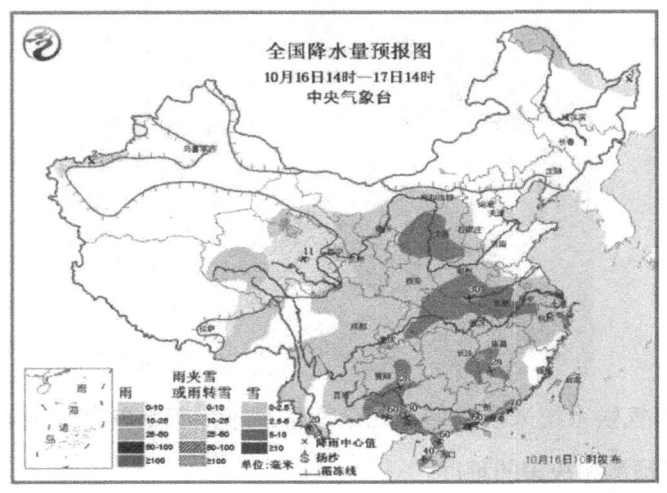

而这些海量气象数据中的绝大多数都是没有用的，是用来迷惑和干扰我们的。尤其是有很多数据，比如100公里外的某个巨大云团、某个台风，看似来势汹汹，声势惊人，却很有可能在达到我们这里时烟消云散，销声匿迹，进而对预

测结果造成了严重干扰。

二、信息不足

信息不足是与信息冗余相对应的，预测所需要的大量关键信息或者无法被识别，或者被我们有意忽视，导致我们总有信息不足的感觉，只能基于有限的信息，战战兢兢地预测。这必然会导致我们所做出的预测是不准确、不可靠的。

比如我们明明知道有一个巨大的云团正在向着我们的方向移动，也知道了它的移动速度，按理来说可能会给我们带来一场大雨。但很有可能云团在运动到我们上方之前就消散了，或者以黑云压城的姿态从我们头顶越过而没有落下一滴雨。我们缺乏足够的信息去预测这个结果，甚至连事后的合理解释都无法给出。

普陀山地区多次发生的台风转向之谜，就远远超出了气象预报的能力，超出了科学的范畴。

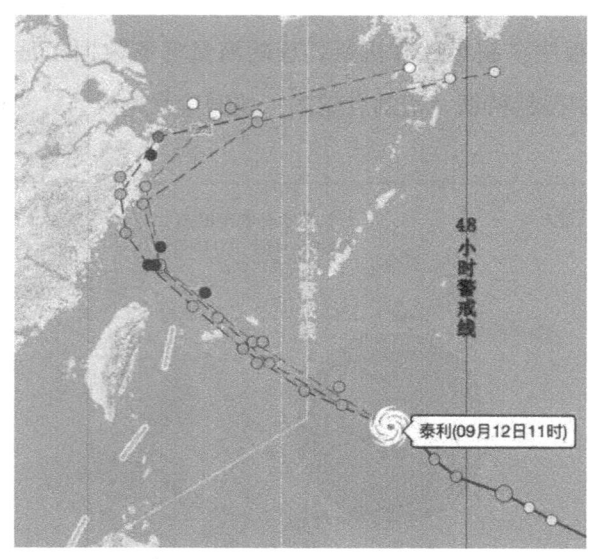

对复杂的气候系统来说，信息冗余和信息不足都是常态，两者相互影响，进一步增加了预测和决策的难度。

三、蝴蝶效应

现代科学有个分支，叫做非线性科学，也被称为混沌学（Chaos），是指确定性动力学系统因对初值敏感而表现出的不可预测的、类似随机性的运动。

在非线性系统中,大量的数据、信息都是障眼法,只有某些看似无关紧要、毫不相关的数据才是真正的关键数据,甚至可能由此导致巨大的灾难。

这就是所谓的蝴蝶效应。

第一次世界大战由于一次偶然的流感(西班牙流感)导致全球超过10亿人感染,5000多万人死亡,使得战争不得不提前结束。

第一次世界大战期间一个英国军人一时心软,在战场上放走了重伤的希特勒,结果希特勒最终发动了第二次世界大战,给人类造成了惨重的损失。

阿拉伯之春运动,最初的起因不过是突尼斯的一个小贩自焚身亡,最后演变成蔓延整个阿拉伯世界的灾难。

这些都是蝴蝶效应。

天气系统是一个标准的混沌体，标准的非线性系统，对某些关键数据非常敏感，因此有更加复杂的蝴蝶效应。天气预报之所以不准，也正是由于这个原因，很多看似无足轻重，甚至微不可察的天象，最后对天气造成了巨大的影响。

气象学家们目前正在努力构建天气预报模型，通过不断实践和探索，去寻找这些真正关键的数据以及它们的影响路径，同时也要排除海量的无用数据的干扰。

而随着这个天气预报模型的逐步完善，终有一天我们就会惊奇地发现，天气预报会慢慢偏离传统的科学道路——未来的天气预报只需要基于少量的、看似毫不相关的信息就可以做出大致准确的预测。

也许真的有那么一天，气象学家监测到亚马逊森林的一只蝴蝶扇动了一下翅膀，就可以预测出两周后美国得克萨斯州的一场龙卷风。这就如同康节先生看到两只麻雀"争枝坠地"就可以预测到晚上有小女孩摘花而摔伤大腿，听到别人问起牡丹就可以预测到第二天中午牡丹被马践踏而毁。

天气预报技术的发展会进一步模糊天气预报与易经预测之间的界限，让两者日益趋同。这是因为易经预测本质上就是对一个非线性混沌体（太极）的预测。

我们将易经称为宇宙建模学，利用太极、阴阳、五行、八卦等工具为宇宙万物建立起各自的时空全息模型，并根据这个时空全息模型"彰往察来"。易经预测中最常用的信息是空间信息和时间信息——卦象是一个空间信息，年月日时的天干地支（四柱八字）是一个时间信息。利用这些看似毫不相关的时空信息就能做出相对精准的预测，包括对天气的预测，不能不让人赞叹易经的奇妙，赞叹古圣先贤的伟大。

非线性是物理世界的本来面目，所有的线性都是非线性在一定限度内的近似，就如同牛顿力学是在低速状态下对相对论的近似一样。

非线性概念的提出可以看作是现代科学对太极理论的回归，或者也可理解为是殊途同归，但目前仍停留在初始阶段，距离真正回归太极思想还有很长的路要走

知几思想——捏住蝴蝶的翅膀

五行大道隐，八卦万物匿。
六爻本安静，一动泄天机。

不论是天气预报，还是易经预测，所要解决的问题都是如何识别那只亚马逊雨林中的蝴蝶，捏住这只蝴蝶的翅膀，让事态按照我们的意愿去发展。

目前西方科学还没有办法去识别和掌控这只蝴蝶，但易经中却早就给出了相应的理论和工具。

易经中，识别这只蝴蝶的理论叫做"知几思想"，识别这只蝴蝶的手段就是各种预测工具。借助这些理论和工具，我们便能了解并掌控事态的发展，实现趋吉避凶的目的。

在《文言传》中有一句关于决策的精辟论述：

知至至之，可与言几也；知终终之，可与存义也。是故，居上位而不骄，在下位而不忧。

"知至至之，知终终之"意思是知道事情能发展到哪一步，就做到哪一步；知道事情最终能发展到什么结果，就做到什么结果，这既是阳明先生"知行合一"思想的体现，也是预测和决策行为的最高境界。

之所以能够做到"居上位而不骄，在下位而不忧"，就是因为事物的未来发展趋势都在自己的掌控之中——上位不骄是因为知道眼前所取得的上位并不是高枕无忧的，能够清醒地认识到未来的各种不利因素，如果不能谨小慎微，难免阴沟翻船，失去现有的上位；下位不忧是因为知道眼前所处的逆境并不是绝望的，知道未来有大量覆变阴阳、逆转乾坤的机会，只要把握住有利时机就能摆脱下位，一飞冲天。

知几思想要求我们能够在泛滥的信息海洋中屏蔽掉无用的信息，识别出真正有用的关键信息，即那些影响事态发展的有利因素和不利因素，并据此对未来做出准确的预测，进而采取行动来主动引导事情的发展。

这就是"知几"的功夫，也就是这里所说的"言几"。

在《系辞传》中对知几思想有如下表述：

知几其神乎。君子上交不谄，下交不渎，其知几乎？几者，动之微，吉之先见者也。

"动之微"，就是指在事情刚刚显露出来的时候所拥有的微不可察的状态，这就是"几"，是萌芽、是征兆、是苗头，是那只扇动翅膀的蝴蝶以及由此产生的一缕微风。这扇动的翅膀以及这一缕微风终将酝酿成一场风暴，让事态失控。

《周易·坤卦》初六爻的爻辞"履霜，坚冰至"，就是告诉我们当脚下踩到霜的时候，就应该意识到冬天快来了，要抓紧做好越冬驱寒的准备。这里的"霜"就是这个"几"，就是这是扇动翅膀的蝴蝶。

我们在阴阳部分认识到了覆变阴阳的巨大力量，也提到了要找到覆变阴阳的那个转化开关。这个转化开关，也就是阴中的那点阳和阳中的那点阴，就是我们要找的那只蝴蝶，因此覆变阴阳的前提也是要具备知几思想。

知几思想也告诉我们，蝴蝶效应是可控的，不仅蝴蝶自身能够扇动翅膀制造飓风，我们更是可以控制蝴蝶如何扇动翅膀，在何时何地制造或者消除一场飓风，达到我们想要的效果。这是三才思想的最高境界，即通过天人感应、天人合一实现对天地自然的影响和操控。

当然，"几"不仅仅是"吉之先见者"，同样也是凶之先见者。知几思想中的这个"几"具有两面性，其中既有向好的方向发展的征兆，也有向坏的方向发展的苗头。

我们以企业为例，来认识一下企业经营管理中存在的各种向好发展的征兆和向坏发展的苗头。

企业内部出现的好的征兆，如新产品概念的提出、新人的发现、新的营销思路的提出等，都为企业未来的健康发展创造了良好的条件。但往往由于我们自身的局限而忽视甚至否定这些好的征兆，使企业错失未来的发展良机。因此我们要有能力识别并充分把握住这些好的征兆，并调配资源加以重点扶持培育，为企业的发展积攒后劲。

企业内部出现的不好的征兆，如纪律的松弛、浪费现象的出现、官僚作风的露头等，我们必须对这些不良现象保持警惕，必要时进行干预，纠正偏差，切不可麻痹大意，更不可由于畏难情绪或者害怕得罪人而姑息放纵。

对于企业外部出现的好的征兆，如产业政策的利好、新技术的出现、消费者习惯的改变等，我们也应保持高度的敏感，及时跟进，把握机会以求发展。

对于企业外部出现的坏的征兆，如银根收缩、消费者购买力下降、恶劣气候以及政治危机（如当下的俄乌冲突）可能造成供应链中断、原材料价格上涨等，我们也必须做出准确的判断，提早动手以降低负面影响。这就是管理学中SWOT分析模型在做的工作。

如果对这些征兆和苗头利用得当，就能起到意想不到的效果。相反地，如果忽视了很多细节和小事，就有可能造成不可挽回的结果。孔子在《系辞传》中提到"善不积，不足以成名；恶不积，不足以灭身，"在《文言传》中也提到"积善之家必有余庆，积恶之家必有余殃"，三国时期的刘备也告诉我们"勿以恶小而为之，勿以善小而不为"。这些都是在谆谆告诫我们，不要轻视任何善或恶的苗头和征兆，大吉大凶都是小善小恶慢慢累积起来的。

要做到知几，首先就需要我们具备知几的意识和知几的能力。没有知几的意识就不会主动去发现问题，造成麻痹大意。没有知几的能力，就无法在出现苗头时及时发现、及时把握，只能任由事态发展到不可收拾的境地。

这个知几的意识就是所谓的忧患意识，易经对忧患意识给予了高度重视，孔子在《系辞传》中也对我们提出了谆谆告诫：

危者，安其位者也；亡者，保其存者也；乱者，有其治者也。是故，君子安而不忘危，存而不忘亡，治而不忘乱；是以，身安而国家可保也。……

在《周易》第一卦乾卦九三爻的爻辞"终日乾乾，夕惕若，厉，无咎"，也特别提出要我们有这种警觉意识和忧患意识，保持高度警惕，随时发现各种有利不利的苗头，防微杜渐，避免事态扩大。

中医也十分重视知几思想，在《黄帝内经·素问·四气调神大论》中讲到：

是故圣人不治已病，治未病；不治已乱，治未乱，此之谓也。夫病已成而后药之，乱已成而后治之，譬犹渴而穿井，斗而铸锥，不亦晚乎？

圣人治未病、治未乱，就是在疾病还没有显现，动乱还没有发生的时候加以治理，这就是知几思想的具体体现，也展现了圣人的忧患意识。

扁鹊曾将医生的境界分为上中下三等，上医治未病，中医治已病，下医治大病。扁鹊的大哥是上等的医生，在别人的病还没有显露出来的时候就将别人治好了；扁鹊的二哥是中等的医生，善于治小病；而扁鹊则认为自己是最下等的医生，善于治大病，等病人已经病入膏肓的时候才去治好病人，也因此才有了较大的名声。

孙子在《孙子兵法·军形篇》中也对知几思想给予了高度重视：

见胜不过众人之所知，非善之善者也；战胜而天下曰善，非善之善者也。故举秋毫不为多力，见日月不为明目，闻雷霆不为聪耳。

古之所谓善战者，胜于易胜者也。故善战者之胜也，无智名，无勇功。故其战胜不忒，不忒者，其所措必胜，胜已败者也。故善战者，立于不败之地，而不失敌之败也。

是故胜兵先胜而后求战，败兵先战而后求胜。善用兵者，修道而保法，故能为胜败之政。

"善战者，胜于易胜者也"，那么何为"胜于易胜者"呢？就是寻找敌人兵力部署中表露出来的各种可以利用的破绽。这些破绽在别人眼中微不可查，但在善战者眼中，却可以将其无限放大，成为可乘之机，进而一举击溃敌人。因此在善战者、在智将眼中，任何敌人都是"易胜者"。

对"举秋毫不为多力，见日月不为明目，闻雷霆不为聪耳"这句话，不同境界的人有不同的理解，常人按照字面意思，将其理解成"把秋天的毫毛举起来不算有力气，看见日月不算眼力好，听见雷霆也不算听力好"，而善战者与智将却是以知几思想和手段，善于从敌人千军万马、固若金汤的阵势中发现如秋毫般的破绽，并将这破绽无限放大到如同日月与雷霆一般显著，进而见微知著，举重若轻，把握住战场上转瞬即逝的战机，将敌人的强大实力化解于无形，一举击溃敌人。

而在常人眼中，这些善战者好像不过是做了一件微不足道的小事情，就轻轻松松战胜了敌人，甚至很多人会将其归结为运气好，不承认将领们的能力。所以才造成了"善战者之胜也，无智名，无勇功"，以及上医无名，下医盛名的结果。

"治未病"和"胜于易胜者"就是知几思想的具体体现和最高境界，在未病之时、未战之时，各种苗头刚刚出现的时候，或者说是在蝴蝶刚刚想要扇动翅膀的时候，就及时介入干预，把疾病扼杀于襁褓之中，把敌人瓦解于无形之中。

除了要具备知几的意识（忧患意识）外，我们还要具备知几的能力，就是要具备识别这些苗头和掌控并引导这些苗头的发展趋势的能力，对于不利的苗头我们要尽早消除，捏住那只蝴蝶的翅膀，以绝后患；对于有利的苗头则应善加应用和引导，让这个苗头不断放大，成为主导事情发展的主要动力，从而达成我们的预定目标。

这既需要我们具备认真观察、格物致知的能力，同时也需要我们对天道的敏锐感应，也就是天人感应。因为天道中隐藏了最早出现的苗头和征兆，天道中所隐藏的是苗头的苗头、征兆的征兆，是萌芽之前的种子。一个人知几功夫的高下就取决于他能在哪个时空点去观测和发现这些苗头。上医和下医的区别也就在于此。我们在"寂然不动，感而遂通"的时候，也就是在探寻这些苗头的苗头、征兆的征兆，将我们的观测时空点向前推进到无极世界中，做出我们的预测和判断。

知几而后谋，谋定而后动，这是知几思想给我们的忠告。

有了知几的意识和知几的能力，那么在实践中，如何通过各种易经预测工具找到这些"几"的藏身之所呢？

孔子在《系辞传》中说"君子动则观其变而玩其占"。观变玩占实际上就是一个知几察微的过程，通过占卜来发现事情的征兆及未来发展趋势，识别并控制这只蝴蝶。

我们用易经预测时，常会听到"天机泄于病处"这句话。从易经和中医角度来看，所谓的"病处"就是阴阳失调、五行失衡之处，就是这只蝴蝶的藏身之处。

在管理中凡是出现反常或不合规矩之处均是病处，哪怕是毛病很小，也是"几"的藏身之处，不可忽视。如个人表现出的懒惰、自卑、粗心、不善交际等就是个人事业管理的病处；企业表现出的纪律涣散、销售增长乏力、财务支出大手大脚、员工士气低落等就是企业经营管理的病处；国家表现出的经济发展速度过低、社会治安变差、社会风气不良等就是国家行政管理的病处。

所谓千里之堤，溃于蚁穴，这些似乎无所谓的小问题往往预示着管理中出现了大问题，随着时间的推移和问题的量变积累，最终会导致管理失灵乃至陷入危机状态，因此一定不能忽视这些小问题。海尔公司的发展壮大就是从张瑞敏先生"治理随地大小便"和"锤砸不合格产品"这些细微之处开始的。唯有如此，方能慎始慎终，防微杜渐。

在大家所熟知的六爻预测中，六个爻中某个或某几个发动的爻（又称动爻或变爻，即阴爻变阳爻，或者阳爻变阴爻）就是最大的病处，对事态的吉凶发展趋势有着重大的影响，因此才有"无故不动，动必有因"以及"神兆机（几）于动"的说法。

我们从野鹤老人的《增删卜易》中找两个卦例，帮助大家理解六爻预测这个工具如何能够让我们做到见微知著，进而捏住蝴蝶的翅膀，控制事态的发展走向。

巳月 丙申日 （旬空：辰巳），占财，得"未济之鼎"

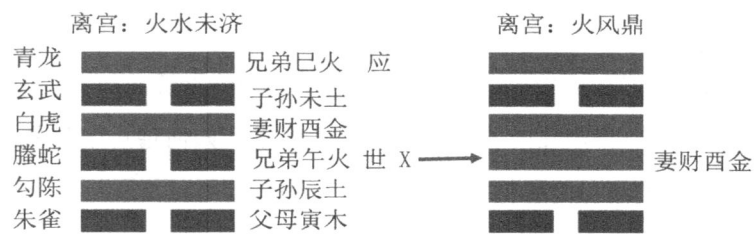

断曰：此乃忌临世位，化出酉财，即于酉日得财

根据六爻预测理论，测自己的财运需要兼顾世爻和妻财爻，世爻是自己，妻财爻是财运，然后看两者的相互关系和旺衰程度，以及日月和其它爻位对这两个爻的生克制化关系，来综合判断本人是否有财运以及得财的具体日期（应期）。

本卦中，兄弟午火持世，兄弟是妻财的忌神，因此是"忌临世位"，本来是无财的征兆，但卦中世爻自己发动，变出了妻财酉金，也就是经过自己努力，最终得到了这笔财富，而且得财的时间就应在了酉日。

野鹤老人在书中对此卦的断辞虽然非常少，但一方面可以看出动爻的作用，即"神兆机于动"，另一方面，卦中世爻发动，可见这笔财富需要本人主动争取才能得到，都是在指引我们去寻找和掌控这只展翅的蝴蝶。

再举一个《增删卜易》中的例子：

卯月 戊辰日（旬空：戌亥），妹占兄官事，同前一案，亦拟重罪，得"否之讼"

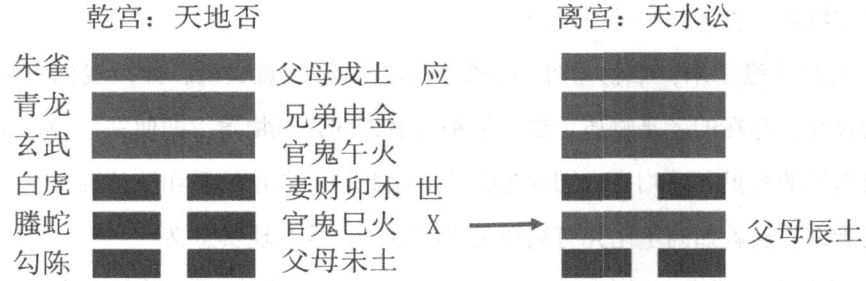

断曰：申金兄弟爻为用神，巳火鬼动，刑克申金，重罪定矣。幸喜辰日冲动戌土父母，暗动生申，克处逢生，若有父母，可以救之。后因父年八旬，援例告留免死。

测兄弟，以兄弟爻为用神，卦中官鬼巳火发动克兄弟申金，官鬼为官府，可见其兄已经被官府治罪，但父母戌土被辰日冲动，暗动生助兄弟申金，形成了巳火生戌土，戌土生申金的连续相生的吉利格局。而且官鬼巳火虽然克申金兄弟，但同时又动变出了父母辰土，暗含克中相生之意。不过暗动的时效性很短，必须抓住时机，以"上有高堂"为由去官府求告，最终果然免于死罪。

隐藏在亚马逊雨林中的这只蝴蝶，影响事态发展的这些苗头本来很难识别，但六爻预测法通过动爻（及其他病处）将这只蝴蝶清晰准确地标示出来，让我们能更好地识别并掌控这只蝴蝶，将未来的一场飓风化解于无形，最终实现趋吉避凶的目的。

三才思想——唯心还是唯物？

很多人对天人感应、天人合一的三才思想抱着怀疑和批判的态度，认为这是唯心主义，是封建迷信，是与辩证唯物主义相悖的。

唯物主义和唯心主义两派的争执长期存在，唯物主义认为物质是第一性的，也是唯一的存在，而将精神或者意识当作是物质的某种功能和属性，是附属于物质的；而在唯心主义者看来，精神或者意识才是第一性的，物质是第二性的，精神决定物质，物质是精神的产物。

但在易经看来，唯物与唯心的争执本身是毫无意义的，如果我们将物质定义为存在，存在的就是物质，那么精神与意识同样是物质，即便是上帝、女娲和佛祖这样的神灵和造物主也同样是物质。因此再去争论物质和精神谁先谁后，谁从属于谁，这就如同争论先有鸡还是先有蛋一样没有现实意义。

这个观点可能和很多宗教观念有冲突，很多宗教认为神灵是高高在上的，是超脱出了物质层面的存在。但在广义的物质观念来看，他们仍然是物质。在民间，我们把"物质"一词叫做"东西"，那么你说这些神仙上帝是东西呢？还是不是东西呢？

在易经看来，造物创物是易的本质，所以孔子在《系辞传》中提出了"生生之谓易"的观点，提出了"天地之大德曰生"的观点，还提出了"夫易，开物成务，冒天下之道"的观点，都是在强调易创生万物的本性。而配合"易"来开物成务的就是人，是天地人三才共同承担着造物主的职责。

三才思想中的天人合一和知几察微、彰往察来，都是通过人的感官得来的，是人对宇宙万物观测和认识的结果，即便是伏羲也是通过观象才能设立八卦，奠定了易经的理论根基。我们知道，人类有五种感觉器官，也就是五感，分别是眼、耳、鼻、舌、身，分别对应视觉、听觉、嗅觉、味觉和触觉。我们也经常听到神秘的第六感，其实这个第六感并不神秘，五感让我们能观测有形的宇宙，而天人感应更多地是通过第六感实现的。这个第六感可以叫做心，也可以叫做意，在佛家中早早就提出了"六根"的观点，认为人有眼、耳、鼻、舌、身、意这六种感官，也叫六根，分别对应色、声、香、味、触、法这六尘。

佛家还有个观点，叫做"三界唯心，万法唯识，唯心所现，唯识所变"，这句话听起来似乎散发出了浓郁的唯心主义味道，但在三才思想看来，所谓的心也好、所谓的识也罢，都是人，是人的主观能动性，不但能够综合和分析五感所传递的信息，并做出判断，更能够独立地沟通天地自然，实现天人感应。

三才思想所提出的天人感应、天人合一真正弥合了唯物与唯心之间本不该存在而且毫无意义的分歧和鸿沟。

人和天地自然既是物质，也是造物主，三才联合创造万物。但三才并不是凭空创造出了物质，只是在改变物质的形态和功能，改变物质的相（象）。作为物质的本源（本源常道），不论形态上如何千变万化，甚至演化出了生命这种复杂高级的形式，但在本质上仍然是"不生不灭、不垢不净、不增不减"的。人类的眼、耳、鼻、舌、身、意这六根所见到的物质的生灭、垢净和增减不过是物质在形态上的变化而已。这是由于人类的六根有局限性，只能认识到物质的形态，而无法认识物质的本源。

佛家讲四大皆空、五蕴皆空、万法皆空，并不是说物质真的空，真的无，而是告诉我们，人类六根所见的所谓的物质不过是物质的幻象和表象而已，不是物质的本源，所以是空的。而物质的本源是不空的，是真实存在的。

易经讲万物类象，是要将宇宙万物都归类于八卦，归类于阴阳，直至归类于太极和无极，这与佛家的慧眼见真和道家的返璞归真是同样的道理，都是要透过宇宙万物的形态和表象来认识其本质。但是，见真还是见假，见有还是见无，见空还是见不空,并不取决于神仙上帝,只取决于人,取决于人的主观能动性,去学习、分析、抗争和创造。

这就是易经中三才思想的真实意义,也是当年大卫教授通过研究中国上古神话所认识到的中华民族的高贵品性。

简易、变易、不易——易经中的三易原则

三易之道玄且玄,阴阳之用颠倒颠。

内求外求皆正路,心物一体见本源。

易经向来有三易之说,即简易、变易和不易。

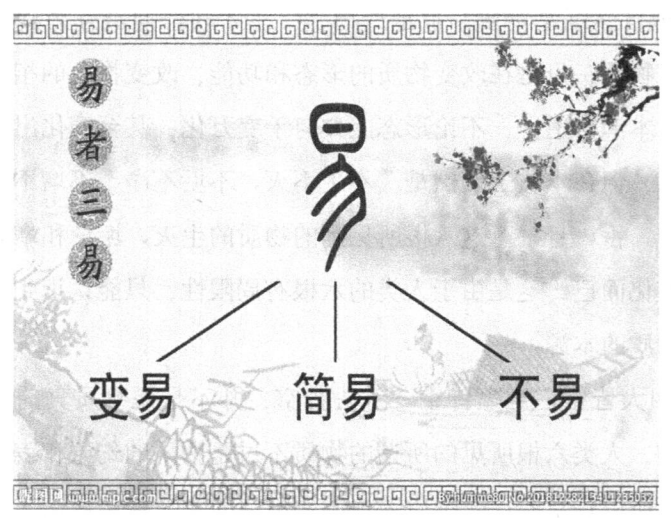

一、简易原则

大道至简。简易原则告诉我们,宇宙万物不论如何纷繁复杂,变化多端,其背后的道理和规律都是非常简单的,只要我们掌握了这些道理和规则,就可以

准确把握和预测事物的运动趋势，了解其最终运动结果，那么万事万物就从神秘变得简单而又平凡了。

如看似复杂的航天飞机能够飞入太空，人造卫星能够在轨道上环绕地球运转，其中的规律就是最简单的万有引力定律。

社会能够不断进步，经济能够不断发展，其中的规律就是最简单的"利害"两个字，正所谓"天下熙熙，皆为利来，天下攘攘，皆为利往"。

易经就是一门推演和模拟宇宙运行的学问，就是对最基本、最简单的天道的运用：

夫易，开物成务，冒天下之道，如斯而已者也。——《说卦传》

对易经来说，这个至简的大道就是阴阳之道、太极之道，易简原则就是建立在太极思想、阴阳思想及阴阳二分法基础之上的，认为万事万物的发展变化不过是阴阳此消彼长和相互作用的结果。

在易经万物生成模型中，利用阴阳二分法既可以顺向从太极一直演化出宇宙万物，又可以逆向将宇宙万物归纳为八卦、五行、四象、三才、阴阳直至太极，并由此总结出了世间最基本、最简单、最实用的运动规律——阴阳消长转化规律，建立了一套非常简单、非常神奇的预测工具，同时借助这个规律和相应的预测工具来认识宇宙万物，真正体现了大道至简的特性。

根据简易原则，我们一方面可以正向应用阴阳二分法将事物不断化简、分解，使复杂问题简单化，直至找到其最根本的运行发展规律。另一方面也可以逆向应用阴阳二分法将万物归一归虚，直至回归唯一存在的万物本源。

万物本源才是简易的根本。或者说简易原则的根本在于万物本源，简易的工具则在于阴阳二分。

易简,而天下之理得矣;天下之理得,而成位乎其中矣。——《系辞传》

我们学习自然科学知识、学习社会科学知识、学习易经的目的就是为了掌握这些规律,利用这些规律。只要掌握了这些最基本的规律,并善于利用这些规律去指导工作,解决问题,那么就可以无往不胜了。

二、变易原则

所谓变易,是指宇宙间的万事万物都在不停地运动变化着。

我们常说运动是绝对的,静止是相对的。物质在变,思想在变,环境在变,一切事物都处在永不停歇的运动变化之中。

任何事物都是既存在,又不存在。因为当它存在的同时又变成了别的东西,也就是原来的东西不存在了。

古希腊哲学家赫拉克利特曾说过:"人不能两次踏入同一条河流",因为当你第二次走进这条河流时,它已经不是你第一次走进时的那条河流,原来的那条河流早就变化了。

赫拉克利特的观点非常形象地表明了易经的变易原则。

此外,佛家也认为"诸行无常,是生灭法",人终有生老病死,物终有成住坏空,万事万物都不能永恒存在,也不能恒久不变。因此佛家的"无常"观念也是变易原则的真实写照。

最近听到有人提出了一个疑问，即当一个人70岁的时候，他还是不是和3岁的时候是同一个人？因为在70岁时，他3岁时身体内的所有细胞已经基本上都死掉了，除了记忆上的延续外，两者已经没有任何相同之处了。

细想一下确实挺恐怖的。

变易原则要求我们必须以变通、变化的观点来看待事物。孔子在《系辞传》中对变通做了定义：

化而裁之谓之变，推而行之谓之通，举而错之天下之民谓之事业。

易穷则变，变则通，通则久。

既然万事万物都有其生老病死的运行周期，那么在事物发展的不同阶段，自然也就应该学会变通，用不同的方法和手段来应对，切不可僵化，拘泥。

不过，若是较起真来，"运动是绝对的，静止是相对的"这个说法也是有问题的，运动与静止本身也是一对阴阳，是两个相对的概念。宇宙万物的运动和静止都是相对的，我们所生活的这个宇宙时空本来就是相对的。

运动的本质就是变化（变易），包括时间上的变化、空间上的变化和状态上的变化，在这个相对的宇宙时空内，物质在不同时空之间，不同形态之间无休无止、永不停歇地运动变化着。

但这种运动变化不过是本源常道在现象界的变化，而本源常道的本体是如如不动的，本源是运动与静止的统一体。

这就好比一块石头，你看着它静止在那里，但它的原子核和核外电子随时都在运动，随时都在向外辐射红外线。因此从这个角度来看，它又是运动的，是运动和静止的统一体。

所以说，变易只是对现象界的描述，只具有相对的正确性。

三、不易原则

所谓不易，是指宇宙中存在的永远不会发生变化、不会消亡的事物。

这个不易之物，老子称之为"道"，佛家称之为"心"，儒家的阳明先生也称之为"心"，也就是我们之前提到的万物本源，或者叫做本源常道。

在易经看来，虽然万物本源的状态（现象）一直在发生着变化（变易），生生灭灭，但这个道、这个本源是如如不动的，不生不灭、不垢不净、不增不减，不以尧存，不以桀亡。

因此易经中的不易原则就是指本源不易。

物理学上有质量守恒定律，后来爱因斯坦又提出了质能守恒定律，认为物质和能量不但可以相互转化，且物质和能量的总和在转化前后是守恒的。

实际上物质和能量之间的转化仍然是阴阳之间的互相转化，物质为阴，能量为阳。因此质能守恒与质量守恒一样，都只是对本源不易的近似，是现象层面的守恒。

本源不易的概念是更广泛意义上的不灭和守恒。除了可见的物质和能量，宇宙中还有更大范围的暗物质和暗能量，或者说除了我们可见的这个太极世界之外，还有更加广袤的无极世界，还有佛陀所言的三千大千世界，本源不易是指本源在无限宇宙时空中的不易。

很多人往往将不易原则理解为规律不易。说规律不易并没有错。我们之前说过，这个本源是时间、空间、物质和联系的统一体，联系（万物互联）在时空中的显现就是所谓的规律，因此本源物质不易也就意味着天道规律的不易。

但单纯说规律不易是片面，正如同单纯说物质不易也是片面的，因为规律和物质都只是现象层面的概念，只有本源不易才是相对完整的表述。

我们之前曾探讨过人类文明发展的两条道路——内求之路和外求之路。这两条道路也分别与易经的三易原则相对应。

· **内求是求之于心**

内求之路就是将各种能力内化，通过对自身的修炼和探索来实现个人的升华。

内求的本质就是简易原则——化繁为简，化万为一，将万物归一归虚，达到心外无物，心外无理，我心即宇宙，宇宙即我心的境界。

按照道家的理解，内求就是要长生久视，得道成仙，或者至少也要成为一个超人、一个特异功能者。

内求之路是先修己后度人，先让自己得道，再借助由此产生的能力，回过头来带领众生去求道证道，进而推动人类文明的整体进步。

· **外求是求之于物**

外求就是人类通过发展物质文明，发展科学技术来实现人类能力的提升，让人类能够掌握更加强大的力量，开辟更多的生存空间。

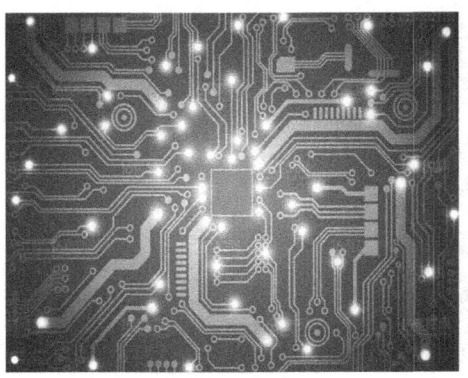

外求之路就是变易，化简为繁，化一为万，将太极化为万物，用机巧的科技来代替朴素的大道。

外求之路通过发展科技以及各种工具手段，让人类整体拥有近神的能力，能够改天换地，移山填海，因此同样是一条度众生之路。

不过外求之路长夜漫漫，也许要几万年、几十万年才能让人类整体拥有如此强大的能力。而内求之路则有可能在几百年、几千年内造就一大批先行者。在我们过去5000年的历史中，没准已经有这么一批先行者，只是他们隐世不出罢了。

另外，正如同简易和变易都是基于阴阳思想一样，内求与外求也是一对阴阳，两者并不冲突，而是具有良好的互补性，能够互相促进——内求所得有助于人们更好地认识宇宙，进而推动科技的发展；外求所得的各种科技手段也有助于人们更好地认识自身，促进内求。

因此我们需要将内求之路从隐学变成显学，放在与科学平等的地位，双管齐下，内外兼修，推动人类文明的整体进步。

论四象

阴阳消长——易经中四象的本质

> 阴阳自消长，四兽行四方。
>
> 纷纷且纭纭，万物呈万象。

在易经的万物生成模型中，最核心的概念包括无极、太极、阴阳和三才，尤其是其中的太极、阴阳和三才思想是易经理论体系的三块基石，所以希望朋友们能对这几个概念多下功夫，真正做到熟练掌握和认真领会。

在讲解完上述四个核心概念后，我们再来继续介绍易经的万物生成模型。

在这个模型中，三才之后就是四象。

人们对四象的理解，可能更多地是来自于风水学。风水上讲究左青龙，右白虎，前朱雀，后玄武，所以很多人对四象的理解就局限于这四个神兽。

但实际上，易经中的四象和这四个神兽没有太大关系，这四个神兽不过是四象理论在风水中象征性的、细枝末节的应用罢了。

四象的本质仍然是阴阳，是阴阳两种力量在此消彼长的运动过程中所表现出来的两种运动趋势和对应的四种运动状态。

我们可以从阴阳二分法和阴阳消长两个角度来理解四象的本质。

一　阴阳二分本质

我们前面曾经讲过阴阳二分法的四种应用方式，其中第二种应用方式就是沿着同一个维度连续应用二分法。四象就是在同一个维度连续两次应用阴阳二分法得到的结果。同样地，八卦是在同一维度连续三次应用阴阳二分法得到的结果。

我们看易经的万物生成模型，从太极开始，第一次应用阴阳二分法得到了阴阳，这就是所谓的伏羲一画开天，也就是太极生两仪。

我们再对所得到的阴阳继续应用二分法从而将阳分为老阳和少阴，将阴分为老阴和少阳，这就是四象的本质。老阳、少阳、老阴、少阴就叫做四象，其中老阳是阳之极，老阴是阴之极。

由于是两次应用二分法，所以四象的符号都是用两个阴爻和阳爻上下排列而成，其中老阳用两个阳爻上下排列而成，少阴由上面的阴爻和下面的阳爻排列而成，少阳由上面的阳爻和下面的阴爻排列而成，老阴则由两个阴爻排列而成。

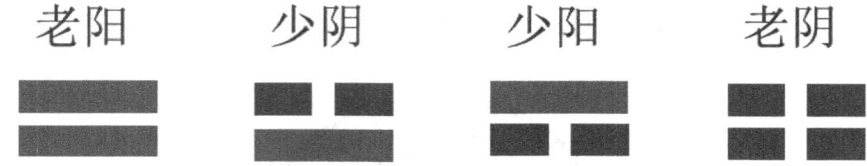

在四象中有两个问题容易搞混。

第一个容易搞混的问题是少阴和少阳的符号，少阴是阴上阳下，少阳是阴下阳上。

第二个容易搞混的问题是少阴和少阳的产生，少阴是从老阳中产生的，少阳是从老阴中产生的。

为便于理解，我们假设有一根长木棒沿东西方向放置，并把这个木棒视作一个太极，我们对木棒从中间进行平分，得到两个长度相等的短木棒，即东边的短木棒和西边的短木棒，这是第一次进行阴阳二分。

然后对这两根短木棒再次进行平分，则东边的短木棒被分为最东边的超短木棒和中间偏东方向的超短木棒，西边的短木棒被分为最西边的超短木棒和中间偏西方向的超短木棒。

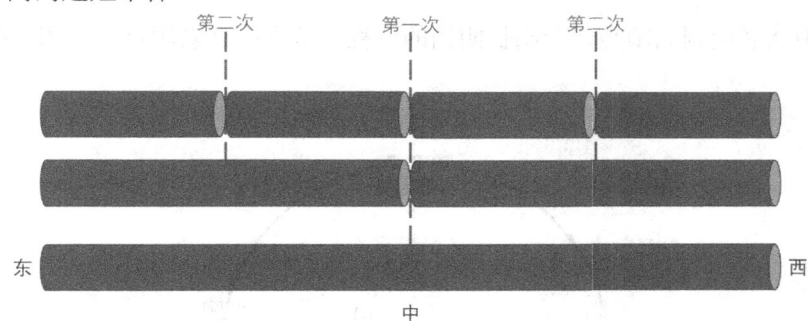

这个例子中，我们以东西两个方向作为一对阴阳，一个维度，两次在这个维度上应用二分法，得到最东边、中间偏东、中间偏西和最西边四根超短木棒。这样也许就更容易理解四象的由来和含义了。

二 阴阳消长本质

从阴阳理论我们知道，万事万物运动变化的原动力都是阴阳两种力量的此消彼长和相互作用。阴阳消长的两种运动趋势分别是阳长阴消和阴长阳消。

阴阳消长是个连续的过程，如同一个圆环首尾相接，无始无终。在这个过程中，阴阳的相对比例和运动方向一直在发生动态变化，四象不过是这个连续过程中的四个特殊状态。

假设我们以老阴状态作为起始点，由于此时阴气已经达到极致，因而阴至一阳生，从老阴开始产生了一缕阳气，随后阳气逐渐增加，阴气逐渐减少，即阴阳的消长进入了阳长阴消的阶段。当阴阳两者的数量相当时，就进入了少阳状态。随后阳气数量继续增加，阴气数量继续减少，直至达到老阳状态。

当阴阳的运动变化进入老阳状态时，由于此时阳气已经达到极致，因而阳至一阴生，从老阳开始产生了一缕阴气，随后阴气逐渐增加，阳气逐渐减少，即阴阳的消长进入了阳消阴长的阶段。当阴阳两者的数量相当时，就进入了少阴状态。从少阴状态开始，阴气继续增加，阳气继续减少，直至再次回到老阴状态，进入下一个阴阳消长的循环。

四象之间有着严谨的内部逻辑关系，不是随意排列的。其内在逻辑关系是老阴—少阳—老阳—少阴—老阴。这个逻辑关系也表明了阴阳之间的消长转化关系，其中从老阴到老阳是一个阳长阴消的过程，从老阳到老阴是一个阴长阳消的过程。

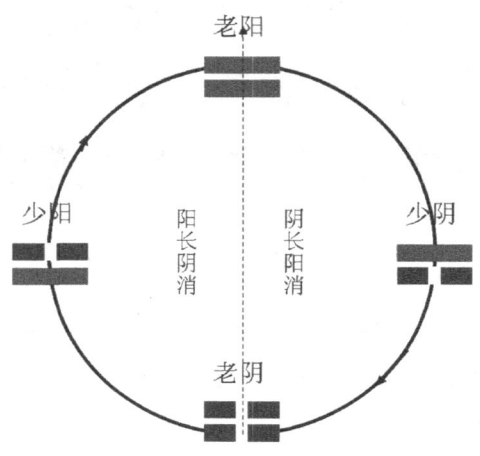

阴阳消长的四象运动模型

可见，四象理论所描述的是阴阳消长的两个运动趋势以及对应的四种状态。

阴阳消长实际上是一个类似 DNA 的双螺旋结构，阴和阳是其中的两个旋臂，此消彼长，而四象运动模型则是我们在这个双螺旋结构前进方向上进行迎面观察时所看到的一个截面图。

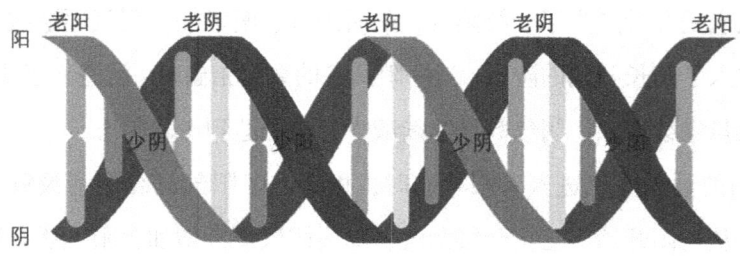

阴阳消长的双螺旋模型

但不论是四象运动模型还是双螺旋模型，都只是阴阳消长的简化模型，实际的阴阳消长运动更加复杂。

我们需要特别注意以下几种容易被误解的情况：

首先，阴阳消长是个相对的概念。

很多人将阴阳消长理解成阴和阳一个消一个长，这种理解是不对的。

以阳长阴消为例，并不是说阳气在增长，阴气在衰减，很有可能是阴阳都在增长，甚至是都在衰减。只是阳气的增长速度超过了阴气的增长速度，或者阴气的衰减速度超过了阳气的衰减速度，所以整体上显示出阳气的相对数量（比重）不断增加，阴气的比重逐渐减少，即表现出阳长阴消的趋势。

由此，阳长阴消实际上包括以下几种情况：

1. 阴阳都在增加，但阳的增速大于阴；
2. 阳在增加，阴不动；
3. 阳在增加，阴衰减；
4. 阳不动，阴衰减；
5. 阴阳均衰减，但阴衰减的速度大于阳衰减的速度。

阳消阴长的情况同样如此，也不是意味着阳气的绝对数量在减少，而是阴气的比重在增加，阳气的比重在减少。

其次，老阳不等于纯阳，老阴也不等于纯阴。

老阳状态与纯阳状态是不同的，纯阳状态中没有一丝阴的成分，是百分百的阳。但老阳状态只是意味着阳气的增长势头已经减弱（老了），太极中阳气与阴气的比例达到了最大，因此老阳状态是含有阴的成分的。

从老阳之后，阴气的增长速度开始超过阳气的增长速度，导致太极中阴气的比重逐渐增加，阳气的比重逐渐减少。所以"阳至一阴生"实际上是指阴阳消长过程中的一个转折点，并不是从纯阳中平白无故地生出了阴，阴本来就存在着。

老阴的情况与此相同。

《黄帝内经》中说"孤阴不生，孤阳不长"，孤阴就是纯阴，孤阳就是纯阳，易经中的乾卦就是纯阳之体，坤卦是纯阴之体。

纯阳和纯阴是两种非常极端、非常纯粹的状态。有个成语叫做"金无足赤，人无完人"，纯度达到100%的黄金在现实世界中是不存在的，同样的纯阳和纯阴在现实世界中也是不存在的。

第三，阴阳消长并不是线性和单向的。

在阳长阴消过程中也会偶尔出现阴长阳消，在阳消阴长过程中也会偶尔出现阳长阴消。股市、汇市中的K线图就很好的说明了这一特征。

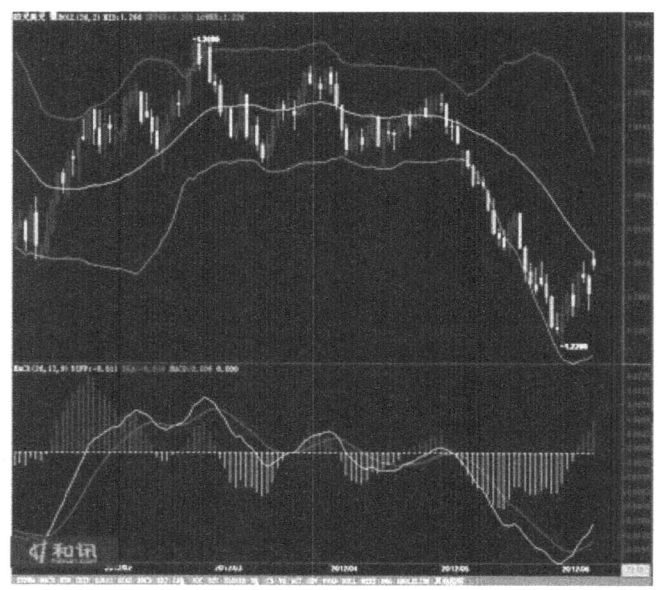

还有我们所熟知的倒春寒，本来春季是阳长阴消的过程，天气应该越来越热，但在早春季节却可能出现一段低温的天气，这就是由于在阴阳相搏的过程中，阴气偶尔压过阳气占了上风。

同样我们也知道秋天还有秋老虎之说，也是由于在阴长阳消的过程中，阳气偶尔压过阴气占了上风。

四象是阴阳思想的延续，在实践中也有着重要的作用，中国传统文化讲求对称、平衡，实际上就是四象思想的具体应用。但与太极、阴阳、三才思想相比，四象就已经是形而下的应用工具层面的概念了。

四象之象——如何理解易经中的"象"？

万物万象皆虚幻，朵朵浪花纷纷繁。
待到静笃虚极处，归一归虚见本源。

从四象开始，我们要接触易经中的一个重要且特殊的概念，叫做"象"。

前面介绍的"两仪"和"三才"中，出现了"仪"和"才"这两个概念。其中三才中的"才"我们已经解释了，就是材料的意思，易经认为宇宙由天地人三种材料组成。

两仪中的"仪"则是仪仗的意思，我们看新闻，每当有重大国事活动时，都会有三军仪仗队。我们从古装电视剧中也看到，古代帝王出巡时两旁都有武士手持旗、伞、扇、兵器等伴随两旁。所以阴阳就如同两支仪仗队伴随在太极两旁。

那么四象中的"象"是什么意思呢？

这要从老子说的"三生万物"来理解，道以及道所生的一、二、三都是构成宇宙的基础材料、基本形态，到了三所生的万物就有了"象"，万物万象，这个所谓的"象"就是现象、表象、形象、影像、幻象。

"象"不仅仅是指我们肉眼所能看见的东西，凡是我们眼、耳、鼻、舌、身、意这六根可以感知的东西，包括我们借助各种设备和仪器所能感知的都是"象"。

由于人类认知能力的局限，我们无法认识作为万物本源的"道"，我们能够直接感知到的只是宇宙万物的"象"，或者说是本源借助我们的眼耳鼻舌身意这六根在我们头脑中形成的意识投影。

因此严格来说，我们所见到的宇宙万物都是"象"。

我们之前说过，我们所生活的这个世界是相对的，是相对于我们的观测而存在。考虑到我们能够观测到的只是万物的象，并不是万物本源，因此我们所生活的这个世界是个相对的现象世界。

即便是在物理学中的双缝干涉实验，我们的观测对实验过程的影响最终所表现出来的仍然是"象"，即光的波动性或光的粒子性。如果我们关闭我们的六根，那光是否还存在呢？光的波粒二象性是否还是个问题呢？

比如我们见到了一个苹果，看到了它圆圆的形状和红红的颜色，但我们实际上"见到的"只是这个苹果在我们大脑皮层中产生的一个映像，一个投影，是一个视觉幻象而已，这个映像是虚幻的，并不是苹果本身。

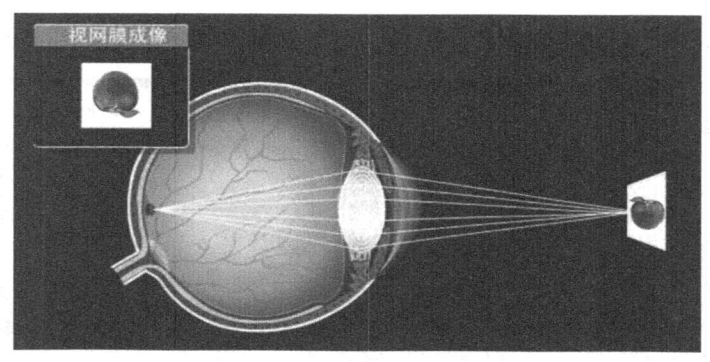

我们将苹果抓在手中，感受到了它的硬度和温度，这也不过是"手感"、"触觉"而已，是一个关于硬度和温度的幻象。

甚至是当我们将苹果吃到嘴里，感受到了它的甜脆，也不过是"口感"而已，是一个关于味道的幻象。

当我们说"苹果"这个名词时，就会在大脑中形成苹果的图形，其实不论是"苹果"这个名词，还是头脑中形成的苹果的图形，都是幻象。"苹果"这个名字也不过是"名可名，非常名"。

除了"象"之外，还有一个"物"的概念，也是需要我们厘清的。一般我们习惯于将物与象对立，认为物是那个真实的存在，象则是物所显现出来的现象。这个观点值得商榷。

比如我们刚才看到的这个苹果放在一张桌子上，从物的概念来讲，有苹果和桌子这两个物。基于这两个物，我们就分别有了苹果和桌子的两个象。但苹果和桌子仍然是本源的变化而已，有着同一个"如如不动"的本源。

象不是物，只是人通过感官对物的扭曲和变换。物、象、名与本源的关系是：物是本源的变化与显现，象是人对物的认知，名是人对象的定义。

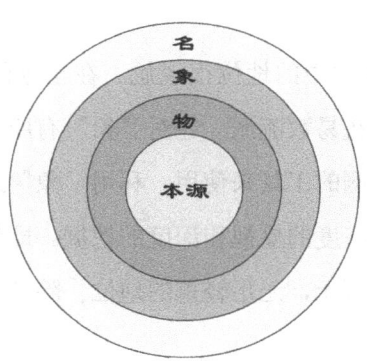

但相对于本源来说，物也是象，名也是象，是广义的象，我们所能感知到的一切存在，都是象。

"象"与"物"的这个关系似乎很抽象，很玄幻，但实际上几千年前我们的祖先就已经认识到这一点了。八卦的创立就是伏羲通过对宇宙万物的"象"进行观测和推理后得到的，孔子在《系辞传》对伏羲观象设卦的过程作了详细解释：

> 古者包羲氏之王天下也，仰则观象於天，俯则观法於地，观鸟兽之文与地之宜，近取诸身，远取诸物，於是始作八卦，以通神明之德，以类万物之情。

伏羲所观测到的只是物的象，而不是物本身，更不是本源。伏羲所创立的八卦的作用也不过是"通神明之德，类万物之情"，这里的"德"是指万物的功能和德性，"情"是指万物的性质和形态。

不论是德还是情，都只是停留在万物的"象"的层面，未能接触到物质的本源。而为了能够明了万物本源，就必须逆着易经的万物生成模型从万物向前推导，推到八卦、四象、三才、两仪、太极。

直到太极，我们也仍然未能见到万物的本源，必须回归无极，在广袤无垠的无极世界中去继续探寻万物本源。

"象"在易经中有着重要地位，孔子认为易经有四个圣人之道，分别是辞、变、象、占，其中"象"居于非常基础的位置：

> 易有圣人之道四焉：以言者尚其辞，以动者尚其变，以制器者尚其象，以卜筮者尚其占。

不过目前"象"在易学中的地位很尴尬。在当今的易学流派中，似乎也只有象数派一脉，尤其是梅花易数流派，还对"象"有所关注。但他们也不过只是将"象"作为一个占卜预测的工具来使用，利用"象"来成卦和解卦，"象"的哲学价值和意义没有得到高度的重视和深度的挖掘。即便是"四象"这个概念，在易学研究中也处于可有可无、无足轻重的地位，除了在风水中略有应用外，几乎无人关注。

易经中的"象"与佛家中的"相"的内涵与外延基本相同。

佛家认为相是空的，假的，因此坚称四大皆空、五蕴皆空、万法皆空，同时又坚称真空不空。所谓的"空"是由于我们五蕴所感、六根所见的一切不过是万物在人心上的投影,是空象和幻象,所以"空"。而所谓的"不空"则是由于我们认为万物的本源是一直存在着的,我们能够通过"相"来感知它,却不能认清其本质。空的是相,不空的是本源。

在《金刚经》中,如来连续问须菩提:

> 须菩提,于意云何?如来有肉眼不?
>
> 须菩提,于意云何?如来有天眼不?
>
> 须菩提,于意云何?如来有慧眼不?
>
> 须菩提,于意云何?如来有法眼不?
>
> 须菩提,于意云何?如来有佛眼不?

若是按照这个理解,人类的感官就不仅仅是眼耳鼻舌身意这六个,而是要在六根的基础上再加上天眼、慧眼、法眼、佛眼,共有十个感官,甚至可能更多。

若果真如此,虽然我们永远也无法借助我们的六根了解真正的万物本源,却能突破六根的局限,在法眼、佛眼的境界认识到真正的万物本源,见到真实的"道"。

到了这个境界,我们就会发现,苹果和桌子既存在,又不存在,都不过是本源的运动变化而已。就如同水面上飞溅起的两朵形状不一的浪花,无论形状如何千变万化,都不过是水而已。

万物万象不过是万朵浪花,当风平浪静时,一切的喧嚣都归于水这个本源。

明白了这个道理，人类自然也就没有了分别心。

除了佛家的五蕴皆空外，对物与象的关系有深刻认识的还有儒道两家，道家的老子和儒家的孔子都基于易经理论提出了各自的万物生成模型，即老子模型和孔子模型，分析了本源、物、象、名的关系。

与佛家对相的态度不同，儒道两家并不认为象是空的、假的，而是认为象与本源是不可分割的一体。象与本源的关系就如同人参茎叶与人参的关系，茎叶并不是假的，相反我们可以沿着茎叶逆向挖掘，顺藤摸瓜，最终找到人参。

这也就是我在前面讲到的，佛家要破假见真，儒道要归虚见真，虽然对象（相）的态度不同，但殊途同归，儒释道都是为了寻找万物本源，为了证道见道。

儒释道三家关于物与象的观点与西方的唯心主义有很大差异。西方唯心主义认为是精神创造了物质，物质从属于精神。但儒释道三家则认为本源一直存在，人类以及人类的精神、意识以及物质同属于本源，同属于道。

我们说人是小造物主，是特指人在物与象的层面创物造物，而非本源层面。本源就如同一块良田，人类则如同农夫，在这块良田上开垦种植，培育万物。

而人自身也是本源的产物，在本源上把自己"种植"出来，并与本源天人合一，融为一体。

百年后人身消散，如同溅起又落下的浪花，又重归于本源。

万物类象——易经的归一归虚之路

在"象"这个概念之后，还有另外一个概念，叫做"类象"，或者叫"万物类象"，是易经中非常重要的一个概念和工具。

所谓的类象是指一个事物在特定情境下的属性。

一个事物是从哪里发展出来的，拥有什么属性，那么它就归类于哪里。比如我们看到孔子的画像，就可以将孔子分别归类为男人、老人、学者、圣人、古人等等，这都是类象的具体应用。说得更直白些，类象就是给事物贴标签。

易经中最为人所熟知的就是八卦的万物类象，把宇宙万物根据各自的特性分为八类，用八卦来表示，相当于给宇宙万物贴上八卦的标签。

如君主、老男人、父亲、球形物体、玉石可以归类为乾卦，是由于这些事物有乾卦的属性；雷、震动、龙、长子、树木等可以归类为震卦，是由于这些事物有震卦的属性，等等。

卦名	自然	属性	人	动物	身体	方位	季节
乾☰	天	健	父	马	首	西北	秋冬
坤☷	地	顺	母	牛	腹	西南	夏秋
震☳	雷	动	长男	龙	足	东	春
巽☴	风、木	入	长女	鸡	股	东南	春夏
坎☵	水、月	陷	中男	豕	耳	北	冬
离☲	火、日	附	中女	雉	目	南	夏
艮☶	山	止	少男	狗	手	东北	冬春
兑☱	泽	悦	少女	羊	口	西	秋

这一点在梅花易数中表现得尤为明显，梅花易数讲究无物不成卦，无数不成卦，也就是说任何一个事物，任何一个数字都可以对应为八卦之一，因此万物类象是梅花易数建立卦象的重要途径，同时也是我们建立易学思维的重要途径。

我们要争取养成一种直觉反应，即看到任何一个事物都能立即将其与卦象对应起来，如看到一颗大树就可对应震卦，看到小草就可对应巽卦，看到一个石子可以对应艮卦。看到一个老人从东南方向而来，老人是乾卦，东南方是巽卦，因此就可以得到天风姤卦；看到一个中年女子，身穿红衣，中年女子是巽卦，红色是离卦，因此就可以得到风火家人卦，等等。

八卦的万物类象主要见于《说卦传》，同时在《梅花易数》一书中有更详细和全面的介绍。感兴趣的朋友可以去读读《说卦传》，读读《梅花易数》。

八卦万物类象有两种应用方法，一种是将所看到的万物类象到八卦，这是正向的万物类象，化万为八，是归纳法；还有一种是用八卦去对应万物，这是反向的万物类象，化八为万，是演绎法。这两种应用方法的本质是阴阳二分法的正反应用。

万物类象并不是八卦才有的特性，除了八卦万物类象，易经中还有五行万物类象、四象万物类象、阴阳万物类象和太极万物类象，同样都有正反两种用法。

万物类象是从万物万象不断归纳收缩，化繁为简，先是将万物类象到八卦，类象到五行，类象到四象，类象到两仪，类象到太极，最终类象到无极，类象到道。

太极的万物类象很简单，万物皆太极，太极即万物。不管你如何用阴阳宝刀去切割太极，切割后的每个碎片都分别是一个太极，同时这些碎片部分或者全部组合起来仍然是一个太极。

阴阳的万物类象就是将宇宙万物归类到阴阳两仪之中，或者说是用阴阳来对应宇宙万物。比如女性、实体、寒冷等都可以归为阴，是因为他们具有阴仪的属性；男性、虚体、炎热都可以归为阳，是因为他们都具有阳仪的属性。反过来，阳可以用来指代男性、指代炎热等等。

四象的万物类象就是将宇宙万物归类到四象之中，或者说是用四象来对应宇宙万物。在实际生活中，四象分别有其各自的对应事物，分别为：

在一年中，四象分别对应春夏秋冬四季，老阴对应冬季，少阳对应春季，老阳对应夏季，少阴对应秋季。

在一天之中，四象则分别对应子午卯酉四正时，老阴对应子时（夜里11点至凌晨1点），少阳对应卯时（早晨5点至7点），老阳对应午时（中午11点至下午1点），少阴对应酉时（下午5点至7点）。

在方位上，四象分别对应东南西北四个方向，老阴对应北方玄武，少阳对应东方青龙，老阳对应南方朱雀，少阴对应西方白虎。四象对应的方位就是在风水学中提到的"左青龙、右白虎、前朱雀、后玄武"之说。

中国的传统建筑大多都是坐北朝南，所以当我们站在建筑物的中心位置向前方（院门）看时，我们的左面是东方，前面是南方，右面是西方，后面是北方，由此建立了东南西北、前后左右与四象的对应关系。

五行的万物类象也很常见，不过我们留待后面讲解五行时再展开介绍。

除了万物的八卦类象、五行类象、四象类象、阴阳类象和太极类象外，八卦、五行、四象、阴阳、太极之间还有类象关系，即八卦有自己的五行、四象、阴阳、太极属性，五行有自己的四象、阴阳和太极属性，四象有自己的阴阳和太极属性，阴阳还有自己的太极属性。

我们以八卦为例来认识这种类象关系。

八卦的五行属性分别是乾兑属金、震巽属木、坤艮属土、离属火、坎属水。

八卦的四象属性有两种分析方法，一种是按照易经万物生成模型来类象，在孔子模型中，老阳生出了乾卦和兑卦、少阴生出了离卦和震卦、少阳生出了巽卦和坎卦，老阴生出了艮卦和坤卦，因此乾兑具有老阳的属性、离震具有少阴的属性，等等。

另外一种分析方法是参照先天八卦方位与四象的方位对应关系。

在先天八卦中，乾坤离坎分别位于南北东西四个正向，因此又被称为四正卦，它们的位置正好与四象的位置重叠，由此得到乾卦是老阳、坤卦是老阴、离卦是少阳、坎卦是少阴。

八卦还有三才属性，其中乾属天、坤属地，其余六卦皆属人。

八卦的阴阳属性分别是乾、震、坎、艮为四个阳卦，坤、巽、离、兑为四个阴卦。

八卦的太极属性分为两个层面，一个层面是八个卦分别是八个小太极，另一个层面是八卦共同构成一个大太极。

伏羲观象设卦是万物类象的源头，也是中华文化的源头，是最早的归纳法，也是最早的演绎法，是两者的辩证统一。

不过在实际应用中，万物类象仅仅只是作为一个取卦象的手段，其作用和价值一直被严重低估了。

万物类象的本质是将宇宙万物归类，归万为一，归一为虚，透过万物纷繁的表象去探究和认识万物本源，从而获得大自在。

我们知道无极创生太极，太极创生万物，这个宇宙更多的奥秘和真谛存在于无极世界中，不过由于我们的认知能力有限，或者说是我们的六根有局限性，至今仍然无法勘破"有"和"色"的障碍，进入"空"和"无"的境界。所以人类目前能达到的理论上的极致，就是从万物万象回归到"一"。

这个"一"就是太极，接近万物的本来面目，但仍然不是物质的本源，物质的本源在无极境界，在道。无极世界还无法被我们所理解和认识，因此也无法将万物类象到无极和道的境界。

不过，即便做不到归虚，当我们将万物类象为八卦时，就已经可以洞彻天机，触摸天道了。若是我们将万物类象进一步推演到阴阳这个境界时，就能更加接近事物的本源，就如《烟波钓叟歌》中所说的"若能了达阴阳理，天地都来一掌中"。

孔子在《系辞传》中也说"一阴一阳之谓道，阴阳莫测谓之神"。可见归八归二已经是很神妙的境界了。若是我们终有一天能够将万物类象到太极，真的做到归一时，就已经是近乎神灵一般的存在了。

所以老子在《道德经》中对接近万物本来面目的这个"一"给予了高度评价：

昔之得一者：天得一以清；地得一以宁；神得一以灵；谷得一以盈；万物得一以生；侯王得一以为天下正。其致之也，谓天无以清，将恐裂；地无以宁，将恐废；神无以灵，将恐歇；谷无以盈，将恐竭；万物无以生，将恐灭；侯王无以正，将恐蹶。

这也就是道家所谓的"九九归一"的真谛。

正是由于有了万物类象这一强大的工具，我们才能将易经看作是宇宙建模学，能够为宇宙万物建立各自的时空全息模型。这个时空全息模型实际上就是在将万物万象不断归一后，或者说是在五蕴皆空后，所见到的万物近似真实的面貌。

我们用易经为万物构建时空全息模型的目的，就是在尝试将万物类象推演到人类所能达到的极致，达到太极境界。这至少已经开始接近人类认知的极限，接近本源了。

一物多象，一体百用——万物类象的情境分析

我们前面讲过，象是一个相对的概念，因为本源（道）本身并没有象，象是依托于本源（物质）并因人的观测和感知而产生的。

当没有人类的观测时，象也就不存在了。

根据太极思想，我们所生活的这个太极世界是一个万物互联的现象世界，我们已知的宇宙万物都只是因人类的观测而存在的象而已。在这个现象世界中，任何事物都不是孤立存在的，而是与环境融为一体。

因此当我们在观测一个事物的时候，实际上是将整个环境作为背景，在这个背景下去观测和研究。由此，我们所看到的事物的象，实际上是这个事物与背景结合而产生的一个混合的象。

一 一物多象

我们常说万物万象，好像是一万个事物正好有一万个象，每个事物都有唯一的一个象。其实不然，当所研究的事物与背景环境中不同要素相结合的时候，就会显现出不同的象。所以实际的情况是，一个事物就可以有多种象。

这就是事物的多面性、多象性，或者称之为"一物多象"，这也是康节先生在梅花易数中所说的"一体百用"的根本原因。

事物的这种一物多象特性，会让持有不同立场、站在不同角度、拥有不同理解能力、拥有不同情绪和态度的人对同一个事物产生不同的看法和见解。

下面我们举几个例子来帮助大家理解宇宙万物的这种一物多象性，以及象的相对性。

最简单的例子，下面图中的数字到底是 6，还是 9？这因观测者相对于数字的空间位置（观测角度）不同而不同。

相对空间位置（角度）不同对观测结果的影响

与此类似，人与事物的空间相对位置不同，就会有不同的八卦类象。比如物体在人的南方，可以类象为离卦，因为在后天八卦中，离卦在南方；若物体在人的西南方，可以类象为坤卦，因为在后天八卦中，坤在西南方；在北方可以类象为坎卦，在东方可以类象为震卦，等等。

这是观测者与研究对象之间相对空间方位不同而产生的象的不同。观测者的情绪和心态不同，也会对观测到的象产生巨大的影响。下图中，同样的一杯水，不同心态的人就从中读出了截然不同的信息，取到了不同的象。

情绪／心态不同对观测结果的影响

此外，人的阅历、认知能力、立场等因素也会对观测的象产生影响。比如上图中有些人看到的是瓶子、有些人看到的是水，有些人看到的是桌子，有些人看到的是水装在瓶里，有些人看到的是装着水的瓶子，有些人看到的是桌子上有水瓶，有些人看到水是透明的，有些人则看到了水瓶内壁上有气泡……。

看到瓶子的人可能会将其类象为震卦，因为震卦的形状是"震仰盂"，是一个开口向上的瓶子形状；看到水的人可能会将其类象为坎卦，因为"坎为水"；看到桌子的人可能会将其归类为坤卦，因为坤卦"直、方、大"，所以主平，……。

在实际应用中，我们的取象过程综合了多种因素，不拘一格。比如一个男人进入我们的感知范围：

    甲看到的是一个老年人，因此可以将其类象为乾卦；

    乙看到他穿着黑色衣服，因此可以将其类象为坎卦；

    丙看到他站在东北方向，因此可以将其类象为艮卦；

    丁听到了他走路的声音，因此可以将其类象为震卦；

戊看到了他的头特别大，因此可以将其类象为乾卦；
己看到了他的身材很胖，因此可以将其类象为坤卦；
庚看到他站在正西方向，因此可以将其类象为兑卦；
辛看到他的面色很红润，因此可以将其类象为离卦；
壬看到他的手指很修长，因此可以将其类象为巽卦；
癸注意到他鼻子很特别，因此可以将其类象为艮卦：
……。

我们所生活的这个现象世界因为我们的观测而存在，也因为我们的观测而不同，丰富多彩、绚丽多姿。我们观测同一事物所得到的每个不同的象都是正确的，都是局部的景象，这就是一物多象造成的，也是象的相对性造成的。

一千个人眼中有一千个哈姆雷特，这正是万物类象、一物多象的真实写照。

孔子在《系辞传》中对这种现象有更高层次的认识和更高度的概括：

仁者见之谓之仁，智者见之谓之智。

有个成语叫做盲人摸象，我们对宇宙的探索就是一个盲人摸象的过程，我们摸到的每个部分，不论是耳朵、大腿、象牙、鼻子，还是尾巴，都是这头大象的一部分。

但那头活生生的大象并不是这些部分的简单拼凑，你把象鼻、象腿、象耳

这些堆在一起，不过是一堆大象肉而已。

同样的，我们所观测的事物也并不是所有观测到的象的组合和叠加，所有的象都是物质经过我们的感官扭曲后在我们的心中形成的一个映像，一个幻象。这也就是为何佛家要破除幻象，要五蕴皆空，也是我们为何要逆着易经的万物生成模型将宇宙万物归一归虚。

万物类象的终极目的就是要突破盲人摸象的限制，见到真实的本源，见到道。

我们在前面给万物类象下定义的时候，用了一个限定词，叫做"特定情境下"：

万物类象是万物在特定情境下的属性。

所谓的"特定情境"就是作为观测者的我们在"寂然不动、感而遂通"时的那个状态，这其中包括了我们观测时的立场、情绪、过往阅历等等个体差异以及观测的独特背景和角度。

情境是万物类象的前提条件，因人而异、因时而异、因地而异、因物而异。

二 第一印象

我们说"感而遂通"是易经预测的原理，其中的"感"就是观测、是感应；"遂"就是瞬间、是一刹那；"通"就是感应和观测后所得到的第一个象，即所谓的第一印象。这就是感而遂通的本意。

万物类象与科学实验不同，科学实验需要全面观察和记录事物所有的实验现象，并在此基础上进行推理和验证。而在万物类象时，我们只取在观测的瞬间所形成的第一个象。

这个第一印象就是作为观测者的我们，在"感而遂通"的一刹那，与天道所取得的共鸣和联系。虽然在"感而遂通"的一刹那，研究对象所有的信息都通过我们的感官进入了我们的大脑，但只有与研究对象关联度最高的一个或者几个象能立刻出现在我们的脑海中，形成了这个第一印象。

以视觉为例，人眼与照相机是一样的，在看到事物的时候，所有的信息都进入了我们的眼睛，同样也都通过视神经进入了我们的大脑，在大脑中形成了"底片"，但与相机能够在底片上留下全部信息不同，人类的大脑会主动过滤掉绝大部分的信息，只留下极少数关键信息，由此得到研究对象的唯一的象。

这个过滤的机制就是天人感应。

我们知道人的杂念、人的意识干扰了我们对天道的感应，让我们平时很难进入和长期维持天人合一境界，但"感而遂通"却让我们得以短暂进入天人感应境界，因此所取得的这个第一印象已经尽量排除了人类意识的干扰，更加接近万物的本源，我们才能基于这个第一印象进行预测。

一物多象和第一印象，是万物类象和易经预测的基本原理。

万物类象的目的就是沿着万物生成模型逆流而上，回归一，回归太极、回归万物的本源。万物类象是易经中归一归虚、得见真实的重要途径，也是为宇宙万物建立时空全息模型的重要工具，因此希望大家能给予高度重视。

易经中的穷变通久周期律

四象理论除了以青龙、白虎、朱雀、玄武这四个神兽的形象用于风水学之外，还有一个更加重要的应用，就是我们所熟知的"穷则变，变则通，通则久"这个四段论的周期律。

在四象理论中，老阴和老阳是穷境，因为他们都已经在既有方向上发展到了极致，没有继续发展的空间。随后的阴至一阳生和阳至一阴生就是变化的开始，在老阴和老阳之间的阳消阴长过程和阴消阳长过程就是变通，并因变通而长久。

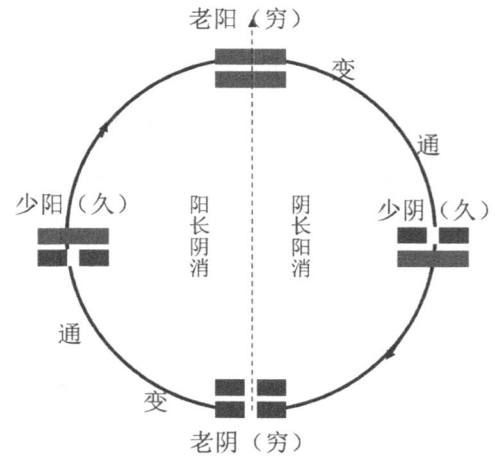

四象运动模型与穷变通久周期律

所以穷变通久周期律的理论基础仍然是变易思想、阴阳思想，背后的驱动力仍然是阴阳消长和阴阳转化，通过一次又一次的否定再否定来推动事物永不停息的发展变化。

一 穷变通久周期律

穷变通久周期律模型一共有穷、变、通、久四个阶段(境界)，其中穷境最痛苦，变境最困难，通境最顺畅，久境最舒服。

而一个事物之所以会陷入穷境，除了外部突发因素外，往往都是因为久境太舒服了，人不需要奋斗，靠着通境的惯性就能自然发展。但久境同时也是个温水煮青蛙、劣币驱逐良币的阶段，让人变得越来越安逸和麻木，让各种弊端得以由量变累积到质变，最终必然会导致穷境。

由此可见，孔子在《系辞传》中提出的"穷则变，变则通，通则久"这个表述是不完整的，完整的表述应该是：

穷则变，变则通，通则久，久则必穷。

这个穷变通久周期律在历史上和现实生活中屡见不鲜。

一个朝代通过暴力革命推翻之前陷入"穷"境的朝代，建立新的朝代，使国家革除积弊，万象更新，政治经济发展通畅，因此盛世往往出现在朝代建立之初（如唐太宗贞观之治时的盛唐，康熙乾隆年间的康乾盛世等等），这种盛世的出现就是变通的结果，正是因为变通才会让国家长治久安（通则久）。

但是任何一个国家，一个机构，承平日久，难免积弊丛生，社会矛盾会日渐激化，使国家重新陷入穷境，必然需要一次变革来重新焕发国家的生机，进入下一个周期。

就企业而言同样难以跳出这个穷变通久周期律的框架。企业初创之时万事皆难，经验不足，资金短缺，产品不对路，这些都是穷境的表现，因此创业者必须尝试改变（变），通过积极调整策略以满足客户需求，解决资金瓶颈，使企业走上健康发展的轨道（通）。

变通之后，企业羽翼日渐丰满，规模不断壮大，可以长期稳定地生存下去（久）。然而往往在这个时候创业者的激情消退，团队之间能共苦却不能同甘，因此会出现裂痕，一些在快速发展阶段被掩盖的问题浮出水面，如产品老化、客户流失、团队分裂、盲目扩张造成资源分散、官僚主义、出现大企业病等等，这些问题使企业又一次陷入穷境。

这时企业必须通过积极推出新产品，重新整合内外部资源，改变营销策略，通过这些措施来改善自身的处境，再创企业辉煌。但也有更多的企业没有熬过这个穷境，最终走向破产灭亡。

对个人而言，也需要变通来改善自身的事业发展，而不能固步自封，敝帚自珍，或者自暴自弃，让自己错失继续发展的机会。有个说法非常好，叫做"跳出舒适圈"，就是让人主动打破久境，通过自我不断变革实现长期稳健发展。

要知道，不论国家、企业、还是个人，都不一定有机会经历一个完整的穷变通久周期，更不要提能够经历多个周期了。很有可能在陷于第一个穷境后就不能自拔、最终毁于穷境。

李自成就是一个活生生的例子，在进入北京城后，他仍按照打天下的模式来约束三军，管理将领，而未能根据环境的变化尽快建立一套治理天下的管理体系，缺乏长远的目标，导致起义最终功亏一篑。

正是由于吸取了李自成的教训，在1949年建国前很长一段时间，毛泽东主席等中央领导人就开始研究革命成功后如何治理国家的问题，希望将党的管理模式从"打天下"的战争管理模式转变为"治天下"的国家治理模式。所以当1949年3月中央领导机关进北京（旧称北平）时，毛泽东主席特意将此比作"进京赶考"，并特别对共产党人提出了"决不当李自成"的期望和要求。

二 穷变通久周期律的两种循环模式

穷变通久周期律中存在着两种周期性循环模式，一种是主动的变通模式，另一种是被动的久穷模式。

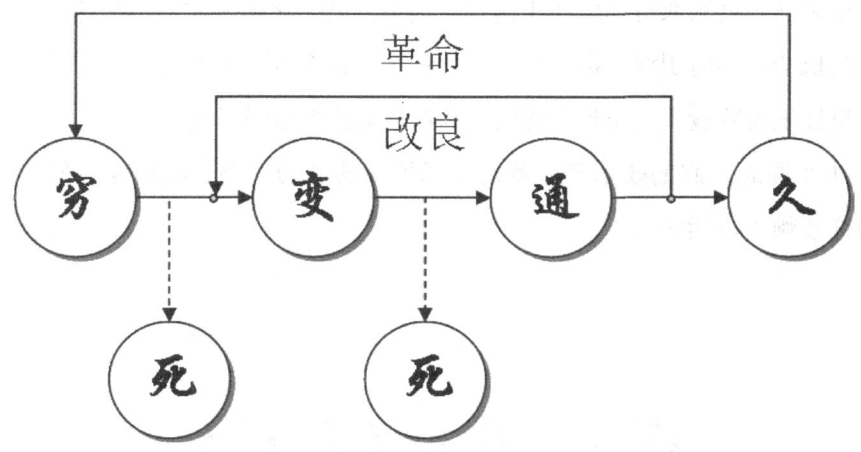

1. 久穷模式

正是因为久境过于舒服，人们往往会满足于久境，躺在过去的功劳簿上，安于现状而变得麻木不仁，不知不觉间就被温水给煮了青蛙，直至自己再次面临穷境时才不得不去想着改变，让自己陷入穷变通久这个周期魔咒之中不能超脱。

久穷模式是在个人、企业乃至国家的发展已经陷入绝境时才被迫采取措施予以纠正。但这个时候由于大势已去，靠和缓的改良手段已经无法扭转局面，必须以壮士断腕的勇气大刀阔斧进行变革，因此历史上这种变革往往是通过革命的暴力手段来被动实现的。

我们所见的一个个朝代更替的故事就在不停地印证着这种久穷模式。这种变革阻力巨大，代价巨大，时间漫长，会让个人、企业乃至国家和民族元气大伤，短期内很难恢复。在中国近代史上，从晚清时期国家陷入穷境开始，经历了近百年的时间，以亿万民众的伤亡以及国家的政治瘫痪、经济崩溃和国土分裂为代价，才最终换来1949年新中国的建立和中华民族的独立。这种久穷模式带给中华民族的巨大伤害，至今仍在中国人的心中留有阴影，在中华民族5000年的文明史上留下痛苦的一页。

2. 变通模式

所谓的变通模式,就是通过主动发起持续的改革,在各种弊端显露出来后(甚至显露出来前)就采取行动以纠正偏差,消弭分歧,化解矛盾,不给这些弊端量变累积的机会。同时积极把握其中出现的机遇,让个人、企业乃至国家的发展永远处于良性发展阶段,实现趋吉避凶,利益最大化的最终目的。

邓小平同志发起的改革开放就是变通模式的成功案例,我们今后的持续成功也同样依赖于持续的改革。

变通模式所强调的不仅仅是"变"这个过程,更是"通"这个结果,要"变而通",而非"变不通"。

变通模式需要管理者具有发起改革、打破既有格局的魄力和能力。每次改革都是利益的再分配,都会影响到既得利益集团的利益,会受到他们的强大阻力,也因此会面临很大的风险。改革是需要勇气和技巧的,同时也需要足够的能力。

"改革是找死,不改革是等死",这句话曾被用来描述国企管理者面临的困境,这说明变与不变都面临着巨大的不确定性和巨大的风险。不变会让企业最终陷入穷境甚至陷入死亡境地,而如果改革不力,同样会让企业以及管理者面临巨大的风险,最终因变而死。因此变通思想对管理者提出了很高的要求,要有足够能力变而通,而非等死或变死。

变通模式同样也需要管理者具有知几思想,能够准确把握和捕捉稍纵即逝的变革机遇,实现阴阳覆变。

变通模式,用《周易》第一卦乾卦来形容非常形象,乾卦具有"天行健,君子以自强不息"的卦德,就是在告诉我们要自强不息,奋斗不止,才能实现变通的目的。

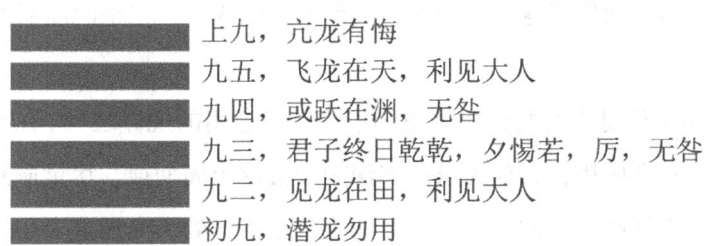

上九,亢龙有悔
九五,飞龙在天,利见大人
九四,或跃在渊,无咎
九三,君子终日乾乾,夕惕若,厉,无咎
九二,见龙在田,利见大人
初九,潜龙勿用

六爻卦由上下两个三爻卦组成,六爻乾卦的上下两个卦都是乾卦。我们可以将一个三爻卦的演化路径理解为一个穷变通久周期,三爻乾卦的初爻是刚开始时所面临的第一个穷境,所以要"潜龙勿用",不要冒进。从第二爻开始进入变而通的阶段,因为是变通,所以卦辞是"见龙在田,利见大人",是一个吉利之象。第三爻就是变通之后的久以及随之而来的穷境,是第一个穷变通久周期的最后一步。但能否顺利进入下一个穷变通久仍然有很大的不确定性,所以乾卦九三爻的爻辞是"君子终日乾乾,夕惕若,厉,无咎",就是要我们特别小心谨慎、自强不息,通过不断努力、不断变通,争取冲破第一个周期,进入第二个周期。

即便成功突破第一个周期,进入了第二个周期的九四爻,乾卦仍然告诉我们"或跃在渊,无咎",就是说虽然我们已经进入了第二个周期循环,但仍然面临着或跃或在渊的两种选择,"跃"就是稳定地进入第二个穷变通久周期,"在渊"就是跌回到第一个周期之中,因为下卦的初爻是"潜龙勿用",这里的潜龙就是潜伏在深渊之中,所以九四爻的在渊就是指跌落回到潜龙的位置。

"或跃在渊"就是给我们指出了变通与变不通两种可能性,只有进入到了九五爻,飞龙在天了,才是真正在第二个周期中站稳了脚跟,进入了第二个周期的变通阶段,所以才会有"飞龙在天,利见大人"。

而到了上九爻，也就是上卦的最后一个爻，由于高处不胜寒，前面已经无路可走，又陷入了穷境，所以才会"亢龙有悔"，追悔莫及了。

不止乾卦，周易六十四卦都可以做这样的解读，下卦和上卦都各自是一个穷变通久周期。六十四卦是六十四个发展模式，有些模式成功完成了两个周期循环并通过爻的变化进入了一个新的发展周期，有些可能在第一个周期就遇到了凶，或者是在六爻中的不同位置遇到了困难，结果未能完成两个完整的周期循环。

穷变通久周期律是人类社会发展史上最为普遍适用的规律之一，在社会生活的各个领域都有重要应用，希望大家能够深刻领会这个周期律，尽量避开其中的久穷模式，避开变死或穷死的不利局面，而让自己永远处于变通这个小周期内，冲破这个穷变通久周期律的魔咒。

如何破解朝代兴替周期悖论——四象理论的启示

1945年7月，黄炎培先生（时任国民党政府的国民参政员等职）到延安考察，7月4日，毛泽东主席在延安杨家岭住处的窑洞里，与黄炎培先生进行了关于"历史周期率"的谈话。

黄炎培先生以忧国忧民之心,认为中国古代的历朝历代"其兴也勃焉,其亡也忽焉",都没有能跳出朝代兴亡周期律,因此向毛先生寻求答案。

毛泽东主席告诉黄炎培先生:

我们已经找到新路,我们能跳出这周期律。这条新路,就是民主。只有让人民来监督政府,政府才不敢松懈。只有人人起来负责,才不会人亡政息。

这就是著名的"延安窑洞对话"。

王朝兴替论始于战国时期齐国人邹衍提出的"五德终始论"。

"五德"就是五行,邹衍认为每个朝代都有自己的五行定位(德运),因此当一个朝代发展到极致(内部矛盾激化到不可调和时),必然会被新的朝代所取代。而取代旧朝的新朝,其德运必然是五行中克制前朝德运的某一行。比如前朝是水德,那么新朝就必然是土德;前朝是金德,新朝必然是火德,如此等等。

又由于五行与五色相应,如金白、木青、水黑、火赤、土黄,因此各个朝代的德运与颜色之间又画了等号。

·193

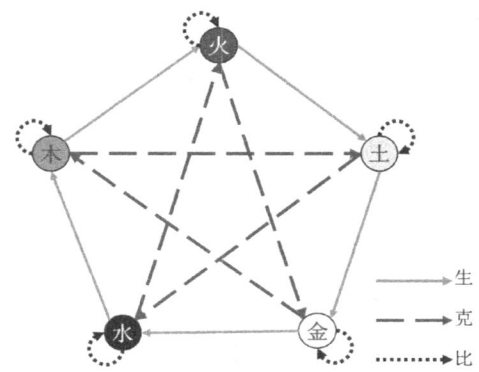

通过对历史的研究，邹衍认为黄帝是土德，崇尚黄色；夏朝是木德，崇尚青色；商朝是金德，崇尚白色；周朝是火德，崇尚红色。同时大胆预言将来能够一统天下取代周朝的新朝必然是水德：

代火者，必将水，天且先见水气胜。水气胜，故其色尚黑，其事则水祥征应也。

由于五德终始论的巨大影响，当秦始皇统一六国后，主动选择了水德，并崇尚黑色，崇尚数字六（一和六为五行水所对应的数字）。

但到了汉朝，那个被称作是穿越者的王莽篡夺了刘姓皇权。为了体现自己"尧舜禅让、天授皇权"的正统性和合法性，王莽对五德终始论进行了改动，将其中的"克"改为"生"，认为自己不是通过消灭前朝获得的皇权，而是从前朝中自然生出来的皇权（逼着刘家禅让给自己）。

自此五德终始论一直有生和克两条路线，并被历朝历代所信奉。如人们普遍认为明朝为金德，清朝为水德，民国为木德，新中国为火德，等等。

也正是因为如此，黄炎培先生才提出了这个深入灵魂的发问。

五行学说虽然可以解释朝代兴替的现象，但五德终始论却过于机械和僵化，尤其是很多朝代为了证实自己的合法性，主动用该理论来给自己定性，让该理论变了味道。

其实真正能够解释朝代兴替的理论不是五行理论，而是四象理论。

朝代兴替论本质上就是四象理论的穷变通久周期律。

黄炎培先生在提问时的原话如下：

"我生六十多年，耳闻的不说，所亲眼看到的，真所谓'其兴也勃焉'，'其亡也忽焉'。一人，一家，一团体，一地方，乃至一国，不少单位都没有能跳出这周期律的支配力，大凡初时聚精会神，没有一事不用心，没有一人不卖力，也许那时艰难困苦，只有从万死中觅取一生。既而环境渐渐好转了，精神也就渐渐放下了。有的因为历时长久，自然地惰性发作，由少数演为多数，到风气养成，虽有大力，无法扭转，并且无法补救。也有为了区域一步步扩大了，它的扩大，有的出于自然发展，有的为功业欲所驱使，强求发展，到干部人才渐见竭蹶，艰于应付的时候，环境倒越加复杂起来了。控制力不免趋于薄弱了。一部历史，'政怠宦成'的也有，'人亡政息'的也有，'求荣取辱'的也有。总之没有能跳出这周期律。中共诸君从过去到现在，我略略了解的了。就是希望找出一条新路，来跳出这周期律的支配。"

我们看到，黄炎培先生所描述的，正是一个完整的穷变通久四个阶段。

邹衍提出的以克为主的五德终始论正是我们之前提出的久穷模式，因为久穷模式就是通过阴阳相克（阴克阳、阳克阴）实现的。这与邹衍的五行相克异曲同工。

而王莽提出的以生为主的五德终始论则是我们之前提出的变通模式，因为变通是靠内生力量不断推动变革，避免王朝的兴替。这种内生力量本质上就是阴阳相生（阴生阳、阳生阴），这与王莽的五行相生殊途同归。

阴阳相生相克，外在表现出来的就是阳长阴消或者阴长阳消的阴阳消长运动，就是穷变通久周期律。

老人家在75年前提出了以民主的力量来打破朝代兴替论的怪圈，跳出穷变通久周期律的魔咒，就是想依靠民众的力量来施加影响，推动变革。但我们也看到，不管是赛先生（科学）还是德先生（民主），都有失灵的时候。疫情期间美国民众所表现出来的很多反智行为（不带口罩、任性自由、反对科学）就是民主失灵的表现，所以单纯靠德先生还是有些势单力孤，不足以扭转王朝兴替的久穷模式，不足以持续推动一个国家、一个社会、一个民族内生的变通模式。

除去外部因素，导致一个国家、一个王朝陷入穷境的根本内在原因是利害关系，或者说是极端的贫富差距、社会财富分配的极大不公。

我们说阴阳是宇宙万物运动的幕后推手，利害则是推动社会发展的各种力量中影响最大的一对阴阳。利害既是推动变革的动力，同样也是妨碍变革的阻力——未得利益者想要推动变革以获取利益，既得利益者想要阻碍变革以保护利益。

所以司马迁在《史记·货殖列传》中感慨"天下熙熙皆为利来，天下攘攘皆为利往"，孙武也在《孙子兵法》中提出"屈诸侯者以害，役诸侯者以业，趋诸侯者以利"，都是认识到了利害的巨大威力。

德先生更多的是代表未得利益者，理想情况下德先生有亿万民众的支持，能载舟亦能覆舟，但现实情况是，有些时候德先生不但无力对抗既得利益者，甚至可能成为其手中的工具和帮凶，被操纵来维护自己的既得利益。看看西方社会就知道民众是如何被财团控制的媒体所影响和操纵的了。

所以为了让穷变通久周期律能维持在变通的小周期循环内良性发展，避免陷入久穷困境，除了德先生外，更需要一些超越利益的良知力量。

宋朝大儒张载发出了"为天地立心、为生民立命、为往圣继绝学、为万世开太平"的宏愿，朱熹在《礼记·大学》中开篇就提到"大学之道，在明明德，在亲民，在止于至善"，老子在《道德经》中也明确表达了"圣人处无为之事，行不言之教"，"为无为，则无不治"的观点，阳明先生更是直接提出要"致良知"。这些都是这种超越利益的良知力量。

而老人家当年只提到德先生对打破朝代兴替论怪圈的作用，却没有提到良知的作用，究其原因，就是因为当年以老人家为代表的共产党人正是社会的良知所在，他们不计较个人得失成败，抛头颅洒热血，一心只想救民于水火，解民于倒悬，拯救民族于危亡之际。这是这样一批良知者，方能最大限度地发挥德先生的作用，也才能有今日中国之崛起。

论五行

天有五贼，见之者昌——易经中五行的基本概念

八卦九畴定十方，天七地六五行乡。

四象三才两相合，吾心皇极居中央。

本章开始，我们来聊聊五行。

虽然孔子在《系辞传》中感慨易经"百姓日用而不知，故君子之道鲜矣"，但要说起来，恐怕没有几个中国人不知道阴阳、五行、八卦这三个易学名词，尤其是其中的五行学说，借由中医、风水、命理等途径而广为人知。

一 五行学说缘起

在《黄帝阴符经》中，开篇就提到五贼的概念：

观天之道，执天之行，尽矣。故天有五贼，见之者昌。五贼在乎心，施行于天。

这里的五贼就是金、木、水、火、土五行。之所以将五行称为五贼，是因为我们一旦掌握了五行之术，就可以源源不断地从天地之中盗取天机，盗取天道来为我所用，成就自我。

所以《黄帝阴符经》后面接着说：

天地，万物之盗；万物，人之盗；人，万物之盗。三盗既宜，三才既安。

天地人三才不过是在盗来盗去。所谓的盗，说得好听些就是借，也就是我们之前介绍太极时提到的借力思想，从天地万物中借力（盗力），所盗之物就是金木水火土五行。

可见，五行学说本质上就是从天地中盗取五行力量、五行资源的学问，也就是教导我们如何成为盗亦有道的盗圣的学问。只要我们掌握了这一学问，天地就变成了一个取之不尽，用之不竭的天然宝库了。

这大概是世上最高级的盗术，也是世上最高级的道术了。

虽然《黄帝阴符经》中提到了五贼（五行）概念，但考虑到该经很可能是

后人的托名之作，因此五行概念最早并不是出于此处。

五行概念最早应该是出现在《尚书·洪范篇》。

《洪范篇》据传是在周灭商后，箕子向周武王陈述的"天地之大法"，提出了帝王治理国家必须遵守的九种根本大法，即洪范九畴。

洪范九畴的出处还有另一种说法，大禹治水时，洛水有神龟献图，也就是我们所熟知的"洛出书"的典故。大禹据此制定了洛书九宫，制定了洪范九畴，并将天下分为九州。

洪范九畴以"建用皇极"为核心，分别为：

初一曰五行，次二曰敬用五事，次三曰农用八政，次四曰协用五纪，次五曰建用皇极，次六曰又用三德，次七曰明用稽疑，次八曰念用庶征，次九曰飨用五福，威用六极。

五纪	五福六极	五事
八政	皇极	稽疑
庶征	五行	三德

· 199

洪范九畴是治理国家的根本大法，尤其是确定了皇权的威信以及官员遴选和赏罚的标准，对我国延续数千年的封建制度的建立和稳定做出了重要贡献。

由于《尚书》是汉儒收集各地先秦著作汇编而成，其中的内容也颇多争议，因此后世有人怀疑《洪范篇》是汉朝儒生托名所作。这里我们不去争论这个问题。

洪范九畴中的第一畴就是五行，并在《洪范篇》中对五行做了如下定义：

五行，一曰水，二曰火，三曰木，四曰金，五曰土。

水曰润下，火曰炎上，木曰曲直，金曰从革，土爰稼穑。

润下作咸，炎上作苦，曲直作酸，从革作辛，稼穑作甘。

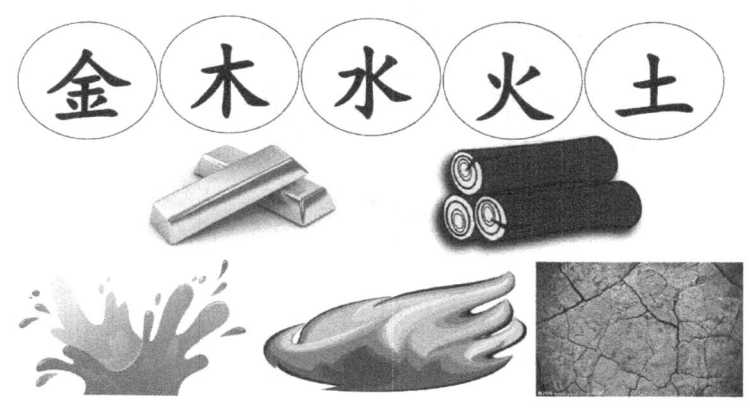

二 五行的本质

在前面讲解阴阳概念的时候，我们曾提到，阴阳是两种物质、两种状态、两种属性、两种运动。同样地，五行也可以理解为五种物质、五种状态、五种属性、五种运动。

1. 五行物质论

从物质的层面来看，五行理论认为宇宙万物是由五种物质构成的。这实际上就是先天五太理论，不过这里将构成宇宙万物的五种基础要素从抽象的神、气、形、质、体换成了具象的金、木、水、火、土。

这与佛家认为的宇宙由"地、水、风、火"四大基本元素构成的观点，以及古希腊认为物质由"土、气、水、火"四种基本元素构成的观点有异曲同工之妙，都是在尝试从物质角度来揭示宇宙的构成奥秘。

不过不论是古印度的四大理论，还是古希腊的四元素理论，都没有中国的五行理论完备和严谨。

在古印度和古希腊的理论中，构成宇宙的四种基本元素都是孤立存在的，然后通过不同组合来构成宇宙万物。但在五行理论中，构成宇宙万物的金、木、水、火、土这五种元素不但不是孤立的，而是有着共同的根源（都是阴阳运动的产物），更有着错综复杂的相互关系和相互作用，是一个完整的体系和生态，是一个太极。

关于五行关系，我们后面会详细介绍。

2.五行与四象

从状态上来说，五行的本质实际上就是阴阳消长运动，五行与四象有非常多的相似之处，也有着各自的对应关系。

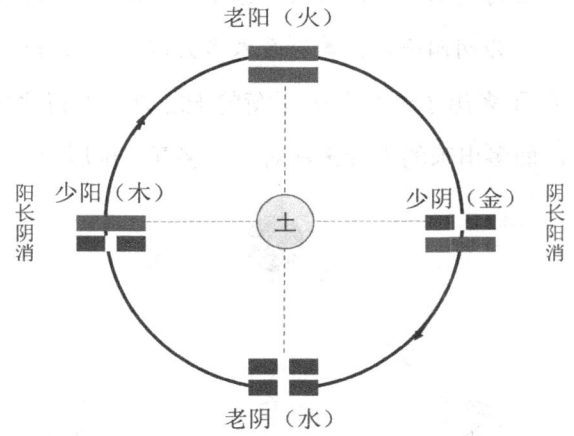

根据四象理论，当阴阳两种力量的运动处于阳长阴消状态，且阴阳两种力量相当时，我们就将这个状态定义为木，也就是少阳；

当阳长阴消到极致，也就是阳达到最大，阴达到最小时，我们就将这个状态定义为火，也就是老阳；

从火开始，阳至一阴生，阴阳的相对运动进入了阳消阴长的过程，当阳消阴长发展到阴阳两种力量相当时，我们就将这个状态定义为金，也就是少阴；

当阳消阴长发展到极致，也就是阴达到最大，阳达到最小时，我们将这个状态定义为水，也就是老阴；

然后从老阴开始进入阳长阴消的阶段。

在五行与四象的对应关系中，土是个特例，与四象中的任何一个都没有对应关系。但按照三才思想的观点，宇宙万物都是"天生之，地成之，人养之"，五行中，金藏于土，木长于土，水流于土，火焚而归于土，所以土是万物之母，实际上是个阴阳动态平衡的太极状态，我们将这个整体的动态平衡状态定义为土。

由此，五行与四象的对应关系及空间分布如下：

水为极阴状态，对应四象中的老阴，位居北方；

火为极阳状态，对应四象中的老阳，位居南方；

木为阳长阴消，对应四象中的少阳，位居东方；

金为阴长阳消，对应四象中的少阴，位居西方；

土为阴阳平衡，养育金木水火四象，位居中央。

我们发现，除了多出了一个阴阳平衡的土之外，五行之中的金木水火四行实际上就是四象。而多出来的土行正好对应数字五，位居中央。

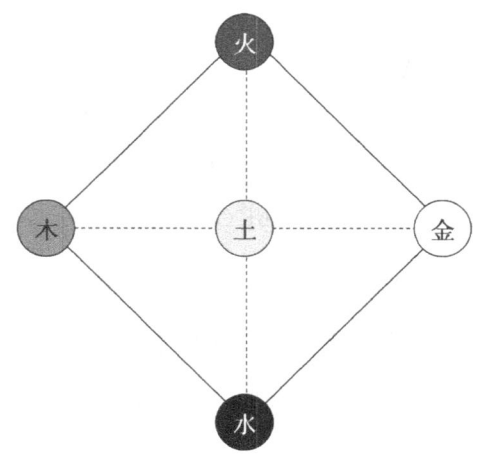

我们在阴阳部分曾经介绍了阴阳之间存在着对立、互根、消长和转化这四种关系，五行在本质上就是阴阳之间这四种关系的具体表现。所以说五行和阴阳在本质上是一体的。通过分析五行和阴阳的关系，能够让我们加深对阴阳和五行的认识，同时也能更加深刻地认识到阴阳在易经理论中的重要地位，理解庄子所谓的"易以道阴阳"这句话的分量。

3.五行属性（类象）

从属性上来说，一般我们将具有向下的、咸味的、黑色的、液体的、流动的、北方的等这些属性的事物，均归为水行。凡具有生长的、升发的、青色的、酸味的、东方的等这些属性的事物，均可归为木行。金行、火行、土行依此类推。

五行属性最重要的应用就是五行的万物类象。根据万物类象的定义，任何事物在特定情境下都可以根据其性质、状态和运动趋势划归为五行之一，建立起宇宙万物与五行之间的对应关系。

五行	木	火	土	金	水
五方	东	南	中	西	北
五色	青	红	黄	白	黑
五味	酸	苦	甜	辛	咸
五脏	肝	心	脾	肺	肾
五数	3	2	5	4	1
五性	仁	礼	信	义	智

其中尤为重要的是五行的数字顺序及五行与方位的对应关系。

五行的数字顺序是《洪范篇》中给出的，即一水、二火、三木、四金、五土，这五个数字在易经中叫做天地生数，也叫做小衍之数，是个五进制体系，并由此得到了十进制体系。

万物万数都是从这五个数字中生出来的，有着重大的哲学价值，即：

· 203

天一生水，地六成之；地二生火，天七成之；天三生木，地八成之；地四生金，天九成之；天五生土，地十成之。

五行定义了五个方位，在四象对应的东南西北这四个方位之外增加了一个中央的方位，这个中央的方位同样具有重大的哲学价值，因为这个中央的方位就是三才思想中人的方位。宇宙是个太极，人站在这个太极的中央，观察宇宙万物，创生宇宙万物，宇宙万物都在人这个太极之中，并因人的观察而存在和显现。

中华文化又被称为河洛文化，河图洛书的中央都是数字五，中庸思想、九五至尊、洪范九畴中的建用皇极……，都离不开中央的位置，离不开五，所以数字五以及五所居的中央方位在东方文化中有重要意义。

五行生克制化关系

在大中华文化圈内，大概人人都知道五行生克关系，当年宋小宝老师在小品《相亲》中所扮演的那个住着1000多平米大房子的锅炉工也都能张口就来。

金克木 木克土 土克水 水克火

五行知识的普及与风水学和中医学的流行是密不可分的，因为风水和中医特别强调五行平衡。近年来随着风水学和中医学在欧美等西方国家的传播，五行知识也逐渐被西方人所了解。

不过如果仅仅将五行关系理解为五行生克就过于简单化了，五行关系实际上包括三个部分，即五行之间的生克制化关系、五行的旺衰关系和五行的平衡关系，其中生克制化关系是基础。

五行之间的生克制化关系需

要从四个层面来分析，这样才能得到一个五行关系的全景图。

一　五行相比

第一个层面是五行中任意一行与自身的关系，如土与土的关系、木与木的关系、火与火的关系，同一个五行之间的关系叫做相比的关系。

比是周易六十四卦中的一个卦，叫做水地比，上面是坎卦，下面是坤卦，水在地面上蓄积，两者相互依存，相互支持，所以比有比和、比肩、同类的含义，五行之间所具有的这种相互比和、相互同类的关系称为五行相比。

有个成语叫朋比为奸，就是指一群人彼此勾结做坏事的意思。其实朋比之后除了可以为奸以外，同样也可以为善，为乐，为学，可惜只有朋比为奸这个成语流传下来了，败坏了朋比的名头。

相比关系是一种对等关系，彼此互相支持，互相帮助。

五行相比的关系主要有：木比木，火比火，土比土，金比金，水比水。

相比关系中，相比的双方都很旺盛，因此不会去竞争资源，而是会齐心协力共同对外，从而形成合力，互相增旺，称之为相和关系，命理学上又称之为比肩。

二　五行生克

第二个层面是指五行中任意不同两行之间的关系，主要包括五行相生和五行相克，具体来说，又分为生与被生、克与被克这四种关系。

1. 相生关系

生，有资生、助长、促进、扶持之意。五行之间所具有的这种互相资生、互相助长的关系称为五行相生。

五行相生的次序是：木生火，火生土，土生金，金生水，水生木。

这五个五行相生的关系，也是古人观象所得到的：

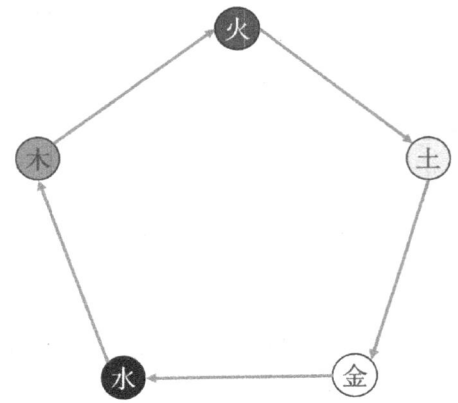

古人看到木头能够燃烧，发出火焰和热量，所以得到木生火的判断；看到木头燃烧之后得到灰烬，而灰烬和土是一样的，所以得到火生土的判断；看到能够从矿石中冶炼出金属，或者从泥土中挖出一些块状的金属（比如金、银、陨铁、铜块等），所以得到了土生金的判断；从金属融化后变成液态，得到了金生水的判断；下雨后植物就能够生长存活，干旱时植物就会枯萎死亡，得到了水生木的判断。

这大概就是五行以及五行关系产生的路径。当然这种解释比较牵强，也比较机械。比如古人为何认为是水生木，而不是土生木？因为人们更直观的观察应该是植物从大地中生长出来，而不是从水中生长出来。还有金生水的公案，在古人的日常观察中，最常见的情况应该是冬天水变冰，春天冰变水，或者是看到泉水从地上的泉眼中涌出，说是看到金属熔化变成液态金属从而得出金生水是难以服众的，一方面金属熔化变成液态并不是常见的，另一方面这样得到的水（也就是液态金属）是不具备生木的能力的。

易经中还有很多难以用常理来解释的公案，尤其在后面的十天干和十二地支中表现得更加明显，给我们的学习平添了很多混乱和干扰。

不过我们不必过于纠结为什么是金生水，为什么不是土生木。五行思想发展到现在，五行的概念已经远远超出了木头、火焰、泥土、金属、水这五种具体的事物，五行关系也远远超出了这五种物质之间的关系。

通过五行的万物类象，五行无所不包，五行的本质是阴阳消长运动，而五行关系也如同阴阳关系，变成了宇宙万物之间普遍存在的关系，有了更抽象的含义，更丰富的内涵，和更加高深的哲学意义。

在五行相生关系中，任何一行都具有生我，我生两方面的关系，也就是母子关系。生我者为母、我生者为子。以火为例，生我者为木，则木为火之母；我生者为土，则土为火之子。其它四行依此类推。

木生火，火生土

相生关系是一种不对等的给予和获取关系,在这个过程中,力量(能量、物质、信息等)发生了转移,从施生者转移到受生者,因此施生者的力量被削弱,受生者的力量被增强,我们说施生者被泄泻,受生者被生旺。

2. 相克关系:

克,有制约、阻抑、克制之意。五行之间所具有的这种相互制约、相互克制,相互阻抑的关系称为五行相克。

五行相克的次序是:木克土,土克水,水克火,火克金,金克木。

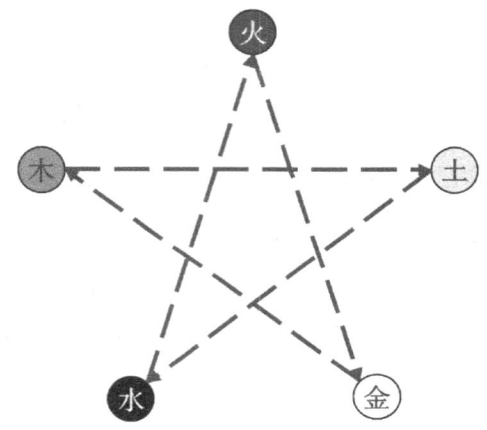

在五行相克的关系中,任何一行都具有克我、我克两方面的关系,也就是具有"所胜"、"所不胜"这两方面的关系。克我者为"所不胜",我克者为"所胜"。以木为例,克我者为金,则金为木之"所不胜",我克者为土,则土为木之"所胜"。其它四行依此类推。

相克关系是一种杀敌一千,自损八百的消耗性对抗关系,也是一种不对等关系。在这个过程中,施克者和受克者的力量都因为互相对抗而被削弱,但总体上来说仍然是施克者控制和制约着受克者。

三 五行相制

五行中任意两行之间都有生有克,但不论生克,最终都会导致两败俱伤的局面。

如木生火，若是任由木生火，就会将木耗尽，让火失控，而在木耗尽之后，火也就失去了根源，同样会耗尽。这是一个过度索取导致两败俱伤的局面，就如2019年底澳洲的大火一样，澳洲森林被烧过之处，火也就熄掉了，因为没有了木的支撑。

再比如木克土，若是任由木去克土，土木之间争斗不休，土最后被消灭，而木也会因为杀敌一千自损八百而被耗空，仍然难免两败俱伤的局面。

为了避免五行生克中这种两败俱伤的局面，五行关系还有第三个层面，即五行中的三行之间存在着相互制约的关系，即五行相制。

制：克中有生，生中有克，生克相随，互相制衡之意。在五行相生的同时寓有相克，在相克的同时也寓有相生，使事物的发展在生克之中保持着自然平衡状态。

五行相制分为克中有生和生中有克两种情况。

生中有克的情况，如木生火，火生土，由于木生火使火变旺，火又生土使土变旺，本来这种连续相生关系会使土变得过于旺盛，同时会让木和火耗尽，从而失去五行平衡。但由于在这种连续相生的同时，木又能够克土，因此这种生中有克的关系会使土的发展不会过于旺盛，不会从木和火中过度索取，从而保持三者间的相对平衡状态。

我们再来看克中有生的情况，如木克土，本来会使土变得衰弱，但由于土能生金，金又反过来克木，因此这种克中有生的关系会使木对土的克制力量保持平衡，使土不会过于衰弱。

五行相制规律如下：

五行	生中有克	克中有生
木	金生水，水生木，金克木	金克木，木生火，火克金
火	水生木，木生火，水克火	水克火，火生土，土克水
土	木生火，火生土，木克土	木克土，土生金，金克木
金	火生土，土生金，火克金	火克金，金生水，水克火
水	土生金，金生水，土克水	土克水，水生木，木克土

四 五行制化

第四个层面是将五行作为一个整体来研究，五行之间的相生、相克、相比、相制共同作用，让五行生生不息，运转不休。我们把五行整体之间相生寓有相克和五行相克寓有相生，从而确保五行接续发展变化的这种内在联系，称为五行相化，或者称为五行制化。化有变化、化生的意思。

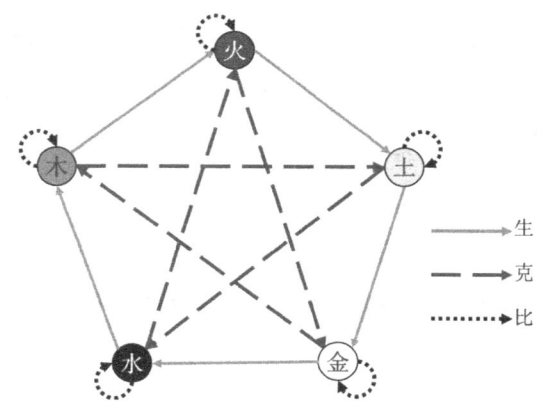

五行生克制化关系全景图

生与克本身也是一对阴阳，一对矛盾，彼此之间存在着互根、相对、消长和转化这四种运动关系。若只有相生而无相克，则万物将过于旺盛而最终耗尽资源，失去平衡。若只有相克而无相生，则万物最终也将会因受克太过而消亡。所以五行相生相克是宇宙万物维持相对平衡的两个必不可少的条件。只有在五行相互作用，相互协调的基础上，才能维持宇宙万物的生生不息。

比如木、火、土之间有刚才所说的相制关系，但这个相制关系虽然限制了土的肆意生长，却无法阻止木向火的持续转化，消耗木，增旺火，为了避免这一局面，土在被木克的同时又生出了金，金一方面克制木，消耗木的力量，避免生出过多的火来，另一方面由火来克金，既能消耗火的力量，又能避免金的过度生长。

但到此为止，木又要生火，又要克土，又要被金克，力量被严重消耗，而一旦木被消耗，后续的火、土、金就都成了无源之水、无本之木了。因此为了避免五行循环被打断，避免五行失衡，克木的金又生出了水，由水给木提供动力源泉，由此构成了五行之间无穷无尽的循环相生，让宇宙万物能够处于动态平衡之中。

五行之间的生克制化关系，除了在周易预测、命理、风水中有重要应用外，五行之间互相促进、互相制约而建立起来的宇宙万物生生不息的动态平衡也尤为重要。

自然界中存在着生态链、食物链，食物链中不同环节的生物都各有其作用，一旦某个环节过于旺盛，就会将前一个环节的食物消耗殆尽，从而让整个食物链和生态链趋于崩溃。这也是为什么我们非常担心外来物种输入的问题，因为外来物种没有天敌，所以它就会大量消耗它的食物，造成生态灾难。我们刚刚经历过的新冠疫情，以及非洲等国之前经历的蝗虫灾害，都属于这种情况，病毒和蝗虫过于繁盛，对下游的人和农作物造成了毁灭性的打击。

同样，我们在经济生活中之所以反对垄断，也正是由于这些垄断企业过于繁盛，耗尽了上下游资源，限制了整个经济的活力和创造性，让五行失衡甚至破灭。

五行关系是易经这个宇宙建模学的基础建模工具和分析工具。我们后面会根据五行关系构建 5R 分析模型，将宇宙万物之间的关系归结为五种相互作用力，即我生、生我、我克、克我、比和，这是分析我们与内外部环境之间关系的一个非常有用的工

时空的力量——五行旺衰与时空的关系

在实践应用中,五行理论最关注的就是五行的平衡。不论命理、中医还是风水,均以五行平衡为最佳格局。因此五行平衡关系是我们研究五行和利用五行的最终目的,只有做到五行平衡、阴阳平衡,才能确保五行运转生生不息,宇宙万物才能保持相对的稳定性,若是五行失衡,就会显露出凶相。

为了实现五行平衡,"我生者"要有足够的力量接受我的生助,"生我者"也必须要有足够的力量来为我提供生助,"我克者"要有足够的力量来承受我的克制,而"克我者"也要有足够的力量来对我施加克制。

一旦五行之间彼此力量失衡,如生助力量过大或不足、克制力量过大或不足,整个系统就会出问题,严重时甚至会导致系统崩溃,出现谋事失败、个人死亡、企业破产、军队败亡和国家毁灭的糟糕局面。

五行平衡的判断依据就是五行的旺衰。只有金木水火土彼此的旺衰程度相当之时才能维持五行的相对平衡,若是彼此旺衰相差过大,或者都过于衰弱,或者都过于旺盛,都会造成五行失衡。

"杯水车薪"描述的就是一个衰水与旺火的五行失衡状态。

五行旺衰是易经中非常重要的一个概念，由于万物皆有五行属性，八卦、六十四卦以及其中的卦爻亦有五行属性，因此在用八卦和六十四卦进行预测时，都要充分考虑卦象和卦爻的五行旺衰，并根据旺衰情况来判断事物的吉凶成败。

比如卦中有金克木之象，且金旺木衰，那么对于木所代表的事物来说就非常凶险；反之若是有金生水之象，那么旺金就会去生旺水，对于水所代表的事物来说就非常吉利。

在易经理论中，五行的旺衰主要受时间和空间因素的影响。

一 时间因素对五行旺衰的影响

中国自古就采用干支历法，用天干地支来纪年、纪月、纪日、纪时，而天干地支都有其各自的五行属性，如十天干中甲乙属木、丙丁属火、戊己属土、庚辛属金、壬癸属水，十二地支中亥子属水、寅卯属木、巳午属火、申酉属金，辰戌丑未属土。

鉴于天干地支各有其五行属性，以天干地支符号表示的年、月、日、时自然也都有其各自的五行属性。如 2020 年 8 月 18 日为庚子年甲申月癸巳日，即 2020 年的年建（年份的地支）为子，五行属水，8 月的月建（月份的地支）为申，五行属金，8 月 18 日的日建（日的地支）为巳，五行属火。

时间（年月日时）的力量是非常强大的，能对五行，乃至对宇宙万物产生显著影响，因此五行的旺衰主要取决于年月日时的影响，尤其是月建对五行旺衰的影响不容忽视。

根据五行旺衰受时间影响的结果，将五行的旺衰程度分为五类，分别为旺、相、休、囚、死，其中旺为最旺，相为次旺，休为中平（不旺不衰），囚为衰，死为最衰。

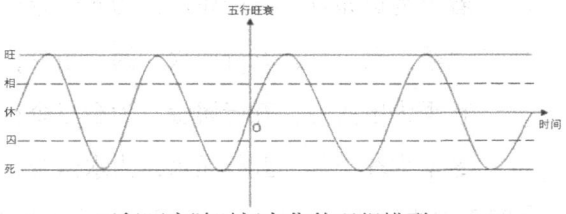

五行旺衰随时间变化的理想模型

· 213 ·

五行在不同季节中的旺衰程度是不同的。我们将一年分为春夏秋冬四季，每一季包括三个月，但在干支纪年法中，每一季的第三个月与前两个月截然不同，比如：

春季前两个月是寅月和卯月，五行属木，第三个月是辰月，五行属土；

夏季前两个月是巳月和午月，五行属火，第三个月是未月，五行属土；

秋季前两个月是申月和酉月，五行属金，第三个月是戌月，五行属土；

冬季前两个月是亥月和子月，五行属水，第三个月是丑月，五行属土。

可见四季的前两个月都各有不同的五行属性，唯独每一季的最后一个月，都是五行属土。所以将每一季的最后一个月叫做季末，因为一共有四个季末，所以又称为四季末。

五行在不同季节的旺衰程度如下：

五行 \ 季节	春（木）	夏（火）	秋（金）	冬（水）	四季末（土）
木	旺	休	死	相	囚
火	相	旺	囚	死	休
土	死	相	休	囚	旺
金	囚	死	旺	休	相
水	休	囚	相	旺	死

由表中可见，五行在四季的旺衰规律为：

当令者旺，令生者相，生令者休，克令者囚，令克者死。

此处的"令"是指时令，我们常常听到"时令水果"的说法，这里的时令原本是古时按季节制定有关农事的政令，但在易学中特指季节和月建。

春季为寅卯月，五行属木，为木当令；

夏季为巳午月，五行属火，为火当令；

秋季为申酉月，五行属金，为金当令；

冬季为亥子月，五行属水，为水当令；

四季末为辰戌丑未月，五行属土，为土当令。

我们以木为例来理解"当令者旺,令生者相,生令者休,克令者囚,令克者死"这四句的含义:

春季木当令,此时木受到月建的比和达到最旺的状态,即当令者旺;

夏季火当令,木生火生令,但夏季火旺不需木来生,因此木为休,处于不旺不衰的状态,即生令者休;

秋季金当令,金克木,木受令克而死,使木达到最衰的状态,即令克者死;

冬季水当令,水生木使木变旺,达到次旺的状态,即相的状态,即令生者相;

四季末土当令,木克土克令,但四季土旺,木无力克土,使木处于囚的状态,即克令者囚。

其它四行的旺衰含义可依此类推。

由于12地支的特殊顺序分布,五行的旺衰以12年、12个月、12天、12个时辰为周期变化。

与上述理想模型中的连续正弦曲线不同,五行旺衰随时间的变化实际上是一个周期性的矩形波数字脉冲信号。以木为例,木在12个月(年/日/时)中的旺衰变化如图所示。

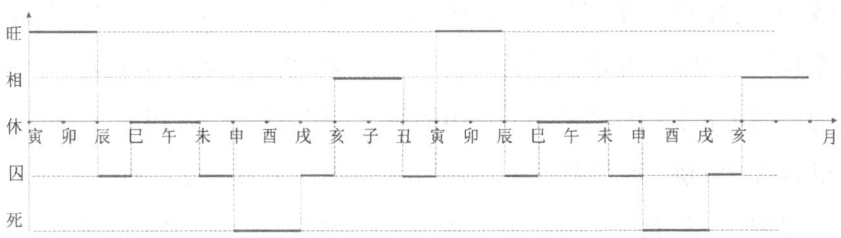

其它四行旺衰随时间变化的曲线可同理推出。

在实践应用中还有"余气"一说,即丑月水有余气、辰月木有余气、未月火有余气、戌月金有余气。余气的旺衰程度介于相和休之间,不过这里我们暂时不考虑余气的问题。

根据三才思想,人与宇宙时空、外部环境之间天人合一,是一个整体,因此人体的五行同样有着与时间和季节相应的旺衰规律。《黄帝内经·灵枢》篇说:

"经脉十二者,以应十二月。十二月者,分为四时。"又说:"以一日分为四时,朝则为春,日中为夏,日入为秋,夜半为冬"。

中医认为人体中的十二条经脉分别对应着一年的十二个月,也对应着一天的十二个时辰,随着一年之中季节的变化和一天之中时辰的变化,人体不同经脉中的气血旺衰程度也如同潮水一样涨涨落落,因此中医讲究要在最佳的时机,选择合适的穴位进行针刺治疗才能得到最好的疗效,这在中医学中叫做子午流注。

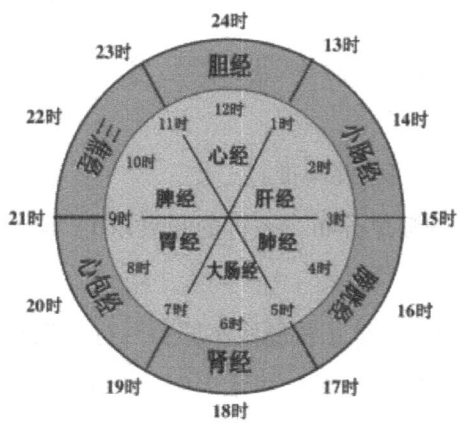

中医讲药食同源,讲究食疗、食补,除了注重营养均衡外,更重视五行均衡。民间有个说法,叫做"早吃姜胜药汤,午吃姜肺痨伤,晚吃姜赛砒霜",也是根据不同时辰阴阳和五行旺衰的不同得出的结论。姜五行属木,但与一般的蔬菜不同,姜里面阳气满满,因此中医认为早晨的时候阳气初生,吃姜有助于补充阳气,中午的时候阳气达到最大,五行火最盛,这个时候吃姜就是火上浇油了,之所以"肺痨伤",是因为肺部五行属金,中午的时候火旺金衰,若再火上浇油,容易伤到肺部;晚上的时候本该阴长阳消,五行中金和水开始变旺,但吃姜给人补充了过多的阳气,让金和水变衰,造成人体中的阴阳五行严重失衡。

二 空间因素对五行旺衰的影响

空间因素也同样对五行的旺衰有着巨大的影响,主要表现为空间方位因素对五行旺衰的影响和空间环境因素对五行旺衰的影响。

1. 空间方位因素的影响

五行有其空间方位分布:木位居东方、火位居南方、金位居西方、水位居北方,土位居中央。因此当五行木在东方时就受到环境的比和力量而变旺,位于南方时因受到南方火的耗泄而变衰(休)、位于西方时就被西方的金所克制而变衰(死),位于北方时被北方的水生助而变旺(相),位于中央时因克制中央土而变衰(囚)。

当然,在实践中并不会如此应用,而是用五行之物放在空间(如房间)的不同方位,对空间中失衡的五行进行补泻(补不足、泻有余)以恢复五行平衡。这一点在风水调理中用的比较多。

2. 空间环境因素的影响

除了空间方位因素对五行的影响外,不同的空间环境因素也各有其五行属性。

比如当我们乘船在海上航行时,我们所处的就是一个水旺的环境,当我们在森林中行走时,我们所处的就是一个木旺的环境;当我们进入一个金属矿区时,就是一个土旺金旺的环境;当消防队员进入一个森林火区救火时,所处的就是一个木旺火旺的环境。

时空因素不仅对五行旺衰有巨大影响,对宇宙万物都有巨大影响。我们说太极是一个时间、空间、物质、联系的统一体,包括实践中命理学用人的出生时间(四柱八字)来卜算人一生的吉凶趋势、梅花易数中用时间和空间因素来取象成卦等等,都说明了时空因素对万物的影响,只要我们知道了某个事物的时空信息,往往就能对其过去和未来进行预测和推断。

考虑到五行旺衰涉及到天干地支的相关知识,这里只做简单介绍,后面我们再做深入研究。

五行平衡与失衡

五行关系共包括三部分,分别是五行之间的生克制化关系、五行与时空作用形成的旺衰关系,以及五行力量的平衡关系。五行平衡关系至关重要,我们学习五行的重要目的就是为了操纵五行(五贼)的力量,以便能够在特定的时间和空间内实现五行平衡或者破坏五行平衡,向天地自然盗取力量。

五行平衡是指五行之间力量的均衡,这是由五行的旺衰来决定的,只有五行的旺衰程度相当时,五行之间才是平衡的,才可以运转不息。

比如木生火,需要木也旺火也旺,才能达到最好的效果,金克木同样需要金和木都处于旺相的状态才能达到金和木之间的平衡。若是金旺木衰就会将木克制而死,五行循环就中断了。反之若是金衰木旺,木就会回过头来克制金,同样让五行失衡，而五行失衡最终会导致系统的崩溃。

所以我们衡量一个事物是否健康、是否安全的标准就是看它是否处于五行平衡、阴阳平衡的状态。

根据五行中各方的旺衰程度以及各自力量是否平衡，可以将五行平衡关系划分为五行相制、五行相窃、五行相溺、五行相乘、五行相侮、五行相劫、五行相和，共七种关系。

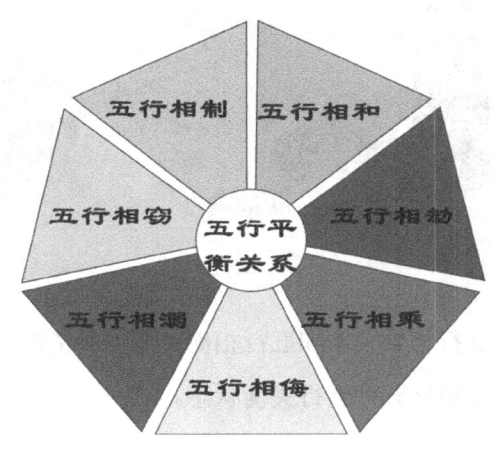

力量对比	生助力量			克制力量			比和力量	
	过小	平衡	过大	过小	平衡	过大	较小	较大
关系类型	相窃	相制	相溺	相侮	相制	相乘	相劫	相和

这七种关系中，相制和相和就是五行制化关系，是五行平衡状态，能够让五行之间维持动态平衡，生生不息地运转下去。其余的相窃、相溺、相侮、相乘和相劫这五种情况均属于五行失衡状态。

五行相生和相克关系中的失衡现象都需要从五行相制关系来理解。

以相克关系中的失衡状态为例，在正常的相克关系中，如水克火，火能生土，土可以去克制水的力量，减轻水对火的克制力量，从而达到水、火、土三者间的相对平衡，维持五行循环运转，这是一种克中有生的五行相制关系。但若是相克的双方实力（旺衰）相差悬殊，比如旺火对衰水，或者旺水对衰火，情况就大不相同了，缺少了相应的制约力量，原本客客气气、收放有度的克制力量就彻底失控，变成了强势一方对弱势一方的毁灭性打击。

我们将这种五行相克关系中的失衡现象称为五行霸凌关系。

五行霸凌又分为五行相乘关系和五行相侮关系两种情况。

下面我们来分别介绍这五种五行失衡状态。

一 相窃关系

由于相生关系是一种不对等关系，受生者被生旺，施生者被削弱。如水生木，力量从水转移到木，让木变旺，让水变衰。因此如果施生者原本相对于受生者就过于衰弱，则会因生助受生者而变得更加衰弱不堪，即较强的受生者从较弱的施生者那里窃取了过多的力量（能量、物质），进而影响到施生者的健康，这种情况称之为相窃关系。

窃，有窃取、盗取之意。

过去三年来，肆虐全球的新冠疫情与人的关系就是五行相窃的表现。人体内有大量的微生物，人类为微生物提供生存环境和营养物质，双方建立了一种稳定、平衡的共生关系，但是新冠病毒在人体内大肆繁殖、从人体中过度索取，损害了人体的器官机能，造成了人类的大量伤亡。

五行相窃关系具体表现为以下五种情况：

木窃水，水窃金，金窃土，土窃火，火窃木。

1. 木窃水：水能生木，木盛水缩

这句话是什么意思呢？

我们知道水生木，木生火，水克火，这是一种生中有克的相制关系。当水太衰，木太旺时，一方面衰水难以满足旺木对水的巨大需求。另一方面旺木生旺火，衰水还需要分出力量来克制旺火，导致水衰上加衰，被消耗殆尽，五行循环就会中断。

比如，茂盛的森林需要水的滋润和养育，但每逢旱季，水变得衰弱时，相对过旺的木就会榨干仅存不多的水，而当水被消耗一空后，木也就难以为继。

2. 火窃木：木能生火，火多木焚

从五行相制关系中，我们知道木生火，火生土，木克土，这原本是一个生中有克的关系，能够维持木、火、土之间的相对平衡。

但是当火旺木衰的时候，衰木本来就难以维持旺火，现在旺火又生出了旺土，衰木在艰难生火的同时还需要分出一部分力量来克制旺土，力不从心，衰上加衰，让木的力量被消耗殆尽，让五行循环难以为继。

现在很多农村地区在取暖煮饭时，仍然在烧稻草、烧木头，或者烧煤。在烧火的同时，必须源源不断地向灶膛中添加木柴，让火变旺，若是添加不及时，那火就会将木柴消耗殆尽，而木消耗殆尽后，火自然也就会熄灭。

2019年底的澳洲森林大火，虽然森林是一个木旺的环境，但可惜火更旺，相对大火来说，即便是森林中的木也显得过于衰弱了，最终被大火窃走了森林中全部木的力量。

大火之后，森林不见了，火也不见了，只留下一地的灰烬（土）。

3. 土窃火：火能生土，土多火晦

在五行相制关系中，火生土，土生金，火克金。但是当火太衰而土太旺时，一方面衰火要努力去满足旺土的需求，另一方面还需要去克制旺土所生的旺金，让火难以为继，五行循环被打断。

木生火后的产物就是煤灰、柴灰，就是土，所以火能够生土，但土过多就会让火难以燃烧。我们在野外灭火时，最好的灭火办法就是用土将火埋上，用土来隔绝空气，从而让火熄灭。所以虽然火能生土，但土过多就会消耗掉火的力量，让五行循环中断。

4. 金窃土：土能生金，金多土虚

从五行相制的生中有克关系我们知道，土生金，金生水，土克水。但是当土衰金旺时，衰土同样地既不能满足旺金的需求，也不能有效克制旺金所生的旺水，结果土被消耗一空。随着土被消耗掉，金也就失去了力量源泉，最终也会消亡，导致五行循环的链条被打断。

5. 水窃金：金能生水，水多金沉

水窃金的情况与前面四种相窃关系一样，本质上都是由于施生者过于衰弱，而被受生者耗尽了能量和资源，让五行制化难以进行下去。

人类也是如此，人类生活在地球上，受地球万物的养育，但随着人类文明的进步，人类从自然中过度索取，过度开采，结果导致地球上人口的数量从当初的数千万、数亿，发展到今天的70多亿，使得地球上生助我们的自然资源被过度消耗，让人类面临着巨大的生存危机。

所以我们倡导环境保护，倡导绿色低碳的生活，就是为了维持生态平衡，维持地球上的五行平衡。

二 相溺关系

原本相生关系是增旺受生者，削弱施生者，但如果受生者相对施生者过于衰弱，就会无力承受和消化吸收施生者所施与的过多力量，导致受生者沉溺于其中而难以存活。

较弱的受生者因被生助过多而变得更加衰弱，这种情况就叫做相溺关系。

溺，有溺爱，过多之意。

五行相溺关系有：

木溺火，火溺土，土溺金，金溺水，水溺木。

现代社会中，肥胖症已经成为一个全球性的健康问题，就是由于人类摄取的能量和营养物质过多造成的。中医里面有所谓"虚不受补"的说法，对于大病初愈的人只能一点点地增加营养，而不能大鱼大肉地恶补，也是为了避免因溺而害。

《孙子兵法·地形篇》中分析了将领与士卒的关系：

视卒如婴儿，故可与之赴深溪；视卒如爱子，故可与之俱死。厚而不能使，爱而不能令，乱而不能治，譬若骄子，不可用也。

这里孙子就是在提醒将领不能对士卒没有原则的溺爱，"厚而不能使，爱而不能令，乱而不能治"，就是相溺关系的表现，对士兵太过于宽容，太过于放纵，这样的军队就不堪大用，不堪一击。

五种相溺关系的具体表现形式如下：

1. 木溺火：火赖木生，木多火塞

根据五行相制关系，我们知道木生火，火生土，木克土。

火本来是靠木生出来的，但当木太旺、火太衰时，一方面衰火被旺木压制，另一方面衰火所生的衰土也被旺木克制而死，导致五行循环就此中断。

我们在点篝火的时候，一般会先用易燃的物质，比如艾绒或者木屑，或者撒上汽油，让火苗先着起来，然后再一点点地增加木柴，直至最后得到熊熊燃烧的篝火。若是一上来就在小火苗上堆上太多的木柴，那么这个小火苗就会被熄灭。

2. 火溺土：土赖火生，火多土焦

火生土，土生金，火克金。

土本来是靠火生出来的，但当火太旺土太衰的时候，土就会被烧焦，衰土所生的衰金也被旺火克制而死，五行循环就难以为继了。

我们在烧制砖瓦的时候，都是用泥土做成砖坯瓦坯，然后放在砖窑中用大火去烧，最后得到的砖瓦就失去了土所具有的活力，不再具有生金的能力，也不再具有生长万物的能力了。

3. 土溺金：金赖土生，土多金埋

土生金，金生水，土克水。

金本来是靠土才能生出来的，但土太旺金太衰的时候，金就被土掩埋，难有出头之日，衰金所生的衰水也被旺土克制而死，所以五行循环就中断了。

4. 金溺水：水赖金生，金多水浊

金生水，水生木，金克木。

水本来是靠金生出来的，但当金旺水衰时，衰水所生的衰木被旺金克制而死，让五行循环中断。

5. 水溺木：木赖水生，水多木漂

根据五行相制关系，水生木，木生火，水克火，让水、木、火之间实现平衡。但当水太旺木太衰时，衰木所生的衰火就被旺水克制而死，五行循环同样被打断。

森林草木的生长需要水的滋润，但在发洪水时，树木难以消化水所给予的生助力量，结果树木会被连根拔起，被洪水冲走，所以有水多木漂之象。

三 相乘关系

在五行相克关系中，如金克木，当施加克制的一方（金）过于旺盛，而受克一方（木）过于衰弱时，就会导致克制力量过大，让受克一方无法承受，并因此失去了持续制化的能力，从而造成五行失衡，让五行循环中断。

我们将这种因克制力量过大造成的五行失衡现象称为五行相乘。

乘有乘袭之意。

相乘与相克意义相似，次序一致，只是克制的力量超出了正常范围。

五行相乘关系有如下五种：

木乘土，土乘水，水乘火、火乘金，金乘木。

如正常生克情况下，根据克中有生的五行相制关系，木克土，土生金制木，使得木土金之间保持平衡状态，但在相乘情况下，木气过旺，土气过弱，木克土使土无力生金制木，导致木对土的克制力量失去控制，土更加衰弱，直至最终土的灭亡，使五行的生克制化循环中断。

我们来看一下这五种相乘关系的具体表现形式：

1. 木乘土：木克土，木多土竭

根据五行相制关系：木克土，土生金，金克木。

木能克土，如果土和木都很旺盛的话，两者之间可以维持相对的平衡，即木有力量克制土，土也有力量承受住木的克制，并且通过生出金去克木，从而维持木、土、金之间的平衡。

但当木旺土衰时，衰土一方面难以抵挡旺木的克制，另一方面更没有多余的力量去生金，帮助自己抵抗木的克制，因此土会被木克制至死，让五行循环中断。

2. 土乘水：土克水，土多水消

根据五行相制关系：土克水，水生木，木克土。

当土旺水衰的时候，一方面衰水难以抵抗旺土的克制，另一方面衰水无力生木，帮自己抵抗旺土，导致衰水被旺土克制而死，五行循环就此中断。

土能克水，所以我们可以挖掘河道、修筑堤坝来治水，但当土太旺时，比如我们向一个小水坑中倒入一车土的时候，水就被土吸收耗尽了，就是所谓的"土多水消"了。

3. 水乘火：水克火，水多火熄

根据五行相制关系：水克火，火生土，土克水。

本应是火通过生土来制约水的力量，实现三者的相对平衡，但当水旺火衰时，一方面衰火难以抵挡旺水的克制，另一方面衰火也难以生土来帮助自己，所以只能被克制至死，打断五行循环。

4. 火乘金：火克金，火多金蒸
5. 金乘木：金克木，金多木灭

火乘金和金乘木的道理相同，都是因为相克双方力量不均衡，施克方力量过大，被克方力量过小，导致被克一方无力抵抗，让五行循环中断。

四 相侮关系

有个成语，叫做龙游浅水遭虾戏，虎落平阳被犬欺，讲的就是原本是克制鱼虾和柴犬的龙虎因为失势而反遭对方的克制和欺负。

我们将这种因受克一方过于旺盛，施克一方过于衰弱而形成的施克方反被受克方欺侮的现象称为五行相侮。

侮，有欺侮、侮辱之意。

相侮关系是一种反常的失衡现象。相侮与相克次序相反，故又称反侮、反克。

五行相侮关系有如下五种：

木侮金，金侮火，火侮水，水侮土，土侮木。

我们来看一下这五种相乘关系的具体表现形式：

1. 木侮金：金能克木，木多金缺

根据五行相制关系：金克木，木生火，火克金。

金与木之间的关系本应是金克木，木生火，火克金，从而维持三者的平衡。但当木旺金衰时，金不但无力去克木，同时旺木又去生出旺火，让旺火帮助自己去克衰金，使得衰金在艰难克制旺木的同时，又遭到旺火的灭顶之灾，最终被消灭。

而金被灭之后，由金所生的水也就没了，虽然木仍然很旺，但变成了无源之水，无本之木，在消耗掉自己的老本之后，也会归于灭亡，后续的火和土也就相继灭亡，五行循环就此中断。

2. 金侮火：火能克金，金多火熄

根据五行相制关系：火克金，金生水，水克火。

这是正常的五行生克关系，但当火衰金旺时，一方面衰火难以克制旺金，另一方面旺金又生出了旺水，旺金带着旺水回过头来去欺负衰火，让衰火难以抵挡，被旺水浇灭，被旺金欺侮。

熊熊大火可以将金属烧成液体，但对于一根蜡烛来说，用一个小铁片就能把蜡烛的火焰给压住熄灭，这就是金多火熄。

3. 火侮水：水能克火，火多水干

根据五行相制关系：水克火，火生土，土克水。

水能克火，但当火旺水衰时，一方面衰水难以克旺火，另一方面旺火生旺土，旺土克衰水，让水被消耗一空，中断了五行的循环。

汉语中有个成语，叫做杯水车薪，对于熊熊燃烧的一车的柴草，一杯水不但不能浇灭大火，自己也会被大火烧成蒸汽，水被蒸干。

4. 水侮土：土能克水，水多土散

根据五行相制关系：土克水，水生木，木克土。

土能克水，但当水旺土衰时，一方面衰土难以克制旺水，另一方面旺水生旺木，回过头来克制衰土，将衰土克制而死。

我们知道，发洪水时，堤坝都会被冲垮、巨石都能被漂起，就是水对土的反侮、反克。

5. 土侮木：木能克土，土重木折

土侮木是同样的道理，都是五行相克的双方力量失衡，施克者力量过强，导致被克者被克制至死，从而打断了五行循环。

过去经常有人用铅笔刀砍伐大树的例子来解释说明木侮金，认为金太弱而木太强，所以铅笔刀无法克木。这种类比解释过于机械化和简单化，包括我上面用五种物质所做的解释都是如此。

大家要时刻记得这些都是方便法门，是筏喻，五行思想发展到今天，已经

远远超出了五种物质的层次，而是有了更高的哲学含义。因此切不可被这些筏喻和方便法门将自己的思想束缚住。

五　相劫关系

除了五行相生、五行相克关系中有失衡现象外，在五行相比关系中同样存在失衡现象。

相比关系原本为五行相同的两者之间的互相帮助、互相扶持的关系，如金与金比，两者相比会让金更加旺盛。但若金原本就很衰弱，则两金相比的关系就从互相扶持变成了互相竞争，为抢夺有限的资源而大打出手。

我们将这种同类间因过于衰弱而产生互相竞争的关系称为五行相劫关系，在命理学上又称之为劫财。

劫，有抢劫，竞争，夺取之意。

相劫关系有：

木劫木，火劫火，土劫土，金劫金，水劫水。

如金弱，在土生金之时，由于两金皆弱，必然会去抢夺土所给予的有限资源。而在需要金生水时，也会由于两金都弱，谁都不愿或者不能拿出自己有限的资源去生水，以免使自己变得更加衰弱。

竞争是西方经济思想的核心，也是我们在日常生活中最常见的关系。但我们看到，在东方的五行关系中，竞争不过是众多关系中的一种，因此五行关系描述了一幅远远超过竞争，甚至远远超过竞合（竞争与合作）的关系图景，五行关系才是宇宙万物间真实和全面的关系总结。

五行之间所存在的窃、溺、乘、侮、劫、和、制七种关系看似纷繁复杂，但其核心仍是生、克、比这三种最基本的关系，宇宙万物之间所存在着的千丝万缕的关系也均能归纳为"我生"、"生我"、"我克"、"克我"、"比和"这五种相互作用。这五种相互作用关系是宇宙间普遍存在的，放之四海而皆准的真理，小到一个微观粒子、一个人，大到一个国家、一个星系，与所在环境间的关系都逃不出这五种。

可见，道家所追求的"跳出三界外，不在五行中"是何等艰难的事情！

最后我还要再次强调一下，以上的说法只是为了便于大家的理解，是个方便法门，真实的五行平衡与五行失衡情况并不像上面所说的那么简单和机械，也不仅仅局限于五种物质之间的生克制化关系。希望大家能认识到这一点，切不可执着于物象，限制了自己对五行的理解和发挥。

五行大盗，盗亦有道——五行学说在生活中的应用

《黄帝阴符经》中将五行称作五贼，并直白地告诉我们，掌握五行的目的就是为了成为五行大盗，从天地间盗取五行力量为我所用。

这其实就是太极中借力思想的具体体现。

盗亦有道,下面我们就条分缕析地和大家讲解如何盗取五行力量为我所用。

一 具体目的

我们学习阴阳五行,乃至学习易经,最终的目的除了要掌握天道真理、见识万物本源外,更重要的就是从天地中借力/盗力,盗取阴阳之力、五行之力。

盗取五行力量的具体目的有两个,一个是为了实现五行平衡(对己),另一个则正相反,是为了打破五行平衡(对敌)。

五行平衡是一个健康的、可持续发展的状态,也是《孙子兵法》中所谓的"不败之地"、"不可胜"状态。

五行失衡则是一个趋向毁灭和失败的不可持续状态,即孙子所说的"可胜"状态。我们在与敌人交战时,就是要努力让对方五行失衡,直至走向败亡。

确保自己的五行平衡,努力让敌人五行失衡,这样我们就可以做到"立于不败之地,而不失敌之败也"。

这是我们学习五行知识、甘为五行大盗的终极目的。

二 盗取手段

从天地中盗取五行之力的惯用伎俩不外乎生、克、比这三种基本工具,借此来增强五行中过于衰弱的某一行，或者削弱五行中过于旺盛的某一行，以达到掌控五行平衡的目的。

当然也可以反其道而行之，让旺者愈旺，衰者愈衰，以达到破坏五行平衡的目的。

老子在《道德经》中对这种方法做了总结：

天之道，其犹张弓欤？高者抑之，下者举之；有余者损之，不足者补之。

天之道，损有余而补不足。人之道则不然，损不足以奉有余。

生克比三种手段就是老子所说的损和补，天之道是要实现阴阳平衡、五行平衡，所以会"损有余以补不足"。人之道则是要打破阴阳平衡、五行平衡，所以会"损不足以奉有余"。

在生克比这三种手段中，相生关系有补的作用，也有损的作用。如火生土，对土来说是补，但对火来说就是损。我们将相生关系中的损又称为泻（泄泻）。

相比关系在理论上也有补（相合）有损（相劫），但实践中主要是发挥其补的作用，以弥补五行中某一行的不足。

相克关系则主要是损的作用，且这种损是双向的、激烈对抗的，杀敌一千自损八百，所以相克关系一般只用于破坏敌方的五行平衡，而不会用于建立己方的五行平衡。除非己方面临严重问题，不得不需要用重典和猛药进行调理。

综上所述，盗取五行之力的手段可以总结为补、克、泻三种。

手段 \ 目的	五行平衡（对己）			五行失衡（对敌）		
	偏旺	平衡	偏衰	偏旺	平衡	偏衰
补		√	√	√		
克				√	√	√
泄	√			√	√	√

五行大盗之道

三　如何建立己方的五行平衡

己方的五行平衡状况分为三种情况，即偏衰、偏旺和平衡。前两种是五行失衡状态，因此需要恢复到平衡状态。第三种是五行平衡状态，需要在此基础上同步提升五行力量，即从低水平的平衡状态发展到高水平的平衡状态。

我们重点研究前两种情况。

1. 偏衰

偏衰是指五行中某一行过于衰弱，进而影响到了五行的整体平衡。

五行平衡同样适用木桶原理。

一个人（企业／机构／国家）的优势取决于木桶中最长的那块木板，而其弱点则取决于最短的那块木板，所以当我们身处于一个友好的外部环境时，可以放心大胆地发挥自己的长处，因为短板有环境帮我们补足了（共享环境优势）。但若是身处一个竞争性环境时，我们的短板就容易成为别人攻击的目标，或者在无形之中束缚了我们的发展。

华为很强大，在国内市场无往不利，但在欧美市场，它在芯片、操作系统等方面的短板就显现出来，结果这些短板遭到了美国全方位的攻击，让华为面临极大的风险。

对短板通常采取补法来实现五行平衡。补法是建立五行平衡最常见的方法，在中医、命理、风水中都有应用。

华为也一直在努力补齐自己的短板，建立相对平衡和稳健的供应链五行关系。

补法有两种，一种是利用五行相生原理，一种是利用五行相比原理。

比如一个人命理上五行缺金，就可以佩戴一些五行属金的饰物，或者在名字中加入带有金字旁的汉字，以金补金。这是利用五行相比的原理来补足五行。

再比如一个住宅中某个方位五行缺水，就可以在指定方位放一个鱼缸，里面养六条金鱼。这种方法既利用了五行相比原理（以水补水），也利用了五行相生原理（金鱼的名字中有金，五行属金；另外在后天八卦中乾卦居于西北的六宫，因此六条金鱼也代表乾卦，五行属金，均有金生水之意）。

中医也讲究"以形补形，吃啥补啥"，这都是我们从天地盗取相应的五行之力来实现五行平衡的办法。

除了中医、命理、风水外，在政治经济、军事外交、经营管理等领域同样可以用补法来建立五行平衡关系。不过在这个层面，五行已经脱离了具体的五种物质形态，而是有着更加抽象的哲学含义。

2. 偏旺

若五行中某一行过旺导致五行整体失衡，理论上可以采用五行相克原理来削弱，也可以采用五行相生原理来泄泻。但鉴于相克的方法过于激烈和极端，容易造成两败俱伤，因此实践中大多采用泻的方法来化解。

比如一个人命理中五行水偏旺，则可以佩戴木属性的饰品，或者在办公桌上摆放木属性的工艺品，就是要利用水生木的原理将过多的水给泻掉。

中医、风水中与此操作的方法和原理基本相同。

不过，风水、命理、占卜都是小道，易经是经国济世的大学问，大学问就应该用在大地方，我们更要在经国济世、建功立业当中善用易道，善用五行力量。

大禹治水的故事就为我们提供了这样一个盗用五行力量来平定天下的应用场景。

面对滔天洪水所导致的五行失衡，大禹的父亲鲧（gǔn）采用了五行相克（土克水）之法，结果由于水势太大，虽然有息壤这种神奇的材料来筑造堤坝，却由于"水侮土，水多土散"的严重失衡局面导致治水失败，并因堤坝被毁而造成了更大的灾难，最终被舜所杀。

大禹则采用了泻的方法，修渠挖河，让洪水顺着水势东流入海，克服了水灾，恢复了人间的五行平衡。

这里我们看到了克与泻两种方法截然不同的效果，也看到了如何盗用五行力量来治理天下，恢复天下的五行平衡。

四 如何让敌方五行失衡

五行失衡的策略在《孙子兵法》讲了很多，虽然书中所讲的内容主要是如何通过操控阴阳来掌控战场形势，但也适用于操控五行。

我们将敌方的五行平衡状态同样分为偏衰、偏旺和平衡三种状态。

当敌方处于五行平衡状态时，敌方就立于不败之地，因此切不可贸然进攻，而是要按唐太宗所说的"多方以误"，可以采用克法或者泻法，通过各种佯动造成敌方的误判，使其五行失衡，出现可乘之机。

当敌方处于偏衰状态时，可以采用克法或者泻法，让敌人衰上加衰，弱上加弱。比如敌方军粮不足，那就去烧毁敌军的粮仓；敌军补给不足，就去截断敌军的补给线；敌军士气不稳，就去不停地扰乱敌人的军心。

"四面楚歌"讲的就是汉军利用楚军军心不稳的偏衰状态来瓦解楚军的故事。

当敌方处于偏旺状态时，就可以综合采取补、克、泻等多种措施，或者让他们的强项更强，或者削弱他们的强项，或者泻掉他们的强项，具体策略要因事制宜。

我们举几个例子来理解如何应对敌方的偏旺状态。

1. 补法

补法就是反其道而行之，采取措施让敌人的强项更加突出，最终让敌人的整体力量五行失衡，陷于崩溃。这是补法的高明之处。

老子在《道德经》中对这种补法有非常精准的论述：

将欲歙（xī）之，必固张之；将欲弱之，必固强之；将欲废之，必固兴之；

将欲取之,必固与之。

看看,老子有多坏,故意纵容对方,让对方的五行失衡越来越严重,严重到最后自我崩溃,然后我们就可以毫不费力地歇之、弱之、废之、取之了。

解放战争中,孟良崮一役,敌整编74师孤军挺进,对我军构成了最大的压力,同时这也成了敌军整体的最旺处。为此粟裕将军决定继续诱敌深入,同时阻拦敌军的后续部队,使得张灵甫部旺上加旺(更加孤军深入,更加突出)。

这种"诱敌深入"就是一种补法,是老子所谓的"将欲取之,必固与之",最终让张灵甫将军魂断孟良崮,全面瓦解了敌军的进攻(五行崩溃)。

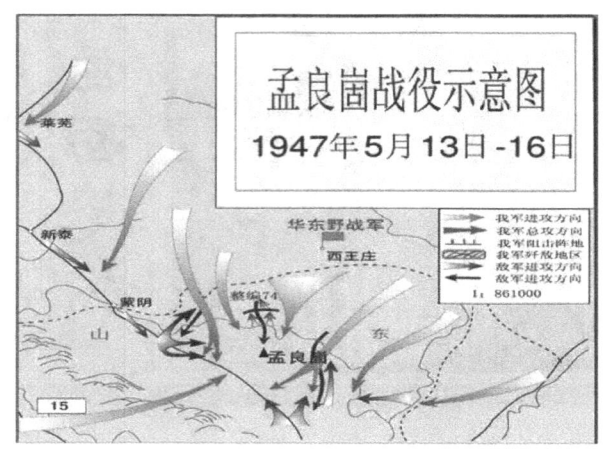

当年美苏发动太空竞赛,美方用各种欺骗手段让苏联将大量资源投入太空竞赛,严重拖累了苏联的经济,所以虽然苏联在太空方面有了领先优势(首次进入太空),但对整个国家来说却是得不偿失,甚至成为导致苏联解体的关键因素之一。

2. 泻法

当敌人某方面偏旺时,也可以采用泻法来消耗敌人的有生力量。

不过这里的泻法不仅是利用相生关系来泄泻,也包括用相克关系来消耗,如让对方无休止地去克制一群弱小的力量,一点一点地将敌方的优势力量消耗掉,因此最好的策略莫如围攻战、车轮战、持久战、蚕食战、骚扰战、心理战等等。

孙武当年攻打楚国之前，在边境地区频繁地骚扰楚军，让楚军疲于应付，最后以3万人击败了楚国20万大军，让尉缭子叹为观止：

有提十万之众而天下莫当者谁，曰桓公也。有提七万之众而天下莫当者谁，曰吴起也。有提三万之众而天下莫当者谁，曰武子也。

《三国演义》里的吕布武力第一，奈何刘关张三英战吕布，围攻兼车轮，让吕布也无可奈何。

3. 克法

虽然孙子强调"上兵伐谋，其次伐交，其次伐兵，其下攻城"，但不战而屈人之兵毕竟不是一件容易的事，很多时候，在战争中还是要以消灭敌人的有生力量为首要任务的。

因此面对兵多将广、士气高涨的敌军，从天地之间借用五行之力来克制敌军就成了最佳选择。

常说水火无情，天地间最强大的五行力量就是水火的力量，因此在古今中外的战争中经常借用水火来攻击敌人，甚至孙武在《孙子兵法》中专门辟出一篇《火攻篇》，告诉后人如何善用火的五行力量来攻击敌人。

诸葛亮就是个善于盗取五行火力的高手，火烧博望坡、火烧新野、火烧赤壁、火烧藤甲军，……，一个个经典战例让人叹服。关羽也曾水淹七军，擒于禁，斩庞德，盗用五行水力建立了传奇战功。

子贡救鲁的故事中，子贡没有从天地盗取五行之力，但却从各国盗取了五行之力，利用相克之法让各个诸侯国相互攻伐，鲁国则坐收渔翁之利，得以保全。

我们将五行称之为五行大盗，但在《阴符经》看来，五行不过是五个小蟊贼（五贼），真正的高手其实是它们的父母——阴阳，阴阳才是宇宙间最大、最厉害的雌雄大盗，教会我们盗取天地间的阴阳力量为我所用。

善于盗取五行力量和阴阳力量是人类智慧和谋略的体现，是衡量一个将领、一个领导者是否是善战者，是否是智将的标准，也是衡量一个人易学水平高低、易学格局大小的标准。

千万不要认为真正的易学高手是算卦算得准的人，占卜算卦不过是易学的微末小道而已，真正的易学高手不会天天把阴阳八卦挂在嘴边，甚至不会多说话，乱说话。真正的易学高手是要开物成务，经国济世，治国平天下的，是像张载先生所说的那样——

为天地立心，为生民立命，为往圣继绝学，为万世开太平。

而要做到这几点，就需要我们掌握从天地中盗取阴阳之力、五行之力的本领，这才是我辈后学的楷模与毕生追求。

最后还需要强调一点，以上所讲的虽然是基本原则，但对这些基本原则不要过于执着，更不要僵化理解，而是要重在变通。阴阳五行的灵魂就是不拘一格，灵活应变，正如孔子在《系辞传》中所言：

易之为书也不可远，为道也屡迁，变动不居，周流六虚，上下无常，刚柔相易，不可为典要，唯变所适。

共生关系模型——五行学说的创造性应用

通过前面的分析,我们知道五行学说不仅能够应用于风水、命理、中医、占卜等领域,在日常生活中,在个人事业管理、企业管理、国家治理等领域同样有着重要应用,我们可以随时随地从环境中借取/盗取五行之力为我所用。

借力/盗力的前提是我们要识别出各个环境要素的五行属性,明确哪些力量可以盗取为我所用,哪些力量不能盗取。

为此,我们基于五行关系推导出了一个非常重要和实用的环境分析工具,即共生关系模型(简称 5R 模型)。

共生关系模型的理论基础是五行的万物类象。

根据五行万物类象的定义,宇宙万事万物在特定情境下都具有各自的五行属性,同时同一事物在不同情境下也有着不同的五行属性,因此我们可以将环境中的所有要素都分为五类(五行)。

在此基础上,我们的研究对象与环境中的其它要素之间就存在着我生、生我、我克、克我及比和这五种关系,所有要素共同生存在环境(太极)之中,因此这五种关系也可以统称为共生关系,这也就是"共生关系模型"这一名称的由来。

以土为例,其外部环境中的所有要素都可以分为金、木、水、火、土五类,因此研究对象(土)与各环境要素之间都有着我生(土生金)、生我(火生土)、我克(土克水)、克我(木克土)及比和(土与土比和)这五种相互作用关系。

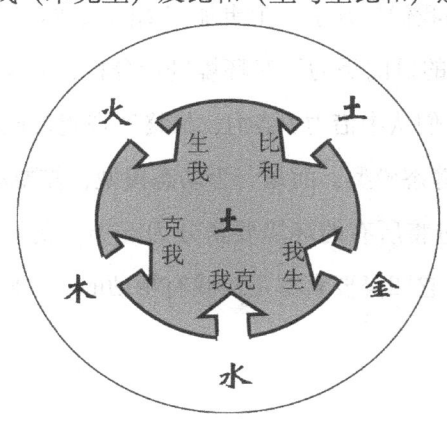

这五种作用关系是宇宙万事万物之间普遍存在的关系。个人如此，企业如此，国家亦如此，甚至一个星球、一个星系、乃至整个宇宙都不过如此。宇宙之所以成为一个有机整体（而不是一盘散沙），之所以能够互联互通，靠的就是这五种关系。

基于这五种作用关系，我们构建出了共生关系模型，共生关系模型又称为五关系模型（5 Relationships Model），简称 5R 模型。

该模型以我（或研究对象）为核心，将所有的环境要素按与我之间所拥有的我生、生我、我克、克我、比和这五种关系，分为五类。

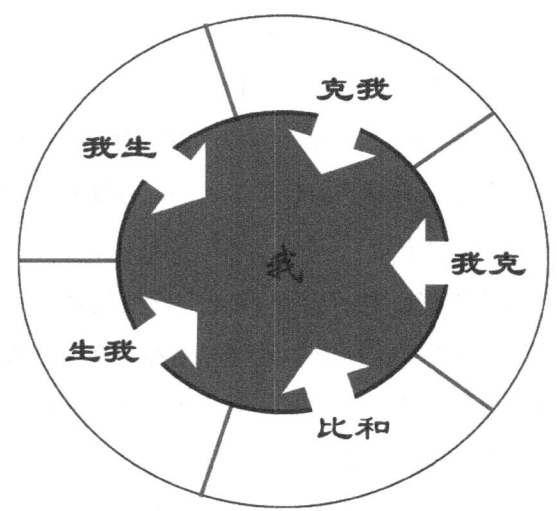

5R 模型的提出，彻底摆脱了金属、木头、水、火焰、泥土这五种具体物质对五行学说的束缚，为我们打开了一个更加广阔的天地。

我们构建 5R 模型的目的是为了对环境进行分析，并从中识别出各种有利因素和不利因素，便于我们从中借力/盗力，最终实现趋吉避凶的目的。

5R 模型不是一个静态模型，而是一个动态模型，需要动静结合去使用。

从静态角度，通过将所有的环境要素分为五类，我们看到其中只有克我的要素是对我有害的，其它四类要素都是对我有帮助的，因此克我的力量就是凶，是我不能直接借力的；而其它四类力量都是吉，都是我可以直接借力的对象。

从动态来说，世上没有绝对的吉凶善恶，五类因素中每类因素实际上对我来说都是有生有克，有利有弊的，区别只在于是弊大于利还是利大于弊。明确了这一点之后，我们就可以用阴阳思想和五行思想对各个环境要素进行剥离和转化。

剥离和转化的工具就是阴阳二分和五行生克制化。

比如对环境中某个利弊参半、生克兼有的因素，我们可以先用阴阳二分法将其一分为二，分成有利和不利（克我）两部分，对其中的有利部分加以利用，然后利用五行制化之法，将不利部分转化为有利部分。

还以土为例，环境要素分离之后剩下的不利部分是克土的木，那么我们可以借助五行相生原理让木去生火，然后火再来生土，这样就将克我的力量转化为生我的力量了。

对于转化过程生成的火中的各种杂质（如木头燃烧生成的水蒸汽、无机盐等），还可以用阴阳二分法和五行制化法再一次进行分离和转化……，如此重重。

最后我们就会发现其实宇宙间真正对我有害，不能为我所用的因素少之又少、微乎其微，原本看起来的最大障碍最后很可能成为我们的最大助力。

红军长征途中，国民党曾想用民风彪悍的彝族来阻滞红军，但刘伯承元帅不但与小叶丹结为兄弟，还将其发展为"中国彝民红军果基支队"，硬是将克我之力变为生我之力，谱写了一段"彝海结盟"的佳话。这其中的智慧与谋略堪比孔明当年的七擒孟获。

子贡当年为了救鲁国，先是到鲁国的敌人齐国去借力，再到齐国的敌人吴国去借力，然后到吴国的敌人越国去借力，……。子贡的智慧就在于发现了五行相克中所蕴含的相生之力，环环相套、一路设计，最终用这复杂的套路搅乱了天下，拯救了鲁国。

苏秦张仪同样是以天下为棋局，利用五行生克制化原理，合纵连横，让各国互相牵制，不敢轻启战端，在春秋战国的乱世之中为天下争取到了难得的喘息之机，同时也以布衣之身从环境中盗取了难以想象的巨大资源和力量。

我们在之前曾讲过，**太极中无物不能借，无处不能借，无时不能借……，我们所欠缺的，不过是一颗"善借于物"的七窍玲珑心罢了。**

阴阳和五行就是心的七窍，阴阳二分法和这个 5R 模型就是我们为心灵凿开七窍的工具。只要凿开七窍，四海之内就任我纵横了。

我们将易经称作宇宙建模学，为宇宙万物建立各自的时空全息模型，5R 模型就是这个模型中的重要分析工具，在各个学科、各个领域中都有重要应用。刚刚所举的几个例子是 5R 模型在军事战争中的应用，该模型同样也可用于社会科学和自然科学领域。

以西方经济学为例，现代西方经济学是建立在资源稀缺基础上的，因此其核心思想就是竞争思想，认为所有的企业、个人、乃至国家都在争夺有限资源。后来随着经济的发展，西方经济学又提出了竞合思想，认为市场主体间既存在竞争关系，也存在合作关系。

但不论是竞争关系还是竞合关系，都没有描绘出各市场主体间的全部关系，各个市场主体间的真正关系实际上就是 5R 模型所描绘的生我、我生、克我、我克、比和这五种关系。而且市场主体间的关系也不是单一的、固定不变的，在不同维度、不同情境下，各主体间有着多元化的关系。

以客户为例，我们常说客户是上帝，是衣食父母，因此是"生我者"。但换个情境，若是一个不满意的客户，就会成为克我者，散播对我不利的负面消息，给我做出差评。再换个情境，我为客户提供商品（如食品）来满足其特定需求，因此客户也是"我生者"。再换个情境,当我在市场上具有垄断地位时,客户还是"我克者",一旦我断供或者调价,客户就会受到巨大影响,……。

可见市场主体之间有着除了竞争与合作之外的复杂关系,并构成了一个复杂、动态的关系网络,五行关系以及 5R 模型的这一特点是现代西方管理学、西方经济学难以望其项背的。

在管理学中有个五力分析模型,是由迈克尔·波特于 20 世纪 80 年代初提出的,描绘了供应商的议价能力、购买者的议价能力、新进入者的威胁、同行的竞争、替代品的威胁这五方面的力量对企业经营行为的影响。

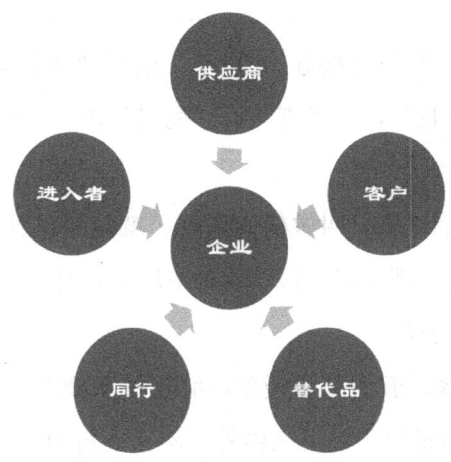

五力分析模型虽然综合考虑了外部环境中的多个因素,但本质上仍然是在讨论竞争,讨论克的力量,而忽视了生与比的力量。因此五力分析模型可以看作是一个残缺的 5R 模型,可以用五行关系对这个模型进行修订和完善。

有兴趣的朋友可以尝试一下,用五行关系、5R 模型去重构现代西方经济学和管理学,肯定会大有可为的。

再来看现代生物学,生物学中有个共生关系理论,将生物之间的共生关系分为寄生、互利共生、竞争共生、偏利共生、偏害共生这五种相互关系。

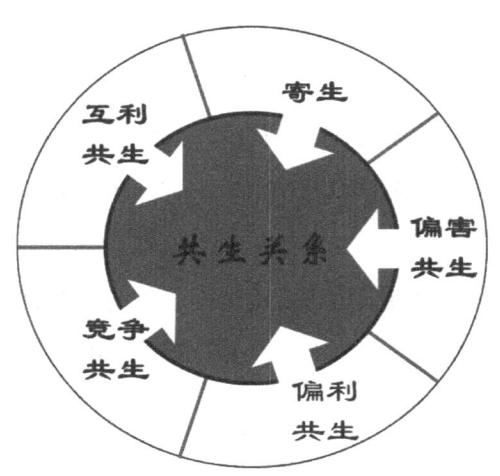

我们看到,这个模型非常接近 5R 模型,这五种共生关系完全可以用 5R 模型中的"我生"、"生我"、"我克"、"克我"和"比和"这五个作用关系来概括和代替。

现代管理学中有个流派,叫做权变管理,就是要求管理者要因地制宜,根据具体情况采取不同的管理手段。权变管理本质上就是易经的变易思想,是阴阳思想和五行思想的具体应用。

从上述的竞合关系、五力分析模型、共生关系模型,我们不难发现它们都未能脱离五行关系,都无法"跳出三界外,不在五行中",都只是 5R 模型的残缺版。

5R 模型的提出,相当于我们为西方生物学中的共生关系理论、为经济管理中的竞合理论,找到了它们共同的理论基础,即五行思想。

与此同时,在政治、经济、外交、军事、国际关系、人际关系等各个领域,在自然科学和社会科学的各个学科,凡是涉及到两个或者多个主体之间关系的,都逃不掉五行关系,都可以用 5R 模型来研究。

此外,我们在之前介绍阴阳思想的时候,也曾为现代管理学中的 SWOT 分析模型找到了理论基础,即阴阳思想和阴阳二分法。

大家不要小看这些成果,这说明我们完全可以用易经思想和理论来诠释现代自然科学和社会科学的成果，甚至可以对其重构，并在此基础上推动现代自然科学和社会科学的大发展。

爱因斯坦曾致力于建立一个统一场论，来统一强力、弱力、万有引力和电磁力这四种基本相互作用力。

四种基本相互作用

力的种类	相互作用的物体	力的强度	力程
万有引力	一切质点	10^{-38}	无限远
弱力	大多数粒子	10^{-13}	小于$10^{-17}m$
电磁力	电荷	10^{-2}	无限远
强力	核子、介子等	1*	$10^{-15}m$

* 以距源 $10^{-15}m$ 处强相互作用的力强度为1

其实这四种作用力没有脱离阴阳关系（引力和斥力），也没有脱离五行关系。爱因斯坦以及后世无数物理人上下求索而不得的统一场理论就在易经之中，只是我们暂时还无法去理解和描述。

且易经中的这个统一场不仅仅满足于四种相互作用力的统一，而是要将时间、空间、物质和联系这四个支柱统一起来，建立一个终极统一场论，无限接近万物本源，接近道。

作为群经之始的易经将为建立终极统一场论提供唯一可行的路径。

这也就是我们要做的工作之一，即恢复易经"群经之始"的崇高地位。这里的群经不仅限于中国的诸子百家，而是包括西方的自然科学和社会科学在内。我们既要用现代科学来解释和推动易经的研究，同时也要用易经来指导和引领科学的发展。

5R 模型的特征分析

为了更好地在实际工作生活中应用 5R 模型，必须熟练掌握 5R 模型，并了解其特征，了解其应用方法。

一 5R 模型的特征

5R 模型具有如下几个鲜明的特征：

首先，5R 模型具有广泛的普适性。

根据五行的万物类象，万事万物皆可类象为五行，因此由五行思想推导出的 5R 模型也同样适用于万事万物。也就是说，万事万物与周围环境的相互作用均超不出这五种关系，个人如此，企业如此，国家亦如此，甚至一个星球、一个星系、乃至整个宇宙都不过如此。

因此 5R 模型具有非常广泛的普遍适用性，换个时髦的词，这是一个普世真理。这五种关系的存在超越了学科界限，超越了时空界限，不论是自然科学还是社会科学，不论是过去、现在还是未来，宇宙万事万物都跳不出这五行关系，跳不出 5R 模型的范围。

在管理领域，不论是个人的事业发展管理、企业的战略决策管理，还是国家的政治经济管理和军事管理，5R 模型都同样有着巨大的应用价值。

以个人事业发展管理为例，在我们所生存的环境中，能够对我提供帮助的人为"生我者"，为我的贵人，如父母、老师；需要我提供帮助的为"我生者"，会消耗我的资源，如子女，需要我们去养育；能控制我或约束我的为"克我者"，如单位领导或者不可避免的疾病灾祸、妨碍我发展的小人；我能控制或约束的为"我克者"，如单位中我的下属；能和我同心协力共同前进的为"比和者"，如单位同事、生意伙伴等。

在易经中，对我生者、生我者、我克者、克我者和比和者这五类人还有其它的叫法，比如在六爻预测中，生我者为父母，我生者为子孙，克我者为官鬼，我克者为妻财，比和者为兄弟。

在企业管理领域，产业链上游的供应商供给企业原材料以维持企业的正常生产，因此供应商为"生我者"；企业供应商品给产业链下游的经销商以维持其正常运转，因此经销商为"我生者"；同行企业则是企业的"比和者"，彼此之间既存在平等合作关系（以扩大整体市场规模）又存在竞争关系（彼此争夺市场份额）；政府主管机关能够制定法律法规限制企业的经营行为，因此为"克我者"；企业的员工、下属公司必须接受企业的直接管理和行政领导，因此为"我克者"。

5R 模型的提出，不但超越了西方管理学借以立足的狭隘的竞争理论，也超越了后期理论界提出的竞合观念，为管理者提供了一个更加完整、更加深刻的环境分析工具。

在 5R 模型所描绘的共生关系全景图中，没有简单的竞争对手，任何人、任何企业、任何主体与企业都存在着这五种关系的可能性，关键在于管理者如何将克泄自己的力量（我生者、克我者）转化为生助自己的力量（生我者、比和者），至少要转化为企业能够控制的力量（我克者）。化不利为有利，化腐朽为神奇，这才是管理的最高境界。

国家与国家之间的关系也超不出这五种关系，以现阶段的国际政治局势来看，对中国而言，总体上美国为"克我者"，其重返亚洲战略处处针对中国、压制中国；朝鲜为"我生者"，需要中国提供大量经济资源和政治资源予以扶持；俄罗斯为"比和者"，中俄正在联手应对欧美的压力；非洲为"生我者"，其丰富的资源储备和在联合国大会上的众多投票权都可以支撑中国的政治和经济发展；可惜的是，虽然中国具有较强的政治、经济、军事实力，但由于中国不愿意过多展示力量，所以目前中国的"我克者"还寥寥无几。不过随着中国经济、军事、文化、政治等方面综合实力的不断提高，相信最终中国会回归世界中央，不断提高"我克"的能力和意愿。

其次，5R 模型具有多维性。

多维性是指在利用 5R 模型进行分析时，可从多个维度进行，从而得到一个更加全面的分析图景，让决策更加科学、合理。而在不同的维度下，两个事物、两个主体之间的关系是截然不同的。也就是双方之间的关系是多重的，而非单一的。"我生者"也可能同时是"生我者"，需要管理者小心应对的"克我者"也可能是需要紧密维护的"生我者"。

以企业管理为例，企业与环境之间随时发生着物质、能量、信息、资金等多个维度的交换，每个维度都为分析企业与环境的关系提供了一个不同的视角。

如上面分析企业与环境的关系时用的是物流维度，即物资从产业链上游向下游的流动。在这个维度之下，对企业而言，供应商是"生我者"，为企业源源不断地提供原材料支持；而经销商是"我生者"，源源不断地从企业获得产品支持。

但我们知道伴随物流的还有现金流和信息流，其中现金流的流动方向是与物流方向相反的。因此若以现金流这个维度来分析，供应商就变成了"我生者"，源源不断地从企业获取资金支持，而经销商则变成了"生我者"，源源不断地为企业提供资金支持。

由此可见，在物流和资金流这两个不同维度下，供应商或经销商与企业的关系发生了转化。在不同为维度下，他们与企业之间同时存在多种关系。而不同主体之间同时存在复杂多样的关系正是共生关系的体现。

5R 模型的多维性也为管理者灵活处理与其它主体的关系创造了良好的条件。

第三，5R 模型的平衡性

正如上面的分析，从物流维度来分析，供应商是"生我者"，经销商是"我生者"，但从现金流维度来分析，供应商是"我生者"，经销商则变成了"生我者"。而物流和现金流的关系实际上是一种交易关系，即用货币交换商品。在这种交易关系下，交易双方都彼此互为"我生者"和"生我者"，即真正的相生关系（相互生助、相互扶持）。

交易行为又可以分为等价交换和非等价交换两种情况。在等价交换行为中，交易双方受益程度相同，对双方均有利，是一种五行平衡状态，因此会形成良性循环，确保彼此的关系生生不息，长久维持下去。

而在非等价交换行为中，交易双方受益程度不同，是一种五行失衡状态，因此会形成损益，即一方受损，一方受益，长期发展下去最终会造成受损一方衰弱乃至消亡，而受益一方虽然短期内有所收益，但长期来看则变成无源之水，无本之木，最终仍难免消亡。因此非等价交换行为是一种涸泽而渔、杀鸡取卵的短视行为，无法持续。这也是世界各国政府严厉打击垄断行为的根本原因，就是在维持市场的可持续发展，建立一种相对公平的竞争制度体系。

5R模型的平衡性，使得管理者更加重视系统收益最大化，强调企业的社会责任，而非片面强调企业自身收益最大化。只有维持5R模型的相对平衡，才能保持企业乃至整个系统的持续健康发展。

第四，5R模型的转换性。

5R模型的转换性是指两个事物之间的关系在特定情况下是可以转换的，即从一种关系转换为另一种关系。如可以从"生我者"转换为"克我者"，也可以从"我克者"转换为"生我者"，等等。

以企业管理为例，企业与环境中某一特定主体的关系不是一成不变的，而是在某些情况下发生变化。如政府与企业的关系一般为相克关系，即政府是企业的"克我者"，政府通过出台一系列法律、条令、规范来约束企业的经营行为，并对企业的违规行为进行处罚。但在特定情况下，政府完全可以成为企业的"生我者"。如政府出台有利的宏观产业政策或宽松的货币金融政策，将为企业的快速发展创造一个良好的外部环境。同时，企业也可通过主动开展政府公关活动建立与政府部门之间的良好关系，因此在优惠政策、行政审批、土地供给等方面得到政府的特殊照顾。

企业与同行之间的关系也同样如此。正常情况下，企业与同行之间为竞争关系，彼此争夺有限的原材料资源和市场份额。但在某些情况下，企业与同行之间也可以转化为"比和"关系。如中国移动与中国电信，在目前5G市场刚刚起步，市场整体规模较小的情况下，双方完全可以联合起来，共同将5G市场的规模做大，而非头破血流地在有限的5G市场上竞争。

5R 模型的转换性给管理者留下了极大的变通回旋余地，体现了易经管理思想的巨大灵活性。在面临不利的内外部环境条件时，企业管理者完全可以通过采取特定措施将环境中的不利因素转化为有利因素，从而为企业的发展营造一个更好的内外部环境。

二 如何应用 5R 模型来解决实际问题

在实践中，我们可以按照以下步骤来应用 5R 模型：

首先，在环境中识别出对自己有影响的所有要素和所有主体。

在开展识别工作时，切记不要忽略那些似乎微不足道的要素和主体，因为亚马逊雨林中的那只蝴蝶，能够让你覆变阴阳的转换开关，没准就藏身在这些不起眼的角落里。

其次，确定要研究的主要维度，比如企业管理者可以选择以物流维度为主进行研究，也可以选择以资金流维度、信息流维度等为主进行研究。当然，最好的办法是能够按照重要性的高低选择两至三个维度同时进行研究，以便能够得到更为全面的分析图景。

第三，按照各个维度分别确定各环境要素与自身的关系，建立各维度下的 5R 模型。如分别建立物流维度下的 5R 模型、资金流维度下的 5R 模型和信息流维度下的 5R 模型，并找出各维度下的生我者、我生者、克我者、我克者和比和者。

第四，根据 5R 模型进行管理决策，主要决策内容如下：

1. 如何提高"生我者"对自身的生助力量；

2. 如何降低"我生者"对自身的耗泄力量，或者提高"我生者"在其它维度对自身的生助或比和力量；

3. 如何降低"克我者"对自身的克制力量，或者如何采取措施将"克我者"转化为"生我者"，或提高"克我者"在其它维度对自身的生助力量；

4. 如何提高自身对"我克者"的控制力度，降低控制成本及相关损耗，或者是否可以在某一维度将"我克者"转化为"生我者"；

5. 如何提高"比和者"对自身的比和力量，减少因竞争造成的损耗。

由以上分析可见，5R 模型所追求的不是被动地适应环境，不是简单地识别出我生者和克我者等五方面要素，而是追求主动改变环境，将环境中的各种不利因素改变为有利因素，让宇宙万物为我所用，加持我的力量。这也是易经变通思想的完美体现。

五行即因果——易经理论对因果律的解析与重构

因果定律（因果法则）作为一个理论学说，最早是由古希腊哲学家苏格拉底（公元前 469 年～公元前 399 年）提出的，认为每个结果都必然有特定的一个或者多个原因。

但因果律在中国的深入人心还要归因于佛家的大力倡导。

佛家对因果律做了大量研究，提出了十二因缘的概念，并将因果分为两重，即过去因到现在果和现在因到未来果。《三世因果经》对此有清晰的表述：

欲知前世因，今生受者是。欲知后世果，今生作者是。

实际上，现在果和现在因往往是一体的，现在的果就是未来果的因——你现在所承受的果导致你现在所采取的行动,而你现在所采取的行动自然就决定了你未来所承受的果。因此改变未来果的关键就是你的心,你的心决定了你如果应对现在果,如何采取行动,进而决定了你会承受怎样的未来果。

一般认为,佛家讲因果的主要目的是劝人向善,因此更多地关注善恶的因果循环。正如《涅盘经》中所说:

善男子,知善因生善果,恶因生恶果,远离恶因。

孔子在《文言传》中虽然没有明确提出因果的概念,但同样提出了善恶的因果循环:

积善之家,必有余庆;积不善之家,必有余殃。

道家的《太上感应篇》中也高度重视善恶的因果循环:

祸福无门,唯人所召,善恶之报,如影随形。

不过我们这里撇开善恶,只谈因果。

按佛家的说法,因果律的完整表述是因缘果报,"因"是事物生起的主要条件,"缘"是事物生起的次要条件,有因有缘,方能成果,这个"果"对"因"来说就称为"报"。所以因果律由因、缘、果三个部分组成,如《大宝积经》所言:

假使经百劫,所作业不亡。因缘会遇时,果报还自受。

佛家认为因果的关系不是一对一的,而是有着复杂的对应关系(《弥勒所问经》）：

一业多果，多业一果。

这里的业，就是因，业经过缘的转化，最终显现为果。

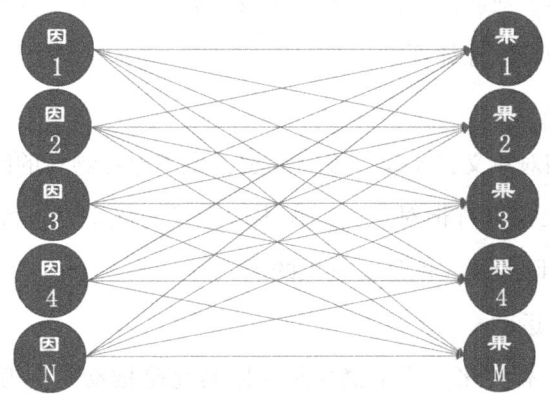

多因多果对应关系

因是输入，果是输出，缘就是这个转换机制，或者说是因果之间的某种联系，其功能类似于发电站，将煤炭中的化学能或者放射性物质中的核能（因）转换为电能（果）。只要输入（因）还在，输出（果）就会持续产生。

易学中虽然没有明确提出因果的概念，但因果关系也有多处体现。易经的产生（伏羲观象设卦）就很好地证明了因果律——观象是因，设卦是果。

《周易》第一卦乾卦的上九爻爻辞是"亢龙有悔"，龙因亢而悔，同样是因果律的体现。

老子在《道德经》中提到"曲则全，枉则直，洼则盈，敝则新，少则得，多则惑"，尤其是"有无相生"的观点，更是对因果关系的生动描述。

尤为重要的是，易经中的阴阳与五行理论很好地解释了因果关系，并为因缘果报提供了一个完美的理论模型。

一　因果与阴阳的关系

因果可以看作是一对阴阳。

不过考虑到因果之间不是一一对应关系，而是一因多果、多因一果，实际情况是某个因中的一部分对应某个果中的一部分，这两个相对应的部分才是一对阴阳。

我们说因果是一对阴阳只是个简化模型，本质上因果是多对阴阳的混合体。

因果与阴阳的一致性如下：

1. 相对性：

阴和阳只有相对意义，本质上没有差别，也不存在绝对的阴和绝对的阳。

同样地因和果也只有相对意义，在本质上没有区别，也没有绝对的因和绝对的果——果既是因的果，也是其它果的因。

2. 消长与转化运动

阴阳有消长，有转化，阴阳消长和阴阳转化是推动宇宙万物发展运动的根本推动力。

因果同样有消长，有转化——因消果长、因转化为果，同时果作为因，继续因消果长、因转化为果，推动万事万物的发展变化。

在具体形式上，众多的过去因通过"因消"的方式联合促成了这个现在果的"果长"，而这个现在果又以"现在因"的身份，通过"因消"的方式参与促成了众多未来果的"果长"。

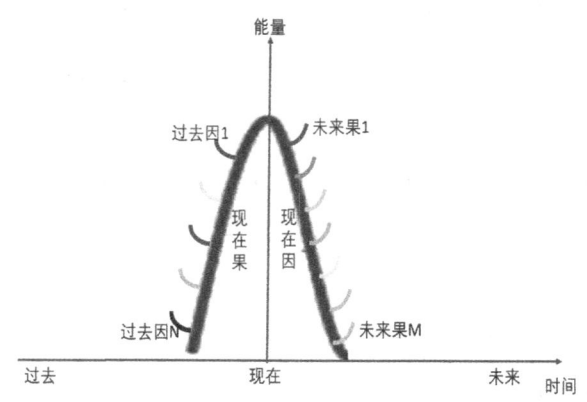

因消果长简化模型

上图是一个简化模型，为了便于理解拉开了时间轴，其实在"现在果"长的同时，未来果就已经开始长了，而不是等到现在果长到极致才开始新的因果转化。

3. 守恒定律

阴阳在消长和转化过程中的总量是守恒的，不会凭空产生，也不会凭空消失。

因果在消长和转化过程中的总量也应该是守恒的，不会凭空产生，也不会凭空消失，只会等量地在众多因果之间转移转化。

目前这个"总量"的概念还只是理论上的，除了质量和能量外，也许还有更多的其它形态（暗物质、暗能量）参与其中而不为我们所知，我们姑且将其称为因果能量（物质也是一种能量形式）。物理学中的能量守恒定律以及质能守恒定律都是因果能量守恒的具体表现形式。

根据佛家的论述，**业力是一种特殊的因果能量**，其特殊性在于，一般的因果能量可以在不同物体之间转移，比如热能可以从暖气片转移到室内空气，电能可以从电网转移到电灯中，……。而业力则不能在不同主体间转移，只能自作自受，即便是经过六道轮回在前世、今生、来世之间往来穿梭，之前的业力也会如影随形地跟着你，无法挣脱。

二　因果与五行的关系

易经中的五行学说为因缘果报提供了一个完美的模型。

苏格拉底的因果律比较简单粗糙，只是描述了因与果之间的定性关系，即有果必有因。

佛家虽然对因果律的完善做出了重大贡献，但佛家的因果律仍是一个相对简单的关系，对因果的转化机制也一"缘"以蔽之，未能对因果之间错综复杂的关系以及转化机制做出深刻全面的分析。

我们选定某个特定的果作为研究对象，分析因缘果报之间的具体关系，就会发现因果律仍然逃不脱五行关系——

因是五行元素，果是五行元素，缘则是5R模型所描述的五种相互关系。

或者换个说法——

五行关系就是因果关系，五行生克制化的规律就是因果律。

我们将这个观点称作是因果五行论。

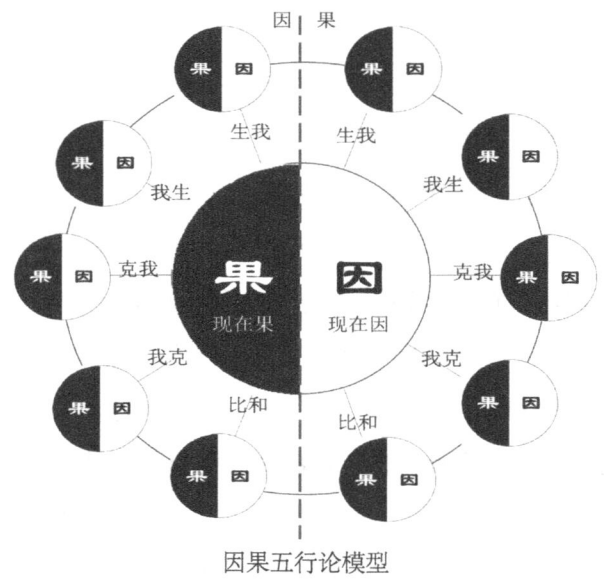

因果五行论模型

这与我们对因果关系的传统观点略有不同。

在因果五行论看来，因果关系具有多元性、同步性、双向性、一体性等我们过去没有意识到或者没有给予足够重视的特征。

1.多元性：

因果关系的多元性不仅表现在一因多果和一果多因，还表现在因果之间的复杂关系。

在苏格拉底和佛家看来，因果之间的关系（缘）很简单，通过缘，因生成了果，因是果之母，果是因之子。

在因果五行论看来，缘的工作机理没有这么简单。多因一果关系中的每个因所发挥的作用都不相同，其间的关系包括有我生（果生）、生我（生果）、我克（果克）、克我（克果）、比和（比果）这五种关系（五种缘）。

在一因多果关系中，这个唯一的因对每个果的作用也不同，其间的关系同样包括有我生（果生）、生我（生果）、我克（果克）、克我（克果）、比和（比果）这五种关系（五种缘）。

以中美之间的紧张关系（果）为例，通常认为这是特朗普政府一手造成的。这个观点抓住了主要矛盾，但是不完整的。

特朗普的态度对这个果是生的作用，但如果没有中国的强力抵制、没有美国跨国企业的极力反对，中美关系会更糟糕，这两个力量是克制中美关系紧张这个果的力量。比如很多美国芯片企业强力抵制对华为的制裁，很多在华美企强力反对禁用微信，才让华为能够持续采购芯片，才让美国放宽了对在华美企使用微信的限制。

俄罗斯作为中国的坚定支持者，也有助于缓和中美紧张关系，分担美国的部分压力，因此俄罗斯是中国的比和者，俄罗斯的支持是中美紧张关系的克制力量，尤其是现在的俄乌冲突，在一定程度上帮助缓解了部分中美紧张关系。

美国的两党为了选举政治，不断调高制裁中国的调门，因此美国两党的喧嚣是中美紧张关系的比和者，加剧了中美之间的紧张关系。

欧洲和东南亚是中国贸易的受益者，是一带一路政策的受益者，是中国的"我生者"，因此各国的消极和暧昧态度是中美紧张关系的"我生者"，能或明或暗、或多或少地泄泻一部分中美紧张关系。

可见，在中美紧张关系这个果的众多因中，每个因对果所发挥的作用都各不相同，但大体上都可以划归为 5R 模型中的某一类（或某几类）角色。

将因果之间的关系（缘）从单一的生成转化关系扩展到五种综合作用关系，用五行理论解析和重构因果律，是易经理论对因果律的一个重大突破。

2. 同步性

在上述五种因果关系中，生我（生果）、克我（克果）都比较好理解，毕竟这是按照时间顺序设定的，都发生在果之前，符合前因后果的一般认识。但我生（果生）、我克（果克）以及比和也作为因就有点不好理解的。

我生（果生）、我克（果克）这两种关系明明看似是在果产生之后才发生的行为，为何也算在前因之中了？这样是不是乱了因果的时间顺序？

其实我们一般认为的前因后果是一个错觉，因果是具有同步性的，在因发生的同时，果也就发生了（缘一直存在的前提下）。

当斧头砍到木柴上的同时，木柴上就出现了缺口，而不是砍过之后才出现。

有个成语叫做压倒骆驼的最后一根稻草。这个成语让我们明白一个道理，骆驼背上如山般的稻草都不是压倒骆驼的因，从第一根稻草开始，每根稻草造成的果是让骆驼越来越累，倒数第二根稻草造成的果是让骆驼达到极限，而最后一根稻草才是让骆驼在达到极限后倒下的原因。

骆驼的倒下和最后一根稻草的加上是同步发生的。

所以我们谈论因果关系，一定要明确是以哪个果为研究对象的，若是以骆驼的极限为果，那么倒数第二根稻草就是导致这个果的原因，与最后一根稻草没有丝毫的关系。若是以骆驼的倒下为果，那么最后一根稻草就是导致这个果的原因，与倒数第二根稻草以及之前的所有稻草都没有丝毫关系。

骆驼被压倒是果的累积效应（越来越疲劳），但由于骆驼在倒下前的所有果都不可见，可见的只是因的累积（稻草越来越多），所以当骆驼倒下这个唯一可见的果出现时，人们就将其归因于之前众多因的累积造成的，才有了前因后果这个错觉。

我们要记住，因果是同步的，不是因的累积造成了最终的果，而是果的累积造成了最终的果，之前的因已经转变为之前的果，不再对最终的果产生作用了。

在五行生克比关系中，相比关系是同步性的最好体现。

3. 双向性

双向性又称为互为因果，即在一个因果关系中，A 和 B 互为因果。

在金生水的五行关系中，我们一般认为金是因、水是果，金消水长，是因为金消造成了水长。但换个角度来看，正是由于水不断地从金中索取，让金变得越来越弱，所以水长也是金消的原因。

在金克木的五行关系中同样如此，金施加的克制力量是让木衰弱的原因，而木所进行的抵抗也是让金衰弱的原因，最终两败俱伤。

五行关系中的我生和生我是一对互为因果的关系，我克和克我也是一对互为因果的关系，且我生和生我同时发生，我克和克我也同时发生，这是双向性和同步性的综合体现。

4. 一体性

在因果五行论模型中，我们看到，现在果和现在因是一体的，因此作为研究对象的果既是果也是因，因果同体。同样地，造成这个果的各个因，以及这个果造成的各个果都是因果同体。

因果的一体性可以进一步表述为因中有果，果中有因。这是不是非常类似太极图中的阴中有阳,阳中有阴?

我们可以据此对上面的因果五行论模型做进一步优化,优化后的模型如下:

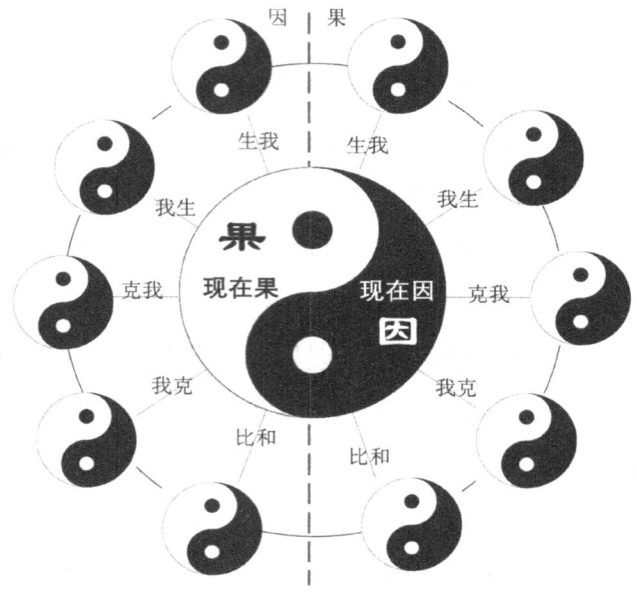

五行因果论模型(优化版)

这就与太极理论吻合了,每个因、每个果都各是一个因果一体的太极,借助五行关系这个缘,每个果在产生的同时就作为因,开始生成新的果。

最后我们还要澄清一点,前面我们提到了"撇开善恶,只谈因果",还提到"一般认为佛家讲因果的主要目的是劝人向善",以及孔子提出的"积善之家必有余庆"等等观点。其实认为释道儒三家讲因果的终极目的是劝人向善,是极大的误解。

释道儒三家讲因果的终极目的是斩断因果、跳出因果,是"跳出三界外,不在五行中"。

本质上,善因与善果、恶因与恶果没有区别,因果(五行)如同一个牢笼,一个循环无端的死结,将众生和万物紧紧困在里面,让你我深陷其中难以自拔,更是难以获得大自在。

有句话叫"凡人畏果,菩萨畏因",你我众生都害怕恶果,却不知当下的恶果都是之前种下的恶因结出来的，因此虽然害怕恶果却不思悔改，不去从因上入手解决问题，结果深陷因果网络不能自拔。而所谓的菩萨、所谓的圣人、所谓的智者，都明白因果关系，因此尽量不去种因，不管是善因还是恶因，以免将来结出果来，让自己如落入蛛网的蚊虫，深陷因果网络中，纠缠不休。

大智若愚，性本非愚；大巧若拙，性本非拙，大爱若离，性本非离；大强若弱，性本非弱。不过是通过示人以愚，示人以拙，示人以离，示人以弱，来减轻自己的因果纠葛，消除因果业力罢了。

论八卦

万象之象——易经中八卦的本质

八卦是指乾卦、兑卦、离卦、震卦、巽卦、坎卦、艮卦、坤卦这八个卦，并用八个符号（卦象）来表示。

八卦是易经的重要概念，是伏羲易的核心内容。八卦集象数理于一身，其中"象"是八卦最突出、最重要的特征。

八卦中的象大致可以分为卦象、物象和类象（属性）三部分。其中的类象又包括前向类象（即万物的八卦属性）和后向类象（即八卦的五行、四象、三才、阴阳、太极属性）。

一 八卦的卦象

八卦是三爻卦，其卦象由三个阴阳爻上下重叠而成，由于每个爻有阴阳两种组合，因此三爻卦一共有八种组合，形成了八卦。

朱熹所著的《周易本义》卷首有《八卦取象歌》，可帮助大家快速记忆八卦的卦名与卦象：

八卦取象歌
乾三连，坤六断；震仰盂，艮覆碗；
离中虚，坎中满；兑上缺，巽下断。

☰	☷	☳	☶
乾三连	坤六断	震仰盂	艮覆碗

☲	☵	☱	☴
离中虚	坎中满	兑上缺	巽下断

二　八卦的物象

八卦是上古之时的伏羲仰观天文、俯察地理，观察宇宙万物万象之后得到的，也就是我们所熟知的伏羲观象设卦。

通过观察，伏羲将天地万物归为八个有代表性的事物，分别是天、地、水、火、风、雷、山、泽。

《说卦传》对这八种物象的相互关系以及与八卦的对应关系做了说明：

天地定位，山泽通气，雷风相薄，水火不相射，八卦相错。

乾为天、坤为地、坎为水、离为火、震为雷、巽为风、艮为山、兑为泽。

由此得到了伏羲先天八卦图。

八卦所代表的八种物象其作用和意义类似于五行所代表的金、木、水、火、土五种物质，都是对宇宙基本构成物质的思考和探索。不过八卦理论发展至今，早就超越了这八种物象，所以这八种物象只在万物类象时使用，其它方面的价值不大。

三　八卦的类象

八卦是伏羲观象得来的，因此八卦本质上就是"象"，是对宇宙万物的象的抽象和概括，是"象"的"象"，是对万物万象的高度归纳和总结。

更准确的说——

八卦是万象之象

八卦中的这个"卦"字,本身就是一个象,卦字的左侧是个"圭"字,其中两个"土"字上下堆叠,有土堆的形象,右侧的"卜"字则是一根插在土堆上的长木杆,卜字右侧的一点是一块悬挂在木杆上的布幡。阳光照射在这根长木杆上,并在地面上留下木杆的阴影,随着太阳从早到晚,从东向西运动,这个阴影也在地面上移动,根据阴影在地面上的位置就可以知道具体的时辰。同时,木杆上悬挂的布幡则可以用来测量风向和风速。

所以八卦的这个"卦"字有悬挂的意思,其功能就是测量时间和空间(方位)。

根据这个土堆上插着木杆的象,后来人们发明了日晷(guǐ)。日晷是古时的计时工具,具备测量时间和空间的功能。

对于这个"卦"字,还有另外一种象形的理解,左侧的"圭"是双手十根手指左右交叉相握的样子,右侧的卜字是一根蓍(shī)草。蓍草是一种多年生草本植物,是古人用来占卜的一种工具。

孔子在《系辞传》中描述了用五十根蓍草占卜的流程:

大衍之数五十,其用四十有九,分而为二以象两,挂一以象三,揲(shé)之以四以象四时,归奇于扐(lè)以象闰,五岁再闰,故再扐而后挂。乾之策,二百一十有六;坤之策,百四十有四,凡三百六十,当期之日。二篇之策,万有一千五百二十,当万物之数也。是故四营而成易,十有八变而成卦。八卦而小成,引而伸之，触类而长之，天下之能事毕矣。显道神德行，是故可与酬酢（zuò），可与佑神矣。子曰："知变化之道者，知神之所为乎？"

用蓍草占卜的方法过于复杂，也过于缓慢，起卦效率太低，恐怕得需要半个多小时才能得到一个六爻卦象。而用火珠林的铜钱法只需要一分钟左右就能得到一个六爻卦，用梅花易数只需几秒钟就能得到卦象，所以蓍草起卦占卜的方法也就逐渐湮没在历史之中了。有感兴趣的朋友可以去看看《系辞传》，不过我不建议大家在这种事情上耗费太多时间和精力。

世界上很多民族的文字也都是从象形文字开始的，比如埃及的象形文字、苏美尔文、古印度文以及中国的甲骨文等。象形文字是指纯粹利用图形作文字使用，而这些文字又与所代表的东西，在形状上很相像。

现在我们所使用的汉字就是在象形文字的基础上逐步发展出来的，伏羲观象设卦所得的卦象同样是象形文字的组成部分。

比如汉字中的"水"字，在商周年间，"水"这个字的字形就是一条蜿蜒流动的河流，尤其是后来发展到小篆体的"水"字，左侧是两个上下排列的竖立的短波浪线、中间是竖立的长波浪线、右侧与左侧相同，是两个上下排列的竖立的短波浪线，当我们把小篆体的"水"字旋转90度，横过来排列，并把波浪曲线变成直线，就是坎卦的卦象，即由上面的阴爻、中间的阳爻和下面的阴爻排列而成。

商　商　商　西周　春秋　战国　战国　《说文》小篆　汉　汉　汉　楷书

孔子在《系辞传》中也曾多次论及八卦与象的关系，认为易经用卦象来模拟自然万物景象和人文社会现象，所以才有了八卦的万物类象。

我们从中摘录一部分与大家分享：

• 圣人设卦观象，系辞焉而明吉凶，刚柔相推而生变化。是故吉凶者，失得之象也；悔吝者，忧虞之象也；变化者，进退之象也；刚柔者，昼夜之象也；

• 是故，夫象，圣人有以见天下之赜，而拟诸其形容，象其物宜，是故谓之象。圣人有以见天下之动，而观其会通，以行其典礼，系辞焉以断其吉凶，是故谓之爻。

• 是故天生神物，圣人则之；天地变化，圣人效之；天垂象见吉凶，圣人象之；河出图，洛出书，圣人则之。易有四象，所以示也；系辞焉，所以告也；定之以吉凶，所以断也。

• 八卦成列，象在其中矣。……爻也者，效此者也。象也者，像此者也。爻象动乎内，吉凶见乎外，功业见乎变，圣人之情见乎辞。

• 是故易者，象也。象也者，像也。

• 八卦以象告，爻象以情言，刚柔杂居，而吉凶可见矣！

……

八卦以及六十四卦是宇宙万物万象的总结归纳，反过来又可以借卦象对实践提供指引，这就是易经中对"象"的高级应用了。

比如在孔子所总结的"易有圣人之道四焉"中，就包括了"以制器者尚其象"，并提出了多个"尚象制器"的例子：

作结绳而为网罟（gǔ），以佃（tián）以渔，盖取诸离。斲（zhuó）木为耜（sì），揉木为耒（lěi），耒耨（nòu）之利，以教天下，盖取诸益。日中为市，致天下之民，聚天下之货，交易而退，各得其所，盖取诸噬嗑。刳（kū）木为舟，剡（yǎn）木为楫（jí），舟楫之利，以济不通，致远以利天下，盖取诸涣。服牛乘马,引重致远,以利天下,盖取诸随。重门击柝(tuò),以待暴客,盖取诸豫。断木为杵(chǔ),掘地为臼(jiù),杵臼之利,万民以济,盖取诸小过。弦木为弧,剡木为矢,以威天下,盖取诸睽。上古穴居而野处,后世圣人易之以宫室,上栋下宇,以待风雨,盖取诸大壮。古之葬者,厚衣之以薪,葬之中野,不封不树,丧期无数。后世圣人易之以棺椁,盖取诸大过。上古结绳而治,后世圣人易之以书契,百官以治,万民以察,盖取诸夬。

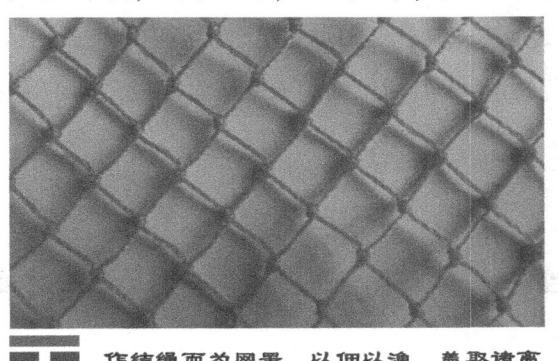

作结绳而为网罟,以佃以渔,盖取诸离

在现代科学体系中有一个分支,叫做仿生学,就是通过研究和模仿生物体的结构、功能及其运行原理,来发明出新的设备、工具和技术。

仿生学实际上就是以生物体的"象"为研究对象,研究物象、总结物象,格物致知,并利用所总结的物象创造新的物象。比如仿照飞鸟创造出飞机,仿照蝙蝠创造出雷达,仿照鱼类创造出潜艇,根据蝴蝶创造出了迷彩服等等。

这与从宇宙万象抽象出八卦，再根据八卦去创造新的事物、预测事物发展趋势是同样的道理。

八卦"万象之象"的本质也是我们利用易经为宇宙万物建立时空全息模型的关键，因为为万物建立时空全息模型的第一步就是要将万物类象到卦象。而八卦及八卦的万物类象是易经与万物之间最为直接和简单的沟通桥梁。

在易经预测中，万物的时空全息模型就可以表现为八卦模型或六十四卦模型（当然还可以有其他形式），然后通过这个模型内部要素的彼此关系以及与时空之间的关系（五行关系）来判断万物的未来演化路径，实现"彰往察来"的目的。

八卦属性——八卦与五行、四象、三才的关系

八卦是万象之象，这是八卦与万物之间的关系，是万物所具有的八卦属性。

八卦作为万物之一，同时也有着自己的属性，这个属性是八卦逆着万物生成的顺序与后面的五行、四象、三才、阴阳、太极之间的关系，因此也可统称为八卦的后向类象。

八卦的后向类象具体包括八卦的五行属性、四象属性、三才属性、两仪属性和太极属性。

一 八卦的五行属性

八卦的五行属性比较简单。

在先天八卦中，八个卦的顺序分别是乾一、兑二、离三、震四、巽五、坎六、艮七、坤八，按照这个顺序，现在学界公认的八卦五行属性是：

乾兑属金、离属火、震巽属木、坎属水、艮坤属土。

五行中只有水和火各对应一个卦，其余三行都各对应两个卦。

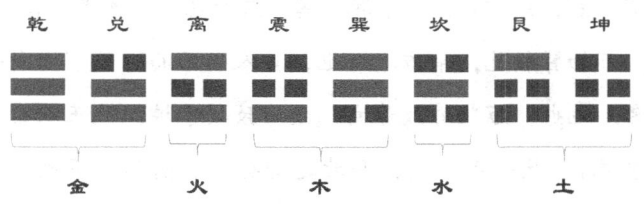

关于八卦五行属性的系统论述最早出于何处已经不可稽考，当然也可能是我所查的资料还不够详尽。

已知最早是在《说卦传》中零零碎碎地提到了八卦的部分五行属性，其中明确提到的有乾为金、坤为地（土）、巽为木、坎为水、离为火、艮为山（土）。

关于震卦只提到"为苍筤竹，为萑(huán)苇、……，其於稼也，为反生，为蕃鲜"，这是震卦与植物相关的类象。但其实这个论述不足以说明震为木的五行属性，因为在其它几个卦的类象中也有关于木的叙述，如乾卦"为木果"、坎卦"其於木也，为坚多心"、离卦"其於木也，为科上槁"、艮卦"其於木也，为坚多节"等，说明各个卦象都有与木相对应的象。

关于兑卦，《说卦传》中根本就没有提到与五行相应的象，唯一相关的是"兑为泽"，而泽更应该被理解为水，而非金。

所以，为了得到上述的五行属性还需要结合八卦的空间方位分布与五行的空间方位分布之间的对应关系。

五行空间方位分布图实际上是河图的简化版，不过由于河图我们还未涉及，这里不展开介绍。在五行空间方位分布图中：

水居正北、火居正南、木居正东、金居正西，土居正中。

八卦根据空间方位分布的不同又分为伏羲先天八卦和文王后天八卦，八卦的五行属性主要是参照后天八卦的空间方位分布得出的。

在《说卦传》中讲到了八卦的空间方位分布：

帝出乎震，齐乎巽，相见乎离，致役乎坤，说言乎兑，战乎乾，劳乎坎，成言乎艮。

万物出乎震，震，东方也。齐乎巽，巽，东南也，齐也者，言万物之絜齐也。离也者，明也，万物皆相见，南方之卦也，圣人南面而听天下，向明而治，盖取诸此也。坤也者，地也，万物皆致养焉，故曰致役乎坤。兑正秋也，万物之所说也，故曰说言乎兑。 战乎乾，乾，西北之卦也，言阴阳相薄也。坎者，水也，正北方之卦也，劳卦也，万物之所归也，故曰劳乎坎。艮东北之卦也，万物之所成终而所成始也，故曰成言乎艮。

五行空间方位分布图　　　　　后天八卦空间方位分布图

　　从五行的空间方位分布与后天八卦的空间方位分布对应关系中，我们知道坎卦属水居北、离卦属火居南、震卦属木居东、兑卦属金居西，这四正（东南西北四个正向）与五行的对应关系非常完美。但乾、巽和艮、坤这位于四隅（四个角落）的四个卦与五行的对应关系并不是十分完美。

　　结合《说卦传》与五行空间方位分布图，我们能够得出上述的八卦五行属性。

　　但细究起来，八卦的这个五行属性并不是很完美，比如乾为天，天是乾卦最基本的属性，但若是说天的五行属金，这就与我们的常识有出入了。再比如兑为泽，泽明明是水，却五行属金，同样与我们的常识有出入。

　　根据类象的定义，八卦类象是八卦在特定情景下的属性。结果八卦的五行属性流传了下来，但古人在确定上述五行属性时的具体情境已经不得而知了。

　　不过也正是因为有"特定情境"这一条件，至少在理论上，八卦可以在不同情境下有不同的五行属性。也唯有如此，才真正符合易经中"不可为典要，唯变所适"的变易思想。

二 八卦的四象属性

八卦的四象属性可以从以下两个角度来理解。

1. 四象生八卦

从易经万物生成模型上来看，太极生两仪，两仪生四象，四象生八卦，八卦是利用阴阳二分法从太极、阴阳、四象一路切割出来的。

由此也可看出八卦与太极、阴阳和四象的关系——

四象是八卦之母，阴阳是八卦之祖，太极是八卦之根。

太极生四象的具体方法如下：

用阴阳二分法对老阳一分为二得到乾卦和兑卦，对少阴一分为二得到离卦和震卦，对少阳一分为二得到巽卦和坎卦，对老阴一分为二得到艮卦和坤卦。

按照"一分为二"和"先阳后阴"这两个原则，阴阳宝刀从四象切割出了八卦，以及乾一、兑二、离三、震四、巽五、坎六、艮七、坤八的八卦顺序。这个排列顺序也就是先天八卦的排列顺序，是宇宙万物的生成顺序，是先天地而生的造物顺序。

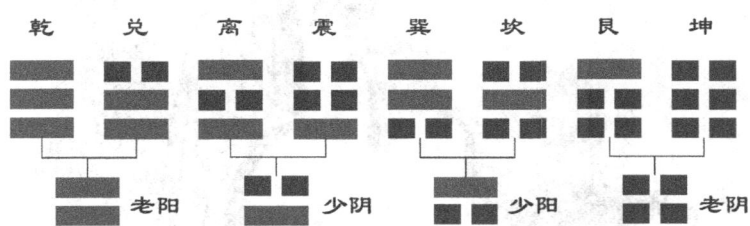

按照这个生成关系，乾兑为老阳之子，具有老阳的属性；离震为少阴之子，具有少阴的属性；巽坎为少阳之子，具有少阳的属性；艮坤为老阴之子，具有老阴的属性。

这里有个很有意思的现象，老阳所生的两个卦五行属金，老阴所生的两个卦五行属土，属性都很单纯。但少阴所生两个卦以及少阳所生两个卦的五行却各不相同，其中少阴所生的离和震有木生火之象，克制老阳的金；少阳所生的巽和坎有水生木之象，克制老阴的土。

感兴趣的朋友可以深入探究一下。

2. 天地四象理论

根据八卦物象，即乾为天、坤为地、坎为水、离为火、震为雷、巽为风、艮为山、兑为泽，可知八卦对应着天、地、水、火、雷、风、山、泽这八种要素。

从这个角度来看，八卦与五行的初始动机相同，都用来解释宇宙构成的。区别在于，五行学说认为世界由金木水火土五种基础要素构成，而八卦则认为世界由八种基本要素构成。

古印度的四大理论认为构成宇宙的基础要素是地、水、风、火，古希腊的四元素理论则认为构成宇宙的基础要素是水、火、土、气，我们曾将这两个理论与五行学说相提并论，其实在易经中有与四大理论和四元素理论更加相似的观点，那就是康节先生的天地四象理论。

康节先生认为宇宙是由日、月、星、辰这四种基础物质（四象）组成的。

在《皇极经世书》中，康节先生首先根据《说卦传》中"立天之道，曰阴与阳；立地之道，曰柔与刚"的观点，将四象改造为太阳、太阴、少阳、少阴（立天之道）和太刚、太柔、少刚、少柔（立地之道）。

这在本质上与万物生成模型一样，都是用阴阳宝刀将四象一分为二。

随后，康节先生根据《系辞传》中"在天成象，在地成形"的观点，得出构成宇宙的四种基础要素是日、月、星、辰（在天所成之象），其在地所成之形是水、火、土、石。

其中太阳是日、太阴是月、少阳是星、少阴是辰，太柔是水、太刚是火、少柔是土、少刚是石。在形与象的对应关系上，日对火、月对水、星对石、辰对土。

	卦象	乾	兑	离	震
立天之道	要素	日	月	星	辰
	四天象	太阳	太阴	少阳	少阴
	四象	老阳	老阴	少阳	少阴
	四地象	太刚	太柔	少刚	少柔
立地之道	要素	火	水	石	土
	卦象	艮	坤	巽	坎

由此，康节先生在《皇极经世书》中对八卦与四象的关系（八卦的四象属性）做出了全新的解释，这完全颠覆了我们对传统四象八卦的认识。

康节先生的日月星辰／水火土石的观点与古印度的四大理论和古希腊的四元素理论就高度相似了。

由于康节先生的《皇极经世》是一套独立的易学系统，我们这里只做了解，不展开研究。

三 八卦的三才属性

八卦具有鲜明的三才属性，八卦的三个爻中，下面的爻代表地，中间的爻代表人，上面的爻代表天。其中人居于天地之间，人既是天地阴阳的产物，也是沟通天地，操纵阴阳的关键。

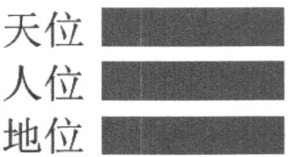

老子在《道德经》中提到"万物皆负阴而抱阳"，天地人三才也不例外，天有阴阳，地有阴阳，人也有阴阳，因此三爻卦共有八种组合，进而形成了八卦。

除了按爻位对应三才外，八个卦也各有其三才属性，如认为乾卦为天，坤卦为地，其余六个卦均为人，均是乾坤天地生出来的。

可见，八卦本质上也是三才，强调天地人之间的交相感应和相互作用，是天人合一思想的具体体现。

由于三才思想前面已经专门介绍过，这里就不再赘述。

四　八卦的阴阳属性

阴阳是八卦之祖，因此八卦也有各自的阴阳属性。

八卦的阴阳属性可以从以下两个角度来认识。

1. 八卦的阴阳

易经中有个说法，叫做乾坤生六子，阴阳各不同，用家庭成员关系来类比八卦，由此得出了八个卦各自的阴阳属性。

乾卦三个爻都是阳爻，所以属阳，为父亲。坤卦三个爻都是阴爻，所以属阴，为母亲。乾坤是天地，是父母，由乾坤生出了其余六个卦。

根据阴阳相生的原理，乾坤生六子的方法是阴生阳，阳生阴，所以由坤卦所生的为阳，由乾卦所生的为阴。由坤卦所生的有震卦、坎卦、艮卦，由乾卦所生的有巽卦、离卦、兑卦。对于八卦相生的关系，在《说卦传》中有记载：

乾天也，故称乎父，坤地也，故称乎母；震一索而得男，故谓之长男；巽

一索而得女，故谓之长女；坎再索而得男，故谓之中男；离再索而得女，故谓之中女；艮三索而得男，故谓之少男；兑三索而得女，故谓之少女。

有个成语叫做"一索得男"，即第一个孩子是男孩，就是从这里来的。这里的"索"是"求"的意思，是指乾坤（父母）相互索求以生子女的意思。

我们来看看这个相生关系。

在八卦或者六十四卦的相生关系中，卦爻的生成都是从下向上的，从最下面的初爻一直到最上面的第三爻（八卦）或者第六爻（六十四卦）。

"震一索而得男"是指坤卦的初爻，也就是下面第一爻由阴变阳（从乾卦中求到了一个阳爻），得到震卦，所以是长子（长男）；

"坎再索而得男"是指坤卦的第二爻由阴变阳（从乾卦中求到了一个阳爻），得到坎卦，所以是次子（中男）；

"艮三索而得男"是指坤卦的第三爻由阴变阳（从乾卦中求到了一个阳爻），得到艮卦，所以是幼子（少男）。

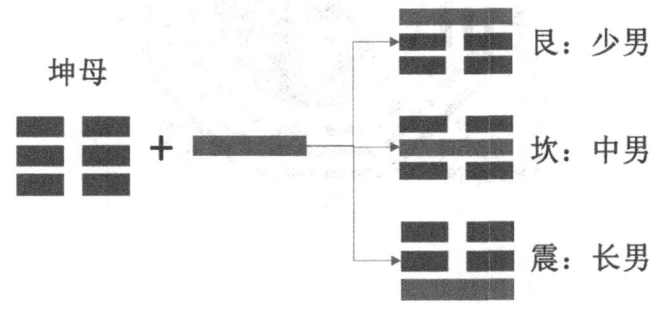

"巽一索而得女"是指乾卦的初爻由阳变阴（从坤卦中求到了一个阴爻），

得到巽卦，所以是长女；

"离再索而得女"是指乾卦的第二爻由阳变阴（从坤卦中求到了一个阴爻），得到离卦，所以是次女（中女）；

"兑三索而得女"是指乾卦的第三爻由阳变阴（从坤卦中求到了一个阴爻），得到兑卦，所以是幼女（少女）。

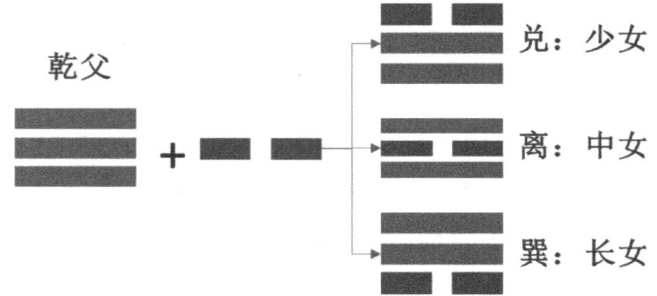

由此可知，八卦中乾、震、坎、艮这四个卦为阳卦，坤、巽、离、兑这四个卦为阴卦。

在文王后天八卦图中，四个阳卦居于左下方，四个阴卦居于右上方。

判断八卦阴阳属性的一个简单方法是看卦象中阴爻和阳爻的数量，哪个爻

的数量是奇数,那么这个卦就属于哪类卦。比如乾卦中有三个阳爻,震卦、坎卦、艮卦这三个卦中各有一个阳爻,所以这四个卦都是阳卦;坤卦中有三个阴爻,巽卦、离卦、兑卦这三个卦中都各有一个阴爻,所以这四个卦都是阴卦。

根据《系辞传》中的说法:

阳卦多阴,阴卦多阳,其何故也?阳卦奇,阴卦偶。其德行何也?阳一君而二民,君子之道也。阴二君一民,小人之道也。

2. 卦象、编码与进制

八卦中每一卦的卦象都是用三个阴爻和阳爻表示的,因此在卦象层面建立起了八卦与阴阳的内在联系。

阴阳是一个二进制,或者更准确地说,二进制是阴阳的一种表现形式,是阴阳思想在数学领域的应用,就如同奇正是阴阳思想在军事领域的应用一样。

如果我们将阳定义为0,阴定义为1,或者说用0来代替阳爻,用1来代替阴爻,那么四象中的老阳就是00,少阴就是01,少阳就是10,老阴就是11,这是四象的二进制编码。

四象	老阴	少阳	少阴	老阳
编码	11	10	01	00

同样八卦的二进制编码如下:

卦象	乾	兑	离	震	巽	坎	艮	坤
编码	000	001	010	011	100	101	110	111

这是从卦象和数学角度来理解八卦与阴阳的关系,即八卦可以用阴阳二进

制进行编码和表现。

此外,八卦实际上也是一个独立的八进制体系,目前八进制已经被广泛地应用于计算机中。

八进制的概念最早由约翰·威尔金斯于1668年提出,距今约350年,他认为八进制比十进制更加科学,也更加自然。到1716年瑞典国王查理十二计划推广64进制,以64作为基数,但考虑到64进制一般人难以理解,所以采用8为基数,推广八进制。1745年,休·琼斯提出了一个八进制系统。琼斯认为"**八进制算术似乎是最称心如意的事情,同时最接近事物的本质,因此可称为最为自然的数,虽然现在反对使用它,几十年后,这可能是受人欢迎的算术。**"

在数学中,八进制分别用数字0~7来代表8个基数,而在易经中,则是用八个汉字以及相应的八个卦象符号来分别代表八个基数。两者的对应关系如下:

卦象	乾	兑	离	震	巽	坎	艮	坤
编码	0	1	2	3	4	5	6	7

注:中国古代计数方法习惯于从1开始,因此八卦实际上对应1~8这八个数字。

相对于西方的八进制,易经在创立八进制(包括二进制)方面取得了更大的成就,主要表现在以下几个方面:

1)创立时间更早:

西方是在350多年前提出了八进制的概念,而易经在几千年前的伏羲时代就已经建立了八进制体系，也就是八卦。

在创立八卦之前，易经还创立了二进制体系，即阴阳，并分别用阴爻和阳爻来表示。

很多人一直低估甚至否认中国在自然科学和数学领域的成就，尤其是低估易经中太极、阴阳理论的巨大价值，并对阴阳与二进制的关系嗤之以鼻，认为是我们强拉硬拽给自己贴金。实际上阴阳的价值岂是一个二进制能比的？

二进制不过是阴阳思想在某一个领域的具体应用罢了。

同样的，不能因为我们没有提出"二进制"这个概念，没有采用"八进制"这个名称，就否认阴阳和八卦在数学领域所取得的巨大成果。我们提出了二进制，不过不叫二进制，而是叫阴阳理论。我们也提出了八进制，不过也不叫八进制，而是叫八卦。

在数学领域，不论是八卦还是八进制，除了名字不同、表达的符号不同外，其内涵和外延是完全相同的。而就实际应用来说，八卦的应用范围要远远超出数学领域，八进制也只不过是八卦在数学领域的一个具体应用罢了。

2) 建立了二进制与八进制的对应关系

易经中一直采用三个阴爻或阳爻的排列组合来表示八卦，使得八卦中的每个卦都有自己的二进制编码符号，这实际上就是在用二进制的符号系统来表示八进制，建立起了二进制与八进制之间的转换和对应关系。

3) 对八进制进行了扩展应用

在伏羲八卦的基础上，后人又发展出了六十四卦体系。六十四卦体系应该在夏朝的《连山易》和商朝的《归藏易》中就已经出现了。夏朝存在的时间大约是在公元前 2070 年～公元前 1600 年，也就是说六十四卦体系已经有 4000 来年的历史了。

六十四卦是对八进制的扩展应用。六十四个卦都是由上卦和下卦两部分组成，这六十四个卦的名字也分别用上下卦的名字来命名，这实际上就是由八进制来表示的 64 个数字，通过八卦的两两组合得到的两位数。

如六十四卦中的第一卦是乾卦，全称是"乾为天"，是由上下两个乾卦组成的，八卦中乾卦的八进制编码是 0，那么"乾为天"卦的八进制编码就是 00。

六十四卦中的第二卦是坤卦，全称是"坤为地"，是由上下两个坤卦组成的，坤卦的八进制编码是 7，那么"坤为地"卦的八进制编码就是 77。

六十四卦中的第六十三个卦是既济卦，全称是"水火既济"，是由上面的坎卦和下面的离卦组成的，坎卦的八进制数字编码是 5，离卦的八进制数字编码是 2，那么水火既济卦的八进制编码就是 52。

六十四卦中的第六十四个卦是未济卦，全称是"火水未济"，是由上面的离卦和下面的坎卦组成的，离卦的八进制数字编码是 2，坎卦的八进制数字编码是 5，那么火水未济卦的八进制编码就是 25。

六十四卦中的任何一个卦都可以按这样的对应关系写成一个两位的数字，也就是用八进制来表示这六十四个数。同时，在易经中用六个阴阳爻上下排列来表示六十四卦，也是在用二进制来表示六十四卦。

说到数学中的进制，其实我们要有个扩展认识。进制就是周期，因此阴阳是二进制，是以二为周期；八卦是八进制，是以八为周期。

其实易经中的进制形式很多，包括了二进制（阴阳）、三进制（三才）、四进制（四象）、五进制（五行）、八进制（八卦）、九进制（九宫）、十进制（河图）、十二进制（地支）、以及六十进制（六十甲子循环）、六十四进制（六十四卦）等等。其中的大部分都还没有得到现代科学的开发利用，有兴趣的朋友可以研究一下。

二进制之所以得到广泛应用，是因为现代各种应用型技术及电子产品都是建立在半导体材料的 PN 结之上的，而 PN 结只有通（1）和断（0）两种状态。若是能够找到一种有更多状态的材料，也许就能从根本上改变科技的局面，实现跨越式发展。

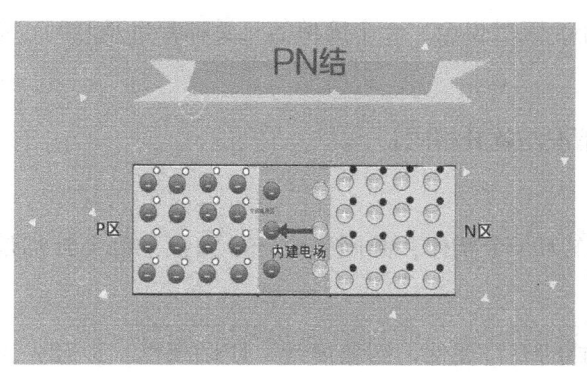

五 八卦的太极属性

我们之前曾介绍了太极的无穷嵌套结构，即：

万物皆在太极，万物皆是太极，万物皆藏太极。

作为万物之一的八卦同样如此，八卦中的每个单卦一方面都各是一个太极，另一方面又都在一个更大的太极之中。

1. 单卦即太极

首先，八卦中的每个单卦都是一个太极。

我们说太极有四个支柱，分别是时间、空间、物质和联系。下面以乾卦为例来认识八卦太极属性的这四个支柱。

从时间角度来看，乾卦包括了一个事物从发生、发展到结束的完整生命周期。其中初爻是起始阶段，二爻是发展阶段，三爻则是结束阶段，因此可以将一个卦类比为人的一生，初爻是少年，二爻是中年，三爻是老年。

从空间角度来看，乾卦的初爻、二爻和三爻构成了一个由下到上、由内到外的空间分布。比如在预测中常常会将初爻视作房屋，二爻视作庭院，三爻视作大门口，从而为家宅建立了一个简单的空间模型。

从物质角度来看，乾卦的初爻是地、二爻是人，三爻是天，包含着完整的天地人三才。

从联系角度来看，每个卦的三个爻之间以及不同的类象之间，都有着错综复杂的相互关系和相互作用。

可见，麻雀虽小，五脏俱全，一个简单的三爻乾卦也是时间、空间、物质、联系四柱齐备。

其它七个卦的情况与乾卦相同。

2. 八卦即太极

其次，八个卦作为一个整体，共同构成一个太极，每个卦都是这个太极的构成要素。

之前提到的八卦的五行属性、四象属性、阴阳属性，以及先天八卦图和后天八卦图等内容，都是将八个卦视作一个整体，一个太极得出的结论。这里不再赘述。

先天八卦与后天八卦

前面讲过，八卦作为整体也是一个太极，有着时间、空间、物质、联系这四个支柱。但在不同情境下，八卦有着不同的太极属性，常见的太极属性有两种表现形式，分别是先天八卦和后天八卦。在这两种表现形式中，物质都是八个卦，但时间、空间以及联系方面有着不同的内在逻辑关系和先后顺序。

"先天"与"后天"也是一对阴阳，其中先天为阳，后天为阴。先后天的概念最早出自《乾卦·文言传》：

先天而天弗违，后天而奉天时。

不过在宋朝以前，只有先天和后天的概念，并没有先天八卦图和后天八卦图。这两个图都是后世逐渐发展演变而来的。据传最早为易经做图始于宋朝的陈抟，并经由康节先生和周敦颐的不断完善和大力推广才得以流传至今。

陈抟道号希夷子，所以后世又有人将他叫做陈希夷。"希夷"这两个字来自于老子的《道德经》："视之不见名曰夷，听之不闻名曰希，搏之不得名曰微"，是不可听、不可见的意思，也就是"道"。

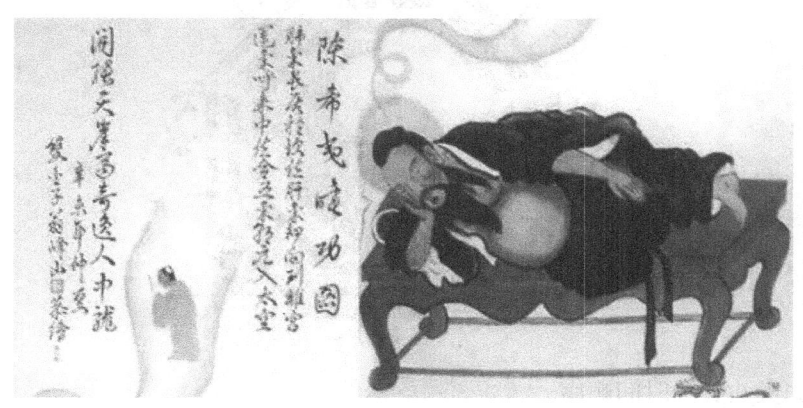

陈抟老祖根据《说卦传》中的"天地定位，山泽通气，雷风相薄，水火不相射"创立了"先天八卦图"，也称为伏羲八卦图；又根据《说卦传》中的"帝出乎震，齐乎巽，相见乎离，致役乎坤，说言乎兑，战乎乾，劳乎坎，成言乎艮"创立了"后天八卦图"，也称为文王八卦图。

《说卦传》是陈抟老祖创立先天八卦图和后天八卦图的理论根源。但根据《史记·孔子世家》的记载："孔子晚而喜《易》，序《彖》、《系》、《象》、《说卦》、《文言》。"司马迁认为《说卦传》和《文言传》等七传十翼都是孔子所著，因此虽然先天八卦图和后天八卦图是道家的陈抟老祖所创，但相关理论却是始于儒家的孔子。

一 先天八卦

先天八卦又称伏羲八卦，据传是由伏羲在大约7000年前创立八卦的同时创立的八卦次序。伏羲观象设卦所得的八卦只有卦象，没有文字解说，因此伏羲八卦又被称为"无字天书"。

陈抟老祖所创立的先天八卦图由中间的太极图和围绕太极图的八个卦象组成。

1. 先天八卦的时间顺序

先天八卦中八个卦在时间上的先后顺序分别是：乾一、兑二、离三、震四、巽五、坎六、艮七、坤八。这八个数字也被称为先天数。

这个排列顺序实际上就是易经万物生成模型中的八卦生成顺序，即按照阴阳二分法，用先阳后阴的顺序去切割，将太极分为阳和阴，再将阳分为老阳和少阴，将阴分为少阳和老阴，得到四象，然后再对四象先阳后阴地进行切割，由老阳得到了乾卦和兑卦，由少阴得到离卦和震卦，由少阳得到巽卦和坎卦，由老阴得到艮卦和坤卦，由此形成了这八个卦的排列顺序。这是先天八卦排列顺序的由来。

2. 先天八卦的空间分布

先天八卦的空间分布见于《说卦传》：

天地定位，山泽通气，雷风相薄，水火不相射。

即八个卦各自所在的方位分别是乾卦在上，坤卦在下；离卦在左侧，坎卦在右侧；兑卦在左上方，艮卦在右下方；震卦在左下方，巽卦在右上方。

先天八卦图中，乾、兑、离、震这四个卦的运动方向是从正上方的乾卦向着左下方的震卦逆时针运动，巽、坎、艮、坤这四个卦的运动方向是从右上方的巽卦向着正下方的坤卦运动，作为两段运动连接部分的震卦和巽卦之间则是从左下方向右上方的直线运动，整个运动曲线是一个S形轨迹，与太极图中阴阳两部分之间的分割线轨迹相似。

关于先天八卦图的空间分布，一直有两个观点，一个观点认为八卦按上下左右垂直方向排列，如前所述；另一个观点则认为八卦按东南西北水平方面排列，即乾南坤北、离东坎西、兑东南艮西北、震东北巽西南。

我个人倾向于垂直排列模式。

先天八卦讲的是开天辟地、万物生成的过程，开天辟地时，"轻清者上浮而为天，重浊者下凝而为地"，因此乾为天应该在上，而不是在南；坤为地应该在下，而不是在北。由此其它六个卦也应该是垂直方向排列的，而不应是水平方向排列的。

3. 先天八卦的主要特征

根据这个空间方位分布，我们发现先天八卦图具有如下中心对称（对峙）的排列规律：

1) 阴阳相对：

八卦分为四组，中心对称的两卦一阴一阳，如乾坤相对，乾为阳坤为阴；震巽相对，震为阳巽为阴；坎离相对，坎为阳离为阴；艮兑相对，艮为阳兑为阴。且其相对关系为父对母，长男对长女，中男对中女，少男对少女。

这充分体现了先天八卦中矛盾对立统一的辩证思想。

2) 和数为九：

在中心对称的四组卦中，每组卦的卦数之和为九。

如乾坤相对，乾一坤八和为九；兑艮相对，兑二艮七和为九；离坎相对，离三坎六和为九；震巽相对，震四巽五和为九。

九为奇数为阳，所以先天八卦为阳。

先天八卦侧重于描述宇宙万物的生成顺序，因此在实用中，一般只用先天八卦的时间先后排列顺序，即乾一、兑二、离三、震四、巽五、坎六、艮七、坤八这八个卦与对应的八个数字，而很少用它的空间分布。

二 后天八卦

后天八卦图同样由中间的太极图和围绕太极图的八个卦象组成，但八个卦的排列顺序发生了变化。

1.时间顺序

后天八卦图中的时间顺序有两个，一个是生长顺序，一个是运动顺序。

1) 生长顺序

先天八卦描述的是万物生成顺序，后天八卦描述的则是万物生长顺序，我们要注意区分生成和生长这两个词，生成是从无到有，生长是从小到大。或者说生成是生，生长是老、病、死；生成是成，生长是住、坏、空。

后天八卦图所描述的万物生长顺序见于《说卦传》：

帝出乎震，齐乎巽，相见乎离，致役乎坤，说言乎兑，战乎乾，劳乎坎，成言乎艮。

即天帝从震卦位出发，到了巽卦位使万物整齐生长，到了离卦位使万物竞相展现，到了坤卦位使万物付诸劳役，到了兑卦位使万物喜获丰收，到了乾卦位使万物相互交战，到了坎卦位使万物劳累疲倦，到了艮卦位使事物完成本轮发展。

后天八卦描述了一个由八个阶段构成的完整的生命周期。

2) 运动顺序

运动顺序实际上是洛书九宫的运动顺序，由于后天八卦是分布于九宫之中，因此八卦也有了相应的运动顺序。

后天八卦的运动顺序是坎一、坤二、震三、巽四、（中五）、乾六、兑七、艮八、离九。

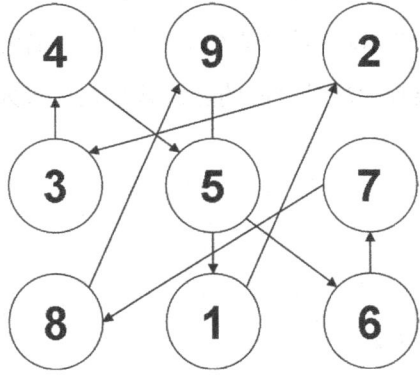

可见在后天八卦中，八个卦的序列不是连续的，只有一二三四和六七八九，少了中间的五，为此需要在中间补上一个五，确保运动的连续性。而且我们也发现，八卦的运动顺序与它们在后天八卦图中的排列顺序完全不同，而是折线式地跳跃运动：从正北方的坎跳到西南方的坤，再从坤跳到正东方的震，然后向上跳到东南方的巽，再从东南方的巽跳到西北方的乾，然后向上跳到正西方的兑，再从兑跳到东北方的艮，最后从东北方的艮跳到正南方的离。

这种运动方式叫做九宫跳涧，我们留在洛书九宫部分再去介绍。

2. 空间顺序

后天八卦的空间分布顺序同样见于《说卦传》：

万物出乎震，震，东方也。齐乎巽，巽，东南也，齐也者，言万物之絜齐也。

离也者，明也，万物皆相见，南方之卦也，圣人南面而听天下，向明而治，盖取诸此也。坤也者，地也，万物皆致养焉，故曰致役乎坤。兑正秋也，万物之所说也，故曰说言乎兑。战乎乾，乾，西北之卦也，言阴阳相薄也。坎者，水也，正北方之卦也，劳卦也，万物之所归也，故曰，劳乎坎。艮东北之卦也，万物之所成终而所成始也，故曰成言乎艮。

由此得到了后天八卦中"离南坎北，震东兑西，巽东南乾西北，艮东北坤西南"这一空间分布顺序。

与先天八卦不同，后天八卦是平行于地面放置的，并与先天八卦互相垂直。

我们发现，只有离卦和坎卦都同时在先后天八卦图中相互对峙，所以从静态角度来看，先天八卦的放置方式是乾在上坤在下，离在南坎在北。这样先后天两个八卦图就统一了，离卦和坎卦之间的连线就是先后天太极图垂直相交的交线。

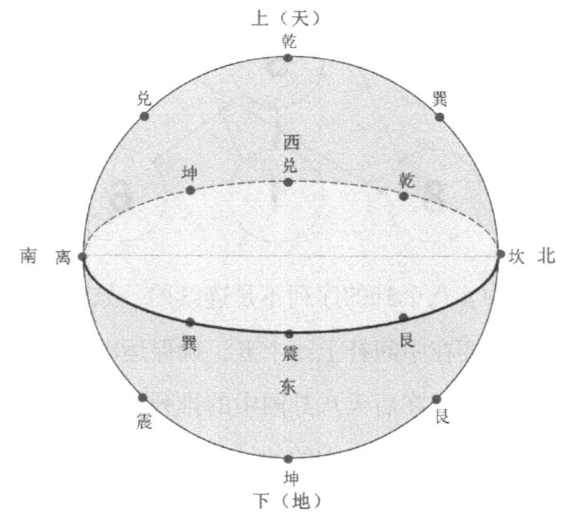

先后天八卦综合图就是一个人面南背北站立在地球上所看到的球形的天地时空之象。

3. 后天八卦的主要特征

后天八卦图同样具有中心对称的排列规律，相对两卦也同样是一阴一阳，不过相对两卦的卦数之和为十。

如坎离相对，坎一离九和为十；艮坤相对，艮八坤二和为十；震兑相对，震三兑七和为十；巽乾相对，巽四乾六和为十。

十为偶数，为阴，所以后天八卦为阴。

在实用中，一般只用后天八卦的空间分布，即离南坎北、震东兑西、巽东南乾西北、艮东北坤西南的空间排列顺序，很少用后天八卦的时间顺序（数字部分）。

八卦万物类象——万物的八卦属性

前面我们用了几篇文章介绍了八卦的五行、四象、三才、阴阳和太极属性，是八卦逆着万物生成模型的类象，也是八卦的基本属性。

我们对八卦的基本属性做个总结：

八卦	乾	兑	离	震	巽	坎	艮	坤
物象	天	泽	火	雷	风	水	山	地
阴阳	阳	阴	阴	阳	阴	阳	阳	阴
五行	金	金	火	木	木	水	土	土
卦德	健进	喜悦	附丽	行动	出入	险陷	停止	顺从
数字	1	2	3	4	5	6	7	8
家庭成员	父亲	少女	中女	长男	长女	中男	少男	母亲
方位	西北	西	南	东	东南	北	东北	西南
颜色	白	赤	紫	碧	绿	白	白	黑

注：此表中之数字为先天八卦数，方位则为后天八卦方位。颜色也是按照后天八卦取色，即一白、二黑、三碧、四绿、五黄、六白、七赤、八白、九紫。

在了解了八卦的基本属性之后，我们就可以进行八卦的万物类象，将宇宙万物类象为八卦，或者更准确地说，是将宇宙万物转换为对应的八卦符号。

八卦万物类象是易经中一个非常重要的工具，将万物与八卦连接起来，进而利用易经为宇宙万物构建各自的时空全息模型（八卦模型），并在此基础上进行"彰往察来"。若是缺少了这一环节，就无法将卦象所显示的信息与研究对象对应起来，所建立的时空全息模型也就失去了意义。

八卦万物类象是八卦预测的前提和基础，更是易经这门宇宙建模学的关键一环。

八卦万物类象的原理是与八卦的形成机制（观象设卦）密切相关的，因此八卦与万物之间的类象对应关系并不是后天人们随意形成的，而是有着先天的内在对应关系。

八卦的基本属性就是这种内在的对应关系，万物正是因为在特定情境下与特定卦象有某种共通之处才能类象到这个卦象。

八卦万物类象的方法大致可以从形似（外形的类象）与神似（基本属性的类象）等几个方面入手。

从形似方面，我们知道乾为天，又有天圆地方，因此乾卦的形状是圆形、球形；坤卦是方形；由"震仰盂"知道震卦是开口向上的形状；"艮覆碗"则正好与震卦相反，是开口向下的样子；"兑上缺"是下面完整，上面有缺口、缺陷的形状；"巽下断"与兑相反，是下方有缺口的形状；"离中虚"是外面坚硬、中间柔软，或者中间空虚的形状；"坎中满"与离相反，是中间坚硬，外面柔软或者空虚的样子。

以杯子为例，震卦的"形"为"仰盂"，即开口向上、有底无盖的形状，那么正立放置的空杯子的形状就与震卦的卦形非常相似，因此当我们看到这个杯子时，就可以将其类象到震卦。反之，如果这个杯子是倒着放置的，那就与"艮覆碗"的形状很相似，因此可以类象为艮卦。若这个杯子虽然正立放置，但上面有盖子盖着，那就与"离中虚"形似了，因此又可以类象为离卦。

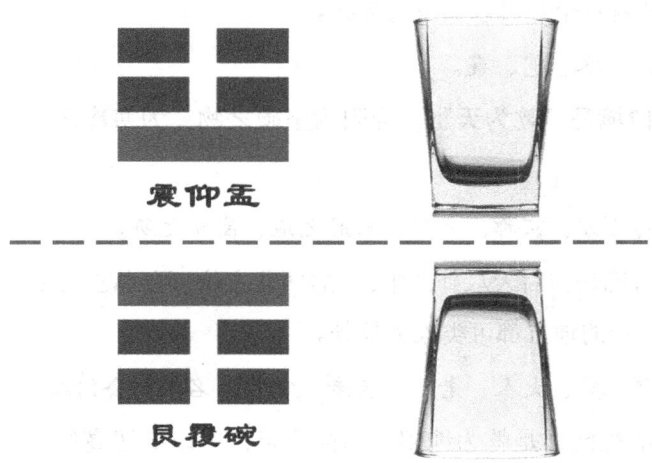

从神似角度来看，震卦和巽卦的五行为木，那么所有木属性的事物都可以类象为震卦和巽卦，其中强壮的为震，柔弱的为巽，如树林、木棍为震，青草、枝条为巽等等；震卦在后天八卦图中位居东方，因此所有东方的事物也可以归为震卦；震卦的"性质"也为动，为奋发向上，因此凡是动的事物或具有运动功能的事物也都可以归为震卦，如雷、足、车、生长，等等。

八卦万物类象是八卦预测（梅花易数）的基本功，因此必须熟练掌握，勤加练习。而且平时要养成习惯，即凡见一物，凡闻一事，心中都立即将其类象为八卦，这样熟能生巧，以后在预测时就能在心中快速形成卦象，并立即断出结果。

《梅花易数》一书中从天时、地理、人物、人事、动物等多个角度对八卦万物类象做了非常全面的介绍。但宇宙万物无穷无尽，一本书难以穷尽八卦的万物类象，所以希望大家能借此理解八卦类象的思路和方法，逐步形成自己的八卦万物类象方法。

为了便于大家理解，下面我们以《梅花易数》中乾卦的万物类象稍作介绍，其它七个卦的万物类象大家可以去揣摩。

1. **卦象**：乾为天、天风姤、天山遁、天地否、风地观、山地剥、火地晋、火天大有

此类象的情境是京房八宫卦，西汉的京房将六十四卦分为八个卦宫，每宫八个卦，因此乾宫八个卦可以类象为乾卦。

2. **天时**：天、冰、雹、霰。

此类象的情境是"乾为天"，为阳为坚硬之物，为寒冷之物，所以将冰雹霰类象为乾卦。

3. **地理**：西北方、京都、大郡、形胜之地、高亢之所。

此类象的情境是在后天八卦图中，乾居西北方位，同时乾为纯阳，为高，为贵，因此这些高的、贵的地方都可类象为乾卦。

4. **人物**：君、父、大人、老人、长者、官宦、名人、公门人。

此类象的情境同样是乾为纯阳，为高为贵，所以身居高位的人都可类象为乾卦。

5. **人事**：刚健武勇、果决、多动少静、高上下屈。

此类象是利用了乾卦"天行健"的属性。

6. **身体**：首、骨、肺。

此类象是利用了乾卦为刚、为金、为上的属性。头在上面，骨骼刚硬，肺在中医里面五行属金，所以均可类象为乾卦。

7. **时序**：秋、九十月之交、戌亥年月日时、一四九年月日时。

此类象的情境是乾卦在后天八卦图中位居西北，与十二地支中的戌亥同宫，因此可将戌亥年月日时类象为乾卦。同时乾卦在先天八卦中序数为一，五行属金，金对应的数字是四和九，所以对应一、四、九这三个时间。

8. **动物**：马、天鹅、狮、象。

马善行、天鹅高贵且能翱翔九天、狮子为百兽之王、大象为森林之王，因此都可以类象为乾卦。

9. 静物：金玉、宝珠、圆物、水果、刚物、冠、镜。

此类象利用了乾卦贵重（金玉、宝珠）、圆形（宝珠、圆物、水果）、纯阳坚硬（刚物）、最高（冠在头上为最高）等属性。古代的镜子为铜镜，五行属金又是圆形，所以也为乾。

10. 屋舍：公廨、楼台、高堂、大厦、驿舍、西北向之居。

此类象与地理（3）的情境相同。

11. 家宅：秋占宅兴隆、夏占有祸、冬占冷落、春占吉利。

此类象利用了乾卦五行属金的特性，秋天五行为金故乾旺；夏天属火，火克金衰；冬天属水，耗泄金的力量，故冷落。

12. 婚姻：贵官之眷、有声名之家、秋占宜成、冬夏占不利。

此类象原理与家宅（11）相同。

13. 饮食：马肉、珍味、多骨、肝肺、干肉、水果、诸物之首、圆物、辛辣之物。

此类象利用了乾卦的诸多属性特征：乾善行（马肉）、珍贵（珍味）、坚硬（多骨）、五行属金（肺）、乾又写作干（干肉）、圆形（水果、圆物）、乾为首（诸物之首）、五行中金为辛（辛辣）。

14. 生产：易生、秋占生贵子，夏占有损，坐宜向西北。

此类象利用了乾五行属金、位居西北、纯阳健行的属性。

15. 求名：有名、宜随朝内任、刑官、武职、掌权、天使、驿官、宜西北方之任。

此类象利用了乾为高、为贵、为首的属性。

16. 谋望：有成、利公门、宜动中有财、夏占不成、冬占多谋少遂。

此类象原理与求名（15）相同。

17. 交易：宜金、玉珍宝珠贵货、易成、夏占不利。

此类象利用了乾五行属金、贵重、纯阳健行的属性。

18. 求利：有财、金、玉之利、公门中得财、秋占大利、夏占损财、冬占无财。

此类象利用了乾五行属金、贵重的属性。

19. 出行：利于出行、宜入京师、利西北之行、夏占不利。

乾为健,利出行;乾为京师,乾居西北,故利于入京师、去西北;乾五行属金,夏季五行属火,故夏占不利。

20. 谒见：利见大人、有德行之人、宜见官贵、可见。

大人、有德行之人、官贵均均为乾（高、贵），乾为健行顺利故可见。

21. 疾病：头面之疾、肺疾、筋骨疾、上焦疾、夏占不安。

乾为首，故为头面；乾属金故为肺及上焦；乾纯阳刚硬故为筋骨；乾属金故夏占不安。

22. 官讼：健讼、有贵人助、秋占得胜、夏占失理。

乾为健为贵，故健讼、有贵人助；乾属金，故秋占得胜、夏占失理。

23. 坟墓：宜向西北、宜干山气脉、宜天穴、宜高、秋占出贵、夏占大凶。

乾居西北，乾为天为高为贵，乾为金故秋占出贵，夏占大凶。

24. 五行：金

乾五行属金。

25. 方位：西北。

乾在后天八卦图中位居西北。

26. 五色：大赤色、玄色。

天玄地黄，故乾为玄色，玄色为青色或蓝绿色，或黑中带红，略显紫色，故为大赤色。其中大赤色争议较多，毕竟离为红色，大赤色更偏向于红紫色。

另外，在玄空飞星中，西北乾宫也为白色。情景不同，所类象的颜色也不同。

27. 姓字：带金旁者、商音、行位一四九。

乾五行属金，宫商角徵羽五音中的商音也五行属金，五行金对应数字四和九，先天八卦中乾对应数字一。

28. 数目：一、四、九。

同上。

29. 五味：辛、辣。

五行金对应五味中的辛辣。

酸甜苦辣咸中的辣味五行属金。

对八卦万物类象论述比较完整、比较系统、且比较权威的是《说卦传》和《梅花易数》，有兴趣的读者可自行参考这两本书。

不过最后我仍然要特别提醒一点，虽然《说卦传》和《梅花易数》中对八卦万物类象做了详细全面的说明，但这些内容只有参考价值，不能绝对化。要切记：

八卦万物类象是万物在特定情境下的八卦属性。

情境不同，类象的方法和内容就不同，因此一定不要拘泥于书中的规定，而是要高度相信自己在类象的刹那之间感悟和体验到的第一印象。唯有这个第一印象才是真实的、准确的。

无物不成卦、无数不成卦——梅花易数起卦方法

八卦在易经中最常见的实践应用就是梅花易数预测，所以为了帮助大家更好地学习、掌握和应用八卦知识，我们对梅花易数做个简单介绍。

《梅花易数》一书据传由康节先生所创，但《梅花易数》虽然各个流行版本都标注着"邵康节撰"，其实应该是后人托名之作。比如书中最著名的第一占"观梅占"中就有"康节先生偶观梅，见二雀争枝坠地"的描述，邵雍不会自称康节先生，只有后人才会这样称呼，因为"康节"是邵雍去世后所封的谥号。

有人将梅花易数称为"心易"，这个名称其实更准确，因为梅花易数的基本原理就是通过天人感应、万物类象，将宇宙万物转化为八个卦象，为宇宙万物建立起各自的时空全息模型，进而通过对该模型的分析来"彰往察来"，了解宇宙万物的未来发展轨迹和吉凶趋势。

而心在这个天人感应的过程中发挥着至关重要的作用。

利用梅花易数建立万物的时空全息模型，第一步就是用八卦万物类象的方

法将研究对象（或所要预测的事物）转化为卦象，这个过程也叫起卦、成卦，或者叫做万物的卦象化。

梅花易数讲究"无物不成卦、无数不成卦"，宇宙万事万物以及所有的数字在特定情境下都可以转化为八卦中的某一卦象。由此，其成卦方法大体上可以分为数字成卦法和物象成卦法两种。

一　梅花易数的卦象结构

梅花易数所成之卦由上卦、下卦和动爻三部分组成。

1. 上卦及下卦

上卦和下卦分别是两个三爻卦，上下卦共同构成一个六爻卦，叫做"本卦"。

假设我们利用梅花易数得到上卦为兑卦，下卦为离卦，上卦、下卦及本卦的关系如下：

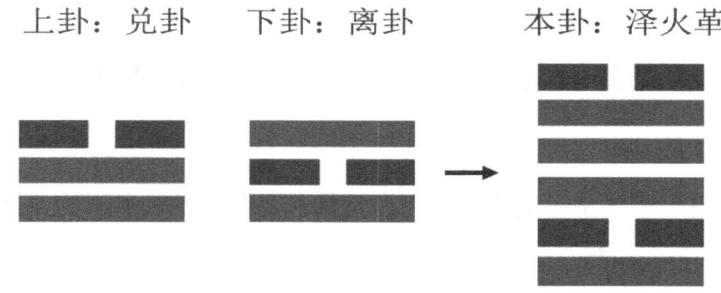

上卦和下卦之中，有动爻的那个卦被称为用卦，没有动爻的那个卦则被称为体卦，其中体卦一般代表求测之人，用卦一般代表所测之事。

除体卦和用卦外，还有互卦和变卦，这些内容留待后面详细讲解。

2. 动爻

动爻是易经预测中非常重要的一个概念，特指本卦中发生阴阳互变的那个爻——阳爻发动变成阴爻，阴爻发动变成阳爻，体现了阴阳互根、阴阳转化的特性。

动爻发动后，本卦将变成一个新的六爻卦，叫做变卦，也叫做之卦。

假设前面所得到的泽火革卦的五爻为动爻，泽火革将变为雷火丰卦：

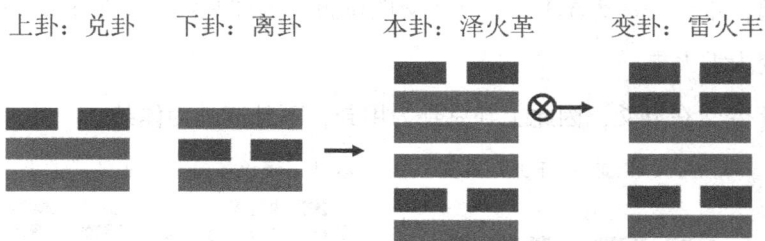

易经预测中有句话叫做"天机泄于病处",卦象中的病处很多,如发动、旬空、月破、反吟、伏吟、六冲、六合、三合等,其中最大的病处就是动爻,因此动爻是我们做预测和判断时的关键着眼点。

另外,我们需要注意一点,根据梅花易数的理论,本卦中有且只有一个动爻,这与火珠林的六爻法不同,六爻法所得的六爻卦中动爻的数量可以有多个(从没有到最多六个)。

二 数字成卦法

数字成卦法又叫先天成卦法,是因为先有数后有卦,数在卦先。

数字成卦法一般需要三个数字(或一个三位数),或者至少两个数字(或两位数),第一个数字用来确定上卦,第二个数字用来确定下卦,第三个数字用来确定动爻。

若是只有两个数字,也可以通过两个数字之和来得到第三个数字。

实践中最常用的数字成卦法是报数法和时间法。

1. 报数成卦法

报数法就是让求测者随口报出数字。

报数的过程也是一个天人感应的过程,将其所感应到的数字报出来。比如某人求测与他人的合作能否成功,则可以让他随机报出三个数字,或者一个三位数。

假设他报出的数字是235,根据先天卦序,乾一、兑二、离三、震四、巽五、坎六、艮七、坤八,数字2对应的是兑卦,3对应的是离卦,由此得到上卦为兑下卦为离，本卦为泽火革卦。5是变爻的位置，因此是泽火革的五爻为动爻，由泽火革变为雷火丰。

由于变爻在五爻，因此上卦兑卦为用卦，下卦离卦为体卦。

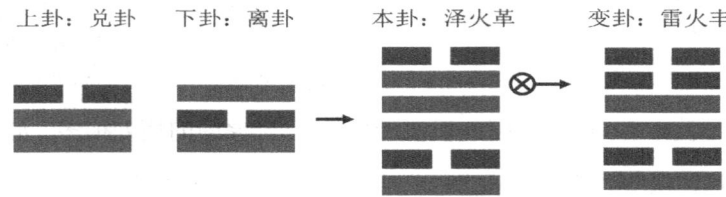

2. 时间成卦法

报数法有时会受人的主观意识的干扰，比如报数人有意想报一个吉利的数字，因此经过思考后报出168、668、888等所谓的吉利数字；或者他略懂一些易经，想报出一个吉利的卦，比如他认为地山谦卦吉利，又知道坤为8，艮为7，因此有意报出878、876等数字吉利、卦象又好的数字来。

我们需要的是真正无意识的、随机的、脱口而出的数字，而不是经过深思熟虑后报出的数字。这种经过意识刻意加工过的数字会对卦象产生严重的干扰。

为了规避报数法的意识干扰，人们往往会采用时间法，即用预测时的时间数字来生成卦象。

手表或者手机上显示的时间由时、分、秒三部分组成，由于秒很难取准，所以一般使用时和分这两个数字来成卦。

比如预测时间是上午10：45，那么可以取10为上卦数，45为下卦数，55(10+45)为变爻数。

由于卦只有八个，爻只有六个（六爻卦），因此用上卦数10除以8得到余数为2，下卦数45除以8得到余数为5，动爻数55除以6得到余数为1，这也就是《梅花易数》一书中所说的"卦以八除，爻以六除"的道理。

这样我们就得到上卦为兑（2），下卦为巽（5），本卦为泽风大过，大过卦初爻（1）发生动变，由泽风大过变为泽天夬。

由于变爻在初爻，因此上卦兑卦为体卦，下卦巽卦为用卦。

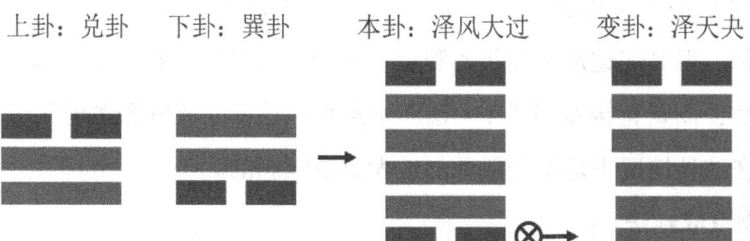

除了报数法和时间法外,数字成卦法还有很多,比如以年月起卦、月日起卦、日时起卦、电话号码起卦等等,重要的是在起卦的第一时间看到或者想到的数字,而不是刻意去找数字、想数字。

记得之前曾和一个易友发生过争论,当时有人在群里提出要测一件事情,正巧这个易友在群里发了一张三个骰子的图片,两者是独立事件,只是时间上前后相连。于是我就用图片中三个骰子的点数起卦(当时对方求测的事情和图片中骰子的点数忘了,就用下图中的骰子代替了)。

三个骰子的点数从左到右分别是1、5、6,由此得到上卦为乾(1),下卦为巽(5),变爻为6爻,由天风姤卦变为泽风大过卦。

其中上卦乾卦为用卦,下卦巽卦为体卦。

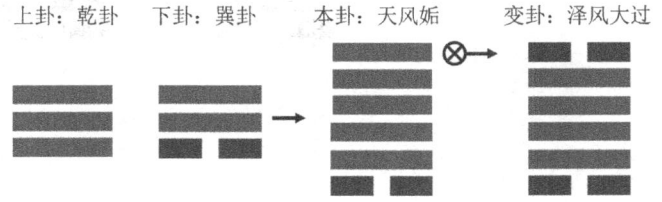

当时这个易友和我争论，认为骰子中最大的点数是6，小于8，所以不能用骰子来成卦。但其实这是个僵化的观点，因为在成卦时，我并不是通过摇骰子来得到三个数，而是直接看到了156这三个点数。这就是我在预测时天人感应得到的数字，在这种情况下是不受骰子的最大点数限制的。

三　物象成卦法

物象成卦法是根据成卦时所看到的物象得到卦象的方法，由于要得到上卦、下卦和变爻三个信息，所以需要两个物象。

其成卦方法是先根据两个物象分别得到上卦和下卦，然后再根据上下卦所对应的先天卦序之和来求得变爻的位置。

这种方法是先有卦，后有数，数在卦后，因此又被称为后天成卦法。

数字与卦象的对应关系基本是固定的，如乾1、兑2、离3、震4等，但由于一物多象的特性，同一个事物与卦象之间的对应关系就不是唯一的了，而是受情境的巨大影响，因此物象成卦法比数字成卦法更加灵活多变。

为便于理解，我们举几个例子来说明。

比如我们看到一杯水，水杯开口朝上，震仰盂，有震卦的象，所以杯子可以取为震卦，水为坎卦。上卦是震卦，下卦是坎卦，得到本卦为雷水解卦。

震卦先天数是4，坎卦是6，和为10，除以6余数是4，所以是雷水解的四爻为动爻，得到地水师卦。

其中上卦震卦为用卦，下卦坎卦为体卦。

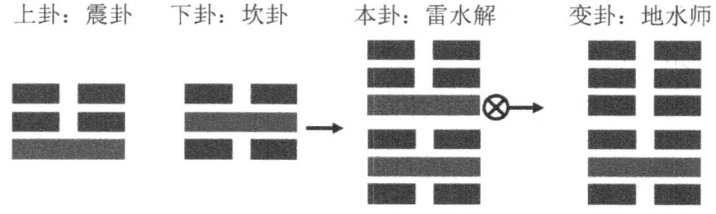

不同情境下，"一杯水"这个物象也可以得到不同的卦，比如我们看到的可以是一杯水，也可以是水装在一个杯子里。对于"水装在杯子里"这个物象，其上卦是坎卦（水），下卦是震卦（杯子），得到本卦为水雷屯卦，同样是四爻动变，得到泽雷随卦。其中上卦坎卦为用卦，下卦震卦为体卦。

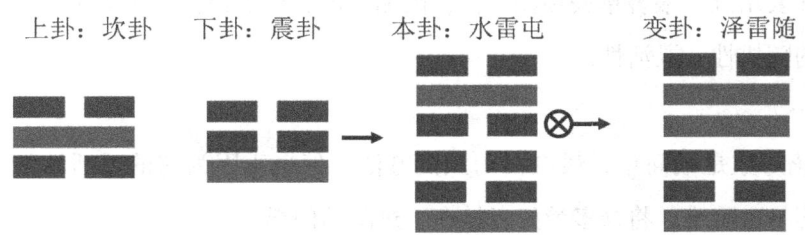

这就是情境不同导致的类象结果不同。

再换个情境，比如这杯水位于你的东南方，水可以取坎卦，东南方可以取巽卦，得到水风井卦，坎卦和巽卦的先天数分别是6和5，和为11，除以6余5，即水风井的五爻动变，得到地风升卦。

其中上卦坎卦为用卦，下卦巽卦为体卦。

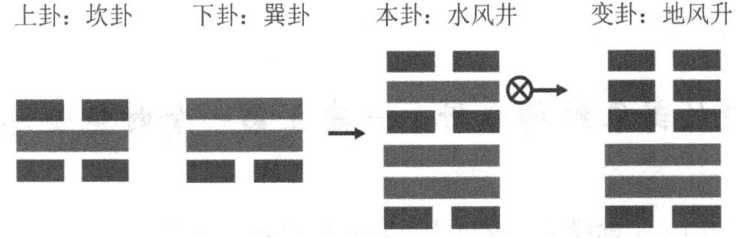

再比如我们在预测时，听到有人说"打南面来了个喇嘛"，喇嘛可以取巽卦（僧人），南面是离卦，因此得到本卦为风火家人卦。巽卦的卦数为5，离卦的卦数为3，和为8，由此得到二爻为变爻，即风火家人卦二爻动变得到风天小畜卦。

其中上卦巽卦为体卦，下卦离卦为用卦。

假设我们手里抓到一个冰凉的金属球，凉可以取乾卦，金属球也可以取乾卦，由此得到乾为天卦。这是从触觉得到的卦象。再比如我们在预测时脑子中想到了草原，青草可以取巽卦，草原一望无际，可以取坤卦，由此可以得到风地观卦，如此等等，色声香味触法都可以转化为卦象。

《梅花易数》一书中还提到了很多的先天占法和后天占法，我们可以去学习、借鉴，但不必拘泥。现在有些人坚持要按书中的约定，将时间转换为地支纪时法，然后按地支的序数去取数，这实在是太过麻烦，也太过刻意。就如同有了铜钱六爻法还非要用五十根蓍草去预测一样，因循守旧，刻板僵化，失去了梅花易数作为心易的随机性、灵活性。

……

梅花易数是最简单、最灵活的预测方法。但也正因为它的灵活性，梅花易数入门容易进阶难，将众多爱好者挡在了进阶的门槛之外。

以上讲的是通过万物类象成卦的基本方法和原则，是梅花易数的入门知识，在具体预测时还需要分析动爻，分析体用互变的关系，分析时间和外应的影响等，内容很复杂，后面再去逐步深入介绍。

梅花易数的卦象结构分析——建立第一个时空全息模型

易经是一门宇宙建模学，能够为宇宙万物建立各自的时空全息模型，梅花易数则是我们建立第一个时空全息模型的重要工具。

我们以 2020 年 5 月 1 日所得到的一个水山蹇初爻动变的卦象为例，让大家了解梅花易数卦象的基本形式和内容。

其中本卦为水山蹇，变卦为水火既济，体卦为坎卦，用卦为艮卦。完整的卦象如下：

时间：2020年5月1日上午10:00
　　　　庚子年庚辰月甲辰日己巳时

本卦：水山蹇　　　　变卦：水火既济

 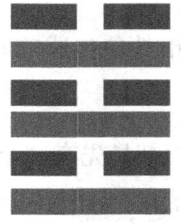

梅花易数习惯采用体卦、用卦、互卦、变卦（体用互变）的形式对卦象进行分析，这是梅花易数的特色。为此，我们对上述卦象进行改造，得到如下卦象：

时间：2020年5月1日上午10:00　庚子年庚辰月甲辰日己巳时

体卦：坎卦　用卦：艮卦　上互卦：离卦　下互卦：坎卦　变卦：离卦

这是利用《梅花易数》得到的一个完整的卦象，也是我们为研究对象（或所预测的事物）构建的一个相对完整的时空全息模型（还有外应部分未纳入）。这个时空全息模型（卦象）同样是一个太极，具备太极的时间、空间、要素和联系这四大支柱。

下面我们就从四大支柱的角度出发来认识这个时空全息模型（卦象）。

一　时间支柱

易经是关于时和位的学问，因此时间和空间是易经的重要组成部分，对研究对象有着巨大的影响。

时间由年、月、日、时四部分组成，并用天干地支来表示，比如上例中的2020年5月1日早上10点整，它的干支表述方式就是庚子年、庚辰月、甲辰日、己巳时，其中的庚子、庚辰、甲辰、己巳就是所谓的四柱（八字）。

在梅花易数理论体系中，时间的天干部分可以暂不考虑，于是我们得到子年、辰月、辰日、巳时这四个地支，四个时间参数。

梅花易数中的时间支柱包括预测时间、未来时间和卦象内部时间三部分内容：

1. 预测时间

预测时间是指卦象生成的时间，目的是研究这个时刻的时间要素对该模型（卦象）的影响。

正常情况下，都是先有这个时间，然后才生成了这个卦象，比如在占卜时，是求测人先提出问题，然后才产生卦象，求测人提问的时间就是这个预测时间。

与人出生时的四柱（八字）类似，预测时的时间就是这个卦象出生（形成）时的四柱（八字），决定了卦象的基本属性和先天禀赋，对卦象的未来发展趋势和吉凶悔吝有着非常大的影响。

2. 未来时间

未来时间是指未来任意一个时刻的时间，目的是研究未来某个时刻的时间要素对卦象及所预测事物的影响。

总体上，我们可以将所得到的卦象看作是一艘小船，在时间长河上随波逐流，载沉载浮，每一刻都受到时间波浪的冲击而忽高忽低、忽顺忽逆、忽快忽慢。我们将这种因时间作用而产生的高的、顺的、快的状态叫做吉，将低的、逆的、慢的状态叫做凶。

这种研究方法相当于我们用摄像机记录小船（卦象）在时间长河上每一刻的运动状态，得到一帧帧的画面。每一帧画面都是一个时间切片，反映了这一刻的时间与卦象相互作用的结果。

这与佛家的观点相似，按佛家的说法，万物不是连续的，而是一刹那一刹那地移动着。按照数学的理解同样如此，万物的发展是微积分，将微小的时间段不断累积，就形成了一个看似连续的发展过程。

易经预测实际上也是如此，不过易经中的时间切片比较厚而已，通常是将一天或者一个时辰（两个小时）视作一个时间切片，一个刹那，然后看未来某个时间对这个切片整体及其各个构成要素的影响。

在很多长期预测中，这个时间切片甚至会厚达一个月乃至一年。

3. 卦象内部时间

时间因素也体现在卦象的内部，其中本卦（体卦和用卦）代表事情发展的初始状态、互卦代表事情发展的中间状态，变卦代表事情发展的最终状态，由此构成了一个卦象自身的内在发展周期。

二 要素支柱

太极的要素支柱就是构成太极的各种物质、各个组成部分，其中既包括我们的研究对象（所要预测的事物），也包括研究对象的内外部环境要素。

在利用梅花易数所得到的卦象中，环境要素对研究对象的影响，都在我们"寂然不动，感而遂通"的过程中（即万物类象的过程中）固化在了卦象里。

这个"感而遂通"的过程中到底发生了什么，我们至今还无法理解，也无法用现代科学去解释。但至少知道，通过感而遂通，通过万物类象，我们最后得到了一个包含所有要素的卦象。

梅花易数理论体系中的要素支柱包括两个部分，一个部分是卦象要素，还有一部分是非卦象要素。

1. 卦象要素

《梅花易数》的卦象由体卦、用卦、互卦和变卦四部分组成，简称体用互变。其中体卦是本卦中没有变爻的那个三爻卦，用卦是本卦中有变爻的那个三爻卦。如本卦水山蹇中的初爻为变爻，因此体卦是上卦坎卦，用卦是下卦艮卦：

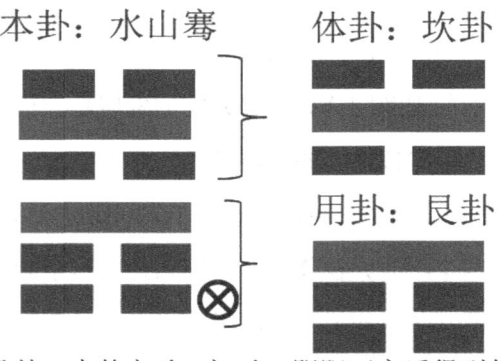

变卦是用卦（艮卦）中的变爻（初爻）阴阳互变后得到的新卦（离卦）。

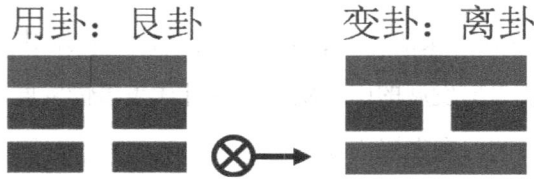

互卦则是由本卦的中间四爻构成的两个新卦象，其中二爻、三爻、四爻构成了下互卦（坎卦），三爻、四爻、五爻构成了上互卦（离卦）。

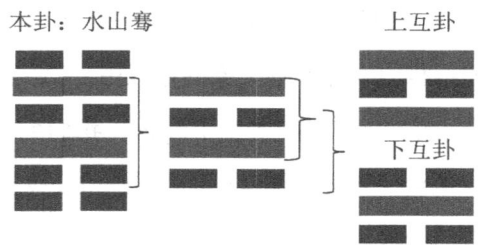

由此得到了最终的卦象：

时间：2020年5月1日上午10:00 庚子年庚辰月甲辰日己巳时

其中体卦一般代表求测之人，用卦代表所测之事。在时间序列上，如前所述，本卦代表事情的初始状态、互卦代表事情的中间状态，变卦代表事情的最终状态。

梅花易数就是通过研究用卦、互卦、变卦和时间等环境要素对体卦的影响来判断体卦的未来发展轨迹和吉凶趋势。

2. 非卦象要素

卦象要素是要素支柱的主体内容，对研究对象的未来发展趋势做出了根本性的、原则性的指引和说明，因此单凭卦象要素已经可以大致得出预测结果。但还有些环境要素未能纳入卦象之中，却能够对研究对象的未来发展趋势给出方向性的或者细节性的指引，有时候甚至会对研究对象的未来发展趋势产生蝴蝶效应般的巨大影响，因此对卦象起着重要的补充作用。

在《梅花易数》一书中，将这些非卦象要素称为"三要十应"。三要是指耳、目、心，十应则是指耳之所闻、目之所见、心之所思所感的多种情况，统称外应。外应对卦象的吉凶趋势有着指引作用。

如康节先生观少年有喜色，在得出卦象的基础上，这一"喜"预示了吉利的发展趋势；听到牛哀鸣，在得到卦象的基础上，这一"哀"预示了不好的发展趋势；观老人有愁容，在得到卦象的基础上，这一"愁"同样预示了不好的发展趋势。

所谓的三要十应，其实就是佛家所谓的眼、耳、鼻、舌、身、意这六根和色、声、香、味、触、法这六尘，就是色、受、想、行、识这五蕴。三要和六根是天人感应的重要手段和工具。

外应暂时无法用易理进行总结和研究，也无法纳入卦象，但对易理和卦象有着重要的补充作用，卦象和外应都是天人感应的有机组成部分。甚至在天人感应的高级阶段，不需卦象，只需外应就能做到"彰往察来"。

三 空间支柱

空间和要素是密不可分的，反映的是各要素之间的相对空间分布。

空间和要素都固化在卦象之中，因此可以视作是这个时空全息模型（卦象）的内部因素，是先天禀赋。时间要素由于独立于卦象之外，因此可以视作是外部因素。

空间分布主要表现在两个方面，一方面是体用互变五个卦各自的后天空间方位，即乾西北巽东南、离南坎北、震东兑西、艮东北坤西南之类。如体卦为坎，那么对坎卦所对应的事物来说，最佳的发展方向是北方（坎的本宫位），其次是西方和西北方（金生水之方位）。

另一方面是体用互变之间的相对空间位置，即体用在前、互在中间、变卦在后，反映的是内外部环境要素对体卦的相对位置和影响。

四 联系支柱

卦象中的联系主要体现在以下四个方面，即体用互变之间的生成组合关系、体用互变之间的五行生克关系、时间对体用互变的影响，以及外应对卦体的总体影响。

1. 体用互变之间的生成组合关系

体用互变的生成组合关系就是从本卦得到体卦、用卦、互卦、变卦的内在逻辑关系，如我们得到水山蹇卦初爻变动这一初始卦象后，就可以推导出体卦为坎，用卦为艮，互卦为坎卦和离卦，变卦为离卦。

这一生成关系前面已经介绍过，此处不再赘述。

2. 体用互变之间的五行生克关系

体用互变彼此之间存在着五行生克的关系，这也是梅花易数断卦的主要依据。

在水山蹇这个例子中，体卦为坎卦，五行属水，用卦为艮卦，五行属土，互卦和变卦都是坎卦和离卦，五行属性分别为水和火。

我们以体卦为中心来分析用卦、互卦和变卦对体卦的影响。

先看体用之间的关系，艮土克制坎水，所以用卦克制体卦，对体卦不利，从卦名上也可以看出，水山蹇就是比较困难的意思。

再看互卦与体卦的相互作用。上互卦是离卦，离卦受体卦所克，虽然对体卦有所消耗，但毕竟对体卦没有反作用，因此没有大碍；下互卦是坎卦，与体卦相互比和，因此能够帮助体卦，增强体卦的力量。上下互卦组成了火水未济卦，可以知道事情的发展虽然已经脱离了一开始的体卦受克的困难局面，但还没有达到圆满，还不是很理想。

再来看变卦，变卦为离卦，同样受体卦坎水的克制，对体卦没有影响。变卦的卦名是水火既济，是比较理想的状态了。

从体用互变的五行生克关系可见，体卦在经历了最初的受土所克的困境后，逐渐转危为安，也就是说我们的研究对象、预测对象经历了先难后易、先苦后甜的发展过程，从内部来看，总体来说还算是比较吉利的。

之前我们以小船在时间长河上航行做比喻来理解卦象与时间的关系，这个卦象中体用互变之间的五行生克关系，说明这艘小船存在着一些先天不足（用克体），没有处于完美的状态，但还不影响其总体上的健康和安全。

3.时间对体用互变的影响

时间方面，我们重点看月（月建）和日（日辰）的影响。

庚辰月甲辰日，月建和日辰都是辰，五行属土，辰月辰日对体卦坎水的克制力量很大。同时辰月辰日也加大了对用卦艮土的扶持力度，强化了用卦对体卦的克制力量。

综合上述分析可知，小船（所测之事）先天不足，又面临着外部的重重困难（月克日克），更加破败不堪，难以应对未来时间长河中的波浪冲击，而且辰月辰日还是水的库和墓，会将坎水埋没。

这个时空全息模型呈现出凶危的总体发展趋势。

当然，我们这里只是做最简单和最初步的分析，在实际预测中，所要考虑的要远远比上面的分析复杂得多，不排除有一线生机的出现。

再谈易象——象在易经预测中的地位与作用

在正统的易学理论中，到八卦为止，尤其是在《梅花易数》中，对"象"的发挥和应用达到了极致，其后的六十四卦体系，以及奇门、太乙、六壬等易学理论和工具，对"象"的重视程度就很低了。

梅花易数的理论与实践源自康节先生，康节先生的主要观点见于《皇极经世书》，这是一部运用易理推究宇宙起源、自然演化和社会历史变迁的宏大著作。

该书共十二卷六十四篇。其中《元会运世》三十四篇，《声音律品》十六篇，《观物内篇》十二篇，《观物外篇》两篇。除《观物外篇》为其门人子弟所著之外，其余六十二篇均为康节先生所著。

康节先生关于"象"的理论主要集中在《观物篇》部分，而《梅花易数》一书则是康节先生象数研究成果的具体应用。

我们知道，本源是不可见的，可见的都是附着于物之上的象（即现象），因此观物实际上就是观象。观物本质上也就是儒家所提倡的格物，因此格物也就是格象，通过观象与格象，让我们能够透过现象来认识其背后的本质。

在梅花易数的理论体系中，象的应用大致可以分为以下四个方面：

一　万物类象

万物类象我们已经讲了很多，从太极万物类象、阴阳万物类象、四象万物类象、五行万物类象，一直到八卦万物类象。八卦作为万象之象，其万物类象是将万物万象归结为八个卦象，实现化万归八，为最终的归一归虚逆行之路奠定了坚实的基础。

万物类象这里不再赘述。

二　直读卦象

在利用梅花易数所建立的时空全息模型（卦象）中，我们之前是以体卦为核心，体用关系为主体，重点介绍了时空要素和卦象的关系，以及体用互变之间的五行生克关系。

其实单纯依靠体用互变之间的五行生克关系还不足以完全解读梅花易数的卦象，在实践中还会经常采用直读卦象的方式来理解卦象，将静态的卦象解读成一部动态的影像。

在《梅花易数》一书中有个声音占的卦例，就很形象地展示了如何直接读取卦象：

书中根据"今日动静如何"这句话得到本卦为地风升，初爻动变为地天泰卦：

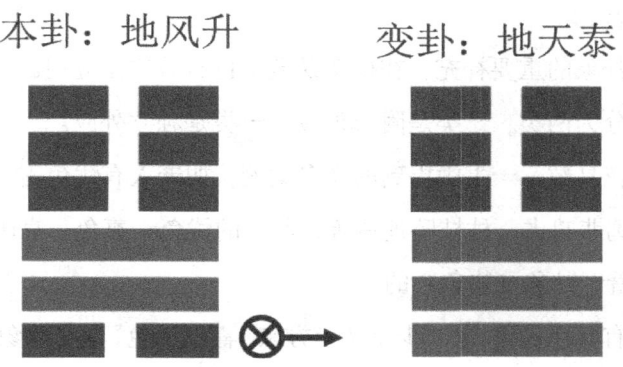

其中体卦为坤卦、用卦为巽卦、互卦为震卦和兑卦、变卦为乾卦。

书中由此解读出"今日有人相请，客不多，酒不醉，味止鸡黍而已"的结论。我们看一下书中是如何从卦象中直接读出这个信息的：

升者，有升阶之义，互震、兑，有东西席之分。卦中兑为口，坤为腹，为口腹之事，故知有人相请。客不多者，坤土独立，无同类之卦气也。酒不醉者，卦中无坎。味止黍鸡者，坤为黍稷耳。盖卦无相生之义，故知酒不多，食品不丰也。

这个卦例中并没有用到体用互变之间的五行生克关系，只是从卦象中直接读取相关信息，让静态的卦象变成了一张照片，甚至是一部动态的影片，形象生动地展现在我们面前。

卦象直读是梅花易数的重要特色,其重要性有时甚至会超过体用关系。很多人难以精通梅花易数,就是由于局限于体用关系的分析,而不能做到卦象直读。

卦象直读和体用关系是一枚硬币的两面,只有两者兼顾,才能真正学好梅花易数。

三 外应之象

外应是卦象的重要补充,在梅花易数中也有着广泛应用。

外应可分为两类,一类是附属外应,一类是独立外应。

在《梅花易数》一书中提到的众多案例,如老人有忧色占、少年有喜色占、牛哀鸣占、鸡悲鸣占、枯枝坠地占等,其中的忧色、喜色、哀鸣、悲鸣、枯枝坠地,都是附着于卦象(物象)的。

如少年有喜色占中,以"少年从南方来,喜形于色"这个物象起卦,少年为艮,南方为离,得到山火贲卦。可见,在起卦过程中,"喜色"并没有参与成卦,却与卦象(物象)紧密相连,因此属于附属外应。

独立外应是指与卦象以及用于成卦的物象之间毫无关系,独立存在的外应。

独立外应虽然与卦象(物象)独立,但却具有同步性,即与物象同时发生或先后接续发生,因此对所占之事的吉凶定性产生影响。比如别人求问吉凶时,正巧天上有乌鸦飞来,就预示着有灾祸即将到来。

喜鹊报喜,乌鸦报丧

正如《梅花易数·三要灵应篇》所说的"见吉则吉,遇凶则凶":

是以遇吉兆而有吉，见凶识而不免乎凶。物之圆者事成，缺事败。此理断然，夫复何疑？

是以云开见日，事必增辉；烟雾障空，物当失色。忽颠风而飘荡，遇震雷以虚惊。月忽当面，宜近清光。雨可沾衣，可蒙恩泽。

……

四　以象见象

以上三种应用都是以卦为核心，象对卦起到辅助和补充的作用。但正如同塔罗牌、水晶球、灵棋、灵签等都可以用来预测一样，易经中的八卦和六十四卦同样只是个预测的工具，是个媒介，并不是必不可少的。

我们常说善易者不卜，是因为善易者不需卜，他们不需要借助卦象和塔罗牌等各种预测工具，而是可以直接"看"到宇宙万物的未来发展轨迹和吉凶趋势。

通过一件事可以直接看到另一件事，这就是以象见象的功夫。

以象见象的原理是宇宙万物的互联互通，也包括人与宇宙万物的互联互通（天人感应），是宇宙全息性的体现。

这种互联互通和全息性让宇宙万物彼此之间建立起了先天的联系（五行生克制化），同时也让宇宙中每个事物都隐含着宇宙的全部信息、全部秘密，正是因为这种互联互通和全息性，我们才能见此知彼，见一知万，见古知今，见今知来。

以象见象分为三种情况，一种是以当下之此象见过去之彼象（彰往），一种是以当下之此象见当下之彼象，还有一种是以当下之此象见未来之彼象（察来）。

见此知彼是空间的应用，彰往察来是时间的应用，因此以象见象是时空因素的综合应用。

康节闻鹃声而知天下将乱，就讲述了这样一个以当下之此象见未来之彼象的故事。

康节先生和朋友在洛阳的天津桥头散步时，忽然听到杜鹃的啼叫声，立刻面露惨然之色，对朋友说："天下将治，地气自北而南。将乱，自南而北。今南方地气至矣，禽鸟飞类，得气之先者也。……洛阳旧无杜鹃，今始有之，不二年，上用南士为相，多引南人，专务变更，天下自此多事矣。"

果然，两年后，南人王安石得到重用，推行变法，让天下乱象纷纷。

在这个案例中，康节先生并没有借助卦象，只是以象见象，由杜鹃啼鸣之象直接推定未来的国家大事。

其实在《梅花易数》书中最为有名的观梅占就有这个嫌疑。

后世人对康节先生"见双雀争枝坠地"进而得出"明日女子折花坠地伤股"的预测争议颇多。因为虽然由此得到的"泽火革初爻动变泽山咸"这个卦能够解释"明日女子折花坠地伤股"这个现象，但也仅限于事后诸葛亮的解释而已，事前都很难预测到这件事情的发生。

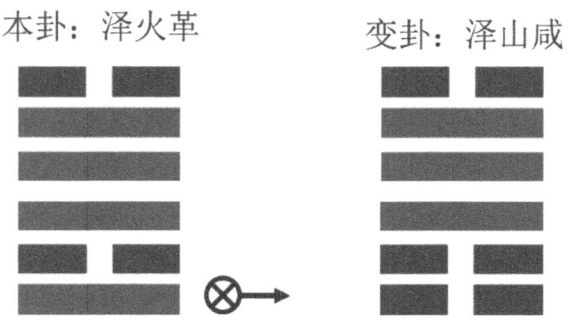

因此唯一合理的解释，就是康节先生以象见象，通过"双雀争枝坠地"这个象直接看到了"明日女子折花坠地伤股"这个象，很有可能是先见象后成卦，卦只是对所见之象起到一个补充的作用。

之前我曾介绍过天人合一的三个境界，由低到高分别是天人感应、天人合一、人天合一，以象见象是天人感应的高级层次，但仍然属于天人合一的初级境界。

上面所讲的是正统易学中象的应用，在易学的相关领域，象也有广泛的应用。

中医学理论十分重视以象见象，其中的四诊（望、闻、问、切）实际上就是在观象、格象，望的是气色（形象）、闻的是声音（声象）、问的是症状（病象）、切的是脉搏（脉象），通过身体某处的象（如脉象）来了解人体内各处的疾病，是以当下之此象见当下之彼象。

风水学讲究峦头和理气，其中的峦头就是象，是肉眼可见的现象，而理气同样是象，是肉眼不可见的隐象。

面相、手相更是对"象"的直接应用，通过面相和手相可以全面了解一个人的过去、现在和未来。

象的共时性

我们日常生活中有很多巧合的事情，比如你正在想某件事，结果这件事就发生了，或者你在梦中见到的一个场景，随后在现实世界中真实发生了。有句俗语叫做"说曹操曹操就到"，就是对这种现象的生动描述。

瑞士心理学家荣格认为这种大量发生的巧合绝不是偶然和无序的，而是有着必然的内在规律。通过对易经的深入研究和对易经占卜的亲自实践，荣格最终提出了共时性原则（Synchronicity）对此加以解释。

共时性原则可以简单表述为两件或多件同时（或先后）发生的事情（象）有着显著的有意义的联系，但彼此间又没有因果关系。比如"说曹操"和"曹操到"没有因果关系，但两者都与曹操有关，因此有着显著的有意义的联系。

共时性的本质就是天人感应，让正在发生或即将发生的事情被我们感应到、意识到。说曹操曹操就到，就是因为我们的心下意识地感应到了"曹操已经到门口了"这个象，然后将这个感应到的象显现到我们的意识之中，使得我们不由自主地开始说起曹操来，随后曹操就到了。

外应之象同样是共时性的重要表现形式，预测某事时出现了吉利的外应就预示此事趋吉，出现了凶危的外应就预示此事趋凶。

袁天罡和李淳风的《推背图》、刘伯温的《烧饼歌》、诺查丹玛斯的预言，想来都可能是以象见象的产物，直接在头脑中见到了未来所发生的事情（象），也都是共时性事件。

荣格认为共时性事件不是因果关系，这个观点是不准确的。两件共时性事件虽然本身没有因果关系，但我们知道因果关系具有一因多果、一果多因的特征，共时性事件不过是同一个因的两个果而已——某个因一方面通过天人感应在我们的心中形成了个映像（虚果），另一方面在现象世界中形成了一个实果，虚果与实果都是同因之果，有着间接的因果关系。

一因多果，一因万果，因果之间的联系就如同一根根网线，我们只要牵住一个因，纲举目张，就可以了解甚至操纵宇宙万物，这就是宇宙互联互通特性和时空全息特性的具体表现，也是易经能够预测、天人能够感应的根本原因。

中医、风水、面相、手相、……，也都是共时性的显现。

佛家一直否定相的真实性，认为所有的相都是虚幻的，所以提倡五蕴皆空，万法皆空，四大皆空。而易经不但承认象的真实存在，认为象与物是不可分割的整体，更是开发了大量的工具和模型，通过对"象"的认识与研究来了解其背后的物质，从万象归一溯源到万物的本源，归一归虚到道。

论重卦

八卦相重——六十四卦的结构

根据易经的万物生成模型，在四象生八卦之后是"八卦定吉凶，吉凶生大业"，也就是说易经发展到伏羲易的八卦，就可以定吉凶生大业了，不需要过于繁琐。

伏羲易是易经的根本，后世的连山、归藏、周易以及各种占卜方法都是对伏羲易这部无字天书的演绎发挥，在让易学体系更加丰富和庞杂的同时，也离道越来越远了，因此我一直提倡要回归伏羲易，回归八卦。

大道至简，回归伏羲易也是易经本身的归一归虚之路。

不过作为易经的重要组成部分，我们还是要对易经中的其它内容做进一步的研究。

八卦定吉凶的方法有两种，一种是前述的以梅花易数为代表的八卦直接预测法，还有一种就是将八卦两两相重得到六十四卦，用六十四卦来彰往察来，预测吉凶。

六十四卦是继梅花易数的八卦之后，第二个为宇宙万物建立时空全息模型的重要工具。

六十四卦是由六个阴阳爻上下排列组成的六爻卦，一般分为上卦和下卦两部分进行研究，上面的三爻构成上卦，又叫外卦；下面的三爻构成下卦，又叫内卦。

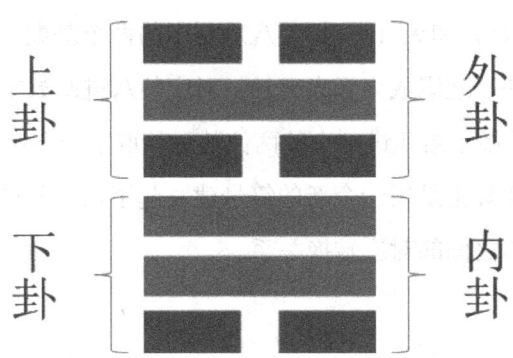

六爻卦又叫别卦、重卦，相应的三爻卦又叫经卦、单卦。重卦是《周易》的主要研究对象和主要组成部分，整部《周易》都是在讲这六十四个重卦。

每个重卦由卦名、卦象、卦辞和爻辞四部分组成。

一　卦名

六十四个重卦的名字有简称和全称两种，简称由一个字或者两个字组成，如乾卦、坤卦、屯卦、蒙卦、需卦、讼卦、师卦、比卦等等，都是由一个字卦组成的卦名；另外还有小畜卦、大畜卦、大有卦、家人卦、归妹卦等等，都是由两个字组成的卦名。

全称则是考虑到了每个重卦都是由上下两个八卦组成，八卦各有自己对应的事物，即乾为天、坤为地、震为雷、巽为风、坎为水、离为火、艮为山、兑为泽。相应地，重卦的全称也就由上卦对应的事物、下卦对应的事物和简称三部分组成的，一般由三个字或者四个字组成：

• 乾卦由上下两个乾卦组成，因此全称为乾为天卦；

• 屯卦由上坎下震组成，坎为水，震为雷，因此屯卦全称为水雷屯卦；

• 大有卦由上离下乾组成，离为火，乾为天，因此大有卦全称为火天大有；

• 家人卦由上巽下离组成，巽为风，离为火，因此家人卦全称为风火家人。

• ……

风火家人、火天大有、水雷屯这种命名方法有利于我们了解和记忆卦象的组成结构，比如说屯卦我们可能想不起来它的样子，但说水雷屯，我们立刻就能想到上坎下震的结构，并且能够快速画出它的卦象。

另外这种命名方法也是八卦作为逢八进一的八进制的具体表现。在火天大有这个卦名中，火（3）和天（1）都是八进制中的两个基数，天在个位，火发生了进位。火和天连在一起组成火天大有卦，对应的八进制数字是31。

在此基础上，易经还给八进制中的两位数另外取了个名字，如将"火天"（31）取名为"大有"，实际上是用一个新的符号建立起了六十四进制体系，并建立了八进制与六十四进制之间的对应转换关系。

从这个角度来看，重卦卦名的全称是八进制与六十四进制的统一体。

重卦的名称和结构需要我们熟练掌握，这是学习易经的基本功。

二 卦象

重卦的卦象是由六个阴阳爻上下排列而成的。

对于重卦的卦象，需要从以下两个方面来认识：

（一）爻位和名称

重卦的六个爻从下向上分别读作初爻、二爻、三爻、四爻、五爻、上爻，每个爻均有两种组合（阴与阳），因此六爻卦共有 $2^6=64$ 种组合。其中阳爻称为九，阴爻称为六。如火山旅卦中，从下到上各个爻的名字分别为初六、六二、九三、九四、六五、上九。

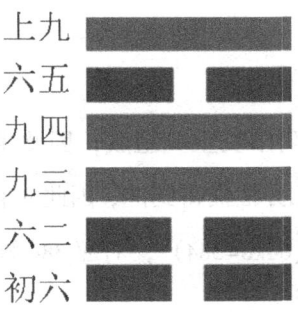

这六个爻的名称由两部分（两个字）组成，一个字用来表示这个爻的阴阳，另一个字用来表示这个爻的位置。其中从第二爻到第四爻的命名规则一致，前面的字表示阴阳，后面的字表示爻位，第一个字是"九"，表示这个爻是阳爻，"六"则表示这个爻是阴爻。

第一爻和第六爻则遵循相反的命名规则，即第一个字表示爻位，分别用"初"和"上"来表示，"初"就是第一爻，"上"就是第六爻。第二个字则表示爻的阴阳，同样是六表示阴，九表示阳。所以"初六"就表示一个卦最下方的爻是阴爻，"初九"表示第一个爻是阳爻。"上六"表示第六个爻是阴爻，"上九"表示第六个爻是阳爻。

之所以用九表示阳爻，六表示阴爻，说法很多，但比较可信的是在1、2、3、

4、5这五个先天数（小衍之数）中，1、3、5是奇数，表示阳，这三个数的和是9；2和4是偶数，表示阴，这两个数的和是6。所以用9表示阳，6表示阴。

（二）重卦的本质属性

1. 太极属性

之前我们分析了八卦的太极本质，认为八卦中的每个单卦都是一个太极，同时八个卦整体也是一个太极。

重卦同样如此，每个重卦都是一个太极，六十四个重卦整体仍然是一个太极。此外，每个重卦由上下两个八卦组成，因此每个重卦都由两个小太极组成，符合"万物皆在太极、万物皆是太极、万物皆藏太极"的特征。

重卦同样具备时间、空间、要素、联系这四大支柱，具体分析可以参考八卦部分的内容。

2. 阴阳属性

重卦的卦象由六个阴阳爻重叠组成，因此重卦在本质上仍然是阴阳，是对太极连续六次应用阴阳二分法而得到的，因此才有六个爻（2^6=64）和六十四个卦。六十四卦一共有384爻（64x6=384），对应384种变化模式。

3. 三才属性

重卦中每相邻两爻为一组，共分为三组，分别对应天地人三才，即初爻与二爻为地位，三爻与四爻为人位，五爻与上爻为天位。

可见，重卦（六爻卦）在本质上和八卦（三爻卦）一样，也是三才。

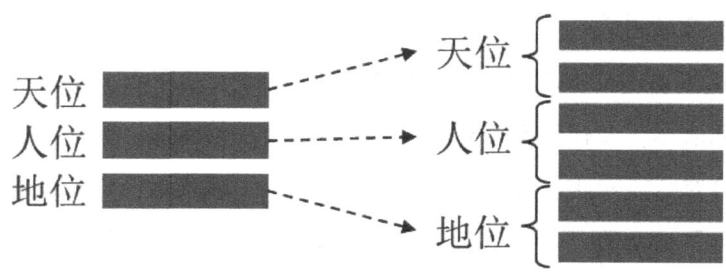

如果我们将天地人看作是一个太极的三个维度，那么八卦是对这三个维度

进行第一次阴阳二分,所以得到了八个卦(2^3=8 种组合),而重卦则是对这三个维度连续两次进行阴阳二分从而得到六十四卦(4^3=64 种组合)。

4.四象属性

与八卦中的天地人三才各有阴阳两种组合不同,重卦中的三才各有四种组合(老阳、少阴、少阳、老阴,即四象)。

换句话说,三才从八卦中的两仪发展到了重卦中的四象,变得越来越精细和复杂。

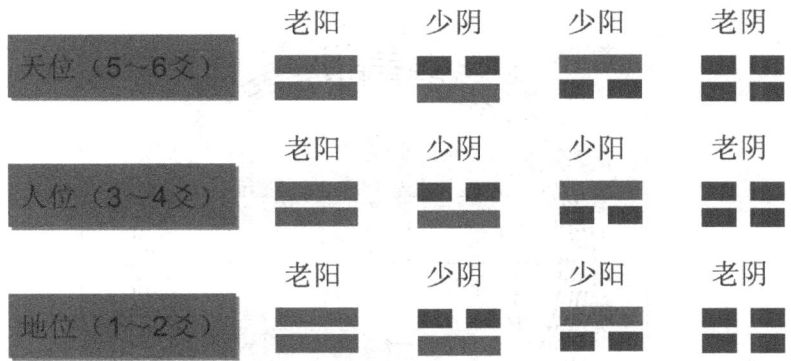

由此,我们可以将重卦理解为以天为中心的阴阳消长而产生的天的四象、以地为中心的阴阳消长而产生的地的四象、以及以人为中心的阴阳消长而产生的人的四象,天地人的四象相互作用而产生的复杂结构。

重卦的四象本质还表现在六十四卦的生成关系上,根据易经万物生成模型,我们知道乾卦和兑卦生自老阳,离卦和震卦生自少阴,巽卦和坎卦生自少阳,艮卦和坤卦生自老阴。

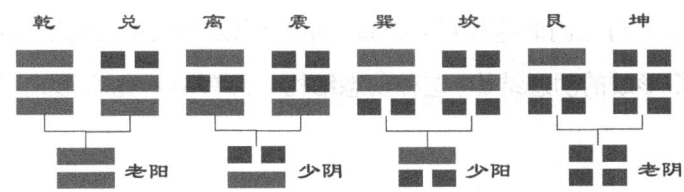

· 323

六十四个重卦中的乾为天、泽天夬、火天大有、雷天大壮、风天小畜、水天需、山天大畜、地天泰这六个卦都是生自乾卦，天泽履、兑为泽、火泽睽、雷泽归妹、风泽中孚、水泽节、山泽损、地泽临这八个卦都是生自兑卦，因此这十六个卦都是老阳所生。

同理可以推断六十四个重卦各自的四象归属。

在六十四卦的天圆地方图中，圆图的四个象限分别对应四象，方图的八行中从下到上两两一组，也分别对应四象。

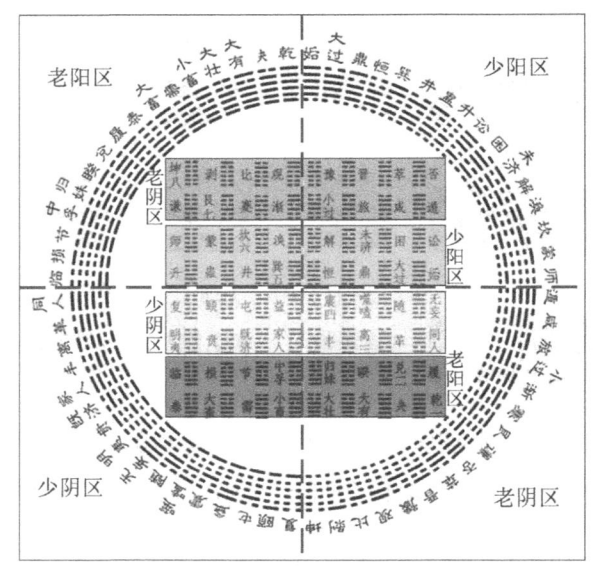

5. 五行属性

我们知道，四象与五行本质上是一体的，四象就是金木水火四行，火是老阳、水是老阴，木是少阳，金是少阴，土作为阴阳平衡的整体而存在并位居中央，这个整体就是天，是地，是人。

由四象与五行之间的这种对应关系，重卦可以理解为天地人之间的五行相互生克制化关系形成的动态结构，这种动态结构一共有64种组合形式，即六十四卦。

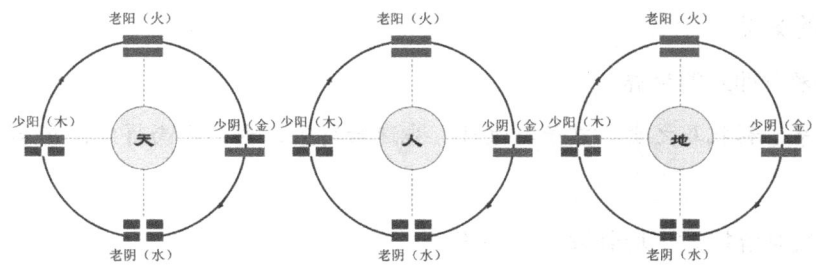

重卦的五行本质还表现在重卦与八卦的对应关系上，西汉的京房将六十四个重卦划分为八个卦宫，分别对应八卦，每宫有八个重卦，这八个重卦都与所对应的经卦具有相同的五行属性，如乾为天、天山遁、天风姤、天地否、风地观、山地剥、火地晋、火天大有这八个卦都属于乾宫卦，因此五行属金。如此等等。

我们后面介绍八宫卦序时再详细介绍。

6. 八卦属性

重卦由上卦和下卦两个八卦组成，因此重卦本质上仍然是八卦。

重卦的八卦属性也同样参见京房的八宫卦序，留待后面再详细介绍。

将重卦分为上下两个卦是常用的分析方法，尤其在上面介绍的《梅花易数》中更是如此，其中的本卦、互卦和变卦都是由上下两个八卦组成的。

在其它方法的六爻卦中，如火珠林的六爻卦中，也会经常要通过上下卦之间的关系来分析彼此的关系，判断事物总体上的吉凶成败。

三　卦辞

卦辞是每一个六爻卦的总体解说，所阐述的是该卦的总体含义，即该卦的卦德。如乾卦的卦辞为："乾，元、亨、利、贞"。此处的"元、亨、利、贞"即为乾卦的卦德。

《文言传》中对"元、亨、利、贞"这四个字理解为：

元者，善之长也；亨者，嘉之会也；利者，义之和也；贞者，事之干也。君子体仁足以长人，嘉会足以合礼，利物足以和义，贞固足以干事。君子行此四德者，故曰"乾：元，亨，利，贞。"

当然，也有人将乾卦的卦辞理解成"乾，元亨、利贞"，有大为亨通，利于占卜的意思。

再来看坤卦的卦辞：

元亨，利牝马之贞。君子有攸往，先迷后得主，利。西南得朋，东北丧朋。安贞吉。

这段卦辞描述了坤卦顺从的卦德。

六十四卦每个卦都有各自的卦辞，阐述了各自的卦德。我们就不一一列举和讲解了。

四　爻辞

爻辞是对重卦每个爻进行解说的文字，说明每个爻所表示的特定含义。如乾卦初九的爻辞为"初九，潜龙勿用"，就是告诉我们，当人或事处于初九这个最低的位置时，做事的时机尚不成熟，因此应该继续隐忍潜伏，等待时机，而不要轻举妄动。

卦辞和爻辞在易经的学习中有重要作用，但由于卦辞和爻辞产生的年代久远，语言晦涩难懂，已经成为普及易经的一大障碍。

作为学习易经的新人来说，建议大家先避开这些卦辞和爻辞，以免打击了大家的学习积极性。我在学习易经的过程中，之所以一次次拿起又放下，放下又拿起，就是被这些卦辞和爻辞打击得痛不欲生、遍体鳞伤，后来不得不绕开卦辞爻辞，从术数的角度入手，才终于得以一窥易经的门径。

错综复杂——周易卦序的排布规律

易经是一门关于时（时间）和位（空间）的学问，讲究得时得位，即在正确的时间出现在正确的位置，这就是所谓的吉，反之就是凶。因此易经特别强调秩序（顺序），包括易经万物生成模型的演化顺序、先阳后阴的阴阳二分顺序、天地人三才的顺序、四象相推的先后顺序、五行生克的循环顺序以及八卦的先天和后天顺序等等。本章我们来了解六十四卦的顺序。

六十四卦的排序方法有很多，包括连山易序、归藏易序、帛书易序等等，目前最为流行的排序方法主要有三种，分别是周易卦序、先天卦序和八宫卦序。

我们先来介绍周易卦序。

周易卦序是《周易》一书中六十四卦的排列顺序。为方便记忆，朱熹总结出了《六十四卦卦序歌》，将六十四卦分为上经三十卦和下经三十四卦。

《六十四卦卦序歌》内容如下：

上经

乾坤屯蒙需讼师，比小畜兮履泰否，

同人大有谦豫随，蛊临观兮噬嗑贲，

剥复无妄大畜颐，大过坎离三十备。

下经

咸恒遁兮及大壮，晋与明夷家人暌，

蹇解损益夬姤萃，升困井革鼎震继，

艮渐归妹丰旅巽，兑涣节兮中孚至，

小过既济兼未济，是为下经三十四。

六十四卦卦序图如下:

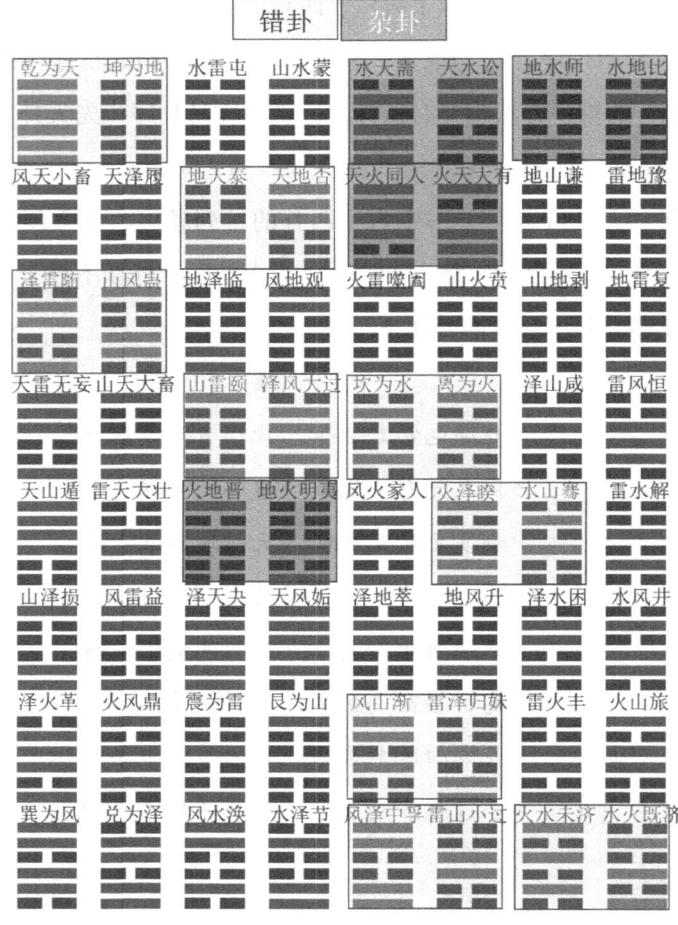

《序卦传》中按照万物生成衍化的顺序对周易卦序做了说明:

有天地,然后万物生焉。盈天地之间者,唯万物,故受之以屯;屯者盈也,屯者物之始生也。物生必蒙,故受之以蒙;蒙者,蒙也,物之稚也。物稚不可不养也,故受之以需;需者饮食之道也。饮食必有讼,故受之以讼。讼必有众起,故受之以师;师者,众也。众必有所比,故受之以比;比者,比也。……

不过对周易卦序我们要有清醒的认识，这个卦序不一定是周文王所定。从周文王到孔子的几百年间，六十四卦的顺序可能有很多排法，直到孔子（或其门人弟子）做《序卦传》，这个卦序才被固定下来并一直沿用至今。

周易卦序自提出后就一直众说纷纭，没有人能猜透其排序依据，《说卦传》是按照事物的发展衍化的自然顺序来解释，其中不免有牵强附会之处。唐代的孔颖达在《周易本义》中提出了"二二相偶，非覆即变"的观点，也只是对这个排序做出了部分解释，而未能完全解释。

对周易卦序的理解需要分为两部分，即乾坤两卦和其余62卦。

周易卦序以乾坤两卦为首。

孔子在《系辞传》中将乾卦和坤卦视作是易经的门户，是宇宙的基石：

乾坤其易之门邪？乾，阳物也；坤，阴物也。阴阳合德，而刚柔有体，以体天地之撰，以通神明之德。

以乾卦作为首卦是《周易》与《连山易》和《归藏易》的一个重大区别，据传《连山易》从艮卦开始，《归藏易》从坤卦开始。这也从另一个方面说明了六十四卦的排序并不是唯一的。

在先天八卦中有"乾坤生六子，阴阳各不同"的说法，而在《周易》六十四卦中，乾为天，坤为地，其余六十二卦均为天地所生的万物（包括人），均是乾坤之子。

汉语中有个成语叫做"错综复杂"，形容头绪多，情况复杂，事物的发展相互交错，也是六十四卦之间的相互变化关系。

《系辞传》中描述了《周易》六十四卦之间的这种相互关系：

错综其数，通其变，遂成天下之文；极其数，遂定天下之象。非天下之至变，其孰能与于此。

这里提到的"错综其数"的概念，就是周易卦序的排序依据，也就是孔颖达所谓的"二二相偶，非覆即变"。

我们分别来认识易经中的错卦、综卦、复卦和杂卦这四种变化方式以及在周易卦序中的体现。

一　错卦

错有交错、错位的含义，错卦就是将一个卦中的所有阴爻全部换成阳爻，所有阳爻全部换成阴爻而得到的新卦象。错卦也叫做旁通卦、反卦，也就是孔颖达所说的"变"。

比如乾卦六爻都是阳爻，那么乾卦的错卦就是坤卦，将乾卦的六个阳爻全部换成了阴爻，同样的坤卦的错卦就是乾卦，两者互为错卦。易经中所有的错卦关系都是互为错卦的。

再以火风鼎卦为例，离卦三爻阴阳互换变成了坎卦，巽卦三爻阴阳互换变成了震卦，因此火风鼎卦的错卦就是水雷屯卦。

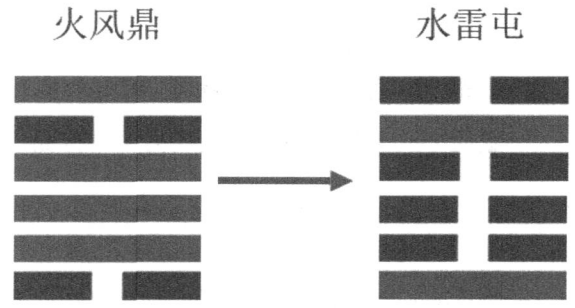

六十四卦中两两相错，共有 32 组错卦。

在周易卦序图中，有 9 组相邻的卦互为错卦，如卦序图中黄色方格内的卦：乾为天与坤为地、地天泰与天地否、泽雷随与山风蛊、山雷颐与泽风大过、坎为水与离为火、火泽睽与水山蹇、风山渐与雷泽归妹、风泽中孚与雷山小过、火水未济与水火既济。

其中火泽睽与水山蹇之间的错卦关系出现了错位，其余 8 组错卦都是排在奇数位的卦与排在其后偶数位的卦相错，而火泽睽与水山蹇则是排在偶数位的卦与排在其后奇数位的卦相错。

二　综卦

综卦就是把一个卦上下颠倒过来所得到的新卦象。把一个卦的初爻和上爻互换、二爻和五爻互换、三爻和四爻互换这样就得到了一个卦的综卦，也就是孔颖达所说的"覆"。

还可以换一个角度来理解综卦，分为两步，第一个先将上下卦的位置互换，上卦换到下卦的位置，下卦换到上卦的位置。第二步将换过位置的上卦和下卦上下颠倒，即上卦的初爻和三爻互换，下卦的初爻和三爻互换。这样就得到了综卦。

如把火风鼎卦上下颠倒，原来的上卦离卦变成了下卦，但由于离卦具有中心对称特性，颠倒之后仍然是离卦。而原来的下卦巽卦变成了上卦，且颠倒之后巽卦变成了兑卦。由此可知，火风鼎卦的综卦是泽火革卦，两者互为综卦。

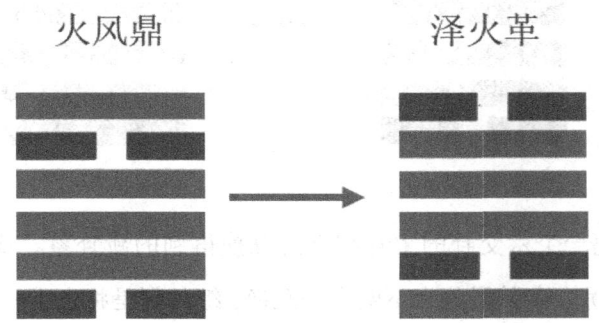

64卦中有8个卦上下颠倒之后仍然是自身，因此只与自身相综（自综），分别是乾为天、坤为地、坎为水、离为火、山雷颐、泽风大过、雷山小过、风泽中孚。除这8个卦外，其余56个卦两两相综（互综），共有28对综卦，并前后相邻，排列在周易卦序图中。

我们将周易卦序图中的64个卦两两一组，共分为32组，每组内的两个卦均为综卦的关系（包括互综和自综）。其中还有9组错卦（注：火泽睽与水山蹇出现了错位相错）。

这就是孔颖达所谓的"二二相偶，非覆即变（非综即错）"的关系。

三 复卦

复卦又称互卦，就是我们前面讲《梅花易数》中的那个互卦，是由本卦中间四爻变化而来的，将本卦的三爻、四爻、五爻当作上卦，将本卦的二爻、三爻、四爻当作下卦，然后由这两个新的上下卦组合成一个六爻卦，这个六爻卦就叫做本卦的复卦。

如火风鼎卦中间的四爻从上到下分别是阴爻、阳爻、阳爻、阳爻，这四个爻中的前三个爻（三爻、四爻、五爻）组成了兑卦，后三个爻（二爻、三爻、四爻）组成了乾卦，因此火风鼎卦的复卦就是泽天夬卦。

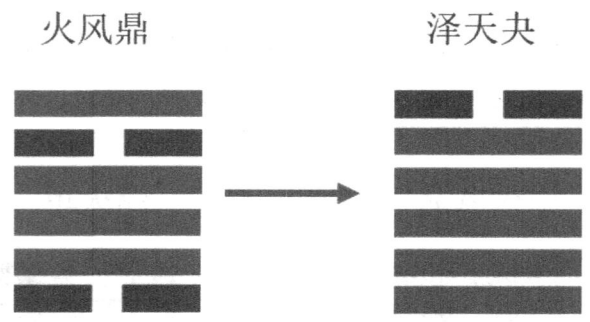

四 杂卦

杂卦就是把一个六爻卦的上卦和下卦互换得到的新卦象。我们要注意区分杂卦和综卦的区别，杂卦只是上下两个卦互换，综卦则是将上下六个爻完全颠倒。

比如火风鼎卦，把它的上卦离换到下卦的位置，把下卦巽换到上卦的位置，也就是从上离下巽变成了上巽下离，因此火风鼎的杂卦就是风火家人卦，两者互为杂卦。

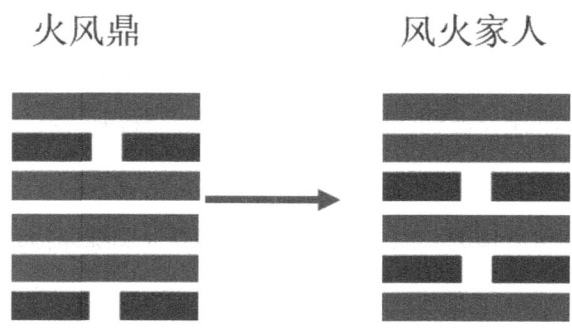

在六十四卦中，除乾为天、坤为地、巽为风、震为雷、坎为水、离为火、艮为山、兑为泽这八个卦上下卦互换后不变外，其它56个卦共分为28组杂卦。

在周易卦序图中的32组综卦（含自综及互综）中，除了有9组错卦外，还有6组杂卦，分别是水天需与天水讼、地水师与水地比、地天泰与天地否、天火同人与火天大有、火地晋与地火明夷、火水未济与水火既济。其中地天泰与天地否、火水未济与水火既济这两组卦既是错卦、也是综卦，还是杂卦。

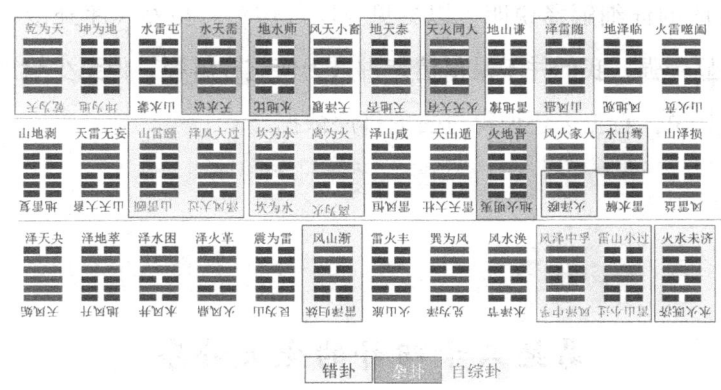

可见，周易卦序的排序规律是以综为主，综中有错，综中有杂。

但这只是对周易卦序排序依据的部分解读，解释了一组综卦内部的排序依据，但两组综卦之间的排序依据，如坤后为何是屯，比后为何是小畜，等等，仍有待探究和解决。

易经在几千年的流传过程中，也有很多概念比较混乱，比如对复卦的理解就各有不同。复卦除了有上面的互卦的概念外，也有人将六爻卦叫做复卦。我们知道，六爻卦也叫别卦、重卦，这里的复卦和重卦的含义是一样的，都是指由两个三爻的经卦重复组成的。

这64个重卦中有八个卦是由相同的两个经卦组成的，包括乾为天、坤为地、震为雷、巽为风、坎为水、离为火、艮为山和兑为泽。这八个卦又被称为八纯卦，相对于这八个纯卦，其余的56个重卦就"不纯"了，因此又有人将其成为"杂卦"。可见"复卦"和"杂卦"的叫法有些混乱。

所以我们在使用这些名词时要注意背景和场合，避免造成混乱。我们也希望在易经的发展过程中，将各种冲突的、矛盾的概念和理论尽量理清，让易经的条理更加清晰，理论更加明确。

除了上面介绍的本卦、错卦、综卦、复卦和杂卦外，易经中还有另外一个更加重要的名词，叫做变卦。变卦是本卦中某一个或某几个爻发生阴阳互变后所得到的新卦象。变卦在周易预测中的使用频率非常高，也具有重要的应用价值。

周易卦序的详细解释说明可以参见《序卦传》。虽然《序卦传》中的一些逻辑关系略显牵强，我们并不是很清楚古人为何这样解释，但至少给出了一个基本能够自圆其说，看上去还说得过去的排序依据。

易经六十四卦的先天卦序

先天卦序是从先天八卦图衍生出来的天地运行顺序，即我们所熟知的天圆地方图，又称六十四卦方圆图。天圆地方图据传由陈抟老祖传出，后经康节先生发扬光大。

天圆地方图由两部分组成，即外部沿圆周排列的六十四卦和内部八行八列分布的六十四卦。外部的圆形叫做天图，象征天，内部的方图叫做地图，象征地。

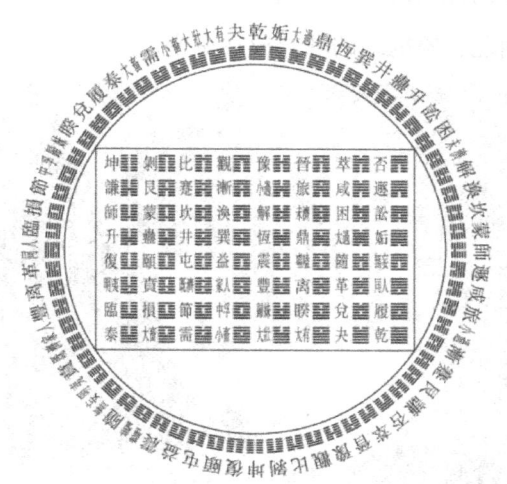

天圆地方体现了中国古人的宇宙观、时空观。古人认为天是圆形的，地是方形的，天就像一个大碗一样扣在大地上。因此在从先天八卦演化出来的天地运行规律图中，外部圆形环绕的卦象代表天的运转规律，而中间方形排列的卦象则代表地的运转规律。天为主，地为次，天为阳，地为阴，两者相互感应，生成了宇宙万物，人则是由天地的精华物质所构成的，被视为宇宙万物之灵。

一 方图的排布规律

与周易卦序相比，先天卦序的规律性很强。我们先来看方图的排列规律：

（一）天倾西北、地陷东南

方图右下角（西北方）是乾为天卦，左上角（东南方）是坤为地卦，取的是《淮南子·天文训》中共工怒触不周山的故事。

据《列子·汤问》记载：

昔者女娲氏炼五色石以补其(天)阙，断鳌之足以立四极。其后共工与颛顼争为帝，怒而触不周之山，折天柱，绝地维。故天倾西北，日月星辰就焉；地不满东南，故百川水潦归焉。

因共工怒触不周山，导致"天倾西北、地陷东南"，使得中国的地形整体

· 335 ·

上呈现出西北高、东南低的态势，中国的河流也大多都从西北向东南流，所以将象征天的乾卦放在西北，象征地的坤卦放在东南。

确定了乾坤两卦的位置，就实现了天地定位，其它卦象就好排列了。

（二）从右到左，从下到上

方图是一个二维平面图形，根据乾在西北、坤在东南的定位，横轴上的八卦按先天顺序从右（西）到左（东）排列，即从右到左分别为乾兑离震巽坎艮坤；纵轴上的八卦按先天顺序从下（北）到上（南）排列，即从下到上分别为乾兑离震巽坎艮坤，由此将空间分为八行八列，共六十四个小方格。

每个小方格内的重卦都是横轴卦象为上卦，纵轴卦象为下卦，如方图中的最下面一行的八个卦都是以乾为下卦，然后上卦从右到左顺序排列乾兑离震巽坎艮坤，下面第二行的八个卦都是以兑为下卦，然后上卦从右到左顺序排列乾兑离震巽坎艮坤，如此等等。由此得到六十四卦的方图。

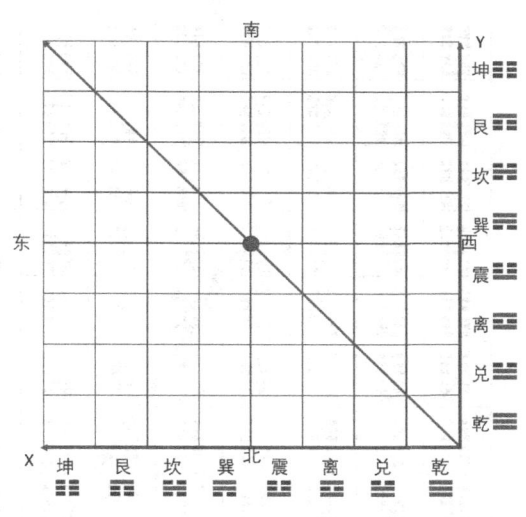

（三）纯卦位于对角线

根据乾一、兑二、离三、震四、巽五、坎六、艮七、坤八的先天八卦顺序，八个纯卦从右下（西北）向左上（东南）依次排列在对角线上，这是方图的主对角线。

（四）对称相杂

方图中，关于主对角线对称的两个卦都是互为杂卦的关系，如泽天夬与天泽履、火天大有与天火同人、地山谦与山地剥等，都关于主对角线对称，并互为杂卦。

（五）对称相错

方图中，关于中心对称的两个卦都是互为错卦的关系，如乾为天与坤为地、泽天夬与山地剥、火天大有与水地比等，都关于中心对称，并互为错卦。

换个方法来认识更加直观，当主对角线绕着中心点旋转时，线上关于中心点对称的两个卦互为错卦，如下图中的山地剥与泽天夬、水山蹇与火泽睽、风水涣与山火贲、巽为风与震为雷均为互错关系。

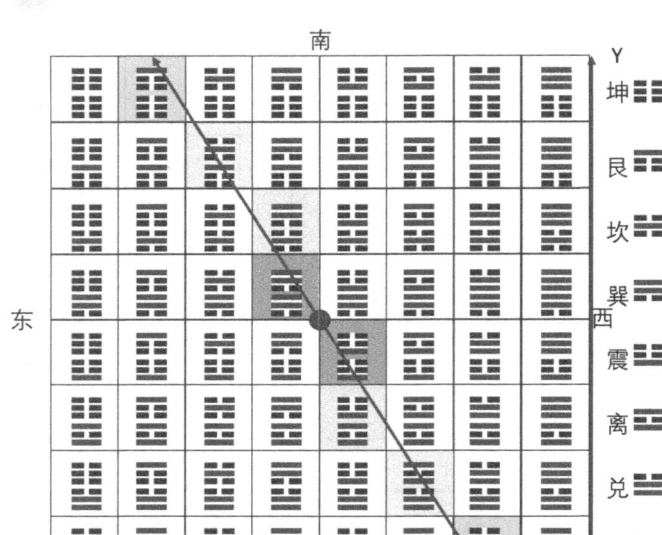

二 天图的排布规律

天图实际上是对方图的改造和变形,将方图中的八行卦首尾相连,按照先天八卦图的顺序排列在圆周之上,其中前面 32 卦(方图中下面四行中的卦)从上到下排列在圆周左侧,后面的 32 卦(方图中上面四行中的卦)则从上到下排列在圆周右侧。

天图的排布规律如下:

(一)天地定位

天图中,乾为天居上(或正南),坤为地居下(或正北),两卦关于圆心对称,定住了天地两极。

天图中唯一的美中不足,就是离坎两卦发生了偏转。

虽然离坎两卦也关于圆心对称,却没有位于正东正西,其中离位于东偏北方向,坎位于西偏南方向,偏移了约 11.25 度。

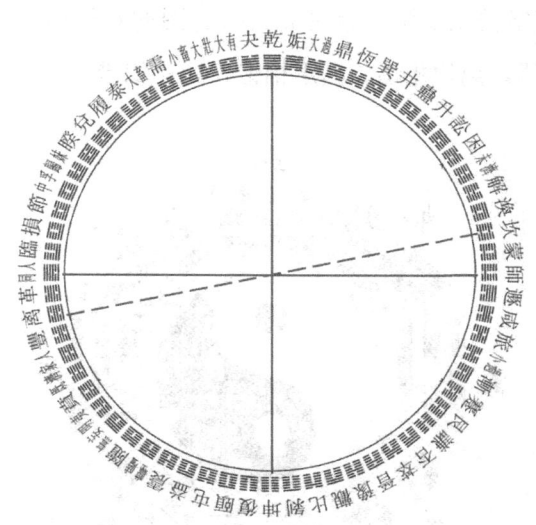

若将乾坤两卦理解为地球的南极和北极，那么坎离两卦的偏移类似于地球的磁场偏移，在南北极地区，磁偏角约为 11.5 度左右，非常接近天图中 11.25 度的数值，这是一件很有意思的事情。

正常情况下，我国境内的磁偏角一般情况为 2-3 度，但靠近北极的漠河地区，磁偏角达到 11 度。

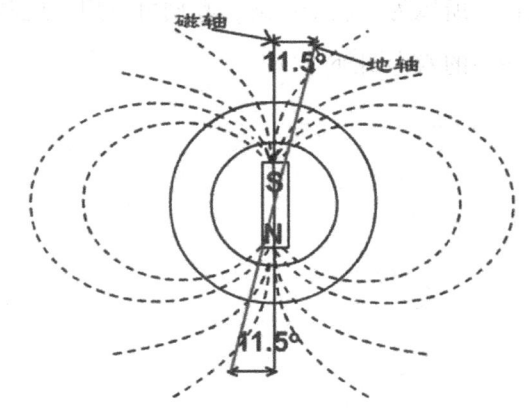

（二）对称相错

天图中关于圆心对称的两个卦互为错卦，如乾坤、坎离、艮兑、震巽、天火同人与地水师等，共计 32 组错卦，对称排列在圆周上。

·339·

天图的对称相错关系实际上就是先天八卦图的对称相错关系的扩展表现。如八卦图中乾坤相错、离坎相错、巽震相错、艮兑相错。

三　先天卦序的数学编码

先天卦序就是按照伏羲先天八卦图的顺序，即按照乾一、兑二、离三、震四、巽五、坎六、艮七、坤八这个顺序衍生出来的。不过用这八个汉字来理解先天卦序比较复杂和拗口，所以为了便于理解，我们可以用二进制、八进制、十进制来分别表示先天卦序中的六十四卦。

卦名	二进制					八进制		十进制	卦名	二进制					八进制		十进制
乾为天	0	0	0	0	0	1	1	1	天风姤	1	0	0	0	0	5	1	33
泽天夬	0	0	0	0	1	1	2	2	泽风大过	1	0	0	0	1	5	2	34
火天大有	0	0	0	1	0	1	3	3	火风鼎	1	0	0	1	0	5	3	35
雷天大壮	0	0	0	1	1	1	4	4	雷风恒	1	0	0	1	1	5	4	36
风天小畜	0	0	1	0	0	1	5	5	巽为风	1	0	1	0	0	5	5	37
水天需	0	0	1	0	1	1	6	6	水风井	1	0	1	0	1	5	6	38
山天大畜	0	0	1	1	0	1	7	7	山风蛊	1	0	1	1	0	5	7	39
地天泰	0	0	1	1	1	1	8	8	地风升	1	0	1	1	1	5	8	40
天泽履	0	0	1	0	0	0	2	1	9	天水讼	1	0	0	0	0	6	1	41
兑为泽	0	0	1	0	0	1	2	2	10	泽水困	1	0	0	0	1	6	2	42
火泽睽	0	1	0	0	1	0	2	3	11	火水未济	1	0	0	1	0	6	3	43
雷泽归妹	0	1	0	0	1	1	2	4	12	雷水解	1	0	0	1	1	6	4	44
风泽中孚	0	1	1	0	0	1	2	5	13	风水涣	1	0	1	0	0	6	5	45
水泽节	0	1	1	0	1	1	2	6	14	坎为水	1	0	1	0	1	6	6	46
山泽损	0	1	1	1	0	1	2	7	15	山水蒙	1	0	1	1	0	6	7	47
地泽临	0	1	1	1	1	1	2	8	16	地水师	1	0	1	1	1	6	8	48
天火同人	0	1	0	0	0	0	3	1	17	天山遁	0	1	0	0	0	0	7	1	49
泽火革	0	1	0	0	0	1	3	2	18	泽山咸	0	1	0	0	0	1	7	2	50
离为火	0	1	0	0	1	0	3	3	19	火山旅	0	1	0	0	1	0	7	3	51
雷火丰	0	1	0	0	1	1	3	4	20	雷山小过	0	1	0	0	1	1	7	4	52
风火家人	0	1	0	1	0	0	3	5	21	风山渐	0	1	0	1	0	0	7	5	53
水火既济	0	1	0	1	0	1	3	6	22	水山蹇	0	1	0	1	0	1	7	6	54
山火贲	0	1	0	1	1	0	3	7	23	艮为山	0	1	0	1	1	0	7	7	55
地火明夷	0	1	0	1	1	1	3	8	24	地山谦	0	1	0	1	1	1	7	8	56
天雷无妄	0	1	1	0	0	0	4	1	25	天地否	1	1	1	0	0	0	8	1	57
泽雷随	0	1	1	0	0	1	4	2	26	泽地萃	1	1	1	0	0	1	8	2	58
火雷噬嗑	0	1	1	0	1	0	4	3	27	火地晋	1	1	1	0	1	0	8	3	59
震为雷	0	1	1	0	1	1	4	4	28	雷地豫	1	1	1	0	1	1	8	4	60
风雷益	0	1	1	1	0	0	4	5	29	风地观	1	1	1	1	0	0	8	5	61
水雷屯	0	1	1	1	0	1	4	6	30	水地比	1	1	1	1	0	1	8	6	62
山雷颐	0	1	1	1	1	0	4	7	31	山地剥	1	1	1	1	1	0	8	7	63
地雷复	0	1	1	1	1	1	4	8	32	坤为地	1	1	1	1	1	1	8	8	64

注：为了与先天卦序对应，我们在八进制中按中国的传统用 1～8 这八个数字，而不是西方的 0～7 这八个数字。

我们将 11～44 及 41～88 这 64 个八进制数依次排列在圆周的左右两侧，就得到了圆图；将 11～18 直至 81～88 这八行八列从下到上、从右到左排列起来就得到了方图，将两个图相合，就得到了一个数字版的天圆地方图。

得到这个数字版的天圆地方图之后，我们再按照乾一、兑二、离三、震四、巽五、坎六、艮七、坤八的对应关系将图中 11～88 这 64 个数换成 64 个卦，比如我们知道 4 对应的是震卦，7 对应的是艮卦，所以 47 就是山雷颐卦；知道 2 对应的是兑卦，5 对应的是巽卦，所以 25 就是风泽中孚卦，等等，这样我们就得到了六十四卦方圆图。

四　先天卦序的应用

先天卦序图是一个时空一体的分布图，其中蕴含着空间信息和时间信息。

先天卦序中的天图有两种表现形式，一种是将 64 卦按顺序分布在圆周上，将空间 360 度圆周分为 64 等份，每份 5.625 度；将时间一年的 365 天分为 64 卦，每卦约 5.7 天。

另一种是将乾坤坎离这四个用于定位的正卦抽出来，将其余六十个卦按原有顺序分布在圆周上。图中将空间 360 度圆周分为 60 等份，每份 6 度；将时间一年 365 天分为 60 等份，每卦约 6.07 天。

抽出的四个正卦对应四象，其中乾为老阳，坤为老阴，离为少阳，坎为少阴，将圆周分为四个等份，每个等份分别对应空间的 90 度（十五个卦）和时间的春夏秋冬四季。

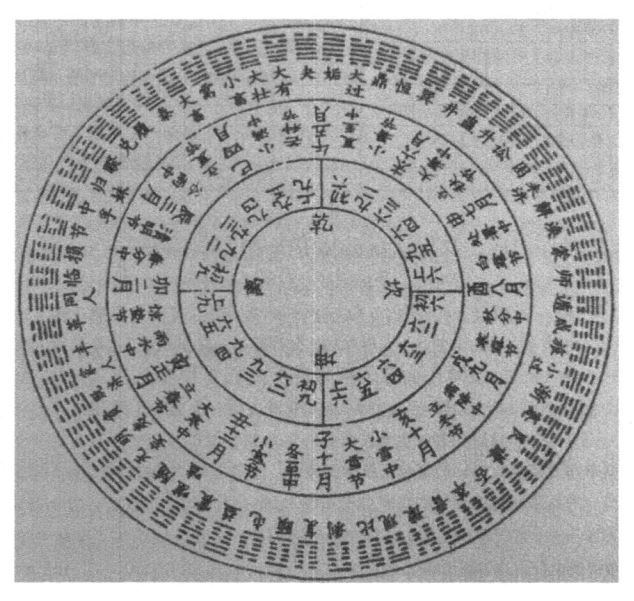

易经中的时空一体观念主要体现于由天干地支构成的六十甲子，六十甲子既是时间符号，也是空间符号。圆周上的六十个卦分别对应六十甲子，即从甲子直至癸亥，同时也对应一年十二个月，二十四个节气。

在康节先生的《皇极经世》理论体系中，将宇宙衍化周期分为元会运世，一元有十二会，一会有三十运，一运有十二世，一世有三十年。故一元之年数包括 129600 年。

元会运世的理论架构可以应用在更大的时间范围和更小的时间范围内。

更大时间范围内，我们可以将一元（129600 年）当作一世，去向上推衍更加久远的宇宙历史。

更小时间范围内，我们可以将一年视作一元，如 1 年有 12 个月，1 个月有 30 天，一天有 12 个时辰，一个时辰有 30 分（与我们常用的分钟不同）。

元会运世的计算公式是（12x30）x（12x30）=129600。

在这个公式中，其实是有两个 360 的循环，即 360x360=129600。

在先天卦序图中，去掉四正卦，圆周上有 60 个卦，每个卦有六个爻，共计 360 个爻，因此先天卦序图可以对应一元的时间，其中每个卦对应 2160 年，卦中的每个爻对应 360 年。

360 年的跨度太大，不便于进行研究，我们还可以对每个卦进行爻变。以泽天夬卦为例，泽天夬卦整体对应 2160 年，其中每个爻对应 360 年，对泽天夬的六个爻进行爻变，初爻变得到泽风大过、二爻变得到泽火革、三爻变得到兑为泽，……，一直到六爻变得到乾为天。

由于泽天夬的初爻对应 360 年，初爻动变得到的泽风大过就对应 360 年，大过卦的每一爻对应 60 年。

如果觉得 60 年的跨度还是太大，那么就可以对泽风大过的六个爻继续进行爻变，如大过卦初爻变得到泽天夬卦，二爻变得到泽山咸卦，三爻变得到泽水困卦，……。

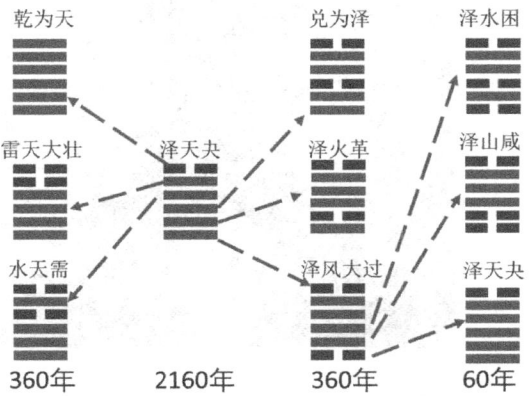

那么新得到的泽天夬卦就对应了六十年,其中的每一爻对应10年。如此等等,可以无限重复下去,最终可以得到每一年、每一月、每一天,甚至更大更小的时间范围所对应的卦象,然后用此卦象来推衍当时所发生之事。

康节先生用这个办法对中国历史进行推衍,从三皇五帝一直推衍到宋太祖建立宋朝,据此建立了一个历史年表。

利用康节先生的方法,前知五百年,后知五百载就不再是难事了。

可惜《皇极经世书》原作没有传世,而且正如同世上没有几个人真正懂量子力学一样,也没有几个人真正懂皇极经世。

希望有兴趣的朋友可以深入研究一下。

六十四卦的八宫卦序——六爻预测的重要基础

八宫卦序是实践中最为常用的一种排序方式,是六爻预测的重要基础。

八宫卦序源于西汉时期的京房。京房是西汉学者,本来姓李,字君明。根据《汉书·艺文志》记载:"《易经》十二篇,施、孟、梁丘三家。"施仇、孟喜、梁丘贺三家是西汉时期易学的主要流派,其中孟喜传给焦延寿,焦延寿传给京房。

京房对易学的传播和应用做出了重大贡献，京房易与周易的体系完全不同，提出了八宫卦序的排序方法，将六十四卦分为乾、兑、离、震、巽、坎、艮、坤八个卦宫，每个卦宫各有八个卦，并将六十甲子与卦象卦爻相结合，所以后世又称为纳甲筮法，俗称六爻法，是目前流传最广、影响最大的一种周易预测术。

后来发展到唐朝末年，宋朝初年，麻衣道人写了一本书叫做《火珠林》，根据京房的理论，系统地总结了纳甲筮法，所以后世又把纳甲筮法叫做火珠林法。这个麻衣道人据说就是陈抟老祖的老师，不过人们对麻衣道人的了解，更多地是来自于《麻衣相法》这本书，《麻衣相法》这本书在民间的影响更大。

自《火珠林》问世后，后世还有很多关于纳甲的著作问世，如《易林补遗》、《阐奥歌章》、《洞林秘诀》、《卜筮全书》、《卜筮元龟》、《易冒》、《断易天机》、《黄金策》、《卜筮正宗》、《增删卜易》、《易隐》等，其中尤以刘伯温的《黄金策》影响最大。近年来明末清初的野鹤老人集自己40多年的经验和卦例所著的《增删卜易》也受到了越来越多学者的关注。

八宫卦序在实践中有着广泛的应用，也是我们本章要介绍的主要内容。

在介绍八宫卦序之前，我们需要先了解两个全新的概念，即世应和六亲，这两个概念在京房易中的地位非常重要，我们研究八宫卦序的主要目的就是要确定卦中六个爻的世应属性和六亲属性。

一 世应

世应是京房易六爻卦中特有的两个爻位，世所在的爻位又称为世爻或者世位，应所在的爻位又称为应爻或者应位。

在易经预测中，世就是求测人自己，比如你去找人占卜预测，不管你是在算自己的事情，还是算别人的事情，在所得到的卦象中，世所在的爻位就代表你，世爻所具有的五行属性就是你在所测事件中的五行属性。

尤其是在预测关于自己的事情时，世爻就成了卦象的核心研究对象，通过考察其它爻和时间（年月日时）对世爻的作用关系来看事情发展的吉凶趋势。

应所在的爻位就代表与你相对应的特定某个人，比如你的合作伙伴等等。

世应两个爻位之间相隔两个爻,比如世在初爻,应就在四爻。那么初爻就代表你,四爻代表对方;若是世在三爻,应就在六爻,那么三爻就代表你,六爻就代表对方。依此类推。世应之间的两个爻叫做间爻。

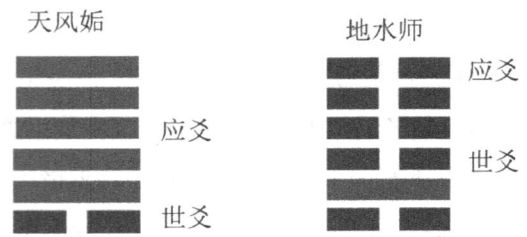

当然,由于所测之事不同,世应两爻的作用也不同,并不是每个卦都要考虑和分析这两个爻,但一定要先确定这两个爻的位置,用于给卦象定位。

二 六亲

六亲分别是父母、兄弟、子孙、妻财、官鬼。再加上那个没有出现的"我",一共六个,所以叫做六亲。有个成语叫做"六亲不认",就出自这里。六亲并不是特指具体的某六个亲戚关系,而是泛指所有的社会关系。

六亲本质上就是五行关系,确定方法是以卦的五行属性为核心,为我,那么父母就是生我者,子孙就是我生者,官鬼就是克我者,妻财就是我克者,兄弟就是比和者。

六亲中除"我"之外的五亲就是五行,因此同样遵循五行之间的生克关系。

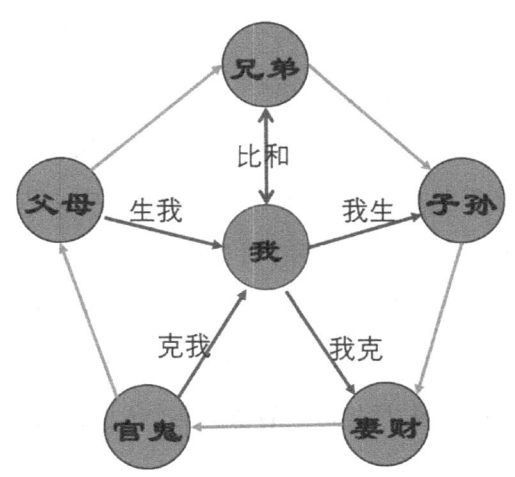

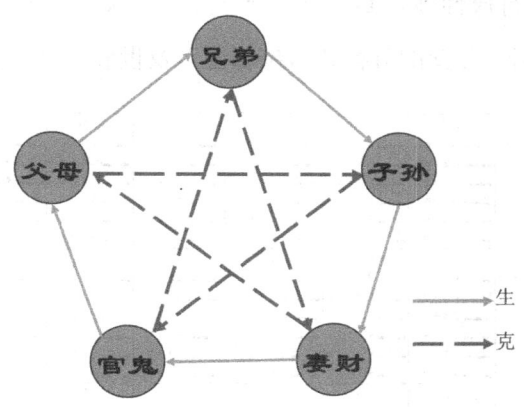

五行属性是宇宙间万事万物普遍存在的特性，易经中的卦和爻也不例外。六十四卦以及卦中的384爻都有各自的五行属性，爻的五行属性与卦的五行属性之间的关系就是各个爻的六亲定性。

所以为了确定每个爻的六亲属性，就首先需要知道每个卦的五行属性，因为爻的六亲属性是根据卦的五行属性来确定的。

三 卦的五行属性

京房易将六十四卦分为八个卦宫，分别为乾宫、兑宫、离宫、震宫、巽宫、坎宫、艮宫和坤宫，并分别由八个纯卦统领。各个卦宫中八个纯卦的五行属性即八卦的五行属性：乾宫和兑宫五行属金，震宫和巽宫五行属木、坤宫和艮宫五行属土，离宫五行属火，坎宫五行属水。

每个卦宫各有八个卦，这八个卦的五行属性都与卦宫的五行属性相同：乾宫八个卦五行属金，坎宫八个卦五行属水，离宫八个卦五行属火，……。所以只要知道一个卦位于哪个卦宫，那么这个卦的五行属性就知道了。

四 爻的六亲定位

每个卦的六个爻都有各自的五行属性，根据爻的属性与卦的属性的关系，来确定各个爻的六亲定位，比如乾宫中的某个卦五行属金，那么卦中土爻的六亲就是父母，木爻的六亲就是妻财，金爻的六亲就是兄弟，火爻的六亲就是官鬼，水爻的六亲就是子孙。

由于爻的五行属性涉及到了十二地支的相关知识，这里我们先不做过多介绍，仅将六十四卦384爻的五行和六亲属性以及世应关系汇总如下，谨供参考。

[六十四卦爻位五行六亲世应关系表]

五 八宫卦序排序规则

上述表格中的六十四卦排序实际上就是八宫卦序，八宫卦序的排序依据是世爻的位置。我们从表中不难发现，八个卦宫中每宫的第一卦是八纯卦，世爻在六爻，第二卦世爻在初爻、第三卦在二爻、第四卦在三爻、第五卦在四爻、第六卦在五爻、第七卦在四爻、第八卦在三爻。

下面我们一步步地分析八宫卦序的排列规律：

（一）以先天八卦的顺序建立八个卦宫，分别为乾宫、兑宫、离宫、震宫、巽宫、坎宫、艮宫、坤宫。

（二）将八个纯卦作为每个卦宫的第一卦，即乾为天为乾宫第一卦，兑为泽为兑宫第一卦，离为火为离宫第一卦，其它几个卦宫的首卦依此类推。第一卦的世位在六爻，应位在三爻。

（三）以各个卦宫的第一卦纯卦为基础开始进行爻变，爻变就是将阴爻变为阳爻，将阳爻变为阴爻。爻变顺序是从最底下的初爻开始，向上一个爻一个爻地变，变到哪个爻，世爻就出现在哪个爻。世在哪一爻，这个卦就叫做几世卦。比如世爻在三爻就是三世卦，在五爻就是五世卦。

为了便于理解，我们下面以乾宫为例进行一次完整的爻变，从而了解乾宫八个卦的排列次序和排列规律。

1. 乾宫第一卦是乾为天，乾为天卦是纯卦，由两个三爻的乾卦组成，世爻在六爻，应爻在三爻。

2. 乾宫第二卦是将乾为天的初九爻由阳爻变为阴爻，得到天风姤卦，因为是初爻发生了卦变，所以世爻在初爻，应爻在四爻，即天风姤卦是乾宫的一世卦。

3. 乾宫第三卦是将所得到的天风姤卦的九二爻由阳爻变为阴爻，得到天山遁卦，世爻在二爻，应爻在五爻，即天山遁卦是乾宫的二世卦。

4. 乾宫第四卦是将所得到的天山遁卦的九三爻由阳爻变为阴爻，得到天地否卦，世爻在三爻，应爻在六爻，即天地否卦是乾宫的三世卦。

5. 乾宫第五卦是将所得到的天地否卦的九四爻由阳爻变为阴爻，得到风地观卦，世爻在四爻，应爻在初爻，即风地观卦是乾宫的四世卦。

6. 乾宫第六卦是将所得到的风地观卦的九五爻由阳爻变为阴爻，得到山地剥卦，世爻在五爻，应爻在二爻，即山地剥卦是乾宫的五世卦。

7.乾宫第七卦不再按照原来的卦变方式去变第六爻了，否则山地剥卦的第六爻阳变为阴得到坤卦，就跳到坤宫去了。因此这时只能掉头往回变，也就是再次将山地剥的第四爻由阴爻变为阳爻，得到火地晋卦，即火地晋卦是乾宫的四世卦。

由于卦变方式的调整，向上的路被打断，不得不折回头向下发展，因此这个第二次得到的四世卦还有一个特殊的名字，叫做"游魂卦"，有游移不定、犹豫不决、动荡不安的意思。八个卦宫的第七个卦都是游魂卦。

8.乾宫第八卦的卦变方式更加独特，得到火地晋这个游魂卦之后，下一步只能继续向下发展，并且将火地晋下面的三个爻一次性地全部阴阳互变，将三个阴爻全部变成阳爻，从而得到火天大有卦。世爻在三爻，应爻在六爻，因此火天大有卦是乾宫的三世卦。

由于这第八个卦火天大有卦的下卦再次变回了乾卦，与第一卦的下卦相同，因它有归来之意，所以这第八个卦又称为"归魂卦"，八个卦宫中的所有第八个卦都是归魂卦。

其它七个卦宫的变化规律与乾宫相同，由此可以得到八个卦宫的六十四卦排列顺序。各个卦宫的卦序如下：

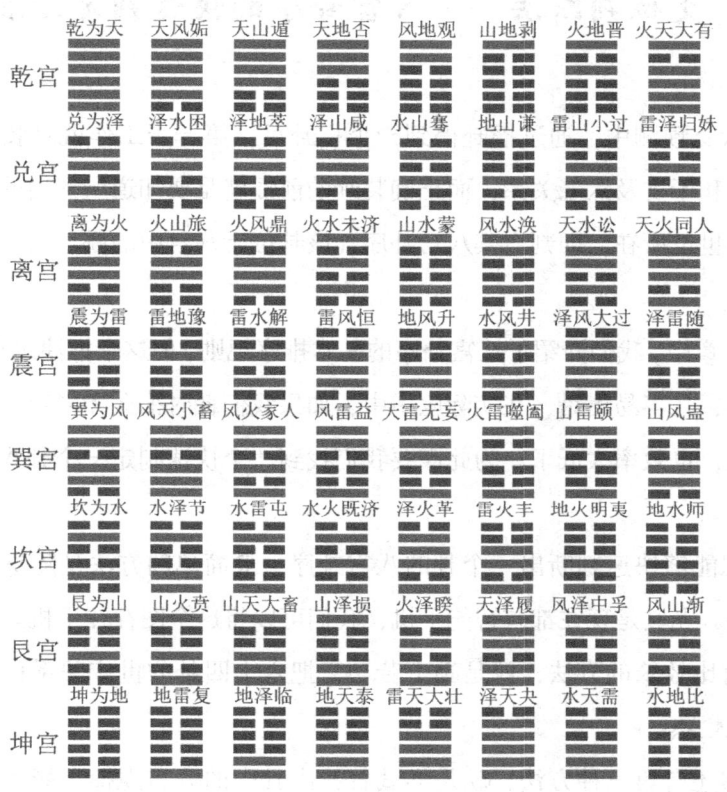

我们将易经叫做宇宙建模学,其中六十四卦就是最为常用的建模工具,而八宫卦序是对六十四卦模型进行分析的重要工具。不过由于其中涉及到了天干地支等相关知识,我们留待后面再去讲解如何利用六十四卦去建立宇宙万物的时空全息模型。

爻位判断法——八宫卦序的快速判定方法

在六爻预测中,通过摇卦得到一个重卦后,第一步工作就是装卦,为卦爻装上世应和干支及六亲关系,而正确装卦的前提就是要知道所摇出的这个卦的五行属性和世位所在,即判定其八宫卦序(该卦位于八宫中的哪一宫,哪一爻是世爻)。

上一章中,我们介绍了八宫卦序的基本排序规则,但这个推演过程十分繁复,耗时较长,且容易出错,在实际应用中,如果我们耗时很久才能装好卦,就显得很不专业,也效率太低了。为此需要我们找到一个快速判定一个卦八宫卦序的捷径。

要想能够快速判断出一个卦的八宫卦序,最简单的方法是随身携带一张八宫卦序图。尤其是现在都有智能手机,我们可以将这个图存在手机里随时查看。

还有比较笨的方法,就是勤下苦功,把六十四卦的世应关系和六亲关系都背的滚瓜烂熟。

当然还有第三种方法,就是尝试着找出其中的分布规律,能够直接根据卦象快速判断出宫位和世位。

下面我们来介绍一下判断世应和宫位的方法,叫做爻位判断法。

六爻卦是由两个八卦上下重叠而成,八宫卦序的排列方法是爻变法,即从下卦向上卦一个爻一个爻地进行阴阳互变,在爻变的过程中,下卦和上卦的相互关系发生了变化。

为了便于比较,我们将六个爻分为三组,即初爻和四爻一组(14),二爻和五爻一组(25),三爻和六爻一组(36),一共得到3组卦爻的组合,即14、25、36。

这个分组的依据实际上就是六爻卦的上卦和下卦的对应爻位:

- 初爻是下卦的第一爻,四爻是上卦的第一爻,因此将1和4编为一组;
- 二爻是下卦的第二爻,五爻是上卦的第二爻,因此将2和5编为一组;

- 三爻是下卦的第三爻，上爻是上卦的第三爻，因此将3和6编为一组。

在八宫卦序中的爻变，每一组中两个爻的阴阳属性只有两种情况，或者相同（全阴或全阳），或者不同（一阴一阳），没有第三种情况。由此我们得到了如下的对应关系：

状态	说明	宫位	世位
三组都相同	1与4同，2与5同，3与6同，重卦	与上卦同宫	6世
三组都不同	1与4不同，2与5不同，3与6不同	与上卦同宫	3世
仅14不同	1与4不同，2与5同，3与6同	与上卦同宫	1世
仅14相同	1与4同，2与5不同，3与6不同	与下卦对宫	4世
仅36不同	1与4同，2与5同，3与6不同	与下卦对宫	5世
仅36相同	1与4不同，2与5不同，3与6同	与上卦同宫	2世
仅25不同	1与4同，2与5不同，3与6同，归魂	与下卦同宫	3世
仅25相同	1与4不同，2与5同，3与6不同，游魂	与下卦对宫	4世

对宫是指在先天八卦图中关于中心彼此相对的两个位置，如乾坤相对、艮兑相对、坎离相对、震巽相对。对宫的两个卦是错卦关系。

记住这个图表，就可以直接判定一个卦的八宫卦序，知道它属于哪个卦宫，世爻在哪个爻位了。

我们举例来说明爻位判断法的使用方法。

假设我们通过摇卦的方式得到了泽火革卦，需要快速判断泽火革的宫位和世位。泽火革中25不同、36不同，仅14相同，根据爻位判断法，只有14相同就是四世卦，世爻在四爻。此时下卦已经完成了整体的爻变，因此泽火革所在的宫位在下卦的对宫位，或者说是错卦位。离卦的错卦是坎卦，由此可知泽火革是坎宫的四世卦，应爻在初爻，五行属水。

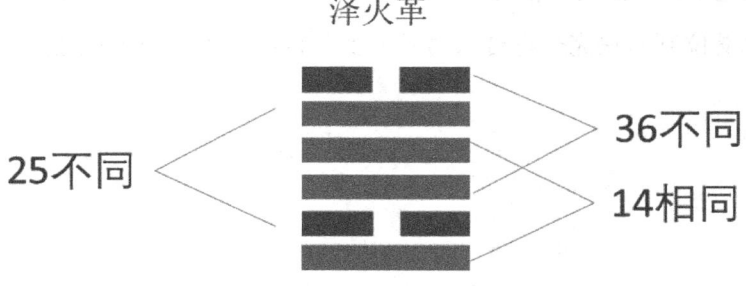

泽火革

我们以乾宫八卦为例来说明爻位判断法的理论依据。

乾为天	天风姤	天山遁	天地否	风地观	山地剥	火地晋	火天大有
戌土父母世	戌土父母	戌土父母	戌土父母应	卯木妻财	寅木妻财	巳火官鬼	巳火官鬼应
申金兄弟	申金兄弟	申金兄弟应	申金兄弟	巳火官鬼	子水子孙世	未土父母	未土父母
午火官鬼	午火官鬼应	午火官鬼	午火官鬼	未土父母	戌土父母	酉金兄弟世	酉金兄弟
辰土父母应	酉金兄弟	申金兄弟	卯木妻财世	卯木妻财	卯木妻财	卯木妻财	辰土父母世
寅木妻财	亥水子孙	午火官鬼世	巳火官鬼	巳火官鬼	巳火官鬼应	巳火官鬼	寅木妻财
子水子孙	丑土父母世	辰土父母	未土父母	未土父母应	未土父母	未土父母应	子水子孙

第一卦乾为天，上下卦都是乾卦（纯卦），因此14爻阴阳相同、25爻阴阳相同、36爻阴阳相同，即三组都相同，所以世爻是上爻，是六世卦；

第二卦天风姤，14阴阳不同，25阴阳相同，36阴阳相同，即三组中仅14不同，这是一世卦，上卦是乾，卦宫与上卦相同；

第三卦天山遁，14阴阳不同，25阴阳不同，36阴阳相同，即三组中仅36相同，这是二世卦，上卦是乾，卦宫与上卦相同。

第四卦天地否，14阴阳不同，25阴阳不同，36阴阳不同，即三组都不同，这是三世卦，上卦是乾，卦宫与上卦相同。

第五卦风地观，14阴阳相同，25阴阳不同，36的阴阳不同，即三组中仅14相同，这是四世卦，下卦是坤，坤的错卦和对位卦是乾，卦宫与下卦的错卦相同。

第六卦山地剥，14阴阳相同，25阴阳相同，36阴阳不同，即三组中仅36不同，这是五世卦，下卦是坤，坤的对位卦是乾，卦宫与下卦的错卦相同。

第七卦火地晋，14阴阳不同，25阴阳相同，36阴阳不同，即三组中仅25相同，这是四世卦，游魂卦，下卦是坤，坤的对位卦是乾，卦宫与下卦的错卦相同。

第八卦火天大有，14阴阳相同，25阴阳不同，36阴阳相同，即三组中仅25不同，这是三世卦，归魂卦，下卦是乾，卦宫与下卦相同。

其它7个卦宫的情况相同。

可见爻位判断法完全符合八宫卦的实际情况，可以用来快速判断一个卦的八宫卦序。

为帮助大家理解，我们再换个角度来认识爻位判断法。

在爻位判断法中，我们将每个卦的世位和宫位与14、25、36这三组爻内部两爻阴阳的异同建立起了联系，三组爻的阴阳异同只有八种情况，分别是三组都相同、三组都不同、仅14相同、仅25相同、仅36相同以及仅14不同、仅25不同、仅36不同。

再进一步，我们将这八种情况分为四类，即三组都相同和三组都不同、仅14相同和仅14不同、仅25相同和仅25不同、仅36相同和仅36不同这四组。据此可快速判定一个卦的八宫卦序。

一　三组都相同与三组都不同

其中第一类最好判断，三组都相同就是还没有发生爻变的情况，此时是纯卦，上下卦相同，因此可以立即判断出是每个卦宫的第一卦，世爻在六爻，五行属性就是自身。

三组都不同意味着下卦三爻已经全部发生了爻变，所以与上卦完全不同了。由此可以立即判断出这是每个卦宫的第四卦，世爻在三爻。

由于此时上卦还没有发生爻变，因此该卦所属的卦宫就是上卦显示的卦宫。

二　仅14相同与仅14不同

第二类也很好识别，仅14不同，是刚开始卦变，只有初爻发生了变化，所以这是每个卦宫的第二卦，世爻在初爻，此时上卦还没有发生变化，因此该卦所属的卦宫就是上卦显示的卦宫。

仅14相同意味着上卦的第一爻，也就是第四爻刚发生变化，所以变得与初爻相同了。很明显这是这个卦宫的第五卦，世爻在四爻。

此时下卦的所有阴阳爻全部变完了，在先天八卦图中居于原来位置的对宫位置，因此该卦所属的卦宫就是下卦的错卦/对位卦所在的卦宫。

三　仅25不同与仅25相同

第三类稍微有些难度，仅25不同意味着所有的都变完了，整个下卦都已经变回原来的状态了。此时除了5爻和上爻（第六爻）之外，其余的爻都发生了两次变化，变回了最初的状态，其中上爻从始至终不发生变化，只有5爻变化一次，所以和变化了两次的2爻不同了，这就是归魂卦。

所以仅25不同就是归魂卦。由于归魂卦的下卦已经变回了最初的状态，所以归魂卦所在的卦宫就是下卦所在的卦宫。

相反地，仅25相同就是游魂卦。游魂卦由于上卦正在变化，所以不好用上卦来判断卦宫，只好用下卦来判断所在卦宫的归属。下卦已经全部变化完成，因此该卦所在的卦宫就是下卦的对宫。

25这一组爻是判断归魂卦和游魂卦的主要依据，**仅25相同就是游魂，仅25不同就是归魂。**记住了这一点就可以快速判断一个卦的宫位和世位了。

四　仅36相同与仅36不同

第四类36也比较好判断。

仅36相同意味着初爻和二爻都已经变完了，三爻还没有发生变化，所以可以快速判定这是每个卦宫的第三个卦，世爻在二爻。由于此时上卦还没有发生变化，所以这个卦所在的卦宫就是上卦所显示的卦宫。

仅36不同意味着除了上爻之外，1～5爻都变过了，所以可以判定这个卦是每个卦宫的第六个卦，世爻在第五爻。

由于此时上卦正在变化，所以只能用下卦来判断所在卦宫的五行归属。此时下卦已经全部变化完成，因此这个卦所在的卦宫就是下卦的对宫。

只要记住了这八种情况，当我们见到一个卦时，就能够快速判定这个卦所在的卦宫、卦的五行属性和世应的位置，同时也为后续确定卦中六个爻的六亲属性奠定了基础。

这是个人的一点经验之谈，希望对大家有所帮助。

如何构建万物时空全息模型——六爻预测的流程与步骤

易经是宇宙建模学,建模方法和建模工具多种多样,其中的伏羲八卦和文王六十四卦就是两个最基础、最常用的建模方法。

我们会用几篇文章的篇幅来介绍用六十四卦为万物构建各自的时空全息模型的步骤和方法,也就是我们平常所说的火珠林法、六爻法。这个介绍只针对初入门的朋友,易学高手可绕行。

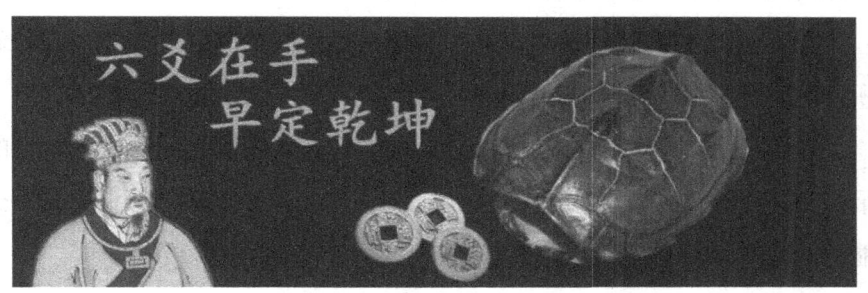

构建模型的步骤大体上可分为成卦、装卦和解卦三个环节,完整的流程则包括了起意念、成卦象、定时间、定世应、配干支、定六亲、配六神、(定神煞)、定用神、断吉凶、断应期、指迷津共十二个步骤。其中神煞之说十分混乱,也与易理相悖,所以我们不予介绍。

环节	成卦			装卦					断卦			
步骤	起意念	成卦象	定时间	定世应	配干支	定六亲	配六神	定神煞	定用神	断吉凶	断应期	指迷津

一 起意念

《梅花易数》中所说的"不动不占、不因事不占"是易经预测的基本原则,不论是梅花、六爻、奇门还是其它预测方法,都要遵循这一原则。六爻预测的主体就是我们的研究对象,也就是所谓的"事"和"动",若是研究对象没有出现,预测也就没有了意义,没有了核心。

· 357 ·

这个"事"和"动"最终表现为我们的起心动念，产生了想要就某事进行预测的意念。

这个意念就是我们开启天人沟通的钥匙，与天道共振并最终将我们想要预测的问题及其答案通过卦象反映出来。

理论上卦象与意念（即所要预测的事物）有着一对一的对应关系，卦象是对问题及其答案的显现，所以在预测时特别强调心诚则灵，强调一事一占。如果心中念头杂乱、几个问题都同时在心中显现，那么得到的卦象虽然能和其中的某个问题对应，却不一定和你所问的问题对应。

由于后面所有的解卦工作都是围绕这个你所问的问题展开的，若卦象偏离了所问的问题，那解出来的卦就驴唇不对马嘴了。

所以在有了预测的意念和想法后最好立即开始预测，因为这个时候的意念是最强烈、最纯粹的，容易与天道感应。若是等上一段时间再预测，其它念头就可能混入其中，预测结果的精准度就降低了。

除了一事一占，事占相应之外，预测中也会偶尔出现占此应彼、占一应多的现象。对这一现象，野鹤老人在《增删补易》中做了如下分析：

占此应彼，必须详察。

大凡占出卦象，必要详查。卦内每有不应所问，而反应所未问之事，盖神尝舍小事而报大事，舍小吉而报大凶；舍此应彼，舍彼应此；占我应他，占他应我。其何故也？乃因其旦夕祸福将临，机之一动，卦随现之耳，故曰："知几其神"，此之谓也。

在我们通过意念进行天人感应的时候，天道如同CT机一样对我们进行了一个全面的扫描检查，然后将我们的问题通过卦象反映出来。但如果在扫描的时候发现了我们面临着更严重的问题时，就会优先通过卦象将这个更严重的问题反映出来，也就是野鹤老人所说的"舍小事而报大事，舍小吉而报大凶"。

从这一点来看，天道是有智慧的，是更加高级的智慧生命，天人感应实际上是两个智慧生命之间的感应和交流。人类不过是生活在这个智慧生命体内的一个微生物罢了。

顺便说一下,在六爻预测的众多书籍中,我很是推崇野鹤老人的《增删补易》,这是他40多年占断经验的总结和记录,每个卦例都原汁原味,没有刻意的修饰和美化,更没有编造卦例的嫌疑,因此理论价值和应用价值都很高。

今后若有机会,我将为大家系统讲解介绍这本书。

二 成卦象

用伏羲八卦为万物构建时空全息模型的第一步是通过万物类象建立万物与八卦的对应关系,将万物转变为八卦,我们称之为万物的卦象化。

六爻法为万物构建模型的第一步同样是卦象化,将我们的意念,也就是我们的研究对象(所要预测的事物)转化为对应的某个卦象。不同之处在于,六爻法是用摇卦的方法,而非类象的方法来生成卦象。

在摇卦时有如下注意事项:

(一) 摇卦工具

摇卦所用的工具就是三枚铜钱,也可以用现在流通的各种硬币。

理论上任何三个完全相同且有正反两面之分的物体都可以用来摇卦。不过由于铜钱外圆内方,中间有肉(人),正反不同,因此暗含着天圆地方、三才兼备以及阴阳一体、阴阳二分的含义,更受江湖人士喜爱。

1. 铜钱的阴阳判定

这里有个阴阳正反的划分问题需要澄清一下。铜钱的两面一面是汉文，一面是满文，都是文字，如何区分正反面和阴阳面？

其实从理论上来说，任何一面做正面/反面都可以，因为正反、阴阳本来就是相对的，都是"名可名、非常名"。但为了便于沟通和交流，一般统一将有汉字的一面当作阴面，满文的一面当作阳面。

这是由于"阴重而阳轻，阴多而阳少"，所以将文字多、空白少的一面当作阴，将文字少、空白多的一面当作阳。

2. 摇卦方法

摇卦之时将三枚铜钱置于两掌之间，意念专注于所要预测的事情，不要升起杂念，摇动两掌之间的铜钱，随后将其抛掷在硬质平面（如桌面）上，记录下所得到的卦爻的阴阳属性。

如此往复六次，就得到了一个六爻的重卦。

在记录时按照由下到上的顺序，先摇出的爻（初爻）写在最下面，最后摇出的爻（上爻）写在最上面。

3. 卦爻的阴阳判定

三枚铜钱一共有四种阴阳组合，分别是三枚皆阴、三枚皆阳、一阴二阳、一阳二阴。其中：

三枚皆阳是老阳，写作阳爻并标记；

三枚皆阴是老阴，写作阴爻并标记；

一阳二阴是少阳，写作阳爻；

一阴二阳是少阴，写作阴爻。

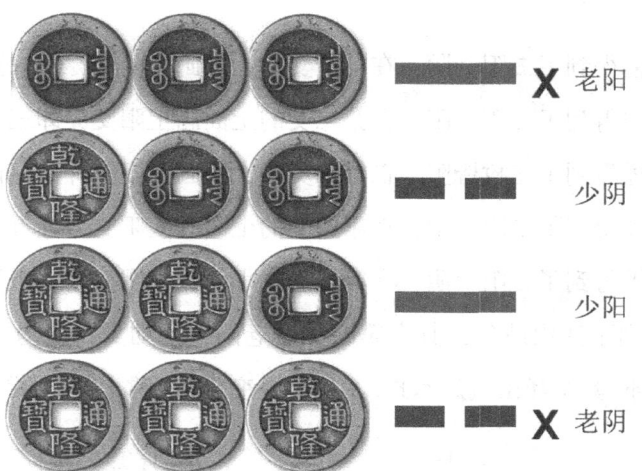

1) 少阴和少阳的判定

这里是根据孔子在《系辞传》中判断阴卦和阳卦的理论，将二阴一阳写作阳爻；二阳一阴写作阴爻：

阳卦多阴，阴卦多阳，其何故也？阳卦奇，阴卦耦。其德行何也？阳一君而二民，君子之道也。阴二君一民，小人之道也。

我们将阳卦改成阳爻、阴卦改成阴爻，即阳爻多阴、阴爻多阳，由此得到了如上阴阳爻的定义。

2) 老阴和老阳的变动

老阳属阳，所以写作阳爻，但老阳是阳气发展到了极致，因此会阳至一阴生，由阳爻变成阴爻；

老阴属阴，所以写作阴爻，但老阴是阴气发展到了极致，因此会阴至一阳生，由阴爻变成阳爻。

老阴和老阳就是六爻预测中的动爻，由动生变，阴阳互变。

传统写法中老阳和老阴所作的标记不同，一个称为变，一个称为化，但为了便于理解和传播，我们都统一标记，不再区分变与化。

4. 摇卦示例

如我们在预测时六次摇卦的结果分别如下：

第一次摇得到了二阳一阴，在纸上画上阴爻，即初爻；

第二次摇得到了二阳一阴，在第一爻的上面画上阴爻，即二爻；

第三次摇得到了二阴一阳，在第二爻的上面画上阳爻，即三爻；

第四次摇得到了三枚皆阳，在第三爻的上面画上阳爻并做标记，即四爻；

第五次摇得到了二阴一阳，在第四爻的上面画上阳爻，即五爻；

第六次摇得到了二阳一阴，在第五爻的上面画上阴爻，即上爻。

由此得到了泽山咸卦，其中第四爻是老阳，是动爻，变为阴爻，泽山咸卦变为水山蹇卦。其中泽山咸是本卦，水山蹇是变卦，又称之卦。所得到的卦象如下：

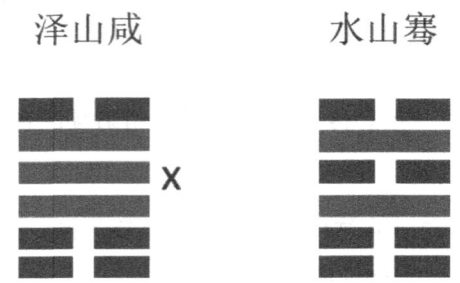

这是摇卦得到的基础卦象。

三 定时间

定时间就是确定这个卦象的生成时间，也就是确定这个卦象本身的年月日时四柱。

如 2020 年 9 月 1 日 10 点 35 分测与某人合作是否可行。时间就是 2020 年 9 月 1 日 10：35，但易经预测所用的时间是干支时间，还需要将这个时间转换为干支表达方式。

中国传统上用干支纪年法，即用甲、乙、丙、丁、戊、己、庚、辛、壬、癸这十个天干和子、丑、寅、卯、辰、巳、午、未、申、酉、戌、亥这十二个地支两两组合的方式来表达年月日时，天干地支一共六十种组合方式，即六十甲子。

通过查询万年历得知，2020 年 9 月 1 日的干支时间是庚子年甲申月丁未日，上午 9：00～11：00 是巳时。

六爻预测一般只考虑地支，不用考虑天干，由此得到卦象的生成时间是子年申月未日巳时。

只得到上述时间还不够，还需要知道当日所在的是哪一旬，哪两个地支旬空。丁未日是甲辰旬第四日，寅卯旬空。

由此可以得到最终的时间表达方式：

2020年9月1日10：35分 子年申月未日巳时（寅卯空）

关于旬及旬空等概念，留待后面讲天干地支和六十甲子时再讲。

四 配干支

成卦后，我们将进入装卦阶段，具体包括定世应、配干支、定六亲、配六神、（定神煞）这五个步骤，其中定世应的方法我们前面已经讲过，这里不再赘述。神煞之说我们弃之不用，因此只介绍配干支、定六亲、配六神这三个步骤。

我们来看在成卦后如何为卦象装配天干地支。

根据五行理论，宇宙万事万物之间的关系，包括卦与卦之间、爻与爻之间，都逃不开五行生克制化的关系，因此各种易经预测方法，尤其是梅花易数和六爻预测，都是基于卦与卦之间和爻与爻之间的五行关系来彰往察来，判定研究对象的吉凶悔吝和未来发展趋势。

卦的五行属性我们在八宫卦序中介绍过了，现在我们重点研究爻的五行属性。

爻的五行属性是通过爻的干支属性确定的。

天干有十个，分别是甲、乙、丙、丁、戊、己、庚、辛、壬、癸，地支有十二个，分别是子、丑、寅、卯、辰、巳、午、未、申、酉、戌、亥，天干地支相配形成六十甲子循环。天干地支是中国传统文化中的时间标记符号和空间标记符号，利用干支实现了时间与空间的统一，我们后面会详细介绍。

根据万物类象理论，天干地支也各有其五行属性和阴阳属性：

十天干中，甲乙属木、丙丁属火、戊己属土、庚辛属金、壬癸属水；甲、丙、戊、庚、壬属阳，乙、丁、己、辛、癸属阴。

十二地支中，亥子属水、寅卯属木、巳午属火、申酉属金、辰戌丑未属土；

子、寅、辰、午、申、戌属阳，丑、卯、巳、未、酉、亥属阴。

因此将干支引入六爻预测系统，用干支来标定每个爻，进而确定每个爻的五行属性，就为分析爻与爻之间的五行生克制化关系提供了必要的工具和手段。

由于六爻预测只需考虑地支之间的相互作用，因此我们这里只分析如何为卦中的每个爻配地支，并根据地支的五行属性确定每个爻的五行属性。

为六爻卦装配地支的方法是将六爻卦分为上下两个三爻卦（经卦），然后分别对每个经卦配地支。

为便于记忆，古人总结了一首歌诀，这是学习六爻预测必须熟练掌握的一个歌诀：

乾震子午坎寅申，

艮土辰戌顺行真；

巽木丑未离卯酉，

坤未丑兑巳亥循。

根据歌诀，四阳卦（乾震坎艮）配阳支，四阴卦（坤巽离兑）配阴支。

乾卦为阳卦，若为内卦（下卦）其初爻配子，若为外卦（上卦）其初爻配午，二爻顺行隔位配寅或申，三爻顺行隔位配辰或戌。其它三个阳卦依此类推。

坤卦为阴卦，若为内卦（下卦）其初爻配未，若为外卦（上卦）其初爻配丑，二爻逆行隔位配巳或亥，三爻逆行隔位配卯或酉。其它三个阴卦依此类推。

配好地支后，各爻的五行属性也就定好了，如乾为内卦，其三个爻的地支顺序由下到上为子寅辰，相应的五行属性为水木土，即初爻子水，二爻寅木，三爻辰土。八卦的地支五行如下表所示：

八宫六爻纳干支表

爻位	乾	坤	艮	兑	坎	离	震	巽
六爻	壬戌土	癸酉金	丙寅木	丁未土	戊子水	己巳火	庚戌土	辛卯木
五爻	壬申金	癸亥水	丙子水	丁酉金	戊戌土	己未土	庚申金	辛巳火
四爻	壬午火	癸丑土	丙戌土	丁亥水	戊申金	己酉金	庚午火	辛未土
三爻	甲辰土	乙卯木	丙申金	丁丑土	戊午火	己亥水	庚辰土	辛酉金
二爻	甲寅木	乙巳火	丙午火	丁卯木	戊辰土	己丑土	庚寅木	辛亥水
初爻	甲子水	乙未土	丙辰土	丁巳火	戊寅木	己卯木	庚子水	辛丑土

我们举个例子来理解。

如我们预测时，通过摇卦得到了泽山咸卦，上卦为兑，下卦为艮，根据歌诀中的"坤未丑兑巳亥循"和"艮土辰戌顺行真"，可知兑为上卦时，其初爻（即泽山咸卦的四爻）为亥水，艮为下卦时，其初爻（即泽山咸卦的初爻）为辰土。由此我们就得到泽山咸卦六个爻的地支和五行属性：

泽山咸

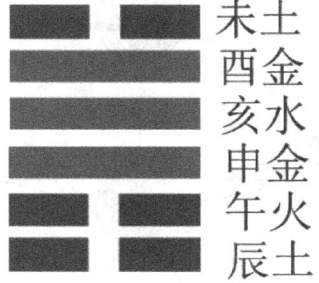

未土
酉金
亥水
申金
午火
辰土

若是泽山咸卦初爻发动变为泽火革卦，泽火革上卦为兑，下卦为离，根据歌诀中的"坤未丑兑巳亥循"和"巽木丑未离卯酉"，可知上卦兑的初爻（即泽火革卦的四爻）为亥水，下卦离的初爻（即泽火革卦的初爻）为卯木，由此得到泽山咸变泽火革的干支和五行属性：

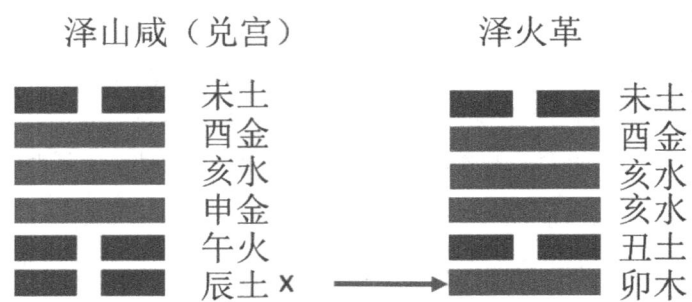

至此我们就完成了装卦环节的配干支工作，知道了卦中每个爻的地支和五行属性。

五 定六亲

在为卦中各个爻配好干支和五行之后，还要根据各个爻的五行属性来确定各个爻之间的生克制化关系。

在六爻预测中，引入了六亲的概念来表述五行中的我生、生我、我克、克我和比和这五种生克制化关系。

六亲是以"我"为核心，各个爻与"我"的生克比关系，即生我者父母、我生者子孙、克我者官鬼、我克者妻财、比和者兄弟。父母、子孙、官鬼、妻财、兄弟，再加上"我"，一共六个，即六亲。

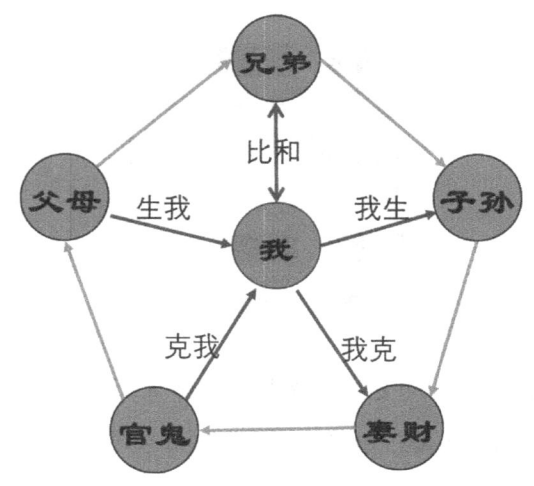

六亲关系也就是我们前面讲过的共生关系模型（5R模型）。

六亲概念的引入有助于我们摆脱五行即五种物质的束缚,让我们以一个更加宽阔的视野来认识爻与爻之间的关系。

六亲关系中的核心是"我",这个"我"就是卦的五行属性,可以根据八宫卦序来确定一个卦的五行属性。如泽山咸卦,其八宫卦序为兑宫第四卦,世爻在三爻,应爻在六爻,五行属金。

知道了泽山咸卦("我")五行属金,那么泽山咸中的初爻辰土生金为父母,二爻午火克金为官鬼,三爻申金比和为兄弟,四爻亥水金生为子孙,五爻酉金比和为兄弟,六爻未土生金为父母,由此得到泽山咸卦的六亲关系和世应位置:

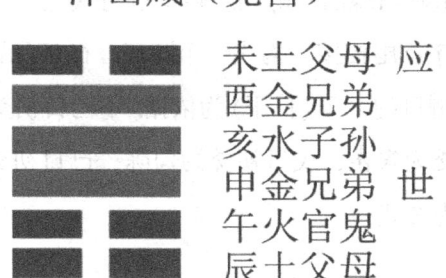

若是泽山咸初爻动变为泽火革,则可以得到动变前后两卦各个爻的六亲关系:

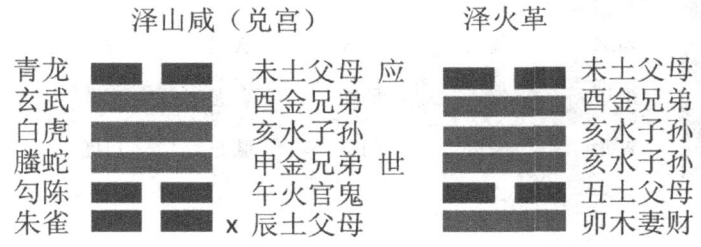

其中要特别注意的是,变卦仍然是以本卦为核心的,因此对于变卦来说,六亲关系中的"我"仍然是本卦的五行属性,而非变卦的五行属性。

如泽火革卦本为坎宫第五卦，"我"的五行属性为水，因此原本初爻卯木为"我生"为子孙，但在上面的变卦关系中，"我"的五行属性仍为金，所以初爻卯木就从"我生（水生）"变成了"我克"（金克），从子孙变成了妻财。

变卦中的其它五爻与此相同。

六 配六神

六神是六爻预测中的一个辅助部分，对吉凶悔吝的重要性影响不大，不过作为一个知识点，还是稍作介绍。

六神指青龙、朱雀、勾陈、螣蛇、白虎、玄武这六个神兽，其中青龙、朱雀、白虎、玄武大家都很熟悉，青龙属木居东方、朱雀属火居南方、白虎属金居西方、玄武属水居北方，这里新出现的勾陈和螣蛇均五行属土，位居中央。

六神按照上述顺序首尾相接，构成一个圆环，循环配置在六个爻位上。

其装配方法以预测日的天干（日干）为依据：甲乙日初爻为青龙，二爻为朱雀，依此类推；丙丁日初爻为朱雀；戊日初爻为勾陈；己日初爻为螣蛇；庚辛日初爻为白虎，壬癸日初爻为玄武。

日干	甲乙	丙丁	戊	己	庚辛	壬癸
上爻	玄武	青龙	朱雀	勾陈	螣蛇	白虎
五爻	白虎	玄武	青龙	朱雀	勾陈	螣蛇
四爻	螣蛇	白虎	玄武	青龙	朱雀	勾陈
三爻	勾陈	螣蛇	白虎	玄武	青龙	朱雀
二爻	朱雀	勾陈	螣蛇	白虎	玄武	青龙
初爻	青龙	朱雀	勾陈	螣蛇	白虎	玄武

仍如上例，假设我们是在 2020 年 9 月 1 日上午 10：35 分摇卦得到泽山咸卦变泽火革卦，这一天的干支是庚子年甲申月丁未日，日干为丁，由此知道初爻的六神为朱雀、二爻为勾陈、三爻为螣蛇、四爻白虎、五爻为玄武、六爻为青龙。

由此我们得到的最终卦象如下：

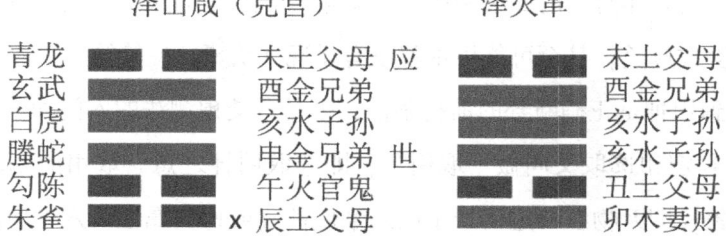

这个卦象就是我们用六爻预测法为研究对象构建的时空全息模型，其中包括了时间、空间、要素和联系这四个支柱：

• 时间包括预测时间和过去、未来任意某个时刻的时间；

• 空间主要包括由本卦和变卦组成的卦象结构；

• 要素包括本卦、变卦以及世应、干支、五行、六亲、六神、动爻、变爻等卦内要素，以及卦内个要素所对应的现实世界中的相应环境要素；

• 联系则包括各个爻之间的生克制化六亲关系以及时空对各个爻的生克制化关系。

七 定用神

通过成卦、装卦两个环节，我们为研究对象（所要预测的事物）构建了一个时空全息模型，下一步要做的就是对这个模型进行分析，从而对研究对象进行彰往察来，了解其过去未来的发展轨迹和吉凶趋势，也就是第三个环节——断卦环节。

断卦环节包括定用神、断吉凶、断应期、指迷津这四个步骤。

利用六爻法为研究对象构建的时空全息模型（卦象）的要素支柱中，既包括研究对象本身，也包括了其内外部环境要素，所以我们首先要从卦象中识别出研究对象所在，然后去分析其它环境要素（含时空要素）对研究对象的影响。

在卦象中，代表研究对象的那个要素被称为用神。

用神是断卦的核心，可以有各种显现形式，如可以显现为本卦中的某个爻、变卦中的某个爻、年月日时四柱中的某个要素、六亲中的某个要素、六神中的某个要素、世爻或应爻，甚至可能根本就没有显现（伏藏），等等。

准确找到用神是正确断卦的前提条件，也是六爻预测法的入门功夫。

用神的判定和选取又叫做"取用"，即选取用神之意。取用的基本方法依然是万物类象，即万物在特定情景下的六亲属性（或地支属性、六神属性、爻位属性等等）。

一般我们习惯于从六亲中选择用神，野鹤老人在《增删补易·用神章》中列举了从六亲中取用神的万物类象方法：

父母爻：

占父母，即以卦中之父母爻为用神。祖父母、伯、叔、姑、姨父母，凡在我父母之上，或与我父母同辈之亲，及师长、妻父母、乳拜认之父母、三父、八母，或仆占主人，皆以父母爻为用神。

占天地、城池、墙垣、宅舍、屋宇、舟车、衣服、雨具、绸缎、布匹、杂货、及章奏、文书、文章、书馆、文契，亦以父母爻为用神。

物类亦多，在人通变，一切庇羁我身者是也。

官鬼爻：

占功名、官府、雷霆、鬼神、妻占夫，皆以官鬼爻为用神。

占乱臣、贼盗、邪祟，亦以官鬼爻为用神。

物类亦多，一切拘束我身者是也。

兄弟爻：

占兄弟、姐妹、族中兄弟、姐丈、妹夫、及结拜弟兄，皆以兄弟爻为用神。

兄弟乃同类之人，彼得志则欺陵，见财则夺，所以占财物，以此为劫财之神，占谋事，以此为阻隔之神，占妻妾、婢仆，以此为刑伤克害之神。

占姐丈、妹夫，以世爻为用神，予屡得验。占表兄弟，以兄弟爻为用神而不验，还以应为用神。

妻财爻：

占妻妾、婢仆、下役，凡我驱使之人，皆以财爻为用神。

占货财、珠宝、金银、仓库、钱粮，一切使用之财物、什物、器皿，亦以财爻为用神。

子孙爻：

占子孙、占女、女婿、侄、甥、门徒，凡在我子孙辈中，皆以子孙爻为用神。占忠臣、良将、医士、医药、僧、道、兵、卒，皆以子孙爻为用神。占六畜、禽兽，亦以子孙爻为用神。

子孙为福德之神、为制鬼之神、为解忧之神、又为剥官、引职之神，故谓之子孙乃是福神，诸事见之为喜，独占功名者忌之。

如预测家中的长辈，或者预测一份协议的签订，都可以取父母爻为用神，父母爻就是研究对象（长辈或者协议）在卦象中的显现。

我们强调易经预测要一事一占，但既然我们得到的是关于此事的时空全息模型，必然也包括了此事的各种内外部环境要素，因此卦象中除了通过用神来显现此事之外，还会将各种关键的环境要素显示出来。

其中最重要的环境要素就是作为研究者（或者求测人）的"我"，从而了解研究对象以及其它环境要素对"我"的影响。

所以在卦象中往往会有两个核心，一个是以用神为代表的"事"，另一个是以世爻为代表的"我"。不管求测人想要预测的是不是关于自己的事情，他自己都会以世爻的形式反映在卦象中。

当然，如果求测人所要求测的就是自己的事情，则可以选取卦中的世爻作为用神，那么"我"和"事"就合二为一，整个卦象就只有一个核心了。

我们从《增删补易》中选取一个卦例来帮助大家理解如何选取用神。

辰月 戊申日（旬空：寅卯），占父近病，得乾为天之风天小畜

由于此卦是占父亲的疾病，因此取代表父亲的父母爻为用神。

卦中父母多现，如世爻戌土、应爻辰土、变爻未土以及月建辰土都是父母，理论上都可以作为用神。根据取用神的一般原则，在用神多现的情况下，优先取本卦中的世爻、应爻或动爻上的用神，所以此处优先取戌土或辰土为用。

由于世爻代表自己，应爻代表他人，所以最终取应爻辰土为用神，即以卦中的应爻辰土代表父亲。

注：《增删补易》一书中，野鹤老人本着"有旺取旺"的原则，取旺相的辰土为用神，这一原则值得商榷。

在这个卦象中，我们只对变卦风天小畜中的四爻（变爻）装了干支、五行和六亲，其余五爻都没有装，这是由于变卦中只有变爻能对本卦发生作用，且只能对本卦中的动爻发生作用，其它各爻都没有作用，所以可以不用装卦。

用神的选取非常复杂，不是用一篇两篇文章能讲清楚的，这里我们只是大概介绍个选取原则，取用神的具体方法不做过多介绍。今后若是有机会与大家分享《增删补易》，再深入讲解。

八 断吉凶与断应期

断吉凶包括两部分内容，一个是判断研究对象的未来发展趋势是吉是凶，二是判定吉凶结果出现的具体时间，即应期。

吉凶指的就是用神（研究对象）的吉凶，断吉凶的一般原则就是判断用神的旺衰，旺者为吉，衰者为凶。而应期的判断一般遵循"天机泄于病处"的原则，

也就是卦中的各种病处（五行失衡之处），如旬空、暗动、月破、受生、受克、六冲、三合、六合、入墓等等。

以《增删补易》中一个求财的卦例来看如何断吉凶和应期。

巳月戊戌日（辰巳空），占财，得风雷益

占财一般以妻财爻为用神，卦中妻财多现，世爻辰土、四爻未土、日辰戊土均为妻财，由于是占自己的财运，因此取世爻辰土为用神。

静卦（无动爻之卦）妻财持世即为有财之象，又世爻辰土受月建巳火所生为旺，是世旺用旺、世用一体的格局，因此可以直接断定是有财的吉兆。

得财的应期，我们看卦中是否有"病处"？

卦中辰土有两个病处，一是旬空（辰巳空），二是受日建戌土所冲（十二地支中辰戌相冲），旺相、旬空而被日冲为暗动，因此卦中显示在预测的当天（戌日）财就开始发动了，所以野鹤老人断定当天就能得财。正如书中所言：

辰土财爻持世，因值旬空，戌日冲空则实，本日即得。已如其卜。

这是根据用神持世、旺而有财，冲空而为得财之日的吉凶判断方法。

除了根据用神的旺衰来判断吉凶外，还有些特殊情况，如上述占父亲近病的卦例，其判断依据是"近病逢冲则愈"，即一个人的近病若是用神被冲，或者遇到六冲卦，就会很快痊愈。该卦例中，本卦乾卦为六冲卦，因此可以直接判定其父亲很快就会痊愈。这些特殊情况其实也可以归结为"天机泄于病处"，即病处是断吉凶、断应期的重要依据。

本卦中，应期的判断仍然是找卦中的"病处"。卦中的病处很多，如午火发动变为未土，且午未相合（六合）；卦中的寅木旬空又受申金所冲，为冲空暗动，克制用神辰土，又生助动爻午火；世爻戌土月破；……。

其中与用神直接相关的是寅木暗动克用神辰土，所以其父目前病重；午火本可以生助用神辰土，也可以化解寅木对辰土的克制，但被变爻未土合住，贪合忘生，无法发力，因此问题的关键在午火如何能破开午未相合的局面。

在十二地支中，冲可破合，因此当丑日冲开未土（丑未相冲）之时，午火就摆脱了未土的束缚，可以去生助辰土了，同时寅木也从克辰土转而去生午火，午火再去生辰土，这样将寅木的克制力量化解了，所以应期就在丑日。

正如野鹤老人在书中所言：

午火虽动，化出未土，午与未合，午火贪合不生辰土，所以此辰土单受寅木之克，不得午火之生，故此病体沉重耳。须待丑日冲去未土，而午火无合可贪，午火生土，其灾退矣。果于丑日起床。

九 指迷津

卦象是以用神为核心的时空全息模型，除了用神对应着研究对象（预测事件）外，卦象中的其它各个要素也都各有所指，分别对应现实世界中对研究对象有着重大影响的某些人事物，这一点是我们在断卦中要加以注意的。

如卦中用神为子水，有变爻辰土发动来克子水，有月建申金来生子水，我们在分析时，就需要将卦中的辰土和申金对应到现实世界中的某个要素，看看到底是谁（或什么）想加害或者想帮助用神子水所代表的事物。

这才是易经预测的高层次应用，卦象（时空全息模型）来自于现实，又最终回归现实，对现实世界提供指导和帮助。

因此在预测时，仅仅判断出事物发展的吉凶趋势还不够，还需要提供切实可行的解决方案，指点迷津，破解困局。

其破解的根本方法依然是五行生克制化关系，但不是卦中缺金补金、缺水补水这种低层次的破解方法,而是要脱离开金木水火土这五种物质的束缚,利用 5R 模型,将卦象中的各种生克冲合要素对应到现实世界中,找到克水的辰土和生水的申金所对应的人事物,然后采取措施去化不利为有利,将坏事变成好事。

可惜,人力有时而穷,并不是所有事情都可以破解的,很多时候都只能尽人事而听天命。

野鹤老人在《增删补易》中就举了一个想占问自己随上级到异地赴任的吉凶卦例:

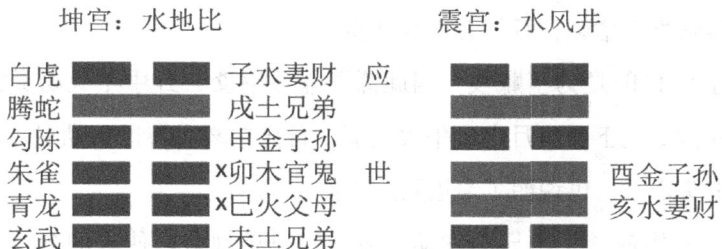

卦中世爻卯木绝于申日,又受申日所克,且发动变为酉金回头又冲又克,虽然值卯木月建,但终为不吉,因此建议求测人不要去。可惜,卦变反吟,几次反复,这个人还是随上级去赴任了,结果到了七月终于"贼破城,与官一同被害"。

再举一例,2020 年 9 月 2 日 8 点多,有网友微信联系我,说是最近压力很大,想占卜一卦。我看到他留言的时间是 8:20,在对方没有说具体要预测的事情之前,我用 8:20 这个时间先起了一个梅花卦,得到地雷复卦,四爻变为震为雷,卦中的用卦、两个互卦都是坤土,重重耗泄体卦震卦,虽然最终变卦也为震卦,结果趋吉,但这个吉也是重新来过之后才有的吉。

于是我告诉他地雷复有重新开始,从头来过之意,现在的事情需要放下从头再来才有转机。

随后对方告诉我现在的工厂亏损严重,想问是否还需要维持,我让他用六爻法摇卦得到水火既济之山火贲。

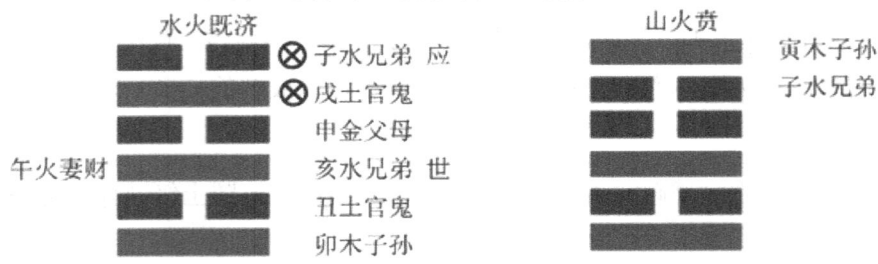

测事业以官鬼为用神，卦中官鬼戌土发动克世爻，说明现有的事业对他不利，虽然世爻亥水日生月生，但到了戌月官鬼旺相之时，世爻亥水虚弱，官鬼克世的力量就会得到极大增强，亏损会更加严重。

测事业的目的是为了赚钱，因此需要兼看财爻。卦中午火财爻没有出现，而是伏藏在世爻之下，申月申日午火衰弱，且兄弟亥水持世有劫财、破财之象，午火没有出头之日，也说明了最近财运不好。

另外，卦中应爻子水兄弟发动，应爻和兄弟都有合伙人的含义，说明他的合伙人和员工发生了变动，动而化空化绝（寅卯空且寅绝于申日），也说明了情况很不好。

结合之前的地雷复变震为雷的梅花卦，我建议尽快将工厂停业或转手，且近期内不要再做创业和投资，静观其变，待春节（寅月）后再视情况而定。

到现在为止，我们对六十四卦以及六爻预测法做了个总体的介绍，由于本专题的目的不是讲预测，所以对六爻预测法的介绍就到此为止，今后若是有机会与大家分享《增删补易》，再来系统介绍六爻预测法。

论洛书河图

洛书与洛书九宫

本书最初拟定的书名是《数说易经》，计划用 0 ~ 12（去掉 11）这 12 个数字来分别对应介绍易经理论中的 12 个基本概念。前面我们以易经万物生成模型为线索，介绍了无极（0）、太极（1）、阴阳（2）、三才（3）、四象（4）、五行（5）、六十四卦（六爻卦、对应数字 6）和八卦（8）等概念。其中数字 7 是个天干地支中的衍生概念，我们留待后面介绍。本章开始我们介绍数字 9 所对应的概念。

数字九在中国传统文化中是一个最大的数。九是一个奇数，奇数为阳，所以九也是最大的阳数，同时九又是五行中一水、三木、五土这三个阳数的和，是四象中的老阳。

老阳是阳的极致，阳至一阴生，所以九还是一个临界数，会发生变化，这种阳至一阴生的变化就是我们所熟知的九九归一 / 归虚，从终点又回到起点。但这个归一并不是简单的重复，而是沿着螺旋曲线的向上盘旋回归，是一个前进中的周期性循环。

根据《道德经》中的万物生成模型，道生一、一生二、二生三，三生万物，九是最大的数，九九就是数的极致，就是三所生的万物，归一就是将万物重新回归到一这个太极，所以九九归一又被称为九九归真。

从这个角度来看，九九归一实际上就是我们前面所讲的归一归虚逆行之路，将万物万象回归到八卦、到五行、到四象、到阴阳，到太极，直至到无极。道家的九九归一就是佛家的五蕴皆空，勘破虚幻的万物万象，回归真实的万物本源。

在易经中，数字九特指洛书九宫。

一 河图洛书的来历

易经又被称为河洛文化，河图和洛书在易经的理论中占有重要的地位，被誉为"宇宙魔方"，历来被认为是中华文明的源头，也是易经的源头。

汉语中把所有的书刊杂志都叫做图书，"图书"这个词就来自于河图、洛书，是河图和洛书的简称。

河图与洛书的来历十分神秘，是中华文明史上的千古之谜。历史上关于河图洛书的渊源也有多种说法。一种说法认为，远古伏羲时代有龙马负图从黄河出现，是为河图；神龟负书在洛水出现，是为洛书。伏羲根据河图、洛书画成八卦，才有了后来的易经。

另一种说法是大禹治水时，上天赐给他以《洪范九畴》（即《尚书·洪范》），西汉时期的著名学者刘歆（xīn）认为《洪范九畴》就是洛书。

洪范九畴以"建用皇极"为核心，分别为：

初一曰五行，次二曰敬用五事，次三曰农用八政，次四曰协用五纪，次五曰建用皇极，次六曰又用三德，次七曰明用稽疑，次八曰念用庶征，次九曰飨用五福，威用六极。

五纪	五福六极	五事
八政	皇极	稽疑
庶征	五行	三德

大禹根据《洪范九畴》将中国划分为九州，分别是冀州、兖（yǎn）州、青州、徐州、扬州、荆州、豫州、梁州和雍州。划分九州之后，大禹又让九州的州牧贡献青铜，铸造九鼎，所以九州、九鼎都成了中国的代名词。

夏朝、商朝、周朝三代都将九鼎奉为象征国家政权的传国之宝，有很强的权力象征意义，后来周室衰微，大禹所铸的九鼎就不知下落了。后世的武则天、宋徽宗等人也曾铸造了九鼎。

当然还有人说河图、洛书是史前文明遗留下来的文化遗产等等，众说纷纭，莫衷一是。我们对这些说法都当作神话故事来对待就行了。

除了对河图、洛书的来历无法达成统一外，对于河图、洛书的名字也有很多争议，历史上一直有图九书十和书九图十两大派别。此外还有一种看法是将河图洛书都当作洛书，而将太极图当作"合图"。后来逐渐统一，将书九图十作为公论，即洛书中有 1～9 共九个数字，其和为 45，河图中有 1～10 共十个数字，其和为 55。我们这里也采用书九图十的说法。

河图的内容我们留待后面再去介绍。

二 洛书的结构

1. 总体结构

根据朱熹的《周易本义图说》记载，传说大禹治水时，有神龟出于洛河，其背有文，九文近头，一文近尾，三文近左肋，七文近右肋，四文近左肩，二文近右肩，六文近右足，八文近左足，五文在背中。

这里的"文"就是花纹、图案的意思，我们这里统一用点来代替文，那么神龟背上的图案就是头部有 9 个圆点、尾部有 1 个圆点，左肋有 3 个圆点，右肋有 7 个圆点，左肩有 4 个圆点，右肩有 2 个圆点，右脚处有 6 个圆点，左脚处有 8 个圆点，背部中间有 5 个圆点。

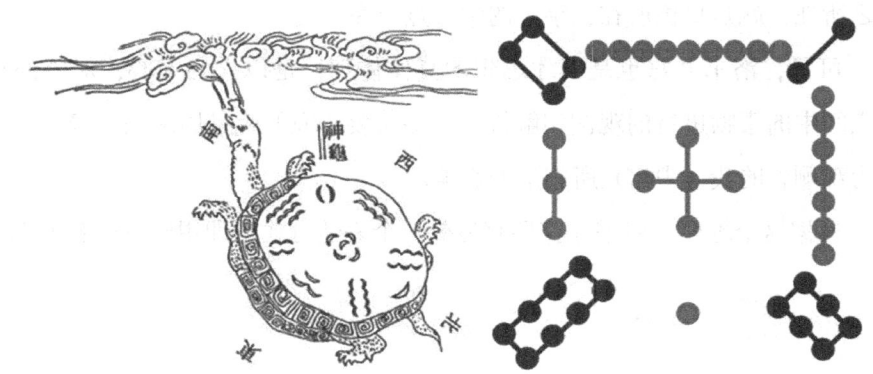

根据神龟背上的这幅图，古人进行了充分的演绎发挥，孔子在《系辞传》中说："是故天生神物，圣人则之。……河出图，洛出书，圣人则之"讲的就是这件事。

洛书的结构可从方位、八卦和数字三个角度来理解和认识。

2. 空间分布

古圣先贤们根据洛水神龟背上的花纹制作了洛书图，将空间分为九个方位，并将九个数字分布其中，其中为奇数为阳，位于四个正向（东、南、西、北）及中央，偶数为阴，位于四隅（东北、东南、西北、西南），共九个区间（九个宫格），形成了洛书九宫。

东南	南	西南
东	中央皇极（我）	西
东北	北	西北

洛书九宫本质上是一个空间模型（同时也是一个时间模型），是一个空间载体，人作为观测者，站在这个空间的中心点（皇极点）位置，然后去观测四面八方。八方加上我们所站立的中心点的位置，就得到了洛书九宫。

这是对洛书九宫最简单直白的理解。人永远都是宇宙的中心、万物的中心。人之所在，就是皇极所在，宇宙的中心点所在。

可见，洛书九宫也是三才思想的具体体现，是以人为中心，对外部空间以及空间中的事物进行的观测和解析。洛书所要研究的就是周围的环境（八宫）对作为观测者的我（中宫）所施加的影响。

根据这个理解，洛书九宫还有另外一个表达方式，即用圆图代替方图：

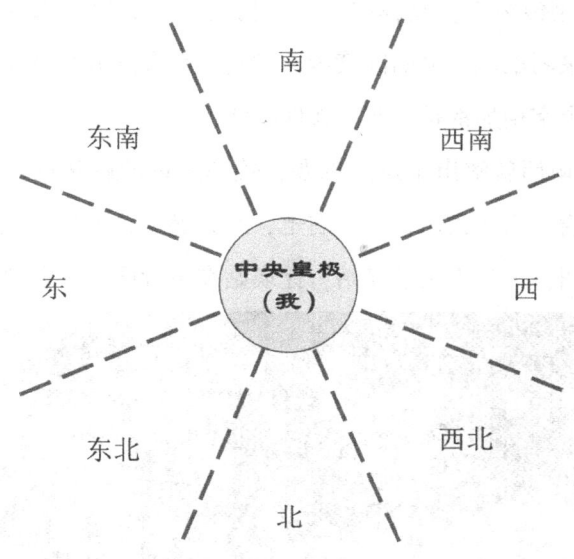

3. 数字分布

从数字分布上来看，洛书九宫将1～9这九个数分别放置于九个宫格内，其分布规律是：

戴九履一，左三右七，四二为肩，六八为足，五居中央。

即9在南方（上方）、1在北方（下方）、3在左侧、7在右侧，6在右下方、8在左下方、4在左上方、2在右上方。洛书中各个宫格的名字就是以宫中的数字命名的，比如1在北方，那么北方的宫就叫一宫；9在南方，那么南方的宫就叫九宫。其它各宫依此类推。

4	9	2
3	5	7
8	1	6

在《射雕英雄传》中，黄蓉中了裘千仞的铁掌之后，来到了瑛姑的住所。瑛姑出了一道题来刁难她，瑛姑问黄蓉："将一至九这九个数字排成三列，不论纵横斜角，每三个字相加都是十五，如何排法？"

结果黄蓉一句话就解出了这道难题，黄蓉所说的就是这句"九宫之法，法以灵龟，二四为肩，六八为足，左三右七，戴九履一，五居中央。"并在沙地上画了一个九宫之图，一举折服了瑛姑，让瑛姑在黄蓉面前不敢自称神算子。

洛书九宫的数量关系就如瑛姑所说的，纵横斜线上三个数字之和均为15。其中：

最上一行横向三个数字是4、9、2，和为15；

中间一行横向三个数字为3、5、7，和为15；

最下一行横向三个数字是8、1、6，和为15；

左侧一列纵向三个数字为4、3、8，和为15；

中间一列纵向三个数字是9、5、1，和为15；

右侧一列纵向三个数字是2、7、6，和为15；

左上到右下这条对角线上的三个数字是4、5、6，和为15；

右上到左下这条对角线上的三个数字是2、5、8，和为15。

洛书九宫的数字运行顺序为由一至九，在九宫内是跳跃式运行的，因此又称为九宫跳涧式运动，或布朗运动（即溶剂内溶质微粒随机碰撞的运动模式）。

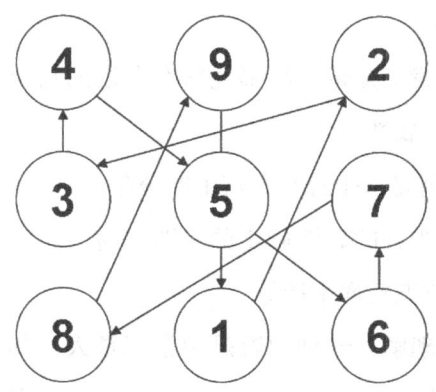

4.八卦分布

从八卦分布上来看，坎卦在下方、艮卦在左下方、震卦在左侧、巽卦在左上方、离卦在上方、坤卦在右上方、兑卦在右侧、乾卦在右下方。

从洛书九宫的分布规律上，我们不难发现，去掉中宫的数字五，洛书九宫的排布实际上就是后天八卦图，即坎一、坤二、震三、巽四、乾六、兑七、艮八、离九。

这八个卦分别位于对应的数字所在的宫格内。中宫的数字五对应的是后天八卦图中的太极，也就是作为观测者的"我"。

三 洛书的属性

根据上面的分析我们知道，洛书九宫有自己的八卦属性、五行属性、三才属性、阴阳属性和太极属性。

洛书的八卦属性就是八个卦在九宫中的分布。

五行属性是根据八卦的属性确定的，即一宫为坎宫五行属水，二宫为坤宫五行属土，三宫为震宫五行属木等等。

三才属性有两种理解，一种理解是中宫五是人，其余都是天地，人居于天地之间，因此洛书九宫是天地人的三才合一。另一种理解是上面三宫是天，因为离卦在九宫在上，下面三个宫是地，因为坎卦在一宫在下，中间三宫则是人，因为中宫五在中间。

我们前面介绍过文王后天八卦的阴阳属性，洛书与后天八卦的阴阳属性相同，洛书九宫一分为二，分成两个梯形，下方的乾六宫、坎一宫、艮八宫和左侧的震三宫属阳，对应父亲、中男、少男和长男，上方的巽四宫、离九宫、坤二宫和右侧的兑七宫属阴，对应长女、中女、母亲和少女。

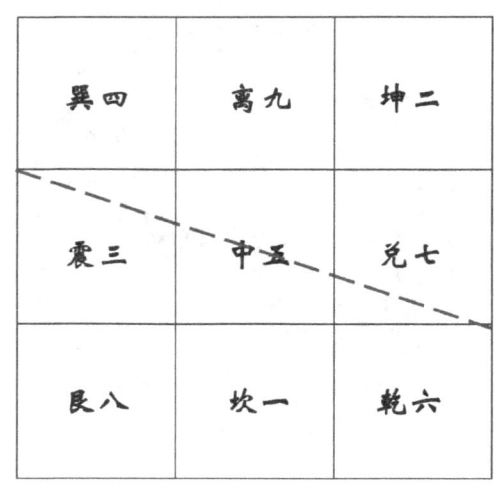

洛书九宫的太极属性则是指洛书作为一个整体是一个太极，有着自己的时间、空间、要素和联系这四大支柱。

其空间支柱主要体现为将空间划分为九个方位，以及八卦在其中的空间分布（后天八卦）。

时间支柱主要体现为洛书九宫自身的周期演化规律，这个周期演化规律既体现在九宫之间的循环往复，即九宫跳涧运动，也体现在后天八卦的循环往复，即《说卦传》中所描述的万物生长模型：

帝出乎震、齐乎巽帝，相见乎离，致役乎坤，说言乎兑，战乎乾，劳乎坎，成言乎艮。

要素支柱主要包括九个宫格、九个方位、八个卦象等等，洛书九宫所包含的要素非常多，我们后面会重点介绍。

联系支柱则包括了各个宫格之间的数字关系、运动关系、相对空间方位关系等等。

奇门遁甲中洛书九宫的万物类象

前面我们介绍了洛书的八卦、五行、三才、阴阳和太极属性，也提到九宫中蕴含着丰富的信息，洛书九宫中所蕴含和所对应的各种事物和各种信息实际上也就是洛书九宫的万物类象。

正如同数字九是传统文化中的最大数，无所不包，洛书九宫也是无所不包，包括了太极、阴阳、三才、四象、五行、八卦、八门、八节、八神、九宫、九星、九色、九方、十天干、十个数字、十二地支、二十四节气、二十四山向、六十甲子、六十四卦等时空信息乃至宇宙万物的信息。

可以说易经中的所有概念都包括在了这个九宫之中。相应地，各个概念所类象的万物也都以多个维度、多个层次包含在了九宫之中。

可见，洛书九宫是一个比八卦、六十四卦更加精密的时空全息模型。

洛书九宫中蕴含和类象的事物主要体现在奇门遁甲中，其次在风水学中的玄空飞星中也有重要应用。

奇门遁甲以洛书九宫为载体，共包括天、地、人、神四个九宫图（即四个盘），并以地盘九宫为主。

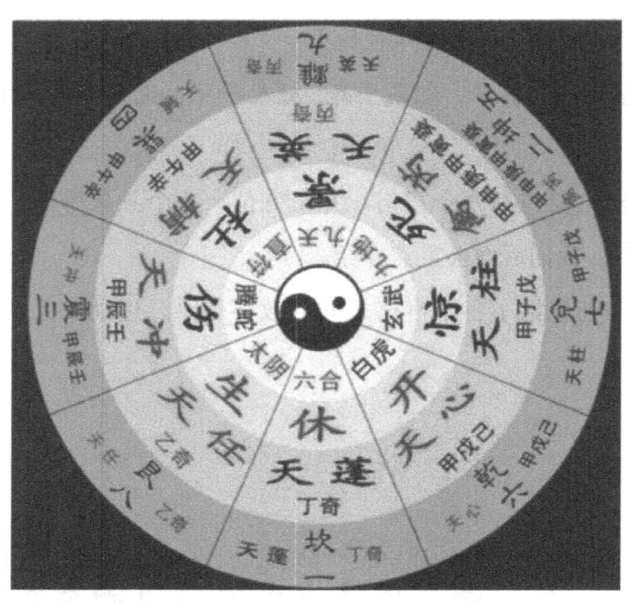

各个盘中的信息主要有：

一 地盘：

地盘九宫内包含的信息非常多，主要有太极、阴阳、五行、八卦、十天干、十二地支、二十四节气、空间方位等众多信息。其中太极、阴阳、五行、八卦以及空间方位与九宫的对应关系我们之前已经介绍过，我们重点来看十天干、十二地支和二十四节气在九宫中的分布。

1. 天干的九宫分布

在奇门遁甲中，地盘象征地，"地势坤，以厚德载物"，所以地是静止的，而天干代表的是天，是运动的，所以天干在地盘九宫中的分布不是固定的，而是随着时间在不断运动，且十天干并没有全部出现在地盘中，十天干之首的甲是隐遁藏匿起来的，所以才叫做"遁甲"。

剩下的九个天干又分成两组，即三奇（乙丙丁）和六仪（戊己庚辛壬癸），三奇相当于甲的三个副官，六仪相当于甲的六支仪仗队，三奇六仪首尾相接，在甲身边巡回游动。

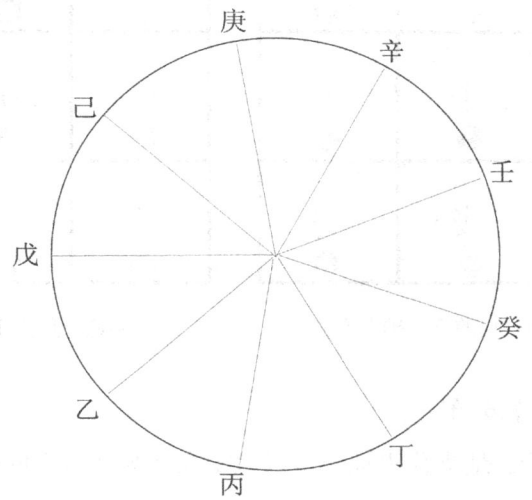

三奇六仪的正反向游动方式就形成了奇门遁甲的阴遁九局（顺奇逆仪）和阳遁九局（顺仪逆奇），一共十八种形式。

如阳遁一局，戊在一宫、己在二宫、庚在三宫、辛在四宫、壬在五宫、癸在六宫、丁在七宫、丙在八宫、乙在九宫，形成顺排六仪，逆排三奇（顺仪逆奇）的格局。

阳遁二局，戊在二宫、己在三宫、庚在四宫、辛在五宫、壬在六宫、癸在七宫、丁在八宫、丙在九宫、乙在一宫，依此类推，得到阳遁九局。

阴遁一局，戊在一宫、己在九宫、庚在八宫、辛在七宫、壬在六宫、癸在五宫、丁在四宫、丙在三宫、乙在二宫，形成顺排三奇，逆排六仪（顺奇逆仪）的格局。

阴遁二局，戊在二宫、己在一宫、庚在九宫、辛在八宫、壬在七宫、癸在六宫、丁在五宫、丙在四宫、乙在三宫，依此类推，得到阴遁九局。

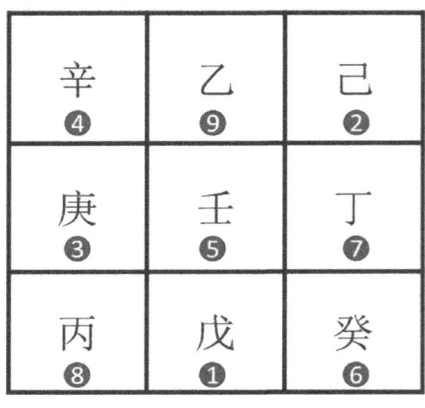

阳遁一局的天干排布方式　　　　阴遁一局天干排布方式

2. 地支的九宫分布

天干代表天，地支代表地，所以地支在地盘九宫上的分布是固定的，其中子午卯酉四个地支位于东南西北四个正向，其余八个地支两两一组，分布于四隅，人则居于皇极中央：

辰巳 ❹	午 ❾	未申 ❷
卯 ❸	皇极 ❺	酉 ❼
丑寅 ❽	子 ❶	戌亥 ❻

3. 二十四节气的九宫分布

二十四节气是中国传统历法中的重要内容，在易经中也有着重要作用，尤其是一年十二个月的判定都是依据节气划分的，因此二十四节气在九宫中的分布也有着重要意义。

二十四节气在九宫中的分布如下：

立夏 小满 芒种 ❹	夏至 小暑 大暑 ❾	立秋 处暑 白露 ❷
谷雨 清明 春分 ❸	皇极 ❺	秋分 寒露 霜降 ❼
惊蛰 雨水 立春 ❽	大寒 小寒 冬至 ❶	大雪 小雪 立冬 ❻

二 人盘：

人盘九宫包含人间八门，这八门分别是一宫休门、八宫生门、三宫伤门、四宫杜门、九宫景门、二宫死门、七宫惊门、六宫开门，人居于皇极中央。八门分别与本宫中的八卦对应，即一宫休门对应坎卦，二宫死门对应坤卦，依此类推。

杜门 ❹	景门 ❾	死门 ❷
伤门 ❸	皇极 ❺	惊门 ❼
生门 ❽	休门 ❶	开门 ❻

人盘九宫中，八个门都有吉有凶，其中开门、休门、生门都是吉门，伤门、死门、惊门都是凶门，杜门和景门算是中平（不吉不凶）。

其中休门是修养生息之地；生门是生机所在；伤门与后天八卦震卦同宫，震为动，因动而受伤；杜门位居东南是陆地尽头，杜塞不通之地；景门是繁盛之所，但物极必反，盛极必衰，繁盛中蕴藏危机；死门是死地；惊门与兑卦同宫，与震卦对宫，兑为残缺之象，故位于惊门会惊恐不安；开门位于西北乾宫，乾为健，天行健以自强不息，故开门是开创事业之地，汉语中"开门大吉"这个成语就来自于这里。

八门吉凶和八门运转决定了不同时间的不同方位的吉凶趋势，可据此选择合适的时间和合适的方位以趋吉避凶。

与此同时，人盘随着时间旋转，并在地盘上形成投影，与地盘的八卦形成六十四卦，如开门旋转到地盘一宫之上，开门的乾卦与地盘一宫的坎卦就形成了天水讼卦，这也是奇门遁甲的一个研究角度。

三 天盘：

天盘九宫包含天上九星，分别是一白天蓬星、二黑天芮星、三碧天冲星、四绿天辅星、五黄天禽星、六白天心星、七赤天柱星、八白天任星、九紫天英星。

其中天蓬星居于一宫坎宫，所以天蓬与水有关，《西游记》中的二师兄曾经是掌管天河水师的天蓬元帅，这个典故就来自于这里。

天辅 ❹	天英 ❾	天芮 ❷
天冲 ❸	天禽 ❺	天柱 ❼
天任 ❽	天蓬 ❶	天心 ❻

天盘也随着时间旋转，并在地盘形成投影，与地盘以及人盘在地盘的投影相互作用，对研究对象的吉凶趋势产生影响。

四 神盘：

神盘九宫包含了八神，分别是值符、腾蛇、太阴、六合、白虎、玄武、九地、九天。这八神的地位相当于六爻预测中六神的地位，代表着无极世界中某些不可感知的暗物质对现象世界所产生的某种影响。

神盘中的八神有阴阳顺逆两种排列方式，在阳遁九局中，顺时针排布八神，在阴遁九局中逆时针排布八神。

六合❹	白虎❾	玄武❷
太阴❸	皇极❺	九地❼
腾蛇❽	值符❶	九天❻

阳遁神盘

玄武❹	白虎❾	六合❷
九地❸	皇极❺	太阴❼
九天❽	值符❶	腾蛇❻

阴遁神盘

八神首尾相接，根据天盘或者人盘旋转运动不已。

除神盘八神外，天盘九星和人盘的八门八卦均在地盘有投影，因此地盘九宫中也包含着九星和八门信息，且地盘八卦与人盘八卦相组合而形成六十四卦，即地盘九宫中也包含了六十四卦的信息。

四宫（四绿星） 巽木（杜门） 辰、巳（东南方） 立夏、小满、芒种 3，4，5，8（辛）	九宫（九紫星） 离火（景门） 午（南方） 夏至、小暑、大暑 2，3，7，9（乙）	二宫（二黑星） 坤土（死门） 未、申（西南方） 立秋、处暑、白露 2，5，8，10（己）
三宫（三碧星） 震木（伤门） 卯（东方） 春分、清明、谷雨 3，4，8（庚）	五宫（五黄星） 土 （皇极中央） 5，10（壬）	七宫（七赤星） 兑金（惊门） 酉（西方） 秋分、寒露、霜降 2，4，7，9（丁）
八宫（八白星） 艮土（生门） 丑、寅（东北方） 立春、雨水、惊蛰 5，7，8，10（丙）	一宫（一白星） 坎水（休门） 子（北方） 冬至、小寒、大寒 1，6（戊）	六宫（六白星） 乾金（开门） 戌、亥（西北方） 立冬、小雪、大雪 1，4，6，9（癸）

九宫中的数字包含了宫格序数、五行生数、五行成数和先天八卦数，共四组数字，以一宫和八宫为例：

一宫中的宫格序数是1，一宫为坎宫，坎卦在后天八卦中的序数是6，一宫五行属水，"天一生水，地六成之"，所以包括了五行水的生数1和成数6，故一宫包含了1和6这两个数字。

八宫的宫格序数是8，八宫为艮宫，艮卦在后天八卦中的7，八宫五行属土，土的五行生数是5，成数是10，故八宫包含了5、7、8、10这四个数字。

其它几个宫的数字分布可依此类推。

奇门遁甲也是易经为宇宙万物构建的时空全息模型的一种表现形式，是以洛书九宫为基础的天地人神四盘之间的相互作用以及时间与这四个盘之间的相互影响。不过由于奇门遁甲的运行方式超出了八卦和六十四卦的体系，自成体系，其中的天地人神四个盘运转所产生的信息量更加巨大，也更加复杂和繁琐，所以这里只介绍奇门遁甲中的九宫类象，对遁甲知识不去展开介绍。

综合上述分析，可以得到奇门遁甲中洛书九宫的万物类象对应关系：

内容	对应关系								
九宫	1	8	3	4	9	2	7	6	5
九方	北	东北	东	东南	南	西南	西	西北	中
八节	冬至	立春	春分	立夏	夏至	立秋	秋分	立冬	
八卦	坎	艮	震	巽	离	坤	兑	乾	
八门*	休	生	伤	杜	景	死	惊	开	
八神	值符	螣蛇	太阴	六合	白虎	玄武	九地	九天	
九星	蓬	任	冲	辅	英	芮	柱	心	禽
九色	白	白	碧	绿	紫	黑	赤	白	黄
天干*	戊（甲）	丙	庚	辛	乙	己	丁	癸	壬
地支	子	丑寅	卯	辰巳	午	未申	酉	戌亥	
阴阳	阳	阳	阳	阴	阴	阴	阴	阳	阴
五行	水	土	木	木	火	土	金	金	土
四象	老阴		少阳		老阳		少阴		
数字*	1,6	5,7,8,10	3,4,8	3,4,5,8	2,3,7,9	2,5,8,10	2,4,7,9	1,4,6,9	5,10
节气	冬至小寒大寒	立春雨水惊蛰	春分清明谷雨	立夏小满芒种	夏至小暑大暑	立秋处暑白露	秋分寒露霜降	立冬小雪大雪	

洛书九宫的应用

洛书九宫是一个有着时间、空间、要素和联系四大支柱的太极，是易经为万物构建的一个时空全息模型，尤其是洛书九宫中的时空一体特性，在实践中有着广泛的应用。

之前我们简单介绍了洛书九宫在奇门遁甲中的应用，下面我们再介绍几个具体应用，帮助大家加深理解。

一 洛书九宫在玄空飞星中的应用

洛书九宫在风水学，尤其是玄空飞星风水学中也有着重要应用。

玄空飞星是以九宫为基础，用一白星、二黑星、三碧星、四绿星、五黄星、六白星、七赤星、八白星、九紫星这九颗星在九宫中的运转，以及星与宫的相互作用来推测不同方位在不同时间的吉凶程度。

四绿星 ❹	九紫星 ❾	二黑星 ❷
三碧星 ❸	五黄星 ❺	七赤星 ❼
八白星 ❽	一白星 ❶	六白星 ❻

1. 九宫

玄空飞星中的九宫是空间信息，将太极（一个建筑物、一个房间或者任何一个空间），分为九个部分进行研究。

比如将中国划分为九个部分去研究，这就是大禹所定的九州；将住宅或者住宅中的某个房间划分为九个部分去研究，这就是所谓的玄空飞星阳宅风水；将人的脸部划分为九个部分去研究，这就是所谓的面相；我们还可以将人的手掌划分为九个部分去研究，这就是所谓的手相。

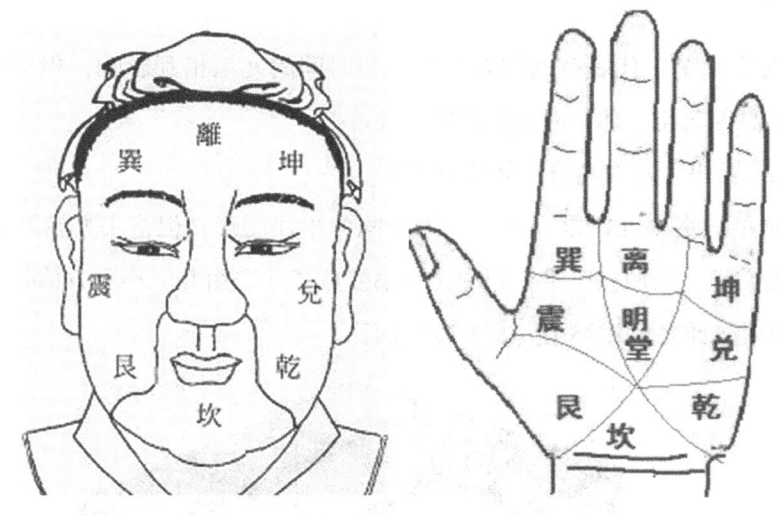

不论任何空间，都可以应用洛书九宫一分为九地进行分析和研究。

2. 九星

这里的九星与奇门遁甲中的天盘九星是相同的，九星的运转路径也相同，都是按照九宫跳涧的模式，九颗星在九宫上空飞跃跳动。

九星除了有自己的五行属性、颜色属性、数字属性、空间属性外，还有着各自的时间属性。

在历法上，我们将每六十年(也就是一个甲子)称为"一元"，上元掌管六十年，中元掌管六十年，下元掌管六十年，三元一共一百八十年。将九宫的这九颗星套入这一百八十年当中，每颗星掌管二十年，叫做"一运"。所以这种计时方法又叫做三元九运，一个三元九运是 180 年。

要注意的一点是，这里的元、运的概念与康节先生的元会运世的概念是不同的，不要弄混。

在三元九运中，一白星掌管的二十年称为一运，二黑星掌管的二十年称为二运，三碧星掌管的二十年称为三运，依此类推。当九运结束后，再由一白星掌管一运，如此循环不息地计算地球的时空。

现在地球正处在下元八运之中，八白星是当令星，从 2024 年开始进入下元九运。

玄空飞星中代表空间的九宫与代表时间的九星相互影响，相互作用，充分体现了易经时空一体、时空全息的特性。

二 洛书九宫在高维空间的应用

常见的洛书九宫是一个在二维空间的平面图形，但洛书九宫同样可以应用于高维空间，比如在三维空间中，洛书变成了一个由九个小立方体构成的立体图形，这是三维空间中洛书九宫的真实面目。

奇门遁甲由四个洛书九宫盘组成，由下向上分别是地盘、人盘、天盘和神盘。其中的地盘、人盘和天盘象征三才，象征天人合一和天人感应。天地人三盘每个盘都有 9 个小立方体组成，三个盘就构成了一个 3 层共 27 个小立方体的魔方。

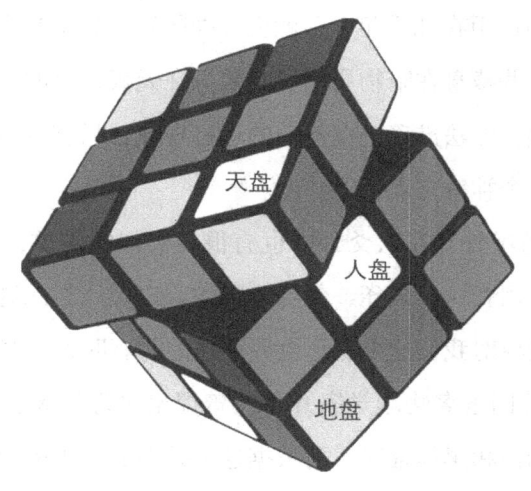

这实际上就是一个多维洛书的具体应用，只不过是为了便于理解，将这3层共27个小立方体先压缩成了3层共27个小正方形（宫格），并进一步将这27个小正方形全部投影到地盘的九宫格内，实现天盘、人盘与地盘上各种事物的相互作用，即天人交感、天人合一，最终展现在我们面前的就是一个位于二维平面上的内容丰富的洛书九宫格。

这是洛书的高级应用，也可以理解为，洛书本来就是高维空间的，甚至在更高维空间中，洛书还有更加复杂的结构。我们平时所见的洛书九宫不过是这些更高维度的洛书在二维平面上的投影罢了。

除了天地人三个盘以外，奇门遁甲中还有一个神盘，其中包括了值符、螣蛇、太阴、六合、白虎、玄武、九地、九天这八个神煞，在冥冥中影响着天地人三才，影响着我们所预测和研究的事物。

天地人三个盘中的所有信息，不论是八门、八卦还是九星、干支、阴阳，我们都或多或少地有所了解和认识，唯独神盘上的这八个神煞，我们几乎一无所知，所以只好用螣蛇、太阴等这些玄而又玄的名字来称呼它们。

这个高高在上的神盘实际上就是更高维空间中的洛书，或者说是洛书在更高维度空间中的显现，它藏身于混沌黑暗的无极世界中，并透过时空裂缝投影到我们所在的三维空间，对我们发生着诡异而又神奇的影响。

可见，奇门遁甲在几千年以前就已经隐隐触摸到了高维空间以及无极世界，只不过我们对这些藏身在暗物质世界、藏身在无极世界的事物了解太少，又隔着厚厚的时空壁垒，无法准确把握他们的运行规律，只有零零碎碎的认识，因此只能以神盘上的八个神煞来表示。

除了奇门遁甲外，在六爻卦中也有很多类似的神煞，比如火珠林中就提出了六神的概念，用青龙、朱雀、勾陈、螣蛇、白虎、玄武这六个神煞来反映高维空间和暗物质世界对我们这个有形世界施加的时有时无、时强时弱的影响。

1900年，英国著名物理学家开尔文曾提出物理学天空中漂浮着两朵乌云，分别是光的波动性和黑体辐射，而根据这两朵乌云后来的学者开创了相对论和量子力学，引发了物理科学的革命。

今天物理学的天空中又出现了新的乌云，包括暗物质、量子纠缠等，这些都是物理学发展的新突破口。

而我们的古圣先贤们早在几千年前就已经发现这几朵乌云的蛛丝马迹，暗物质藏身于无极世界，微观世界中的量子纠缠更是表现为宏观世界的物象纠缠，是宇宙万物之间存在的普遍联系。古圣先贤们在发现了这些现象的基础上，并没有止步于此，而是又用了几千年的时间对他们进行研究，并建立了卦象这个时空全息模型来描述这些现象对现实世界的影响。

所以说，易经以及洛书九宫等工具是我们叩开暗物质世界、进入无极世界、揭开量子纠缠之谜、追溯万物本源的捷径和必由之路，也是物理学发展的突破口。

三 洛书九宫的嵌套应用

洛书九宫的另一种高级应用是循环嵌套式应用，我们称之为九宫嵌套法。

比如在风水学中，我们可以将整个住宅划分为九宫，假设书房在其中的二宫坤宫。然后我们可以再将书房划分为九宫，假设书桌在书房的七宫兑宫。我们还可以继续将书桌划分为九宫，假设台灯在书桌震宫方位，并位于震宫的一宫坎宫中，那么这个台灯的坐标就是2731（下图中红色方块位置）。

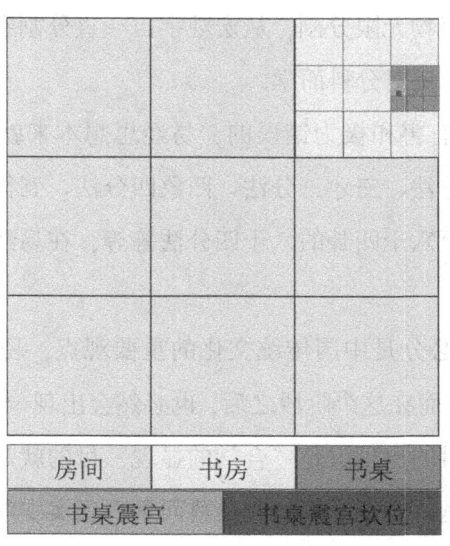

据此我们可以对家中或一个空间中的所有区域以及其中的物体进行坐标定位和编号。

在《皇极经世书》中，康节先生用六爻卦的爻变之法将时间一分为六，从一元的 129600 年可以一直分割到分秒的精度。理论上我们也可以利用洛书的九宫嵌套法将空间无穷无尽地分割下去，一直划分到你想要达到的精度为止。比如从面积为 960 万平方公里的中国一直精确到你书房内书桌上的面积为十几平方厘米的台灯。

洛书九宫的嵌套应用与阴阳二分法在原理上是相同的，唯一的区别是阴阳二分法是一分为二，合二为一；九宫嵌套法是一分为九，合九为一。我们将阴阳思想中一分为二的研究方法叫做二分法，相应地，洛书将万物一分为九的研究方法实际上是个九分法。

当我们对一个空间连续两次应用九宫嵌套法，就能得到为八十一个小空间，这也可以算是对九九归一的另一种理解吧。

洛书九宫的嵌套应用也是我们建立多维度多层次时空全息模型的一个重要工具。

现在社会上有一个很流行的观点，就是将易经与科学对立起来，认为科学是分科而学，对宇宙万物无限分割，从宏观宇宙一直分割到微观粒子，而易学则注重整体性和统一性，反对分科而学。

这一观点是极为有害和极为错误的，易经思想本来就是顺向分割和逆向统合的统一体，阴阳二分法、三才三分法、四象四分法、五行五分法、八卦八分法以及洛书九分法，乃至六十四卦的六十四分法等等，在易经的理论和实践中都有着重要的地位和应用。

分久必合，合久必分是中国传统文化的重要观点，现代科学的高度发展是合久必分的必然阶段，而在这个阶段之后，也必然会出现一个分久必合的新阶段。比如现在很多交叉学科的出现就是"合"的显现，目的就是整合不同学科的知识和技术来解决实际问题。毕竟不管如何分科而学，现实中的问题都是综合性的、跨学科的。

同样，在未来的分久必合阶段发展到一定程度之后，还会出现一个新的合久必分的阶段。人类的历史、人类的文明就在这分分合合之中循环往复，不断向前。

四 掌中排盘

我们常常看到影视剧中看到所谓的得道高人"掐指一算"，就能前知五百年，后知五百载，似乎十分神奇。其实"掐指一算"的功夫并不难，只要熟知洛书九宫的排布规律，并多加练习，我们都能够做到。

《烟波钓叟歌》中道出了"掐指一算"的个中奥秘：

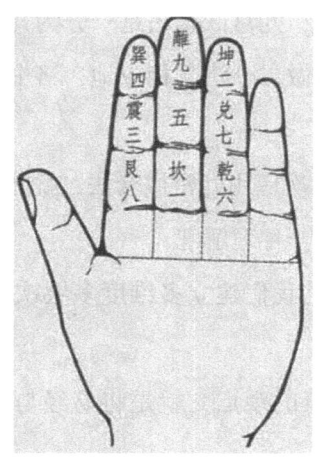

阴阳逆顺妙难穷，二至还归一九宫，若能了达阴阳理，天地都来一掌中。

只要我们熟悉阴阳的顺逆运行规律，知道九宫的分布和九宫跳涧的运行规律，就能够掐指一算了。

我们把左手张开，可以看到食指、中指和无名指这三根手指各有三个指节，一共九个指节，这九个指节正好组成一个洛书九宫的样子，因此只需要将这三根手指当作一个洛书九宫，然后将八卦、八门、天干、地支、24节气等信息排列在对应的指节上，并按照相应的规律去运行，就实现了掐指一算，做到了掌中排盘。

比如我们可以按照后天八卦图的顺序，在手中排出八卦来。坎卦排在中指最下面的指节上，艮卦排在食指最下面的指节上，震卦排在食指中间的指节上，巽卦排在食指最上面的指节上，离卦排在中指最上面的指节上，坤卦排在无名指最上面的指节上，兑卦排在无名指中间的指节上，乾卦排在无名指最下面的指节上。这样我们就在掌中排好了八卦。其它的内容比如八门、九星、天干地支等，也都可按照相应的规律排在这九个宫格之中。

河图的来历和结构

自古河洛不分家，前面我们介绍了数字九所对应的洛书，现在再来接着介绍数字十所对应的河图。

河图的来历和洛书一样神秘。一种观点说是伏羲看到有龙马从黄河中跃出，龙马的背上有一幅图，并受此启发，画出了八卦的卦象，也就是孔子在《系辞传》中所说的"河出图，洛出书，圣人则之"。

所以伏羲所见的龙马背上是由各种花纹组成的图案，用黑白圆点来表示，白点是奇数代表阳，黑点是偶数代表阴。其中下方是一个白点六个黑点，上方是两个黑点7个白点，左侧是3个白点8个黑点，右侧是4个黑点9个白点，中间是5个白点10个黑点组成的。

河图中的这个数字分布规律可以总结如下：

一六共宗，二七同道，三八为朋，四九为友，五十同途。

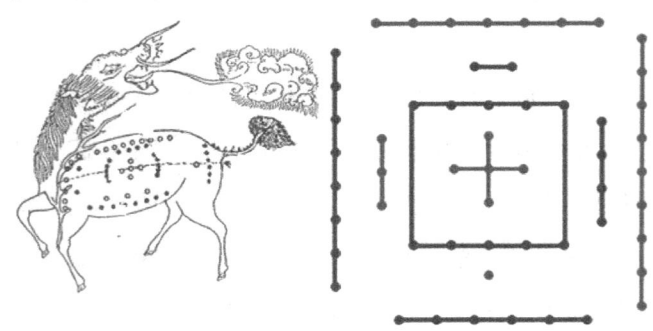

除了龙马负图的神化传说外，还有另一种似乎比较科学的说法，认为河图是天上的星象图，是伏羲"仰则观象于天"所得到的。这个观点认为，"河图"中的河不是指黄河，而是指天上的星河、银河。

根据这个理论，天上有五颗行星，分别是木星、火星、土星、金星和水星。木星又叫岁星，火星又叫荧惑星，土星又叫镇星，金星又叫太白星，水星又叫辰星。

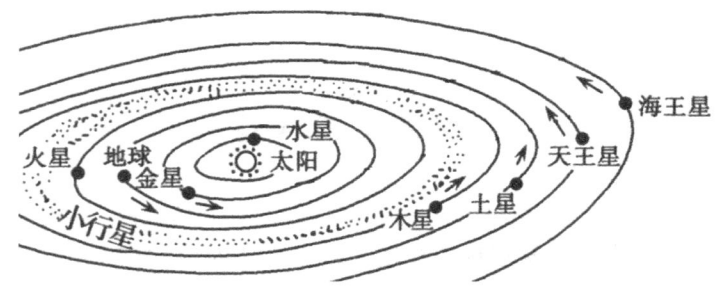

这五颗星实际上就是太阳系八大行星中离地球最近，也因此能被古人观测到的五颗行星，一般按木、火、土、金、水的顺序，相继出现于北极天空，每星各行72天，五星合周天360度，以及一年365天。所以可以根据这五颗星的位置来计时和定位。

这五颗行星就是金、木、水、火、土五行的来源，五行最初的含义就是指这五颗星的运行。

这五颗行星在天上运行不已，每年的十一月冬至前水星见于北方；七月夏至后火星见于南方；三月春分木星见于东方；九月秋分金星见于西方；五月土星见于中天。

这样我们就得到了五星或者说五行与方位、季节、寒暑的对应关系。我们所熟知的五行的空间分布规律，即水在北火在南，木在东金在西，土在中央，就是这样来的。后天八卦中坎在北、离在南、震在东、兑在西也是这样来的。

除了确定了五行的空间方位外，在《尚书·洪范》中还明确了五行的时间顺序（先后顺序）：

五行：一曰水，二曰火，三曰木，四曰金，五曰土。

这是五行与五个数的对应关系，1、2、3、4、5这五个数叫做天地的生数，我们前面经常提到。

河图实际上就是五星图，也就是五行图。不过与五行不同的是，河图在五个五行的生数基础上又增加了五个数，叫做五行的成数。在《尚书·五行传》中讲述了五行的生数与成数的关系：

天一生水，地六成之；地二生火，天七成之；天三生木，地八成之；地四生金，天九成之；天五生土，地十成之。

这里讲的是五行的生成原理。生和成是不同的，生是创生，是万物从无到有的质变过程；成是成长发育，是万物从小到大、由生到死的量变过程。根据河图的描述，五行中的每一行都对应着生数和成数两个数字，其中五行数为奇数的（水、木、土）是天生地成，五行数为偶数的（火、金）则是地生天成。

五行的空间分布是一个十字交叉的十字架结构，下水上火，左木右金，十字的中间交点位置是土，对应的数字是分别是1、2、3、4、5，1水在下2火在上，3木在左4金在右，5土在中间。

河图的图像与此相同，唯一的差别是在五行生数的基础上增加了五行成数，每个五行对应两个数字。河图这个十字架中的数字分布是1和6在下，2和7在上，3和8在左，4和9在右，5和10在中间。

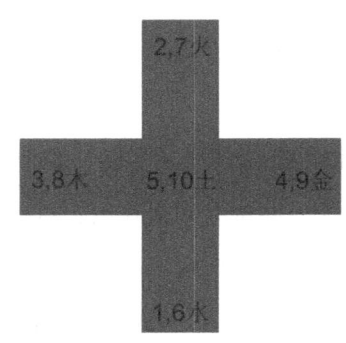

　　这就是由当年伏羲所见的龙马背上的图案所推导出来的五行及天地生成数的分布,不过当时龙马的背上没有数字,只有图案和斑点。即便有数字,想来伏羲也不认识,因为在伏羲时代还没有文字,更没有数字。

　　由此我们知道了河图与五行的对应关系,也就是河图的五行属性,五行类象。

　　鉴于五行和四象的关系,河图也有其四象属性,其中北方一六水为老阴玄武、南方二七火为老阳朱雀、东方三八木为少阳青龙、西方四九金为少阴白虎,中央五十土是皇极。

　　另外河图在本质上也是阴阳。

　　老子在《道德经》中说"万物负阴而抱阳",作为万物之一的五行也必然会负阴抱阳,有阴有阳,所以河图中分阴分阳,而且是每一组中都有阴有阳(负阴抱阳),如:

- 北方水中包括1和6,1是奇数是阳水,6是偶数是阴水;
- 南方火中包括2和7,2是偶数是阴火,7是奇数是阳火;
- 东方木中包括3和8,3是奇数是阳木,8是偶数是阴木;
- 西方金中包括4和9,4是偶数是阴金,9是奇数是阳金;
- 中央土中包括5和10,5是奇数是阳土,10是偶数是阴土。

可见河图比五行更加完备,是阴阳一体的五行关系。

同时我们也能发现河图和洛书之间的对应关系:

- 洛书中北方是1,西北方是6,而河图中北方分别是1和6;
- 洛书中东方是3,东北方是8,而河图中东方是3和8;

- 洛书中中宫是 5，河图中中宫是 5 和 10；
- 洛书中东南方是 4，南方是 9，而河图中西方是 4 和 9；
- 洛书中西南方是 2，西方是 7，而河图中南方是 2 和 7。

前面 5 个宫格中的数字高度一致。只有后面 4 个宫格发生了错位。不过虽然有 4 个宫格发生了错位，但两个图中的数字组合都是一致的：

河图中 1 和 6 同宫，洛书中 1 和 6 相邻；

河图中 3 和 8 同宫，洛书中 3 和 8 相邻；

河图中 2 和 7 同宫，洛书中 2 和 7 相邻；

河图中 4 和 9 同宫，洛书中 4 和 9 相邻，

河图中 5 和 10 位居中宫，洛书中 5 居中宫。

 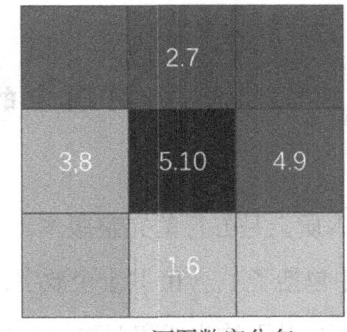

洛书九宫数字分布　　　　河图数字分布

可见河图与洛书之间有着深层次的内在联系，一般认为河图为体，洛书为用；河图为始，洛书为终；河图为生，洛书为死。

在河图及洛书中的五行数字空间分布关系中，我们还能得到一个有趣的图案。在洛书中，从 4 到 9（金）过中心 5（土）到 1 到 6（水）画一条折线，再从 8 到 3（木）过中心 5（土）到 7 到 2（火）画一条折线，这两条折线构成了一个佛家的万字符（卍）。在河图中，五对天地生成之数则构成了一个基督教的十字架。

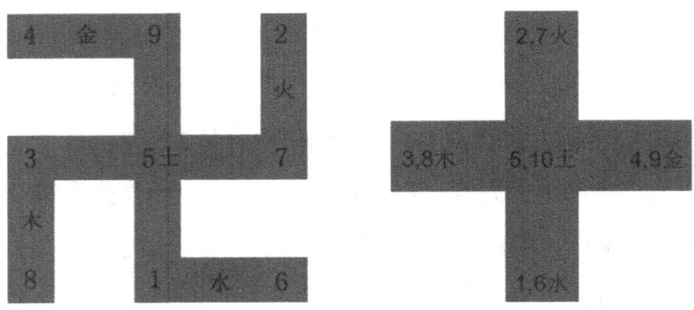

易经始于 7000 多年前的中国，佛家始于 2500 多年前的古印度，基督教始于 2000 多年前的古罗马，河图洛书与佛家万字符和基督教十字架之间的这种关系是偶然还是有着某种不为人知的历史渊源，值得我们后来者深思。

河图中的数字奥秘

河图本质上是五行的完整版本，但其中所蕴含的信息却远远超出了五行本身。河图中包括了 1～10 共十个数字，这十个数字蕴藏着宇宙的奥秘。

我们可以从万物生成和万物衍化两个角度来认识这十个数字。

从万物生成的角度，我们将这十个数字分为两组，其中 1～5 是生数，6～10 是成数。万物都是天生地成或地生天成，是天地的共同作用生成了万物，这是阴阳思想的具体表现。

后人在此基础上又发展出了三才思想，比如董仲舒在《春秋繁露》中就提到了"天地人，万物之本也。天生之，地养之，人成之"的观点，将河图中的天生地成思想发展为天生地养人成，强调了人在天地创生万物中的积极作用。

从阴阳的角度，这十个数字中，1、3、5、7、9 是奇数是阳，2、4、6、8、10 是偶数是阴，其中 5 个阳数的和是 25，5 个阴数的和是 30，合计 55。孔子在《系辞传》中将55称作"天地之数"，认为55是能够"成变化而行鬼神"的至尊之数：

> 天一地二，天三地四，天五地六，天七地八，天九地十。天数五，地数五，五位相得而各有合，天数二十有五，地数三十，凡天地之数五十有五，此所以成变化而行鬼神也。

谈到天地之数，就不得不提到小衍之数和大衍之数这两个概念。

孔子在《系辞传》中紧接着刚才的"此所以成变化而行鬼神也"，又提到了大衍之数这个概念：

> 大衍之数五十，其用四十有九，分而为二以象两，挂一以象三，揲之以四以象四时，归奇于扐以象闰，五岁再闰，故再扐而后挂。乾之策，二百一十有六；坤之策，百四十有四，凡三百六十，当期之日。二篇之策，万有一千五百二十，当万物之数也。是故四营而成易，十有八变而成卦。八卦而小成，引而伸之，触类而长之，天下之能事毕矣。

这段话是孔子在介绍用五十根蓍草卜卦的流程，具体流程我们不去理会，但孔子在这里突然提出了"大衍之数"这个概念，没有前因，也没有后果，让后世人一直争论不休，成为一桩无头公案。

为了理解大衍之数这个概念，我们先来认识一下这个"衍"字的含义。

"衍"字从水从行，是水流动的样子，有衍化、推演、变化、发挥的意思，汉语中的繁衍、推衍就是这个意思。因此大衍就是大的变化，小衍就是小的变化。大衍之数就是大变化之数，小衍之数就是小变化之数。

目前对小衍之数的理解主要有两个观点，一个观点认为小衍之数就是天地的生数，也就是1、2、3、4、5这五个数。另一个观点认为小衍之数是5。我个人认为小衍之数就是5，这个五是五行的个数，但不是1~5这五个数字。因为天地之数、大衍之数都是众多数字的和，若是小衍之数是1~5这五个数字，那么小衍之数就应该是这五个数的和，是15，而不是5了。

小衍之数是五行的个数，或者更准确地说，是天地生成之间的数。根据河图的结构，我们知道五行中任意一行的生数与成数之间相差5，如1和6为水数，

6-1=5；2 和 7 为火数，7-2=5；3 和 8 是木数，8-3=5；其它依此类推。

一个五行的生和成之间相差五，这是五行的小变化，所以这个五就是小衍之数。这个五也就是《说卦传》中所谓的"参天两地"，即1、3、5 三个天数（阳数）和 2、4 两个地数（阴数）。

小衍之数就如同一面凹透镜，镜子一侧是生数，另一侧是被放大的成数，一生一成，一阳一阴，一内一外，如同两个平行宇宙，两个镜像世界，对立统一地存在着。

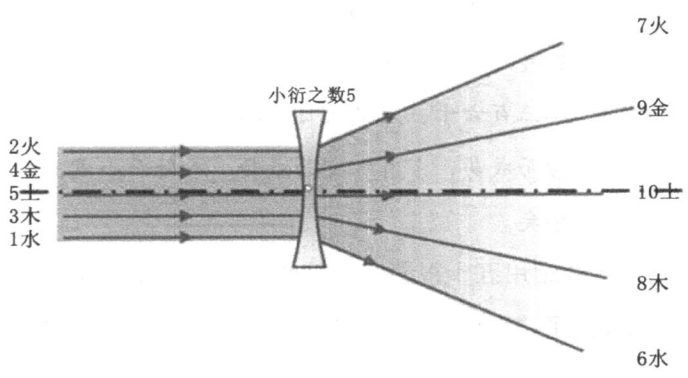

五是五行之间的小变化，所以是小衍之数。而孔子认为五十这个数已经能够"显道神德行，是故可与酬酢，可与佑神"了，算得上是大的变化了，所以五十就是大衍之数，大变化之数。

小衍之数是五这个问题我们似乎已经解决了，人们的争论焦点在于为什么大衍之数是五十，而不是其它的数字，比如为什么不是五十五这个天地之数？为什么不是四十九这个用数？甚至为什么不是 60 这个周天甲子数？

这个问题自古以来就众说纷纭，莫衷一是。现在至少有数十种解释，但从来没有一种解释能够说服所有人，甚至每种说法自己都难以自圆其说。一种说法（朱熹）认为大衍之数是五行数和河图数相乘（5X10=50）得来的，另一种说法认为是勾股定理中 3、4、5 三个数的平方和（9+16+25=50）得到的，还有人（康节先生）认为是河图中 5 个阳数之和 25 乘以 2 得到的，西汉的京房则认为大衍之数是十天干、十二地支、二十八星宿加起来（10+12+28=50）得到的。

还有人说在先秦时期人们对大衍之数五十的说法没有争议，不过是因为秦始皇焚书坑儒将很多典籍给烧了，所以从秦以后才开始争论不休的。我倒是觉得可能不是先秦时期对这个说法没有争议，而是秦始皇把有争议的书都给焚了，把有争议的人都给坑了，所以我们并不知道先秦之前的情况。

看来孔子提出的"大衍之数五十"这个无头公案还会继续成为千古悬案。

除了河图之数、天地之数、大衍之数、小衍之数之外，还有一个周天甲子之数与他们相关。

周天甲子之数是六十，即六十甲子这个周期数，我们留待后面再去介绍。

从数学角度，可以将周天甲子数理解为天地之数（55）加上小衍之数（5）得到的。所以我们也可以暂且认为大衍之数（50）是天地之数（55）减去小衍之数（5）得到的。

这四个数的核心是天地之数和小衍之数，尤其是小衍之数最为神奇。

在六十四卦的天圆图中，除去乾坤坎离这四个定位卦之外，其余六十卦每卦六爻，一共360爻，对应周天之数360，而一年的实际天数是365天(约365.24219天)，四舍五入，正好也是周天之数与小衍之数之和。

大衍之数 = 天地之数 − 小衍之数

甲子之数 = 天地之数 + 小衍之数

全年天数 = 周天之数 + 小衍之数

另外，河图中1～10这十个数正对应人的十指，十指对应的数字相加就是天地之数（55），且左右手之间的转换关系正对应小衍之数。

佛家的合掌礼叫做"合十"，就是1、6相合，2、7相合，3、8相合，4、9相合，5、10相合，与河图之数有异曲同工之妙。

· 409

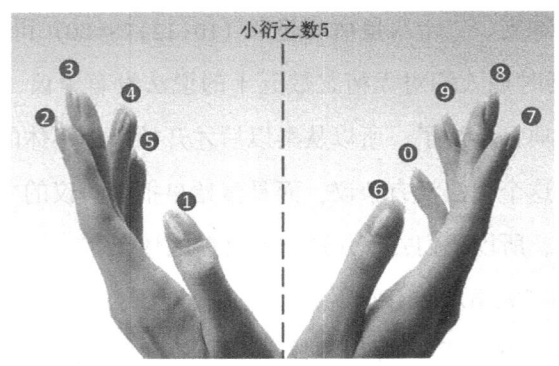

因此河图之数（1～10）、小衍之数（5）、大衍之数（50）、天地之数（55）很有可能就来自于我们的双手十指。

关于河图数，也有人提出了一个很有意思的观点，认为河图的1～10代表了太阳系的十星（一恒星九行星），可能是演算太阳系运行规律及磁场变化的分布图。

这个观点很新颖，也给了我很多启发，让我不由自主地脑补出了一部关于太阳系和奇门遁甲的星球大战科幻小说。

奇门遁甲中的甲就是太阳这颗恒星，三奇则是离太阳最近的水星、金星、地球，六仪则是稍远些的火星、木星、土星、天王星、海王星和冥王星。想来是在太古时期，有邪恶的外星爬虫族想抢占太阳系，于是太阳系本土的智慧生命通过操控九大行星的运行，并利用十星之间错综复杂的磁场、重力场等相互作用关系，来遮掩太阳的踪迹（遁甲），保护太阳系逃过了一劫，才有了我们今天的人类文明，并从流传下来了河图和奇门遁甲这两门秘术。

而冥王星之所以太小，不被现代科学家认作是行星，则是因为在那场远古大战中作为双方交战的战场被打碎、打残了，今天所见的冥王星不过是原来星球的碎片罢了。

哪位朋友有兴趣，可以利用这个素材和灵感去写一部科幻小说，相信一定会情节跌宕起伏，扣人心弦。

十天干及其属性

十天干是易经理论的外围概念，与河图有着密切的联系，也是实践中十分常用的工具，主要用于时间和空间的表达。

一　天干的起源

天干中的干，有枝干、主干之意。

天干共有十个，按照先后顺序分别是甲、乙、丙、丁、戊、己、庚、辛、壬、癸。

据考证，天干地支的概念早在夏朝时期应该就已经存在了，在已经出土的三千多年前商朝时期的甲骨文上就出现了很多地支的文字符号，夏朝和商朝的很多君主的名字里也经常出现天干，比如商朝的国君报丁、武丁、祖甲等，都以天干为名。

中国历史上有名的两个暴君，夏桀和商纣，夏桀的名字叫履癸，商纣的名字叫帝辛，商纣的父亲叫帝乙，都是以天干命名。

天干地支最早应该是出现在距今4000多年前的黄帝时期。在先秦时期的《世本》（又称《系本》）一书中，就提到了轩辕黄帝命令大桡（náo）作甲子这件事情：

黄帝使羲和占日，常仪占月，臾（yú）区占星气，伶伦造律吕，大桡作甲子。

这段记载中所提到的就是黄帝命大桡氏探察天地之气机，探究五行，于是制作了甲、乙、丙、丁、戊、己、庚、辛、壬、癸这十个天干，以及子、丑、寅、卯、辰、巳、午、未、申、酉、戌、亥这十二个地支，天干和地支相互配合成六十甲子，用作纪历的符号。

在隋朝人萧吉所撰写的《五行大义》中也提到了"大桡作甲子"这一说法：

（大桡）采五行之情，占斗机所建，始作甲乙以名日，谓之干，作子丑以名月，谓之枝。有事于天则用日，有事于地则用月。阴阳之别，故有枝干名也。

这是关于天干地支起源的一种比较权威可信的说法，即甲子纪历法始于黄帝时期，大概在公元前2697年，这就是我们所谓的黄历，由轩辕黄帝所制定的历法。这么算下来，公元2022年已经是黄历4719年了。

为了弘扬中华传统文化，我们也希望能从国家层面重视和推广黄历，而不仅仅是让黄历作为江湖术士占卜风水的工具，让黄历成了一个贬义词。当然，前提是我们要对黄历进行改造，将其中一些不合时宜的东西去掉，取其精华，去其糟粕，正本清源，让具有中国特色的黄历重新焕发出勃勃的生机。

二 天干的属性（类象）

十天干有自己的五行属性、阴阳属性和太极属性，这是十天干的前向类象。

（一）五行属性

从五行角度来看，甲乙五行属木；丙丁五行属火；戊己五行属土；庚辛五行属金；壬癸五行属水。

（二）阴阳属性

十天干的顺序分别甲一、乙二、丙三、丁四、戊五、己六、庚七、辛八、壬九、癸十。

十天干按其顺序各有阴阳属性，凡位于奇数位的为阳干，位于偶数位的为阴干，因此甲、丙、戊、庚、壬为五个阳干，乙、丁、己、辛、癸为五个阴干。

（三）太极属性

十天干自成一个太极，具有完整的时间、空间、要素、联系这四大支柱。

1. 空间支柱

十天干的空间支柱主要表现为十天干的空间分布。

十天干中，甲乙属木位居东方，丙丁属火位居南方，庚辛属金位居西方，壬癸属水位居北方，戊己属土位居中央。

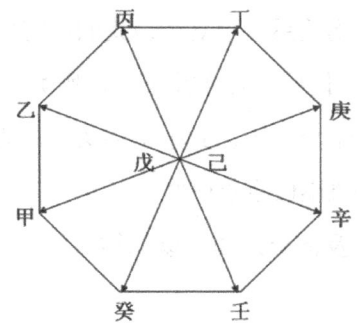

2. 时间支柱

从时间角度来看，每个天干都对应一个时间单位，如一个时辰、一天、一个月、一年。不过由于我们习惯用地支来定位时间，导致天干在每个时间单位中是游动的，不是固定的。比如每天的夜里11点到凌晨1点是子时，这是我们用地支在定位时间，所以子时在每天中是固定的，而天干却不固定，假设今天的子时是甲子时，那么明天的子时就是丙子时，后天的子时就是戊子时，一直要到第五天（60个时辰之后）的子时才再次回到甲子时。

天干在年、月、日中的情况与此相同，都是游走不定的。

天干用于描述时间，并以10为小周期、60为大周期进行循环。这里的以10为小周期是由于天干共有10个，所以每隔10个时间单位就循环一次，天干的一次循环叫做一旬，比如一个月 30 天，分为三旬，分别是上旬、中旬、下旬，每一旬就是 10 天一个周期。同样，每 10 个时辰、每 10 个月、每 10 年也是一个周期。

以 60 为大周期，是指十天干与十二地支共同组成六十甲子循环，是天干和地支共同作用的结果。六十甲子是中国古代历法中纪年、纪月、纪日、纪时的重要工具。在干支历法体系中，年、月、日、时均以六十为周期，每逢六十年（月、日、时）循环一次。我们后面讲到十二地支时再详细介绍。

3. 要素支柱

十天干的要素就是甲、乙、丙、丁、戊、己、庚、辛、壬、癸这十个天干。

4. 联系支柱

十天干之间的联系遵循五行生克制化关系，但由于十天干将五行又分为阴阳，所以彼此的生克制化关系更为复杂，我们留待后面再去介绍。

除了前向类象外，十天干也有后向的万物类象，如可以将人体从上到下分为十个部分，分别对应十个天干，其中甲为头，乙为肩，……，直至癸为足。不过我们对天干的万物类象不做重点研究。

我们将天干的属性及部分万物类象总结如下：

天干	甲	乙	丙	丁	戊	己	庚	辛	壬	癸
阴阳	阳	阴	阳	阴	阳	阴	阳	阴	阳	阴
五行	木		火		土		金		水	
方位	东方		南方		中央		西方		北方	
季节	春季		夏季		四季		秋季		冬季	
颜色	绿色		红色		黄色		白色		黑色	
数字	1	2	3	4	5	6	7	8	9	10
人体	头	肩	额	齿舌	鼻	腹	筋	胸	胫	足
脏腑	胆	肝	小肠	心	胃	脾	大肠	肺	膀胱	肾

三 天干与河图和五行的关系

根据十天干的空间和五行分布，甲乙木在东、丙丁火在南、戊己土在中、庚辛金在西、壬癸水在北，这实际上就是五行的结构，同时也是河图的结构。

天干、河图、五行在本质上是一体的，但又有着各自的特性和差异。

天干和河图都是以五行为基础，用阴阳二分法对五行切割了一次，将每一个五行都分为阳和阴两部分。但天干和河图的切割刀法不同，所以得到了不同的结果。

在天干中，从五行的东方木开始，顺着五行木、火、土、金、水的自然相生顺序切割了一圈，并按照先阳后阴的顺序排列，从而得到甲为阳木乙为阴木，丙为阳火丁为阴火，戊为阳土己为阴土，庚为阳金辛为阴金，壬为阳水癸为阴水，以及甲一、乙二、丙三、丁四、……、癸十这个顺序。同时也得到了甲、丙、戊、庚、壬这五个阳干以及乙、丁、己、辛、癸这五个阴干。

天干的切割刀法与易经万物生成模型中八卦的切割刀法相同，排序模式也与先天八卦的排序模式相同，两者是一脉相承的。

而河图则是从五行的北方水开始切割，并按照五行水、火、木、金、土的自然顺序将所得到的阴阳分别用五行的生数和成数来表示，从而得到了1为阳水6为阴水，2为阴火7为阳火，3为阳木8为阴木，4为阴金9为阳金，5为阳土10为阴土这个"一六共宗，二七同道，三八为朋，四九为友，五十同途"的排列顺序。

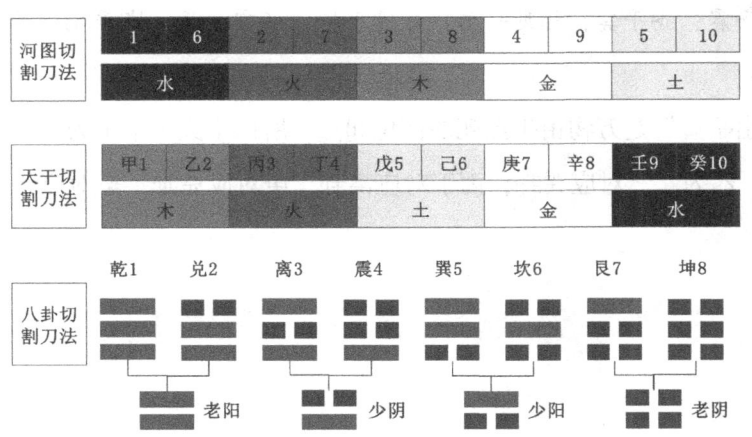

切割刀法的不同让天干和河图产生了很大的差异，比如北方的水在河图中对应的数字是1和6，而在天干中则是9和10；东方的木在河图中是3和8，而在天干中则是1和2。可见，河图和天干两套体系中的五行虽然都各有阴阳，也都具有相同的空间分布特性，但在五行所对应数字以及排序上却完全不同。

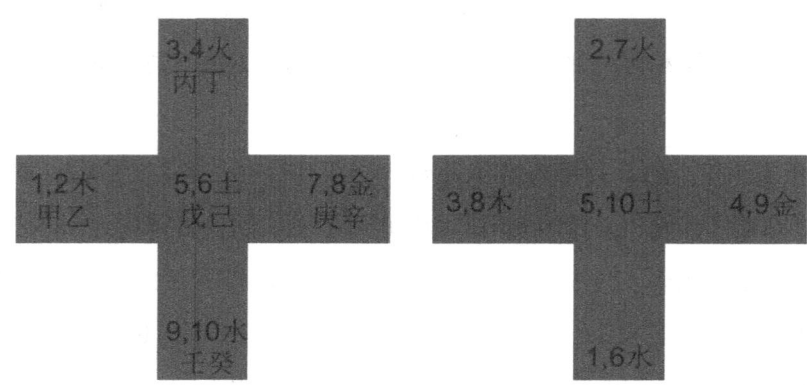

天干的这种排序方式构成了一个万物由生至死的周期循环，同时也是十进制的表现（河图更多地是个五进制），是十天干作为一个太极所具有的穷变通久周期律的体现。

十天干的这种排列方式是以《说卦传》中后天八卦的空间顺序为基础的，这也可以理解为天干的八卦属性。

在《说卦传》中提到：

帝出乎震，齐乎巽，相见乎离，致役乎坤，说言乎兑，战乎乾，劳乎坎，成言乎艮。

"帝出乎震"是万物由生至死的演化起点，所以十天干中甲为一，为起点，对应震卦；乙为二，对应巽卦；丙丁对应离卦，庚对应兑卦，辛对应乾卦，壬癸对应坎卦。

天干与八卦的区别在于戊己和坤艮的排序及空间分布出现了差异。戊己不论是在自然顺序上还是空间分布上都位于中央,而坤和艮在自然顺序上则一个排在第八位,一个排在第七位;在空间分布式则一个位居西南,一个位居东北。

天干的五行生克制化关系

十天干本身自成系统,自成太极,因此也具备时间、空间、要素和联系这四大支柱。其中的时间、空间和要素都是十天干自身,而各要素之间的联系则遵循五行的生克制化关系,主要有相生关系、相克关系、相冲关系和合化关系这四种相互作用关系。

一 相生关系

十天干各有其五行属性,因此具备五行相生关系。天干的五行相生遵循阴阳互生的原则,即阳干生阴干、阴干生阳干,十天干的相生关系是:

甲木生丁火,乙木生丙火;丙火生己土,丁火生戊土;戊土生辛金,己土生庚金;庚金生癸水,辛金生壬水;壬水生乙木,癸水生甲木。

或者我们可以换个方式来说天干之间的相生关系,那就是甲木生丁火,丁火生戊土,戊土生辛金,辛金生壬水,壬水生乙木,乙木生丙火,丙火生己土,己土生庚金，庚金生癸水，癸水生甲木。

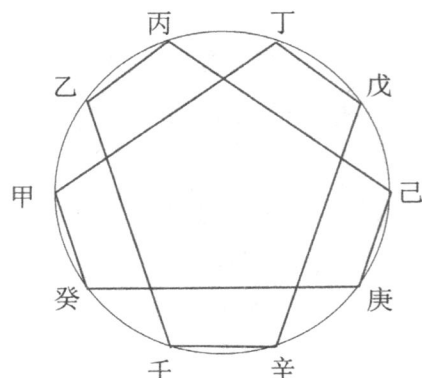

我们看到，十个天干之间的相生关系构成了一个封闭的网络结构，每两个天干之间都必然存在着直接或间接的相生关系，如同五行相生关系一样，无始无终。

二　相克关系

天干之间的五行相克关系遵循阳干克阳干、阴干克阴干的原则，这与相生关系正好相反，相生是阴阳互生，相克则是在阳干与阳干之间、阴干与阴干之间并行，阴阳之间没有交集。

所以天干相克关系主要有甲木克戊土，乙木克己土；戊土克壬水，己土克癸水；壬水克丙火，癸水克丁火；丙火克庚金，丁火克辛金；庚金克甲木，辛金克乙木。

为了便于理解，我们也换个顺序来表述，我们先看阳干之间的相克关系：

甲木克戊土，戊土克壬水，壬水克丙火，丙火克庚金，庚金克甲木。

我们再来看阴干之间的相克关系：

乙木克己土，己土克癸水，癸水克丁火，丁火克辛金，辛金克乙木。

不难发现，这是两套并行的相克循环，与相生之间的循环相生完全不同，相生关系是十个天干串在一起的。

三 相冲关系

相冲关系是五行相克关系的一个特例，但与克又不同，克是单向的，双方一个是施克者，一个是受克者，而冲是双向的，双方都被冲动。

冲有冲突、冲撞、冲散、冲动、冲起的含义，冲的力量要远大于克的力量，同样的，冲的危害也要远大于克的危害。

在十天干分布图中，甲乙木在东方，庚辛金在西方，壬癸水在北方，丙丁火在南方。具有相冲关系的两个天干正处在关于中心相对的两个位置上，阴干与阴干相冲，阳干与阳干相冲。

因此天干相冲关系共有四对，分别是甲庚相冲、乙辛相冲、丙壬相冲、丁癸相冲，或者说是水火相冲、金木相冲。

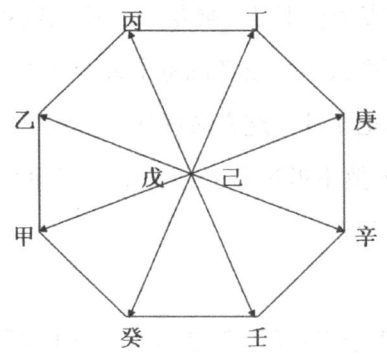

在相冲关系中需要注意以下三个现象：

1. 戊己不冲

十天干中，由于戊己土居于中间的位置，虽然戊己土与甲乙木和壬癸水都有五行相克的关系，但戊己土待在中央，明哲保身，左右逢源，甘做和事佬，与其它天干不发生相冲。

2. 冲不对等

相冲关系是不对等的，比如甲庚相冲，虽然甲能够冲庚，庚也能够冲甲，但甲同时还受庚所克，是冲中带克，因此在这个相冲关系中，甲所受的伤害要比庚大得多。

再看丁癸相冲，丁为火，癸为水，在相冲的同时，癸水克丁火，因此在相冲的过程中，丁所受的伤害要远远大于癸所受到的伤害。

乙辛相冲和丙壬相冲与此相同。

我们前面提到过奇门遁甲，其中的遁甲就是指天干甲被藏起来了，而甲之所以被藏起来，就是由于甲庚相冲，甲会受到庚的冲克，会对甲造成严重伤害。同时甲是天干之首，也就是三军中的统帅，所以需要把甲保护起来，藏起来，以免受到庚的伤害，这就是奇门遁甲中"遁甲"这个词的由来。

3. 逢七相冲

我们发现在具有相冲关系的任意两个天干之间都隔着五个天干，比如甲是1庚是7，中间隔着乙丙丁戊己；乙是2辛是8，中间隔着丙丁戊己庚；丙是3壬是9，中间隔着丁戊己庚辛；丁是4癸是10，中间隔着戊己庚辛壬，可见相冲的两个天干中间都隔着五个天干，或者说每个天干（戊己除外）都和他后面的第七个天干发生冲克，即逢七相冲。这在命理学中叫做七煞或者七杀，也叫偏官。

不过我们这里对七煞不做过多介绍，留待后面介绍地支时一并介绍，因为地支中同样存在着七煞现象。

四 合化关系

刚才提到天干之间的相克是阳干克阳干、阴干克阴干，那么如果两个天干之间既是五行相克，又是阴阳互补，会发生什么情况呢？在这种情况下，两者之间五行相克、阴阳相合，是克中有合，合中带克，叫做合化关系，也有人称之为化合关系。

合化关系由两部分组成，分别是相合关系和相化关系，相合是两者结合，合二为一，相化是变化，是两个天干结合之后变出新的事物、新的天干。

天干中的合化关系主要有五对，分别是甲己合化土，乙庚合化金，丙辛合化水，丁壬合化木，戊癸合化火。

根据天干的排序，甲一己六、乙二庚七、丙三辛八、丁四壬九、戊五癸十，可见天干之间的合化关系实际上就是河图中一个五行的生数和成数之间的相互作用，一个五行的生数和成数相见就发生了合化反应，化生出了另一个五行。这是合化关系的本质。

但从古至今，对于天干之间的合化关系也一直都没有一个大家都能接受且能自圆其说的理论。对于甲己合化、乙庚合化这五个合化关系中的相合关系大家都还能勉强理解，毕竟河图中有"一六共宗，二七同道，三八为朋，四九为友，五十同途"的说法，五行的生数和成数都住在同一个屋檐下，一阴一阳，五行相同、志趣相投，难免日久生情，结成夫妻，因此应该能够相合。

但夫妻相合之后所生出来的孩子就让人十分迷惑了，甲己所生的孩子为什么是土？乙庚所生的孩子为什么是金？丙辛所生的孩子为什么是水？丁壬所生的孩子为什么是木？戊癸所生的孩子为什么是火？其中甲己生土和乙庚生金也还能勉强接受，毕竟所生的孩子的五行属性与父亲相同（乙庚生金）或者与母亲相同（甲己生土），但后面的三个化合关系就真的莫名其妙了，孩子的五行属性（五行基因）与父母都不相同，经不起亲子鉴定的考验。

在实践中，我们将天干合化关系当作既成事实来接受和使用，不去计较其内部的原理，因为也根本理不清，根本不符合易理。或者有时干脆只考虑天干相合，而忽略相化关系，忽略合化后的产物。

个人认为，真正合乎易理的合化关系应该是甲己合化水，乙庚合化火，丙辛合化木，丁壬合化金，戊癸合化土。虽然同样有亲子鉴定的问题，但毕竟甲一己六，为一六共水宗；乙二庚七，为二七同火道；丙三辛八，为三八为木朋；丁四壬九，为四九为金友，戊五癸十，为五十同土途。

不过这纯属个人理解，尚未经受实践的考验。在这个问题上我们还是要尊重历史传承，毕竟合化关系不能单纯靠易理来推导，更要经得住实践的检验。

这种无法用易理解释的现象在十二地支中也同样存在，甚至更加严重，这是由于这些现象是人们在实践中逐步摸索到的，而不是靠易理推导出来的，其中有很多经验性的东西，经验既是对易理的补充和完善，同时也是对易理的挑战，是因为有我们未能发现的因素在背后发挥着作用，产生了很多似是而非的结论。

所以我们在实际应用中，应该尽量依靠阴阳消长和五行生克制化这些最基础的易理，对于易理解释不通的可以暂时放在一边，不要过于纠结。

在《增删补易》一书中，野鹤老人就主张要依靠五行生克制化关系这个基本易理来解释卦象，尽量少用或者不用那些与易理不合的内容（比如六神、卦身、神煞、甚至地支之间的相刑、相害等内容），同样取得了很好的效果，让易经的理论体系更加清晰，更加有条理。

删繁就简，这才是正确的态度和方向，否则一上来就弄一大堆禄神、羊刃、驿马、桃花、华盖、天医、贵人、天喜等神煞概念，让易经变得玄而又玄，反倒把易理给掩盖住了，这样就很难学好易经了。

天干的化合关系在命理学中属于正官关系，即一个人生日的天干遇到五行相克又阴阳相反的其它天干而形成的关系。

以生日的天干为基础，命理学中的正官关系共有十对，分别是辛为甲之正官、庚为乙之正官、癸为丙之正官，……，戊为癸之正官。

生日天干	甲	乙	丙	丁	戊	己	庚	辛	壬	癸
正官天干	辛	庚	癸	壬	乙	甲	丁	丙	己	戊

论地支

十二地支的由来

天干地支不分家,前面介绍了天干的基础知识,我们再继续介绍十二地支。

十二地支分别为:子、丑、寅、卯、辰、巳、午、未、申、酉、戌、亥。十二个地支首尾相接,循环不已。

地支的起源并没有定论,一种说法是我们在天干部分提到的"大桡作甲子",还有一种说法是认为地支起源于古巴比伦的黄道十二宫。

在天文学上,以太阳为中心,地球环绕太阳所经过的轨迹在星空中的投影称为黄道。黄道宽18度,环绕太阳一周(一年)为360度,黄道面包括了所有行星运转的轨道,也包含了星座,而且恰好约每30度范围内都各有一个星座,总计为十二个星座,因此又被称为"黄道十二宫"。十二地支分别对应十二宫,也对应着一年的春夏秋冬四季十二个月。

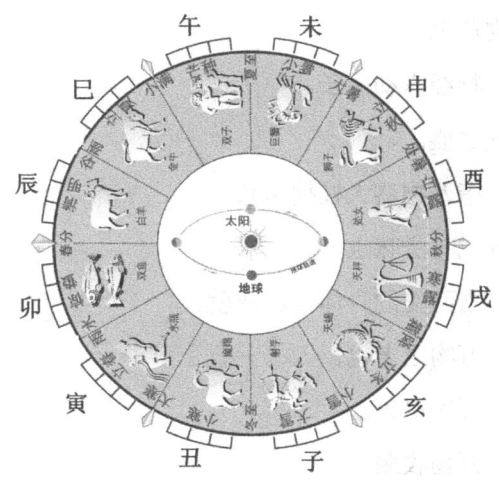

"黄道十二宫"起源于古巴比伦,是阿拉伯占星术中的术语。后来随着东西方文化的交流,应该是在夏商时期传到中国,并与中国的河图、五行和天干等概念结合,演化出了十二地支。郭沫若先生在《释干支》一文中就持有这个观点,认为十二地支不是中国原创的,而是源自古巴比伦。

郭沫若先生的这个说法与我们前面所提到的《世本》以及《五行大义》中"大桡作甲子"的说法相矛盾,而且我们知道轩辕黄帝大概生活在公元前2717年~公元前2599年,而古巴比伦大概在公元前1894年~公元前1595年,与中国的夏朝(约前2070~前1600)相当,据此可以知道大桡作甲子的时间比巴比伦提出黄道十二宫的理论至少要早上700年~1100年。

不过我们毕竟不是专业的研究人员,不必纠结这个黄道十二宫到底是从古巴比伦传过来的,还是中国古人在更早时期就独立发现的,但地支起源于对天象的观测("仰则观象于天"),是人们基本都能接受的观点。

根据《说文解字》的观点,十二个地支描述了宇宙万物生老病死、成住坏空的一个完整的生命周期,各个地支的含义如下:

子是兹的意思,指万物兹萌于既动之阳气下。

丑是纽,阳气在上未降。

寅是移,引的意思,指万物始生寅然也。

卯是茂,言万物茂也。

辰是震的意思,物经震动而长。

巳是起,指阳气之盛。

午是忤的意思,指万物盛大枝柯密布。

未是味,万物皆成有滋味也。

申是身的意思,指万物的身体都已成就。

酉是老的意思,万物之老也。

戌是灭的意思,万物尽灭。

亥是核的意思,万物收藏。

地支与黄道十二宫的关系也印证了孔子在《系辞传》中所说的"在天成象，在地成形，变化见矣"这个说法，印证了地支与天象之间的关系。孔子在这里所说的"变化见矣"就是指由天干地支所表示的时间和空间生生不息、循环不已的演化，以及宇宙万物由生至死，由死复生的生命周期循环。

地支与天干的关系

孔子在《系辞传》开篇第一段就提到了"在天成象，在地成形，变化见矣"的观点，天干与地支是这一观点的完美体现，也是阴阳、四象、五行理论的完美结合。

天干与地支中，十天干是在天上所成的象，十二地支则是这十个天象在地上所成的形。干是主干，是阳，主动；支是分支，地支就是支持、配合天干的意思，是支持天干运动的力量，主静。

天干为象，地支为形；天干为阳，地支为阴；天干为体，地支为用。天干地支是不可分割的统一整体，由天干和地支所表示的时间与空间同样是不同分割的统一整体。

干支的关系可以通过下图来了解：

阴阳	四象	五行				
		木	火	土	金	水
阳天干	老阳 五阳干	甲	丙	戊	庚	壬
	少阴 五阴干	乙	丁	己	辛	癸
阴地支	少阳 阴之阳	寅	午	辰戌	申	子
	老阴 阴之阴	卯	巳	丑未	酉	亥

天干有十个，是河图之数，也是五行生成之数、五行阴阳之数，所以天干按照河图和五行的格局分布，分别居于东、南、西、北、中这五个方位。但天干在地上所成的"形"（地支）在五行方面就与天干有了分别。

一　五行金木水火的异同

天干中金、木、水、火各有两个，前后相连，且一阴一阳，一生一成。相应地，地支中的金、木、水、火同样各有两个，且同样前后相连，一阴一阳。天干与地支中的金木水火四行有着高度的一致性，但也有着细微的差别，主要体现在空间分布上：

天干中甲乙均位居正东，地支中寅居东北，卯居正东；天干中丙丁均位居正南，地支中巳居东南，午居正南；天干中庚辛均位居正西，地支中申居西南、酉居正西；天干中壬癸均位居正北，地支中亥居西北，子居正北。

二　五行土的异同

天干中土有两个，分别为戊土和己土，一阴一阳，位居中央。而地支中土有四个，分别为辰土、戌土、丑土、未土，比天干中多了两个，两阴两阳。

地支中五行土的空间方位分布也发生了变化，由天干中的中央位置分散到了地支中的四隅（四个角落）位置。且四个土分别隔开了金木水火，体现了土生养万物的转化功能。

天干与地支的对应关系如下：

天干	甲	乙	丙	丁	戊		己		庚	辛	壬	癸
地支	寅	卯	午	巳	辰	戌	丑	未	申	酉	子	亥

阳木在天成象为甲木，在地成形为寅木；

阴木在天成象为乙木，在地成形为卯木；

阳火在天成象为丙火，在地成形为午火；

阴火在天成象为丁火，在地成形为巳火；

阳土在天成象为戊土，在地成形为辰土和戌土；

阴土在天成象为己土，在地成形为丑土和未土；

阳金在天成象为庚金，在地成形为申金；

阴金在天成象为辛金，在地成形为酉金；

阳水在天成象为壬水，在地成形为子水；

阴水在天成象为癸水，在地成形为亥水。

三　地支藏干

除了这种表面上的对应关系外，天干地支之间还存在着另一种关系，就是把天干藏在地支之中，叫做地支藏干，主要用于命理学之中。

地支藏干关系有十二种形式，分别是子藏癸、丑藏己癸辛、寅藏甲丙戊、卯藏乙、辰藏戊乙癸、巳藏丙戊庚、午藏丁己、未藏己丁乙、申藏庚壬戊、酉藏辛、戌藏戊辛丁、亥藏壬甲，每个地支中都藏有一个到三个天干。

地支		子	丑	寅	卯	辰	巳	午	未	申	酉	戌	亥
藏干	余气		癸水	戊土		乙木	戊土		丁火	戊土		辛金	
	中气		辛金	丙火		癸水	庚金	己土	乙木	壬水		丁火	甲木
	本气	癸水	己土	甲木	乙木	戊土	丙火	丁火	己土	庚金	辛金	戊土	壬水

地支藏干的口诀如下：

　　　　子藏癸水在其中，丑中癸辛己土同；

　　　　寅藏甲木和丙戊，卯中乙木独相逢；

　　　　辰藏乙木兼戊癸，巳中庚金有丙戊；

　　　　午藏丁火并己土，未中乙木加己丁；

　　　　申藏戊土庚并壬，酉中辛金独丰隆；

　　　　戌藏辛金及丁戊，亥藏壬甲是真踪。

由于地支藏干主要用于命理学，在六爻、梅花、奇门等其它理论体系中很少应用，所以不作为重点，只要知道有地支藏干这么个概念就行了。

十二地支的属性与类象

十二地支同样具有自身的九宫属性、八卦属性、五行属性、四象属性、阴阳属性和太极属性，同时也具有自身的万物类象。本章我们重点研究十二地支的属性与类象。

一　九宫属性

十二地支的九宫属性就是十二地支在洛书九宫中的分布规律，十二个地支在九宫中占据了四正四隅八个位置，空出了中宫五。具体的分布规律是：

子居于北方一宫，丑与寅居于东北方的八宫，卯居于东方的三宫，辰和巳居于东南方的四宫，午居于南方的九宫，未和申居于西南方的二宫，酉居于西方的七宫，戌和亥居于西北的六宫。

辰巳 ❹	午 ❾	未申 ❷
卯 ❸	皇极 ❺	酉 ❼
丑寅 ❽	子 ❶	戌亥 ❻

在这个分布中，东、南、西、北四个正宫中都只有一个地支，分别是卯、午、酉、子（子午卯酉），而且各个地支的五行属性都与河图中的五行属性相同，即北为子水南为午火，东为卯木西为酉金。这实际上是洛书、河图和五行的内在一致性的表现，也是天干和地支内在一致性的表现。

地支的掌中排盘有两种形式，分别是九宫法和六合法。前者就是我们所熟悉的用食指、中指、无名指的九个指节代替九宫来排列，按上述九宫排列法来排布十二地支。后者则是用食指、中指、无名指和小指的指节间横纹和指尖来排布十二地支（中指和无名指的中间横纹不用），两种排盘方法如下所示：

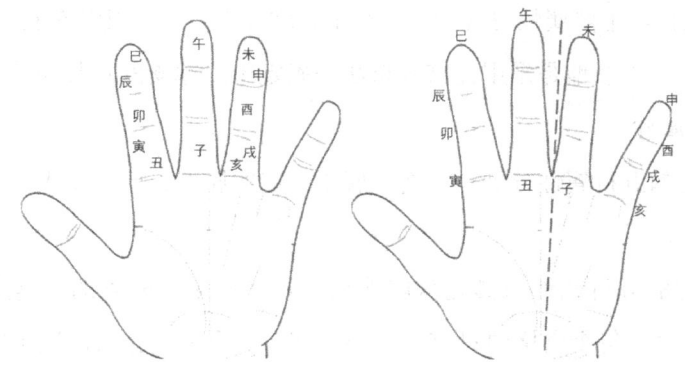

十二地支掌上排盘法（九宫法及六合法）

之所以称为六合法，是因为这种排盘法以中指和无名指之间的分界线为对称轴，两边对称的两个地支为地支相合关系。这部分内容我们留待后面介绍。

二 八卦属性

十二地支的八卦属性可以从洛书九宫分布和五行属性两个角度来理解。

1. 九宫分布

从洛书九宫分布的角度，考虑到后天八卦与十二地支都是分布在洛书九宫内四正四隅八个宫格内，因此十二地支的八卦属性与九宫属性是一致的，即子居于北方坎宫，对应坎卦；丑与寅居于东北方的艮宫，对应艮卦；卯居于东方的震宫，对应震卦；辰和巳居于东南方的巽宫，对应巽卦；午居于南方的离宫，对应离卦；未和申居于西南方的坤宫，对应坤卦；酉居于西方的兑宫，对应兑卦；戌和亥居于西北的乾宫，对应乾卦。

辰巳 巽 ❹	午 离 ❾	未申 坤 ❷
卯 震 ❸	皇极 ❺	酉 兑 ❼
丑寅 艮 ❽	子 坎 ❶	戌亥 乾 ❻

· 429

2. 五行分布

根据八卦的五行属性和十二地支的五行属性，可以得到寅卯属震巽（木）、巳午属离（火）、申酉属乾兑（金）、亥子属坎（水）、辰戌丑未属坤艮（土）。

在实践中，更多地是采用九宫分布法来确定十二地支的八卦属性。

三　五行属性

十二地支的五行属性分别是：亥子属水，寅卯属木，巳午属火，申酉属金，辰戌丑未属土。

十二地支的五行属性与其九宫属性和八卦属性是相分离的，这主要是由于在九宫的四隅中，每个宫格内只有一个卦，却有两个地支，所以这个宫内的地支五行属性和卦的五行属性就不再一致。但四个正宫内的地支与八卦和九宫的五行属性是相同的，比如子五行属水，与同宫中坎卦的五行属性相同；卯五行属木，与同宫中震卦的五行属性相同；午五行属火，与同宫的离卦相同；酉五行属金，与同宫的兑卦相同。

其余四隅中八个地支的属性除了辰戌丑未四个土属性的地支外，另外四个地支的五行属性都与洛书九宫中相邻的下个宫格内地支的五行属性相同。比如东北方的寅的五行属性与下一宫的卯相同，东南的巳与下一宫的午相同，西南的申与下一宫的酉相同，西北的亥与下一宫的子相同。

这个规律用九宫图来表现，就是一个佛家的万字符——"卍"，其中有四条旋臂，交于中宫的皇极：

由中宫向南到九宫的午，再向东到四宫的巳，是火旋臂；

由中宫向北到一宫的子，再向西到六宫的亥，是水旋臂；

由中宫向东到三宫的卯，再向北到八宫的寅，是木旋臂；

由中宫向西到七宫的酉，再向南到二宫的申，是金旋臂。

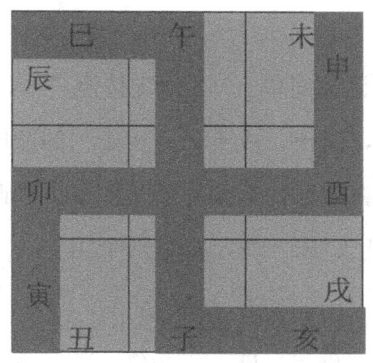

四条旋臂分别对应金木水火，也可以理解为是十二地支的四象属性。

这是个很有意思的现象。"卍"在中国、古印度、波斯、希腊等国的历史上均出现过，在印度最早出现于印度河文明时期，距今约 4500 年，在中国大概也是在 4500 年前的新石器时代，出现在马家窑遗址出土的彩陶上。在法国卢浮宫所收藏的六千年前的美索不达米亚大碗上也出现了这个符号。而之前我们从 7000 多年前的河图洛书的数理逻辑中，同样也推导出了万字符和十字架这两个图案。

另外在宇宙中，我们所在的银河系是一个漩涡星系，有着四条右旋的手臂，分别是人马座旋臂、猎户旋臂、英仙旋臂和南十字旋臂，外形恰似一个"卍"。而当年的希特勒非要逆历史潮流而动，搞了个左旋的万字符作为纳粹的标志。

可见，万字符、十字架以及我们的河图洛书很有可能有着一个共同的起源。

四 阴阳属性

十二地支的阴阳属性比较简单，十二地支按照子一、丑二、寅三、卯四、辰五、巳六、午七、未八、申九、酉十、戌十一、亥十二的顺序排列，凡是排在奇数位的地支就是阳支，凡是排在偶数位的地支就是阴支，因此子、寅、辰、午、申、戌是六个阳支，丑、卯、巳、未、酉、亥是六个阴支。

五 太极属性

十二地支与天干一样，都是自成一个系统，一个太极，因此也都具有时间、空间、要素和联系这四大支柱，有着自己穷变通久的周期律。其中的时间、空间要素这三大支柱就是十二地支自身，联系支柱则是十二地支之间的五行生克制化关系。

1. 时间支柱

就时间支柱而言，十二地支是用于标纪时间的符号，分别用于纪年、纪月、纪日和纪时。

用于纪年时，如2020年是庚子年，2021年是辛丑年，2022年是壬寅年，等等；

用于纪月时，一年的第一个月是寅月，从立春开始；第二个月是卯月，从惊蛰开始，等等；

用于纪时时，每天的夜里11:00～凌晨1:00是子时，1:00～3:00是丑时，等等。关于地支的时间属性，我们在后面介绍六十甲子时再详细讲解。

2. 空间支柱

就空间支柱而言，十二地支同样是用于标记空间方位的十二个符号。

用十二地支标记空间的方法有三种，分别是九宫法、周天法和二十四山向法，由于这部分内容较多，也比较独立，我们同样留待后面做介绍。

天干和地支在标记时间和空间方面有着重要应用，由于时间和空间均能够用干支来标记和表述，干支充分体现了易经中时空一体的特性，是我们统合时空，为宇宙万物建立时空全息模型的重要工具。

综上所述，十二地支的部分常用属性如下所示：

地支	子	丑	寅	卯	辰	巳	午	未	申	酉	戌	亥
五行	水	土	木	木	土	火	火	土	金	金	土	水
方位	北	东北	东北	东	东南	东南	南	西南	西南	西	西北	西北
阴阳	阳	阴	阳	阴	阳	阴	阳	阴	阳	阴	阳	阴
数字	1	2	3	4	5	6	7	8	9	10	11	12
月份	11	12	1	2	3	4	5	6	7	8	9	10
生肖	鼠	牛	虎	兔	龙	蛇	马	羊	猴	鸡	狗	猪

十二地支的生克制化关系

十二地支是一个太极，有着自己的时间、空间、要素和联系这四大支柱，其中的联系就是因地支的五行属性而产生的十二地支之间的五行生克制化关系。

但考虑到十二地支比五行多了七个要素，且每一行都各有阴阳，因此地支之间的五行关系变得更加复杂，在五行的相生、相克、相比这三种基础作用关系之外，以及在十天干的相生、相克、相比、相冲、合化的这五种作用关系之外，又增加了相刑和相害的关系。其中最核心的还是相生、相克、相冲和化合这四种关系。

一　相生关系

地支之间的相生关系遵循五行相生顺序，即亥子水生寅卯木，寅卯木生巳午火，巳午火生辰戌丑未土，辰戌丑未土生申酉金，申酉金生亥子水。

与天干间的相生关系不同，地支间的相生关系不再分阴分阳，而是单纯按照五行属性相生。

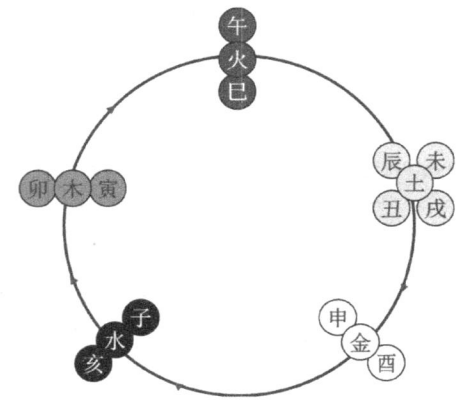

二 相克关系

地支之间的相克关系同样遵循五行相克顺序，即寅卯木克辰戌丑未土，辰戌丑未土克亥子水，亥子水克巳午火，巳午火克申酉金，申酉金克寅卯木。

三 相比关系

地支之间的相比关系实际上就是五行相比关系，不过由于在十二地支中，五行中每一行的数量都增加了，变成了两个或者四个，所以变得稍微复杂些。

具体的相比关系一共有八种情况，分别是亥子相比（水）、寅卯相比（木）、巳午相比（火）、申酉相比（金）、丑戌相比（土）、丑辰相比（土）、辰未相比（土）、未戌相比（土）。

其中每种相比关系又包括三种情况，比如亥子相比包括亥与亥相比、子与子相比、亥与子相比这三种情况，其中亥比子叫做相拱，子比亥叫做相扶，不过这里我们不再区分拱和扶，统一称为相比关系。

其它七种相比关系依此类推。

此处我们要注意，在辰戌丑未四个土支中，没有辰戌相比和丑未相比，这两个是相冲的关系。

四 相冲关系：

相冲关系是相克关系中的特例，这里的冲有对冲、冲散、冲动、冲起的意思，与天干中的相冲相同。

十二地支中的相冲关系有六对,因此又称为六冲,分别是子午相冲,丑未相冲,寅申相冲,卯酉相冲,辰戌相冲,巳亥相冲。

六冲关系图

其中需要关注的是丑未相冲和辰戌相冲,这四个地支从五行角度来看都属土,却仍然会相冲,但冲中无克,与其它四对相冲关系不同。

我们看到,四象、八卦、六十四卦、天干、地支中都有相冲关系,这些相冲关系都是关于中心对称(中心对峙)存在的,或者说都是类似于八卦中两个错卦的关系。这个规律有助于大家理解相冲关系的本质。

五 相合关系

十二地支间的合化关系比较复杂。

地支的合化分为三种,即六合、三合和三会,这个合与五行中的比和不同,但效果相似,都有增强关系,提升力量的效果。

1.六合:

地支之间的六合是指十二个地支之间的两两相合,一共有六对,因此叫做六合,分别是子丑合化土、寅亥合化木、卯戌合化火、辰酉合化金、巳申合化水、午未合化土。

· 435 ·

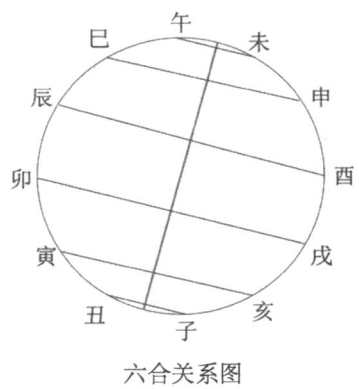

六合关系图

这种合有时候也叫绊，或者叫做合绊，相合的两个地支紧密结合在一起，就相当于用绳子绑在了一起，虽然对彼此有增强力量的好处，但当需要其中某一个单独行动的时候，这个绳子实际上就起到了反作用，成了绊脚绳，让它无法自由行动，无法发挥应有的作用。

地支之间的六合关系又分为两类，一类是合中带克，比如子丑合，丑土克子水；卯戌合，卯木克戌土；巳申合，巳火克申金。还有一类是合中带生，比如寅亥合，亥水生寅木；辰酉合，辰土生酉金；午未合，午火生未土。

六合理论在易理上很含混，很难解释。

比如子丑合化土，首先子和丑为什么能够合化，子五行属水，丑五行属土，原本应该是土克水，但现在却合在了一起，这是很难用易理解释清楚的。

而且子丑合是克中有合，合中带克，因此在实际应用中有时候很难区分两者之间到底是该论合还是论克，论合能增强力量，论克会削弱力量，这给易经的实际应用带来了很大的模糊性，也造成了很大的障碍和麻烦。

比如在实践中如果我们以丑土为研究对象，结果遇到子水发动来与丑土发生作用，这还好说，毕竟子水除了合丑土外不会有任何副作用，最多我们就当子水是打酱油的，不管它就行了。但若是我们以子水为研究对象的时候，结果遇到丑土发动来与子水发生作用，就很难判断丑土到底是来干嘛的，是来合子水的？还是来克子水的？

其次子丑合化的产物为什么是土？这个在易理上是说不通的。而且在实践中除了有子丑合化土的说法外，还有子丑合化水的说法，更加让人一头雾水。所以在实际应用中很多时候只考虑合而不考虑化，不再去考虑他们的合化产物。

另外五个合化关系同样有这样的问题。

虽然很多人对六合关系提出了各自不同的解释，但没有哪一家的理论是完备而且自圆其说的，都停留在经验的层面。人们很难依靠易理来判断孰是孰非，只能看谁的解释更符合实际，应验的概率更大，就采用谁的说法。

2. 三合：

三合局是易经中的一个重要概念，是由三个地支组成的彼此相合的关系。

十二地支中的三合局有四个，分别是申子辰合化子水局、亥卯未合化卯木局、寅午戌合化午火局、巳酉丑合化酉金局。

即金、木、水、火这四行都有各自的三合局，但没有土的三合局，因为辰戌丑未这四个土已经成为四个三合局的组成部分了。

三合关系图

虽然三合局是由三个地支组成的，但组成一个三合局的这三个地支并不是任意选择的，而是具有一定的内在关系，有着自己的规律。

第一个规律就是这四个三合局都是以土结尾的，辰、戌、丑、未四个土分别位于四个三合局的最后一位。

定位了三合局的最后一位，那么另外两个地支就好判断了。以申子辰为例，我们先定位辰，然后再来看申和子与辰有什么关系。

不难发现，在十二地支的自然排列顺序中，申在辰的后面第四位，子在辰的前面第四位。换句话说，申与辰中间隔着三个地支，分别是巳、午、未；子与辰之间也隔着三个地支，分别是丑、寅、卯；同样地申与子之间也隔着三个地支，分别是酉、戌、亥。所以这第二个规律，就是形成三合局的三个地支之间都隔着三个地支，均匀分布在由十二地支构成的周天分布图上，用直线将这三个地支连接起来，就组成了一个周天分布图内部的等边三角形。

另外三个三合局的规律与此相同。

第三个规律就是三合局将合力都汇聚到了中间的那个地支之上：

申子辰三合，将所有的力量都汇聚到了子水上；

寅午戌相合，将所有的力量都汇聚到了午火上；

亥卯未相合，将所有的力量都汇聚到了卯木上；

巳酉丑相合，将所有的力量都汇聚到了酉金上。

三合局的结果是让中间地支的力量得到极大的增强和放大，所以三合局是各种关系中力量最强的一种。

这三个规律是我们从表面现象上、从空间分布上总结出来的三合规律，是没有得到易理验证过的，因此这个规律不是本质上的规律，只是外在表象上的经验性规律。

三合局是可以用易理来解释的，后面我们会讲到十二地支中有个五行寄生十二宫的周期律，五行在十二个地支中发生着生老病死的周期运动，而三合局就是一个五行出生（生）、帝旺（旺）、墓库（墓）的三个环节，以申子辰为例，申是五行水的长生之所，子是五行水的帝旺之所，辰是五行水死后的埋藏之所，所以申子辰是由水的出生、帝旺和埋藏这三个位置相合，共同增旺了五行水的力量。

其它三个三合局也是一样的道理，分别是五行火的生、旺、墓，五行金的生、旺、墓和五行木的生、旺、墓构成的合局。这才是符合易理的三合局的本质。

因此只要我们记住了三合局的组成，也就记住了五行中除土行外其它四行的长生、帝旺和墓库之所。同样，知道了金木水火四行的十二个周期阶段，也就能快速知道他的三合局的组成结构了。

3. 三会：

三会局是十二地支一个特有的现象，三会就是相邻三个地支的会合与聚集，从而形成合力，来增旺自身的力量。

十二地支中的三会局有四个，分别是寅卯辰会卯木局、巳午未会午火局、申酉戌会酉金局、亥子丑会子水局。

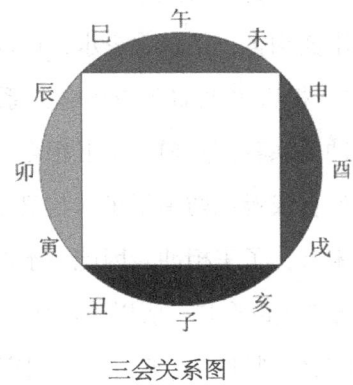

三会关系图

根据十二地支的空间分布我们知道，寅、卯、辰分别位于东北方、正东方和东南方，都属于东方，而东方属木，是卯的位置，所以寅卯辰相会将力量汇聚在卯木身上，让卯木的力量变强。巳、午、未三个地支分别位于东南方、正南方、西南方，所以三个地支相会，把中间午火的力量给增强了。

申酉戌三会和亥子丑三会是同样的道理。

六　相害关系

相害关系是彼此妨害、阻碍的意思，十二地支中主要有六对相害关系，因此又称为六害，分别是：子未相害，丑午相害，寅巳相害，卯辰相害，申亥相害，酉戌相害。

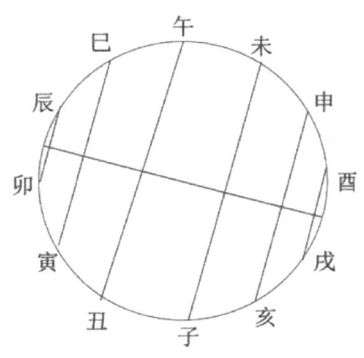

六害关系图

地支之间的六害关系又分为两类,一类是害中有克,如卯辰相害,卯木克辰土;子未相害,未土克子水;另一类是害中有生,如寅巳相害,寅木生巳火;丑午相害,午火生丑土;申亥相害,申金生亥水;酉戌相害,戌土生酉金。

从易理和卦理上来看,相害关系需要与相合关系和相冲关系结合在一起才好理解。从六合关系和六冲关系我们知道,子丑相合,丑未相冲,因此未土的存在冲散了子水与丑土的合作,或者说妨害了子水与丑土的合作,所以未土害了子水;从另一方面来看,午未合,子午相冲,因此子水的存在冲散了午火与未土的合作,或者说妨害了午火与未土的合作。所以子水和未土互相伤害,即子未相害。

同样的道理,我们可以得到丑午相害,寅巳相害,卯辰相害,申亥相害,酉戌相害。

七 相刑关系

刑是刑罚、惩罚的意思,地支之间的相刑关系主要分为相刑、三刑和自刑三种。

相刑关系只有一种,即子卯相刑,其中子刑卯、卯刑子,又叫做无礼之刑。

三刑包括寅巳申三刑和丑未戌三刑两种情况,其中寅巳申三刑又叫作无恩之刑,丑未戌三刑又叫作恃势之刑。

自刑是自己惩罚自己,包括辰、午、酉、亥四种情况,分别是辰与辰相刑、午与午相刑、酉与酉相刑和亥与亥相刑。

相刑关系更多的是经验结论，很难用易理来解释说明。

在上面所讲的地支之间的七种关系中，重要的还是生、克、比、合、冲这五种关系，相害关系和相刑关系在实践中用的并不是很多，所以大家有所了解即可。

十二地支的空间分布

十二地支自身构成了一个系统，一个太极，具备太极的时间、空间、要素和联系这四个支柱，以及自身穷变通久的周期律。其中时间、空间和要素都是这十二地支自身。地支的要素以及彼此之间的联系我们上面已经介绍过了，时间部分我们会留在后面的六十甲子部分再去介绍，本章介绍地支中的空间，即十二地的空间分布。

地支在空间上的分布上有三个模式，一个是九宫分布，一个是周天分布。这两个是十二地支自身的空间分布。第三个是地支与天干和八卦共同组成的二十四山向图。

一　九宫分布

我们先来看十二地支在九宫图中的分布。

在九宫分布中，子午卯酉分别位于北南东西四个正向，对应八卦中的坎、震、离、兑这四个正卦。在四隅中，每个宫格内有两个地支，东北方是丑和寅，对应艮卦；东南方是辰和巳，对应巽卦；西南方是未和申，对应坤卦；西北方是戌和亥，对应乾卦。由此建立起了十二地支与八卦和八方之间的对应关系。

辰巳	午	未申
卯		酉
丑寅	子	戌亥

二 周天分布

在周天分布中,我们是将360度圆周分为十二等分,十二个地支按照顺序均匀地分布在圆周上,每个地支占据30度角的空间。其中子在北方、丑在北偏东方向、寅在东偏北方向、卯在东方、辰在东偏南方向、巳在南偏东方向,午在南方,未在南偏西方向、申在西偏南方向、酉在西方、戌在西偏北方向、亥在北偏西方向。

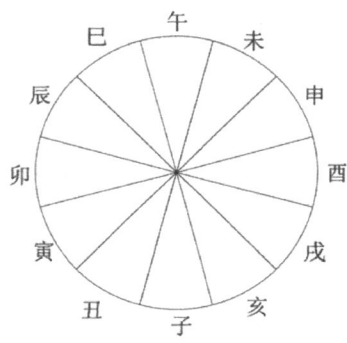

可见周天分布图与九宫分布图基本相似,不过是用十二个宫格来代替洛书九宫中的外部八个宫格,每个地支的位置都是相同的,尤其是在这两个分布图中,子午卯酉都居于北南东西四个正向上。

我们前面讲过的十二地支之间的相生、相克、相合、相冲、相刑、相害这些关系,实际上都是在这个周天分布图上来完成的。

比如相冲关系,在周天分布图上,我们将十二地支两两一组,共分为六组,每组内的两个地支通过圆心两两相对，如子午相对、丑未相对、寅申相对、卯酉相对、辰戌相对、巳亥相对，这就是六冲关系。

我们再来看六合关系，将圆周上子和丑的中点以及午和未的中点连接起来，然后把这条分割线两侧对称的两个地支连接起来，子丑相连、寅亥相连、卯戌相连，所得到的这六组地支就是十二地支中的六合关系，他们的连线垂直于子丑午未这条分割线。

我们再将圆周上卯和辰的中点以及酉和戌的中点连接起来，然后把这条分割线两侧对称的两个地支连接起来，卯辰相连、寅巳相连、丑午相连、子未相连，所得到的这六组地支就是十二地支中的六害关系，他们的连线垂直于卯辰酉戌这条分割线。

还有地支的三合关系、三会关系都能够在这个周天分布图中得以体现和表达。所以周天分布图是一个很实用的工具。

另外，十二地支的周天分布图除了是一个空间分布图，还是一个时间分布图，我们知道日晷就是一个十二地支盘，用十二地支的周天分布图来标记一天的十二个时辰。

所以周天分布图可以视作一个时空全息模型，表达了易经中时空一体的观念。

三 二十四山向图

地支在方位上的重要应用，就是二十四山向图。

易经是一门关于时和位（即时间和方位）的学问，方位是空间的一个重要参数，在日常生活中和易经理论中都有着重要的应用。易经预测的目的就是为了选择吉利的时间和吉利的方位，从而让自己在正确的时间出现在正确的位置上。因此如何划分空间方位也是易经应用中的一个重要课题。

日常生活中我们常用东、南、西、北即四象来表示平面方位，但四象划分法中每个方位有90度角的范围，划分不够精细，导致在实际应用中误差范围过大，不能精确定位。为此人们利用阴阳二分法将四象重新划分为八个方位，增加了东南、东北、西南、西北四个新的方位，每个方位对应一个三爻卦，用八卦代表八个方位，将每个方位的范围限定在45度角之内，即后天八卦方位图。

后天八卦方位图（九宫同心模式）

后天八卦方位图也就是我们平常所说的四面八方的概念，四面是指东南西北，用四象或者青龙、白虎、朱雀、玄武这四个神兽来表示，八方是八卦，其中四个正卦与四象重合，也就是说八方里面包含了四面。

之前我们介绍的洛书九宫都是画成一个正方形的样子，然后将这个正方形分为三行三列的九个宫格。其实后天八卦方位图也是洛书九宫的一种变体，即九宫同心模式，这样内圆就是洛书的中宫，内外圆之间的八个部分就是洛书的外部八宫。

但在实践应用中，后天八卦方位图仍不能满足需要。因此人们又引入了十二地支周天分布图，将360度圆周用十二个地支划分为12个方位，每个方位对应一个地支，并将每个方位的范围限定为30度角。

但人们觉得30度角还是不够精细，为此古人又继续用阴阳二分法对十二地支周天分布图进行改造，将360度圆周从十二等分划分为二十四等份，每份15度角。

这样我们就将空间方位从360度、90度、45度、30度，一步步地划分到15度，将空间划分得越来越精细。

我们将这样划分的二十四个方位称为二十四山向，并分别用八天干（戊己为中央土，故舍弃不用）、十二地支和乾、艮、巽、坤四卦个来分别表示。

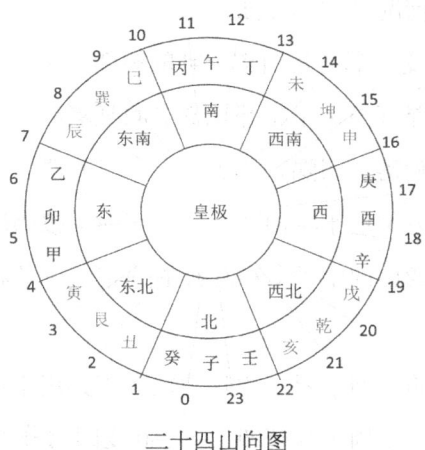

二十四山向图

二十四山向是风水罗盘上的主要信息，用于堪舆定位。这也就是邵雍先生提出的实用八卦图的主要内容。

从本质上来看，二十四山向图既是十二地支九宫分布图的变体，也是十二地支周天分布图的变体，是九宫分布和周天分布的高度统一。这是因为二十四是八和十二的最小公倍数，所以才能够统一四象、八卦和十二地支。

在二十四山向图中，从北方开始，顺时针旋转，这二十四个山向分别是北方的壬、子、癸，东北方的丑、艮、寅，东方的甲、卯、乙，东南方的辰、巽、巳，南方的丙、午、丁，西南方的未、坤、申，西方的庚、酉、辛，以及西北方的戌、乾、亥。

二十四山向是用天干、地支和八卦三组符号共同构成的，很多人可能会觉得很乱，记不住各个干支和卦象的各自顺序和位置。其实要想记住也很容易，只要找到其中的规律。

这个规律就是在这个同心圆的洛书九宫图中，四正四隅八个宫格内，四正宫里面都是两干一支，四隅宫里面都是两支一卦，其中的一支和一卦分别位于八个宫格的中间位置，另外两个干或两个支都分别排列在它的左右两侧。

比如南方的正宫里面是丙午丁，是两干一支，其中丙丁两干分别在排午支的两侧；西北的隅宫里面是戌乾亥，是两支一卦，其中戌亥两支分别在乾卦的两侧。其余六宫内的排列情况可依此类推。

这个正宫是两干一支，隅宫是两支一卦的规律还是很好记忆的。

换个角度来看，就是任意两个相邻地支之间都隔着一个天干或者一个经卦，四个经卦全部位于四个角落（四隅）的正中，子午卯酉居于东南西北四个正向的正中，八个天干按五行方位居于东南西北四个正向，按顺序排列在子午卯酉的两侧。这样就能把这二十四山向中干支和八卦的分布记住了。

除了这个二十四山向图外，易经中还有很多工具用来描述空间和方位分布，比如六十甲子可以组成一个周天分布图，将360度圆周分为60份，每份占6度。还有前面介绍的六十四卦天圆地方图，其中的天图将360度圆周划分为64份，每份占5.625度。而在一些风水罗盘上，将空间划分为384等份，对应六十四卦的384爻，每一等份只有0.9375度，让空间定位更加精细。

但不管怎么划分，洛书九宫、十二地支和二十四山向都是空间和方位分布的核心内容。

五行寄生模型

孔子在《系辞传》中讲"生生之谓易"、"天地之大德曰生"等，都是在讲易经创生万物的功能，并通过"易有太极，是生两仪，两仪生四象，四象生八卦，八卦定吉凶，吉凶生大业"这个易经的万物生成模型，以及老子在《道德经》中所提出的"道生一、一生二、二生三、三生万物"这个道家的万物生成模型，表达了易经和道先天具有的创物造物的功能。

但万事万物不能只是永无休止地被创生出来，就像我们工厂生产出来的产品必须进入使用和消费环节才能发挥它的作用,若只是生产出来然后放在库房里那就失去了创物造物的意义了。

所以易经在强调创生万物的同时,还强调变通、变易,塑造出一个环境和一套规则,让万物能够在其中自发自觉地进化和发展,发挥万物应有的作用,完成各自的使命,从而开启一个生老病死、成住坏空的演化循环过程。而驱动万物生老病死、成住坏空的根本动力就是阴阳的消长和阴阳的转化。

一 易经中的周期演化模型

为了描述这个过程,易经提出了大量的周期演化模型。主要的模型和工具有八个,分别是穷变通久模型、五行制化模型、八卦循环模型、九宫运动模型、河图演化模型、五行寄生模型、六十周天模型和六爻演化模型。

1. 穷变通久模型

穷变通久模型实际上就是四象模型,描述了一个包括阳长阴消和阴长阳消两个阶段和老阴、少阳、老阳、少阴四个状态的周期变化模型,揭示了阴阳消长在宇宙万物的生老病死的生命周期中所发挥的作用,因此是易经理论中众多周期演化模型的基础,而且也是太极所具有的时间、空间、要素和联系这四个支柱之外的第五个重要特征。

2. 五行制化模型

五行制化模型是在四象模型的基础上发展起来的,重点表达了宇宙万物受环境影响而陷入的无穷无尽的生死轮回境地,揭示了因果关系对宇宙万物生老病死、成住坏空所产生的直接且显著的影响。同时也暗示了突破因果的唯一途径就是挣脱五行的束缚,包括挣脱五行的生助所施加的束缚和五行的克制所施加的束缚。也就是不但要摆脱恶因恶果的循环,还要摆脱善因善果的循环。

或者就像道家所说的,要"跳出三界外,不在五行中",才能获得生命的大自在。

3. 八卦循环模型

八卦循环模型即后天八卦模型,展示了宇宙万物按照《说卦传》所描述的"帝出乎震,齐乎巽,相见乎离,致役乎坤,说言乎兑,战乎乾,劳乎坎,成言乎艮"的完整生命周期和生死循环。

4. 九宫运动模型

九宫运动模型以洛书九宫中所蕴含的庞大信息量,揭示了宇宙万物与内外部环境要素相互之间的复杂因果关系,同时也暗含了八卦循环模型的生命周期。

5. 河图演化模型

河图演化模型一方面向我们展示了天地之数(55)创生万物的磅礴伟力,另一方面演化出了十个天干,建立了一个十阶段的生命周期模型,尤其是展示了十个天干之间阴阳互生所显示的无穷无尽的创生能力和创生模式。

6. 五行寄生模型

五行寄生模型向我们展示的是金、木、水、火、土这五行在十二地支所形成的十二个生命阶段(十二宫)中的由生到死,再由死到生的循环往复,和无穷无尽的生死轮回。

7. 六十周天模型

六十周天模型是由干支构成的六十甲子轮回,其中包括了十天干的小循环、十二地支的小循环和六十甲子的大循环,每个小循环是一次生命能量的涨落,而每个大循环则是一次生死的轮回。

8. 六爻演化模型

六爻演化模型就是六十四卦模型,由于综合考虑了时间、空间的影响,为万物构建了时空全息模型,并借助时间、变爻以及卦象内部的五行生克等关系,建立了一个更加复杂和动荡的生命周期。

它的周期性规律表现在三个方面,一方面是从初爻到上爻的演化发展所展现出来由六个爻(六个阶段)构成的小生命周期,另一个是从乾坤两卦发展到水火既济和火水未济两卦的由六十四个卦构成的大生命周期。第三个是康节先生提出的以六十四卦384爻为基础,以129600年为周期的元会运世周期模型。

从最简单的穷变通久四象模型,一直到复杂动荡的六爻演化模型,易经对宇宙万物生命周期的研究不断精细和精确，但不管这些周期模型多么复杂，背后最基本的驱动力量就是阴阳消长和五行制化，这也是易经不易、简易和变易这个三易原则的忠实体现。

二　五行寄生模型

五行寄生模型又叫五行寄生十二宫模型，是上述八个周期演化模型之一。

十二宫就是十二地支所居住的宫位，分别为子宫、丑宫、寅宫、卯宫、辰宫、巳宫、午宫、未宫、申宫、酉宫、戌宫、亥宫。十二个宫位各有其五行属性，木火土金水五行在各个宫位中寄生巡行时，因与各个宫位的五行属性存在着生克制化关系，进而将五行的生命周期划分为十二个阶段。

以木为例，木进入子宫，受子水所生而增旺；进入丑宫，克制丑土而消耗自身能量；进入寅宫，得到寅木的扶持而增旺；进入卯宫与卯木比和而达到最旺状态；……；进入亥宫，受到亥水所生而增旺。然后再次进入子宫，……，无休无止地在十二宫中轮回。

从表面现象来看，五行寄生模型是指五行在一年十二个月中从生长到死亡的过程和其中的十二种状态、十二个阶段。但从本质上来看，五行寄生模型就是利用十二地支理论将宇宙万物发生、发展、演化的一个生命周期划分为十二个阶段。

我们知道，五行制化模型展示的是宇宙万物受因果影响而陷入的无穷无尽的生死轮回，而十二地支也是一个五行因果循环，那么五行在十二宫中的发展变化实际上就是五行因果循环在五行因果循环中的发展变化。若是将五行因果关系看作是枷锁的话，那五行寄生模型就描述了一个层层枷锁相互锁定的生命历程，让宇宙万物陷入五行因果循环无法解脱。

五行寄生模型清晰地告诉我们，想要挣脱五行的束缚，获得生命的大自在，难如登天。

在利用五行寄生模型研究万物的生命周期时，可以有两个起点（观测原点），一个起点是从宇宙万物的出生时刻算起，也就是以人类的认知极限为起点，从无极创生太极那一刻算起,将宇宙万物的生命周期划分为长生、沐浴、冠带、临官、帝旺、衰、病、死、墓、绝、胎、养十二个阶段。

另一个观测原点是继续向前,进入无极世界,从神、气、形、质、体这五要素形成的时刻为起点,将宇宙万物的生命周期划分为胎、养、长生、沐浴、冠带、临官、帝旺、衰、病、死、墓、绝十二个阶段。

两种划分方法所得到的十二个阶段以及各个阶段的内容都是相同的,区别只是在于观测原点的不同。若是以人的生命周期来比喻,那么前者相当于是从人的出生之时算起,后者则是相当于从受精卵形成之时开始算起。

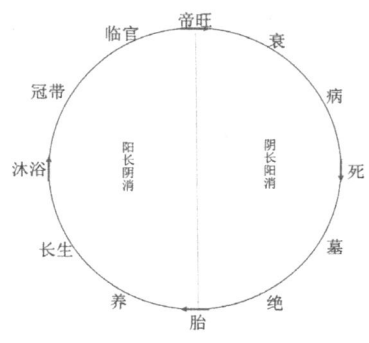

生命周期十二阶段模型

这十二个阶段的生命周期实际上就是个阳长阴消和阳消阴长的过程,在本质上仍然是四象理论,是对四象理论的扩展应用。

另外,如果我们能够打通无极太极世界,就会发现万物的衍化无始无终,无生无死。在如如不动的本源面前,只是现象的生生灭灭而已,如同在浩瀚的海洋中,只是一朵朵浪花的生灭而已,海水本身并没有发生本质变化。这个十二阶段周期模型也不是一个循环往复的平面圆环,而是一个螺旋式发展的立体动态结构。

五行寄生模型中,生命周期十二个阶段的具体含义分别如下:

1. 胎:

就是"受胎","天地气交,氤氲造物,其物在地中萌芽,始有其气,如人受父母之气也。"

胎对应四象模型中的老阴阶段，生命从彻底灭绝后阴气的发展达到了极致，从而在胎的阶段阴至一阳生，阳气开始出现。

2. 养：

就是"成形"，"万物在地中成形，如人在母腹成形也。"

胎和养这两个阶段都发生在不可感知的无极世界，在无极世界中实现了阴阳的转换，也就是先天五太形成的过程。

3. 长生：

"万物发生向荣，如人始生而向长也。"

长生阶段是无极生太极的关键节点。在这个阶段，万物从混沌黑暗的无极世界中进入了我们的这个现象世界，为我们所感知和了解。

长生阶段也就是老子在《道德经》中所说的"天下万物生于有，有生于无"中的有生于无、无中生有的阶段。

4. 沐浴：

"以万物始生，形体柔脆，易为所损，如人生后三日，以沐浴之，几至困绝也。"沐浴阶段对应四象模型中的少阳。

5. 冠带：

"万物渐荣秀，如人具衣冠也。"

6. 临官：

"如人之临官也"。

养、长生、沐浴、冠带、临官都是四象模型中的阳长阴消阶段，是广义的少阳。

7. 帝旺：

"万物成熟，如人之兴旺也。"

帝旺阶段是万物发展到登峰造极的阶段，这个时候万物的能量达到最大，对外的作用力也达到最大，所以在易经预测时，若研究对象处于帝旺阶段，就刀枪不入、百毒不侵、坚不可摧、无往不利。

帝旺阶段是四象模型中的老阳阶段，阳气发展到了极致，失去了继续增长的动力，而阴气的增长势头超过阳气，所以在帝旺之时会阳至一阴生，万物的发展开始进入阳消阴长的下坡路。

8. 衰：

"万物形衰，如人之气衰也。"

万物的发展从帝旺阶段的阳至一阴生开始走下坡路，衰是下坡路上的第一个里程碑，生命的历程进入阴长阳消阶段。

9. 病：

"万物病，如人之病也。"

10. 死：

"万物死，如人之死也。"

死的阶段对应四象模型中的少阴。万物虽然死亡，但阳性物质（如肉体）尚未消耗殆尽。

11. 墓：

又叫"库"，是万物死亡之后被收藏/埋藏起来，使得万物不能继续发挥作用，"以万物成功而藏之库，如人之终而归墓也。"

在实践中，墓又分为真墓和假墓两种，真墓就是万物衰弱到了极点，生机全无，因此是真正的死后被埋藏起来，再无出头之日。

假墓则是万物仍有旺盛的生机，只是暂时被束缚起来、收藏起来，只要有合适的时机，仍然能够破墓而出，所以与真墓的入墓相对应，假墓又叫做入库，只是刀枪入库，马放南山而已。

12. 绝：

"以万物在地中，未有其象，如母腹空，未有物也。"

绝就是彻底的消亡和灭绝，也就是老子在《道德经》中所说的"复归于无物"、"复归于无极"，万物在现象世界中的所有痕迹都消亡了，重新回归到了无极世界。

衰、病、死、墓、绝对应四象模型中的阴长阳消阶段，是广义的少阴。

一般情况下，我们以长生作为五行寄生模型的起点。根据五行之间的相生关系，木生于水，火生于木，土生于火，金生于土，水生于金，我们可以很容易找到各个五行的长生之所，然后按照地支的顺序分别得到各个五行的十二宫生命周期状态。

以木为例，水生木，故木长生于水。在十二宫中，亥子为水，其中亥水先于子水出现，故木长生于亥宫，沐浴于子宫，冠带于丑宫，临官于寅宫，帝旺于卯宫，衰于辰宫，病于巳宫，死于午宫，墓于未宫，绝于申宫，胎于酉宫，养于戌宫。完成一个轮回后，木又再次长生于亥宫，……

其它四行在十二宫的情况类似。现将五行寄生十二宫的情况列表如下：

十二宫	子	丑	寅	卯	辰	巳	午	未	申	酉	戌	亥
木	沐浴	冠带	临官	帝旺	衰	病	死	墓	绝	胎	养	长生
火	胎	养	长生	沐浴	冠带	临官	帝旺	衰	病	死	墓	绝
土	胎	养	长生	沐浴	冠带	临官	帝旺	衰	病	死	墓	绝
金	死	墓	绝	胎	养	长生	沐浴	冠带	临官	帝旺	衰	病
水	帝旺	衰	病	死	墓	绝	胎	养	长生	沐浴	冠带	临官

为便于理解，还可将上表转换为以下表达方式：

十二宫	胎	养	长生	沐浴	冠带	临官	帝旺	衰	病	死	墓	绝
木	酉	戌	亥	子	丑	寅	卯	辰	巳	午	未	申
火	子	丑	寅	卯	辰	巳	午	未	申	酉	戌	亥
土	子	丑	寅	卯	辰	巳	午	未	申	酉	戌	亥
金	卯	辰	巳	午	未	申	酉	戌	亥	子	丑	寅
水	午	未	申	酉	戌	亥	子	丑	寅	卯	辰	巳

在这个十二阶段的生命周期模型中，最为关键的是生、旺、墓、绝这四个阶段。十二地支中有四生、四旺、四库（四墓）、四绝之说：

- 四生为寅申巳亥，即木生于亥，火生于寅，金生于巳，水生于申。
- 四旺为子午卯酉，即子为水旺之地，午为火旺之地，卯为木旺之地，酉为金旺之地。

- 四库为辰戌丑未，即丑为金库，辰为水库，未为木库，戌为火库。
- 四绝为寅申巳亥，即金绝于寅，木绝于申，火绝于亥，水绝于巳。

其中生与绝的关系值得关注：巳宫金生而水绝、申宫水生而木绝、亥宫木生而火绝、寅宫火生而金绝。

在这个五行寄生模型中，土和金的长生比较另类：

土本应长生于巳火，但由于地支中有四个土，因此被人为地归类为土与火同生同死，所以土就长生于寅木了。

金本应长生于土，但由于土的长生之所变化了，所以金的长生之所也发生了变化，在本应生土的巳火之处就出生了。

在上表中，我们也发现了三合局的踪迹，即金木水火的长生、帝旺、墓三个宫合成了三合局，如亥卯未合卯木局、巳酉丑合酉金局、申子辰合子水局、寅午戌合午火局。

五行寄生模型以五行在一年十二个月中从生到死的发展过程为例，以宇宙万物的成住坏空，尤其是以人的生老病死为例，向我们展示了一个完整的生命周期和无穷无尽的生命轮回。万物坏死后并不是成了空，而是还要经历墓、绝之后再次进入轮回，从胎、养开始孕育新的生命形式。

五行寄生模型对于分析产品生命周期、企业生命周期乃至国家的生命周期都大有裨益。

在易经预测中，由于研究对象受时空要素和环境要素的综合影响，即便是在时间要素中，也包括了年月日时四柱，尤其是月柱（月建）和日柱（日建）的综合影响，因此五行寄生十二宫对研究对象的旺衰影响并不是唯一的和绝对的，一般情况下还是以生克为主。如虽然丑为金墓，但丑土生金，因此在吉凶层面往往论生不论墓，只当作是丑土生金而非墓金，只有在细节层面或者应期层面才会考虑墓的作用。

除了五行寄生十二宫模型外，实践中还有天干寄生十二宫模型，依据各自的五行属性和阴阳属性，十天干按照阳生阴死、阳顺阴逆的演化规则，在十二宫中也有着其生老病死、成住坏空的生命演化周期。

我们对天干寄生十二宫模型仅作展示，存而不论。

十二宫	子	丑	寅	卯	辰	巳	午	未	申	酉	戌	亥
甲	沐浴	冠带	临官	帝旺	衰	病	死	墓	绝	胎	养	长生
丙	胎	养	长生	沐浴	冠带	临官	帝旺	衰	病	死	墓	绝
戊	胎	养	长生	沐浴	冠带	临官	帝旺	衰	病	死	墓	绝
庚	死	墓	绝	胎	养	长生	沐浴	冠带	临官	帝旺	衰	病
壬	帝旺	衰	病	死	墓	绝	胎	养	长生	沐浴	冠带	临官
乙	病	衰	帝旺	临官	冠带	沐浴	长生	养	胎	绝	墓	死
丁	绝	墓	死	病	衰	帝旺	临官	冠带	沐浴	长生	养	胎
己	绝	墓	死	病	衰	帝旺	临官	冠带	沐浴	长生	养	胎
辛	长生	养	胎	绝	墓	死	病	衰	帝旺	临官	冠带	沐浴
癸	临官	冠带	沐浴	长生	养	胎	绝	墓	死	病	衰	帝旺

论干支纪历

六十甲子

前面我们详细介绍了十天干和十二地支的相关知识，天干和地支相配合组成六十甲子，用以纪年、纪月、纪日、纪时。这种用天干地支来纪历的方法叫做干支纪时法，相应的历法叫做干支历，又叫甲子历，是极具中国特色的历法，有着深厚的文化底蕴和悠久的历史传承。

不过在应用干支纪历时要注意一点，不要与阳历、阴历或者农历这些概念弄混。

阳历是以太阳的运行周期为依据制定的，因此叫太阳历，简称阳历，又叫公历。阳历有很多种，我们现在所使用的公元纪年法叫做格里高历（或称格里历），是阳历的一种，是以基督耶稣降生的那年为公元元年，如公元2022年就是耶稣降生后的第2022年。

阴历则是以月亮的运行周期为依据制定的，每月的阴历初一是这个月的第一天。

农历则是综合了阳历和阴历，以农时为依据制定的，将全年划分为24个节气，因此农历以节气来划分月份，而不是以干支历中的甲子日、甲午日或者以阴历的初一来划分。

干支历则是以天干地支组成的六十甲子为计时单位循环往复地运转，干支历与农历之间既高度相关，又有所不同，两者的关系我们在后面会介绍。

干支历起源于轩辕黄帝，因此又叫做黄历。在历史上有两个huang历，一个是特指轩辕黄帝所制定的历法（黄历），另一个特指各个朝代的皇帝勘定发行的历法（皇历）。

为了维护华夏道统的延续性，我们建议逐步推行和恢复轩辕黄帝所制定的黄历，与公元纪年的阳历并用，形成中学为体、西学为用的格局。

六十甲子是干支历的纪历符号。数千年前的古人仅用十天干、十二地支共二十二个符号所构成的六十种组合就能表述无穷无尽、无始无终的时间运转，并用同一套符号系统实现了时间与空间的统一，不得不说非常神奇，也不得不赞叹古圣先贤的聪明智慧。

十天干、十二地支，最小公倍数为六十，干支的组合为阳干与阳支组合、阴干与阴支组合，每逢六十就循环一次，因此被称为六十甲子，也被称为六十花甲子或者六十还甲子。六十甲子构成了一个以六十为周期的周期循环律。

六十甲子从甲子开始至癸亥结束，循环顺序如下表所示：

甲	乙	丙	丁	戊	己	庚	辛	壬	癸
甲子	乙丑	丙寅	丁卯	戊辰	己巳	庚午	辛未	壬申	癸酉	戌亥
甲戌	乙亥	丙子	丁丑	戊寅	己卯	庚辰	辛巳	壬午	癸未	申酉
甲申	乙酉	丙戌	丁亥	戊子	己丑	庚寅	辛卯	壬辰	癸巳	午未
甲午	乙未	丙申	丁酉	戊戌	己亥	庚子	辛丑	壬寅	癸卯	辰巳
甲辰	乙巳	丙午	丁未	戊申	己酉	庚戌	辛亥	壬子	癸丑	寅卯
甲寅	乙卯	丙辰	丁巳	戊午	己未	庚申	辛酉	壬戌	癸亥	子丑

我们将六十甲子分为六组，即六旬，分别为甲子旬、甲戌旬、甲申旬、甲午旬、甲辰旬、甲寅旬。每一旬十年（月、天、时），从甲开始至癸结束。

在每一旬中，十个天干完成一次循环，但十二个地支却有两支未能出现，如甲子旬中没有戌、亥，甲戌旬中没有申、酉，甲申旬中没有午、未等等。我们称每旬中未出现的两个地支为该旬的旬空，分别为：

甲子旬中戌亥空，甲戌旬中申酉空；

甲申旬中午未空，甲午旬中辰巳空；

甲辰旬中寅卯空，甲寅旬中子丑空。

旬空是易经断卦的重要依据之一，尤其是在判断细节和应期方面。

在实践中，常常将六十甲子中每两组干支与特定的物象和五行对应来，即六十甲子纳音表：

甲子乙丑海中金	甲午乙未沙中金	丙寅丁卯炉中火
戊辰己巳大林木	戊戌己亥平地木	庚午辛未路旁土
壬申癸酉剑锋金	壬寅癸卯金箔金	甲戌乙亥山头火
丙子丁丑涧下水	丙午丁未天河水	戊寅己卯城头土
庚辰辛巳白蜡金	庚戌辛亥钗钏金	壬午癸未杨柳木
甲申乙酉泉中水	甲寅乙卯大溪水	丙戌丁亥屋上土

前面在介绍天干合化关系时曾介绍过，天干地支中有很多无法用易理来解释的经验性结论，这个六十甲子纳音表就属于这种情况，所以并不建议大家在这个纳音表上花费太多时间，知道有这么一个东西就行了。

六十甲子是一个具有自相似、自复制特性的系统，是一个太极，是十天干这个小太极和十二地支这个小太极综合作用的结果，是一个时空全息模型，有着自身的时间、空间、要素和联系这四大支柱。尤其是六十甲子也是时空自身的一个全息模型，以六十为周期，可以应用于各个尺度的时间和空间范围内。

比如我们可将六十年（一个甲子）视作一个大周期，六十个月（五年）为一中周期，六十天（两个月）为一小周期，六十个时辰（五天）为一微周期。在更小尺度范围内，我们还可以将六十分钟（一个小时）视作一周期，六十秒钟（一分钟）为一个周期，甚至还可以在更小的时间单位内应用这个周期模型。可惜的是在现代纪时方法中，从秒以下就不是六十进制，而是千进制，比如秒和毫秒、微秒、纳秒、皮秒、飞秒，每两个相邻单位之间都是 1000 倍的关系，而不是六十倍的关系，所以不好直接在这些更小的时间单位内应用六十甲子周期循环律了。

上面是向更小的时间单位内应用六十甲子，在更大的尺度内同样可以应用六十甲子。

我们前面介绍过三元九运的计时方法，所谓的三元九运就是将一个正元的 180 年分成了上元、中元、下元（三元）和九个运，每一元 60 年（一个甲子），每一元又再次分成三个运，分别是上元一运、上元二运、上元三运、中元四运、中元五运、中元六运、下元七运、下元八运、下元九运，从而构成了完整的三元和九运时间运行体系。这是在更大尺度上应用六十甲子这个周期循环律。

在元（60年）和正元（180年）之上，还有大元的概念，一个大元是540年，分为三个正元，由此可知，一个正元包括了三个六十甲子，一个大元包括了九个六十甲子。

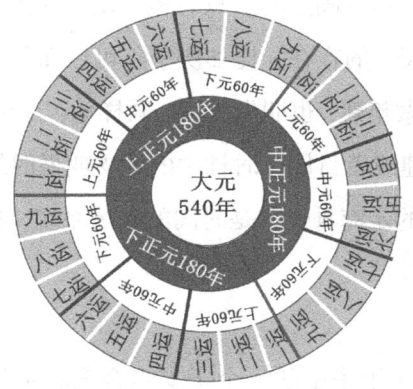

大三元九运模型

康节先生的元会运世模型中同样有六十甲子的身影。一元有十二会，一会有三十运，一运有十二世，一世有三十年，一年有十二个月。

当我们用甲子纪月时，一世有360月，即一运=6个六十甲子月；

当我们用甲子纪年时，一运有360年，即一世=6个六十甲子年；

当我们用甲子纪世时，一会有360世，即一会=6个六十甲子世；

当我们用甲子纪运时，一元有360运，即一元=6个六十甲子运。

干支纪历

干支纪历分为纪年、纪月、纪日和纪时四个层次，也就是我们平常所说的年月日时四柱，分别叫年柱、月柱、日柱和时柱。由于每一柱中共有干支两个字，年月日时四柱就共有八个字，这也就是我们常说的八字。

一般我们习惯用地支来定位时间，表达时间的五行属性，这就造成了天干在年月日时中是游动的，不是固定的，只有地支是相对固定的，所以我们常用地支来表达时间，而忽略天干的存在，比如庚子年可以简称为子年，五行属水。

年柱中的地支又叫做年建，也叫做太岁。同样地，月柱中的地支又叫做月建，日柱中的地支又叫做日建或者日辰，时柱中的地支叫做时辰。

四柱和八字是时间的定海神针，是时间的表述系统，构建了一个悠久漫长、无始无终的时间长河。

一 干支纪年

干支纪年就是用六十甲子中的一个干支组合来表示年柱，按照六十甲子周期循环的顺序推演。比如甲子年之后必然是乙丑年，乙丑年之后必然是丙寅年，这个顺序是不会错的。如2020年是庚子年，2021年是辛丑年，2022年是壬寅年。

在干支纪年中，干支历和公历、阴历、农历之间是有差异的。公历中每年的一月一日（元旦）就进入了下一年，阴历中的每年的正月初一（春节）也进入了下一年，但在这个时候年的干支往往还没有完成一个正常的循环，因此会发生脱节和跳变等现象。

比如2019年是己亥年，2020年是庚子年。从2020年1月1日就进入了2020年，但干支历中仍然是己亥年。2020年1月24日的干支是己亥年丁丑月丙寅日，本来按照正常顺序，2020年1月25日应该是己亥年丁丑月丁卯日，因为这个甲子循环还没有完成。但1月25日这一天是正月初一，因此它的干支就变成了庚子年丁丑月丁卯日。

我们看到其中的月和日的干支还在继续按照六十甲子的顺序推移，尤其是其中的月柱，并没有因为是正月初一就发生变化，但年的干支却打断了正常的六十甲子循环,从己亥跳变跃迁成了庚子,而不是等到月建变成寅(正月)之后再变化。

也就是说年的干支循环与月和日的干支循环是脱节的,不管月柱和日柱如何,年柱每逢正月初一就要跳变跃迁到下一位。

关于十二地支在纪年方面的应用,我们最熟悉的是十二生肖。

十二生肖分别为子鼠、丑牛、寅虎、卯兔、辰龙、巳蛇、午马、未羊、申猴、酉鸡、戌狗、亥猪,即十二生肖用十二种动物,分别代表12年的一个周期。

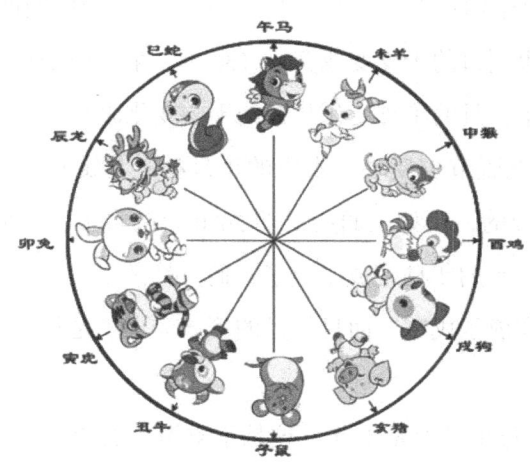

二 干支纪月

干支纪月就是用六十甲子中的一个干支组合来表示月柱,按照六十甲子周期循环的顺序推演。

在干支纪月中,需要特别注意以下几个问题:

1. 一月的定义

在农历月份中,1月所对应的并不是子月,而是寅月。

这与我国的历法演变历史有关。中国的历法在夏朝时是以寅月对应一年的第一个月(即正月),在商朝时则是以丑月对应一年的第一个月,而在周朝时则是以子月对应一年的第一个月,到汉朝时又恢复到夏朝时的规定,以寅月对应一年的第一个月,因此我们的农历又叫做夏历或者汉历。

2. 跳变跃迁

由于农历是以节气来定月份，因此干支纪月与纪年一样，也存在着跳变跃迁的现象。

比如 2020 年 2 月 3 日的干支是庚子年丁丑月丙子日，按正常顺序，第二天 2 月 4 日的干支应该是庚子年丁丑月丁丑日，但由于这一天是立春，因此 2 月 4 日的干支就变成了庚子年戊寅月丁丑日。

我们看到，在这个四柱中，日柱还是按照六十甲子的周期循环规律正常运转，但月份的干支没有等到日的干支变成癸巳（30 天，半个甲子）或者癸亥（60 天，一个甲子）就跃迁了。月的干支变化与日的干支变化脱节了。

这种日月的干支脱节也反映在农历的正月初一与寅月的脱节。农历正月初一和寅月也不是对应的，比如上面所讲的 2020 年的春节，1 月 25 日这一天是农历正月初一，但这一天的年柱变成了庚子，而月柱还是丁丑，一直到 2 月 4 日立春这一天，月柱才变成了戊寅，而且寅月的第一天也不是从甲子开始的，而是从丁丑开始的。

一年 12 个月，每个月都是如此。这是干支历与农历之间的差异造成的，导致干支历只能服从和服务于农历。

3. 二十四节气

干支纪月中一个重要的知识点是二十四节气的划分。

二十四节气是农历划分月份的依据。节气是由节和气两部分组成的，在农历中将一年划分为 12 节、12 气、72 候，节和气统称节气，因此一年有 24 个节气。每五天是一候，每三候是一个节气，所以一个节气是 15 天（半个月），每两个节气是一个月，也就是说每个月包含了一个节一个气。但实际上每个节气并不是严格的 15 天，节气与候不是严格对应的，每个节气的时间长度和起始日期都不同。

之所以五天一候，是由于每天有 12 个时辰，5 天共有 60 个时辰，也就是说每五天就完成了一个六十甲子的小循环，这就叫做一候。

二十四节气与十二地支（月建）及十二个月的对应关系如下表所示：

月建	寅	卯	辰	巳	午	未
月份	1（正）	2	3	4	5	6
节气	立春～雨水	惊蛰～春分	清明～谷雨	立夏～小满	芒种～夏至	小暑～大暑
月建	申	酉	戌	亥	子	丑
月份	7	8	9	10	11（冬）	12（腊）
节气	立秋～处暑	白露～秋分	寒露～霜降	立冬～小雪	大雪～冬至	小寒～大寒

从表中可知，正月（寅月）是从立春第一天开始，至雨水最后一天结束。二月（卯月）则是从惊蛰第一天开始，至春分最后一天结束。在周易预测中，农历和二十四节气有着重要作用，直接决定着月建的地支变化，因此需要熟练掌握。

不过在实际操作中，可以直接查询万年历，尤其是智能手机的存在，让查询万年历变得极为简单，因此不需要死记硬背，直接从手机上就可以知道每一天的四柱八字。

4. 十二消息卦

万物的变化都是阴阳消长和阴阳转化造成的，一年四季的变化也是如此。孔子在《系辞传》中说：

日往则月来，月往则日来，日月相推而明生焉。寒往则暑来，暑往则寒来，寒暑相推而岁成焉。

阴阳消长成就了四季寒暑，也成就了一年十二个月。这十二个月的顺序变化实际上是阴阳消长的结果。在周易六十四卦中，有十二个卦反映了这种阴阳消长的过程，我们将这十二个卦称为十二消息卦。

地天泰	雷天大壮	泽天夬	乾为天	天风姤	天山遁	天地否	风地观	山地剥	坤为地	地雷复	地泽临
正月	二月	三月	四月	五月	六月	七月	八月	九月	十月	十一月	十二月
寅月	卯月	辰月	巳月	午月	未月	申月	酉月	戌月	亥月	子月	丑月
春季			夏季			秋季			冬季		

从这十二个消息卦的变化规律中我们可以看到，从子月到巳月，阳气渐长，阴气渐消，是阳长阴消的阶段，到巳月的时候已经到了老阳状态。物极必反，盛极必衰，所以从午月开始，阳至一阴生，卦象从乾卦变为姤卦，阴阳消长进入阴长阳消阶段，直至亥月达到老阴状态。随后阴至一阳生，又从子月开始进入阳长阴消阶段，重复以上循环。

可见一年四季的演变不过是阴阳二气此消彼长的过程。而一年之计在于春，春天从寅月（正月）的泰卦开始，对应四象模型中的少阳，正是所谓的三阳开泰，阴阳平衡而又阳长阴消，下一刻阳的力量就将胜过阴的力量。

三 干支纪日

干支在用来纪日和纪时的时候，与纪年和纪月略有不同，因为每天正好有12个时辰，12个时辰为1日，所以干支纪日是严格遵循六十甲子循环的，每六十天完成一个周期循环，没有纪年和纪月那样的跃迁跳变。

干支用来纪年和纪月时所发生的跳变跃迁，是由于每年不是正好360天，每月也不是正好30天，所以才导致干支历和农历出现了偏差，不得不通过跳变跃迁来彼此适应。

四 干支纪时

干支同样可以用来纪时。古人将一天分为12个时辰，分别用干支来表示。不过由于古人习惯于用地支来定位时间，所以每天12个时辰的地支是固定的，但每天各个时辰的天干是游动的，是不固定的，并以60个时辰（5天）为周期进行循环，每隔五天，时辰的干支就循环一次，这就是历法中将5天作为一候的理论来源。

除了时辰，我们现在常用小时来纪时，一个时辰等于两个小时，一天是24小时。这实际上就是前面讲过的，从十二地支周天分布图用阴阳二分法切割得到的二十四山向图。周天分布图是一个时空一体的模型，同样二十四山向图也是一个时空一体的模型，既表示空间中的二十四个方位，也表示一天中的二十四个小时。

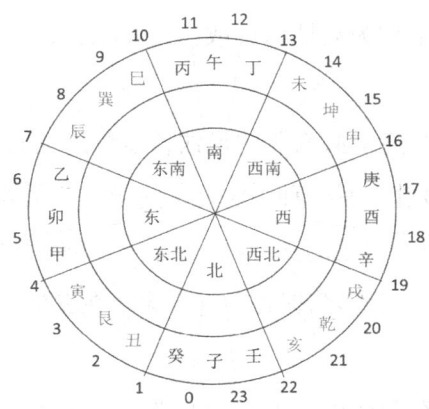

与每年的第一个月从寅月开始不同,每天的第一个时辰从子时开始,时辰与小时的对应关系如下:

时辰	子时	丑时	寅时	卯时	辰时	巳时
小时	23:00~1:00	1:00~3:00	3:00~5:00	5:00~7:00	7:00~9:00	9:00~11:00
时辰	午时	未时	申时	酉时	戌时	亥时
小时	11:00~13:00	13:00~15:00	15:00~17:00	17:00~19:00	19:00~21:00	21:00~23:00

其中要特别注意的是,子时是从每天的23:00开始到第二天的凌晨1:00结束,与我们所熟悉的每天从0:00开始计算是不同的。

数字七与七日来复

到现在为止,在0~12这12个数字(11除外)中,我们只剩下数字七没有讲了。现在我们就一起来认识一下这个数字七到底是何方神圣。

数字七是一个神奇的周期数字,在时间和空间中均显现出了自身的存在,但主要应用于时间。

· 465

历史上有很多以七作为周期的典故，比如在神话传说中，上帝和女娲创世都用了七天时间。

在中国民间也有"逢七必变"的说法，这个逢七必变又有两种解释，一种是每隔七年会有大的变化，另一种说法是每逢年份的尾数为 7 的时候会发生大的变化。这两种说法都各有自己的支持者，各自也都能举出大量的实例来支撑自己的观点。不过三千大千世界，每时每刻都有大事在发生，这种论点还是略有牵强附会的味道。

在中国民间的丧葬习俗中，也有七的幽灵在游荡，民间要给过世的亲人烧头七、二七、三七、一直到七七。即便是婚姻，似乎也显现出了七这个周期特性，所以才有"七年之痒"的说法。

在《黄帝内经》中，将七作为女性的生理周期，将八作为男性的生理周期：

女子七岁，肾气盛，齿更发长；二七，而天癸至，任脉通，太冲脉盛，月事以时下，故有子；三七，肾气平均，故真牙生而长极；四七，筋骨坚，发长极，身体盛壮；五七，阳明脉衰，面始焦，发始堕；六七，三阳脉衰于上，面皆焦，发始白；七七，任脉虚，太冲脉衰少，天癸竭，地道不通，故形坏而无子也。

内经中以七年为一个周期，将女性的生理周期划分为七个阶段，从七岁到四十九岁。

关于七这个周期的起源，一般认为始自古巴比伦，在巴比伦时代，将一个月分为四个部分，每一部分约七天，并且把这七天中的每一天分别用太阳、月亮、火星、水星、木星、金星、土星来表示和排序。这就是七曜历。七曜历大概在唐代传入中国，后来又从中国传入日韩等地区，现在日本仍保留着七曜历的传统：

周日	周一	周二	周三	周四	周五	周六
日曜日	月曜日	火曜日	水曜日	木曜日	金曜日	土曜日

公元 321 年，古罗马的君士坦丁大帝正式推行了一周七天的制度，并一直沿

用至今。

以天象来定七这个周期似乎也说得过去。但这仅仅是对天象的观察，还没有形成一套自圆其说的理论体系。

我们下面就尝试着用易理来分析和解释七这个周期数字。

周文王在《周易》一书中，在三个卦中使用了和七相关的概念，分别是复卦、蛊卦和巽卦。

在地雷复卦中，复卦的卦辞是：

亨，出入无疾，朋来无咎。反复其道，七日来复。利有攸往。

《彖传》中将这个"反复其道，七日来复"理解为"天行也"，认为"七日来复"，也就是七天一个周期，是天道的运行规律。

在山风蛊卦中，蛊卦的卦辞是：

蛊，元亨，利涉大川。先甲三日，后甲三日。

《彖传》中同样将这个"先甲三日，后甲三日"认为是"终则有始，天行也"，也是天道运行的规律。

在巽为风卦中，巽卦九五爻的爻辞是：

九五，贞吉，悔亡，无不利，无初有终，先庚三日，后庚三日，吉。

蛊卦和巽卦分别以甲和庚为中心，向前向后扩展三天，一共是七天。其中"先甲三日"是甲前面的三天，分别是癸日、壬日、辛日；"后甲三日"就是甲后面的三天，分别是乙日、丙日、丁日，加上甲日一共七天。"先庚三日"就是庚前面的三天，分别是己日、戊日、丁日；"后庚三日"就是庚后面的三天，分别是辛日、壬日、癸日，加上庚日也是七天。

由《周易》中的这三个卦可知，商周时代的人应该是习惯于用天干纪日而不是地支，这与我们现在正好相反。现在我们习惯用地支纪日而不是天干。这应该是由于古代习惯用旬来纪日，一旬是十天，一个月是三旬，每旬从甲开始至癸结束，所以用天干更加方便。

文王在《周易》中这三处提到了七的概念，而且明确地将七天当作一个周期循环，可见在文王作《周易》的时候，一周七天的概念已经开始被人们普遍接受了。这可能是古巴比伦文化向东方扩散渗透的结果，也有可能是中国文化自然产生的结果。

这里我们重点从易理上分析七这个特殊的周期律，了解为什么"逢七必变"。

既然时间是用天干地支来组成和表述的，那我们就来看看天干地支之中是否隐藏着七这个幽灵。

我们先按照天干地支的自然顺序分别画出十天干的周天分布图和十二地支的周天分布图。

先看天干的周天分布图，在天干周天分布图中，十个天干顺序排列在圆周上，每个天干占据36度角，然后我们先从甲开始向后找七的规律。

不难发现，从甲开始向后第七天是庚（甲为第一天，下同），从乙开始向后第七天是辛，从丙开始向后第七天是壬，从丁开始向后第七天是癸，这四组正是天干中的相冲关系，即甲庚相冲、乙辛相冲、丙壬相冲和丁癸相冲。

随后我们继续从戊开始分析，从戊开始向后第七天是甲，从己开始向后第七天是乙，从庚开始向后第七天是丙，从辛开始向后第七天是丁，从壬开始向后第七天是戊，从癸开始向后第六天是己。这六对虽然不属于六冲关系，但同样是阳干克阳干、阴干克阴干，虽无相冲之名，却有相克之实。

也就是说，在十天干的关系中，每到第七天就会和第一天相冲或者相克，这是十天干中七的规律。

我们再来看十二地支的周天分布图。从子开始向后第七天是午，从丑开始向后第七天是未，从寅开始向后第七天是申，从卯开始向后第七天是酉，从辰开始向后第七天是戌，从巳开始向后第七天是亥，从午开始向后第七天是子，又回到了起点。每个地支和它后面的第七个地支都居于周天分布图上关于圆心对称的两个对冲位置。

根据地支之间的五行关系我们知道，这六组正是地支中的六冲关系，即子午相冲、丑未相冲、寅申相冲、卯酉相冲、辰戌相冲和巳亥相冲。因此在十二地支中，每一天都和它后面的第七天相冲，同样每个月和它后面的第七个月是相冲关系，每一年和它后面的第七年也都是相冲关系。

我们举几个例子来加深了解。

2013年的年柱是癸巳，2019年是己亥，其中癸己相克，巳亥相冲；

2014年的年柱是甲午，2020年是庚子，其中甲庚相冲，子午相冲；

2015年的年柱是乙未，2021年是辛丑，同样是乙辛相冲、丑未相冲。

天冲地冲是天地大碰撞，是天翻地覆的巨大变化。

这是年柱的冲克，我们再来看看日柱上的冲克。

2020年1月1日的日柱癸卯，2020年1月7日的日柱是己酉，其中己癸相克，卯酉相冲。

2020年5月1日的日柱是甲辰，5月7日的日柱是庚戌，其中甲庚相冲，辰戌相冲。

可见在时间上，任何一天和它后面的第七天，两者的天干不是相冲就是相克，

· 469

而两者的地支则必然相冲。这是逢七必变的根本原因。

易学中将这个逢七必变或者逢七必冲的规律叫做七煞或者七杀，在命理学上也叫偏官。作为一个以七为周期的规律，也可以直接将这个规律叫做"七日来复"。

我们再回过头来看"先甲三日"和"后甲三日"，先甲三日是辛日，后甲三日是丁日，是五行相克的关系。"先庚三日"是丁日，后庚三日是癸日，丁癸相冲，是相冲的关系，与上面的分析结论相同，任何一天和它后面的第七天，两者的天干不是相冲就是相克。

至于复卦中所说的"七日来复"是同样的道理，不过是从卦爻的爻变角度出发，殊途同归，得到了相同的结果。

复卦的全称是地雷复，上坤下震，六爻中只有初爻是阳爻，其它五爻都是阴爻。在上面讲解六十甲子干支纪月时，讲到了十二消息卦的概念，用十二个卦来对应一年十二个月。在这十二个消息卦中，复卦排在第11位，对应子月，复卦前面的第七卦是天风姤卦，我们来看看天风姤和地雷复之间发生了怎样的变化，才会产生"七日来复"的效果。

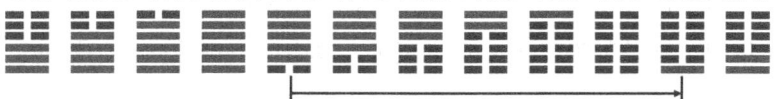

在十二消息卦中，天风姤卦对应的是午月，是阳至一阴生的时刻，下面初爻是阴爻，上面五个爻是阳爻。从姤卦开始阴阳的消长进入了阳消阴长的阶段，后面的卦中阴爻越来越多，阳爻越来越少，变到第六个月的时候得到了坤卦，六个爻全部变成了阴爻，当变到第七个月的时候就得到了复卦，姤卦和复卦是错卦，也就是相冲的两个卦，在六十四卦的天图上位于中心对称的两个方位上。这与上面分析的地支关系一样，每一天都和它后面的第七天是相冲关系。

通过上面的分析，我们破解了七这个神奇数字的奥秘，知道七是一个寄生于十天干和十二地支之上的关于时间的周期律。当然，考虑到十二地支周天分布图是一个时空一体的模型，因此七这个特殊的周期律同样也可以看作是一个空间的周期律，是一个时空一体的周期规律。这样我们就为"七日来复"和"逢七必变"找到了符合易理的解释和说明。

这也就是我们对易经进行四化改革的目的，删繁就简，正本清源，摒弃各种似是而非的理论、观点和经验，尽量用最基础和最核心的易理来解释各种现象。

后记：基于易经思想构建终极统一场论

到目前为止，我们已经把易经所涉及的主要概念都讲过了，相信大家对易经也都应该有了一个模模糊糊的印象。

易经本身并不难，只要掌握方法，勤加练习，每个人都可以登堂入室。

本书是以易经的万物生成模型为线索，以一组数字为依托，按照正向和逆向两个方向来解读易经的基本概念和基本思想。虽然是在用一组数字介绍易经中的基本概念，但融入了我个人对易经的理解和思考，也包括对宇宙、对物质、对时空的理解和认识，抛砖引玉，希望能够对大家有所启发。

我们平常所见的宇宙万物不过是万物的象（现象），是万物的状态，而非万物的本源。纷纷纭纭的万物万象遮住了我们的眼、耳、鼻、舌、身、意这六根，迷惑了我们，也束缚了我们。但根据易经的万物生成模型，宇宙万物本来是一体的，是同源的，都是从无极世界衍生出来的，因此只有逆着易经的万物生成的方向去溯源，将万物万象从八卦、五行、阴阳一直回归到太极，回归到无极，回归到万物的本源，我们才能勘破虚妄，得见真实，并借此彰往察来，洞察宇宙万物的历史轨迹，发现和掌控宇宙万物的未来发展趋势。

在本书中，我们一再强调，要将易经看作是一门宇宙建模学，为宇宙万物构建各自的时空全息模型，并试图用这个时空全息模型来统一和整合宇宙间的万物万象，尝试逆流而上，窥见万物本源。

当然我们知道这条路不会很顺利，甚至也知道我们所坚持的阴阳消长、五行生克制化这些所谓的最基本的规律仍然不是终极的规律，但至少我们的方向是正确的。

为了更好地认识这个时空全息模型，我们提出了太极的四大支柱理论，将这个时空全息模型（太极）看作是由时间、空间、要素（物质）和联系组成的统一体。因此构建宇宙万物的时空全息模型本质上就是构建一个基于易经思想的统一场,将时间、空间、物质、联系这四大支柱都统一在一起。

这也是在人类目前的认知极限下的终极统一场论。

物理学中也有个建立统一场论的梦想,试图把强相互作用、弱相互作用、电磁相互作用和引力相互作用这四种最基本的相互作用力统一起来。爱因斯坦把他的后半生都献给了这一事业。从爱因斯坦开始,一批批物理学家如同飞蛾扑火一般,前仆后继、皓首穷经地致力于建立这个统一场论。

但物理学中的强、弱、电、引这四种最基本的相互作用关系都只不过是四大支柱中的联系,没有包括时间、空间和物质的统一,因此物理学的统一场论只是这个终极统一场论的一小部分。

对于易经的这个终极统一场理论,孔子在《系辞传》中给出了生动的描述:

易与天地准,是故能弥纶天地之道。……,与天地相似,故不违;知周乎万物而道济天下,故不过;……。范围天地之化而不过,曲成万物而不遗。

夫易广矣大矣。以言乎远则不御,以言乎迩则静而正,以言乎天地之间则备矣。

子曰:"夫易,何为者也?夫易,开物成务,冒天下之道,如斯而已者也。"是故圣人以通天下之志,以定天下之业,以断天下之疑。

这个终极统一场论是建立在无数古圣先贤的群体智慧的基础之上的,是建立在易经思想的基础之上的。易经思想在时间的统一、时空的统一和物质的统一方面做了大量的工作,构建了一个时空高度关联、万物高度纠缠的宇宙万物模型,这为建立终极统一场论奠定了坚实的基础。

一 时间的统一

时间的统一体现在过去、现在和未来的统一。

易经从诞生之初就是作为一个占卜工具而出现的,因此预测和占卜是易经的基本功能。当我们通过万物类象或者铜钱摇卦得到一个卦象，或者借助奇门遁甲得到一个阴遁九局或阳遁九局，从而为宇宙万物建立起各自的时空全息模型时，就能够实现彰往察来的目的。

而彰往察来的本质，是指我们站在当下这个时空观测点，就能够看到宇宙万物的过去、现在和未来。这也就意味着，过去、现在和未来在时间上是统一的，是没有差别的。

借助易经的天人感应、天人合一，我们站在当下就能看到宇宙万物的历史发展轨迹和未来发展趋势，并且能够对它施加影响，改变它的未来轨迹和吉凶状态。那么是否有一天我们也能够做到干扰事物发展的历史轨迹？

这除了说明时间的统一性外，是否也印证了时间的存在是没有意义的？或者说，时间是否还存在？我们在里面生生灭灭、聚散无常的时间是否只是我们头脑中的一个幻象？

二　时空的统一

四方上下曰宇，古往今来曰宙，宇宙就是时空，万物都在这个宇宙时空当中。易经是关于时与位的学问，强调时空的一体性。不过易经中的时空并不是我们平时所理解的时间和空间的概念，或者说易经并不仅仅是对我们所生活的这个时空进行描述和刻画，其中还蕴含着更深刻的时空观念。

在我们所理解和所生活的这个宇宙时空中，空间如同一艘船，在时间长河上载沉载浮，随波逐流，时间与空间几乎不发生作用，只有到了爱因斯坦的广义相对论中两者才有了那么一丝纠葛，随后量子力学也在这个坚硬的时空壁垒上凿开了一丝裂缝，但透过这个裂缝我们只看到了量子纠缠等少数几个诡异的现象，不但做不到知其所以然，就连知其然也无法完全做到。

在易经看来，时空不是分离的，而是高度一体的，具有非常强的同步性和统一性。我们之所以能够利用易经为宇宙万物构建各自的时空全息模型，也正是基于易经的时空一体性。

易经中的这种时空统一性主要就表现在天干地支上。

易经中用天干和地支的组合来统一表述时间和空间,包括六十甲子模型、九宫模型、十二地支周天模型等,都可以毫无障碍地同时应用于时间和空间的表达和研究。

用同一套符号和术语来表达时空,这是时空统一的基础,而时空的统一则是物质统一的基础,是建立统一场论的必由之路。

三 物质的统一

易经中,物质的统一主要表现在万物同源和物象纠缠两个方面:

1. 万物同源

根据易经的万物生成模型,万物都产生于易,产生于无极,或者按老子的说法,产生于道,然后由无极和道生出了太极,并在阴阳宝刀的切割下,按照阴阳消长的规律一步步生成了万物,所以宇宙间的万物万象都具有相同的本质,都来自同一个本源。

佛家讲究要去掉分别心,就是因为认识到了万物同源、万物一体。宇宙万物本来就没有任何差别,所谓的差别不过是万物的象、万物的状态,分别心的产生也是因为我们只能看到万物的万象,看不到万物的本源。若是我们能够破除虚妄,得见真实,看见万物的本源,就会发现万物是一样的,是一体的。

也只有到了这个境界我们才会明白,在宇宙万物面前,不是要去掉分别心,而是根本就不会有分别心,根本就生不起分别心。

易经中还创造了一个万物同源的工具,就是万物类象。既然万物有相同的本质和相同的本源,那么就可以逆着万物生成模型将万物再次类象回去,直至回到万物被创生出来之前的无极世界。

虽然将万物回归到无极世界困难重重,但至少到目前为止,我们通过建立万物的时空全息模型,已经将万物类象到了八卦、到了五行、到了阴阳,到了太极,从万物万象逆向推衍到了二和一,距离那个最终的本源似乎也只有一步之遥了。

2. 物象纠缠

物质的统一性还表现在不同事物之间的相互纠缠和相互影响。

易经认为，宇宙万物之间存在着普遍的内在联系，这种联系表现为万物之间的五行生克制化关系，可以用 5R 模型来描述。而其根源则在于万物有着相同的本源，所以我们所生存的这个现象世界中的万物是互联互通的，是一个真正的广袤无垠的万物智联的物联网。

这种不同物质间的普遍联系不仅仅停留在理论猜想中，最为神奇的是我们可以依靠这种普遍联系，在实践中通过一个事物来推演出另一个事物未来的发展变化。比如邵雍先生从两只麻雀争胜推算出第二天晚上有女孩折花而摔伤大腿，看到树上的枯枝坠落推算出这个树会被砍伐，听到邻居敲门而推算出邻居要来借斧子劈柴。

双雀争胜与女孩大腿受伤、枯枝坠地与树被砍伐，敲门与借斧，在常人看来是风马牛不相及的事情，但其中却有着妙不可言的联系，借助易经这个工具就能由此及彼，闻弦歌而知雅意。

与量子纠缠相对应，我们将这种物象之间的关联叫做物象纠缠，或者叫做宏观层面的物象纠缠（相应地，量子纠缠叫做微观层面的物象纠缠）。

如果说量子纠缠很诡异，那么这种物象之间的纠缠就显得更加诡异，更加难解了，毕竟量子属于我们看不到摸不到的微观世界，而宏观世界中的这些物象是我们能够看得到摸得到的，却仍然发生了这种知其然而不知其所以然的纠缠现象。

对于这种物象纠缠现象，我们试着做出两种解释，一种解释是直接的因果，即 A 事件与 B 事件有着直接的关联，A 是因，B 是果，所以我们通过观测 A 事件的发展变化就能获得关于 B 事件的信息，从而推测出 B 事件的未来发展趋势。

另一种解释是间接的因果，A 事件与 B 事件都受到背后 C 事件的共同影响，

A 和 B 都是果，C 才是因。不过虽然我们不知道 C 这个因到底是什么，也不知道 C 与 A 和 B 之间的联系是什么，但借助易经所建立的一整套预测工具和方法，我们可以做到仅凭观测到的 A 事件这个果，就能够直接推导出 B 事件这个果。

　　易经通过物象纠缠和万物类象，在"寂然不动，感而遂通"之间就实现了彰往察来的目的。不是见因知果，而是见此果而知彼果，这正是易经的伟大之处，但这也使得几千年来我们对这种物象纠缠现象熟视无睹，百姓日用而不知，见怪不怪了。

　　时间的统一，时空的统一，时空与物质的统一，这三个统一的存在，为我们将太极的四大支柱合而为一，构建基于易经思想的终极统一场理论，创造了条件。也希望有兴趣的朋友能够用心去领悟和揣摩易经中的这种时空高度关联、万物高度纠缠的现象，找出其中的内在规律，将现代科学推上一个新的高度，将人类文明推上一个新的台阶。